……未有如子美者。

——(唐) 元稹 ——

"狂夫"杜甫

KUANGFU
DUFU

蓝锡麟 著

西南师范大学出版社
国家一级出版社 全国百佳图书出版单位

图书在版编目(CIP)数据

"狂夫"杜甫 / 蓝锡麟著. -- 重庆:西南师范大
学出版社, 2016.12
ISBN 978-7-5621-8469-0

Ⅰ.①狂… Ⅱ.①蓝… Ⅲ.①杜甫(712-770) – 人
物研究 Ⅳ.①K825.6

中国版本图书馆CIP数据核字(2016)第314190号

KUANGFU
DUFU　蓝锡麟　著

责任编辑:吕　杭　易晓艳
书籍设计:王玉菊
排　　版:重庆大雅数码印刷有限公司·贝　岚
出版发行:西南师范大学出版社
　　　　　地址:重庆市北碚区天生路1号
　　　　　网址:www.xscbs.com
经　　销:全国新华书店
印　　刷:重庆紫石东南印务有限公司
开　　本:720mm×1030mm　1/16
印　　张:21
字　　数:230千字
版　　次:2017年1月第1版
印　　次:2017年1月第1次印刷
书　　号:ISBN 978-7-5621-8469-0
定　　价:65.00元

目 录
CONTENTS

历来"李杜"并称,许多人注意到了李白的狂,却很少有人也注意到了杜甫的狂。其实无论杜甫传世的诗作,及其一生的经历、行事、佚闻,还是正史本传记载,都反映出杜甫的狂不亚于李白。杜甫一生的狂精魂在清狂。真、任、独、直,共同伸张了杜甫清狂的主体性特质。要确知杜甫,当从"狂夫"始。

杜甫是唐代文侠群体的一个重要代表。他自幼在村野、文场所养成的任性、好强、自负而又豁达的个性即已充盈侠气,一旦经吴越之游追仰过专诸、刘琨等的侠义风骨,进而在齐赵之游中又与苏源明等同心相印、同气相求地交游砥砺,他的清狂也就提升为游侠之狂。杜甫一向注意"无友不知己者",交游似随便,实慎重。李白是杜甫的游侠经历中所结交的最重要的知己朋友。

《望岳》是杜甫平生的第一狂诗,狂直、狂放、狂傲、狂诞尽在其间。"会当凌绝顶,一览众山小"的凌云壮志毕竟成就了"诗圣"杜甫。那种狂妄的精神内核,终究在于确信自己"犹能"治国、平天下。他毕其一生始终崇尚、始终坚守的人生价值就在"壮"上。由马而鹰、鹘,无论是明是暗,是显是隐,是直是曲,杜甫的托物言志诗都贯穿着一对关键词——"凡"与"不凡"。

杜甫作为一个生在盛唐长在盛唐的文化精英,其希望所在,志向所在,根本的和首要的,甚而至于一以贯之的自我取向,不是成为诗人,而是成为治国、平天下、功业可期的贤良能臣。既是"独耻事干谒",又有曾经事干谒,构成了杜甫遂志道路上的奇崛的风景。他还将自期化作了自为,不在其位,也谋其政。《兵车行》便是杜甫布衣论政的显例。他的"窃比稷与契"虽狂,却是自有其思辨能力做支撑的。

杜甫所自矜的"赋料扬雄敌,诗看子建亲",是服从于和服务于他的功业自期的。他于赋独推扬雄,无异于自料将会达到唐赋一流,自负之狂隐然可见。只接近曹植似乎有所谦虚,其实同样也颇狂,起码暗寓着自己的诗必成为唐诗翘楚之意。杜甫如此这般地自矜才华,主导基因终究在其进取中的坦荡、自信。将他放到中华赋史长河中考察,他显然不能与扬雄相匹敌。但在时代性之强、人民性之高、题材之广、形式之丰等多方面,他都超过曹植了。

他十足地成了"长漂",并且还成了一个"老愤青"。贴近民众和直面现实,并且针对时事而"撼竭愤懑",势所必至地引生他的诗风大为嬗变,从浪漫主义一变而为现实主义。如果说,微婉只是保底,那么,激讦就上未封顶,如此对立统一成为杜甫这类诗的一大显著特征。"穷年忧黎元,叹息肠内热",便是"窃比稷与契"之志落到生民层面的总纲。他的"肠内热",明明就是志士仁人的道德良知,就是忘我的社会正义感。正气凛然,狂直不阿,《北征》又是一个标志。

他的至性亲情愈老愈绽新花。《乾元中寓居同谷县作歌七首》,简直就是长歌当哭。《江村》和《进艇》合成两卷亲情连环画,将杜甫的人伦至性挥发无余。《茅屋为秋风所破歌》,则是他至性亲情的另类喷发,杜甫在夔州期间进一步平民化,至性亲情也随之而达到了人格极致。

　　杜甫除开以马以鹰自喻自励外,还经常以鸥自况自慰。杜甫以狂直、狂放为特征的个人性格,在主观原因层面,的确是决定了他的奇特命运。杜甫之狂直,之不合时宜,之不适应于官场,从救援房琯到写检讨书凸显得最为充分。华州成了杜甫一生生命价值诉求的质变的转捩点。他说"名岂文章著,官应老病休",实质上仍充满了对未遂平生志的不甘心,是对他的人生命运的沉痛反讽。

　　杜甫一生的诗歌创作都致力于诗式选择,形成沉郁顿挫的诗风和达致众体皆备的诗境,始终都与这种选择同缘同步。大体上始于"安史之乱"前后,经过入陇、入蜀的历练,终大成于夔州期间。包括沉郁顿挫在内的多种风格、多种形式其实都是在创新过程中积淀生成的。其登极的标志号称"夔州诗"。没有夔州诗,就没有"诗圣"杜甫。"落日心犹壮,秋风病欲苏",便是杜甫晚年人生的精神动力,也是他的夔州诗的主体性成因。

　　杜甫自认的狂是清狂,李白自认的狂也是清狂,这意味着他俩的"狂"在主体的自觉上是高度一致的。李杜都嗜酒,诗酒任性,自然更能彰显他俩狂的同一性质地。质、度、形三者都有所差异,方使李杜的"狂"各具个人特征。大同,他俩同在狂放。大异,异在李白是狂放而兼狂诞,杜甫是狂放而兼狂直。狂诞不狂诞,狂诞到何种境界,恰是李杜的"狂"最根本的分野。清狂的性格的确是决定了李杜的命运。

自命"狂夫"的"诗圣"杜甫

杜甫是一个什么样的人?

如此提出问题,似乎透着脑袋进水,思维短路。在当今中华,大凡读过小学的人都可以判定,杜甫是个诗人。翻检诸多文学史或者古代文学研究论著,甚至只需要上一上电脑,动一动手机,就不难知道,杜甫生在唐代,是自古及今中国历史上最伟大的现实主义诗人。从晚唐开始,就有人将他与同时代的诗人李白合称为"李杜",他与李白双峰并峙,双星同耀,光照古今,誉延中外。自宋及明,其人被尊为"诗圣",其诗被奉为"诗史"。所有这一切早已有公认,难道还需问吗? 再加上苏轼领头,夸大其辞,称他"每饭不忘君",仿佛他成天都在忧其君,忧其民,或者说忧国忧民,对他的为人还能拷问吗?

然而且慢,问一问终究还是正常的。因为上述的所有指认,都是社会性定位,标识出杜甫的社会身份、社会成就和社会影响,尚未触及他的个人性观照。而他作为一个具体的人,注定会跟其他任何人一样,有着个人印记的性格、气质、禀赋、经历之类的人生要素，或多或少，或显或隐总要渗入社会性发生作用，有的还会是重要的作用。

举一个范例便能明白了。孔子，"大成至圣先师"孔子，无疑是中华文化史上思想文化界的天字第一号"圣人"，比杜甫的"诗圣"光焰更其煊赫。对孔子做社会性定位，通常是三个伟大，即伟大的思想家、伟大的教育家和伟大的社会活动家，置诸古今中外均当毋庸置疑。当今中国向海外传播汉语，五洲四海办学，也要打出"孔子学院"的文化旗号，即为一个明证。但即便对孔子，也可以从个人性上加以评判。

《论语·述而》有言："子温而厉，威而不猛，恭而安。"这是孔门弟子对于老师印象的综合体认。"温而厉"，讲的待人接物，态度温和又处事严正。"威而不猛"，讲的言谈举止，既庄重有威仪又决不盛气凌人。"恭而安"，讲的动静行止，既恭逊敬肃又安泰慈祥。七个字，三组词，概括描述出了孔子个人的性格特征和气质特征。三重组合的六点个性特征，既贯注着孔子所倡扬的温、良、恭、俭、让的儒家君子共性，又彰显出孔子本人以身垂范的个性色彩。

对孔子能如此，对杜甫也一样。

而且，不一定非得几个字不可，只用一个字，从一个视角切入也行。《论语·先进》所记"柴也愚，参也鲁，师也辟，由也喭"，即为一个好例。其间，柴指高柴，愚的意思是过分耿直；参指曾参，鲁的意思是反应迟钝；师指颛孙师，辟（音bì）的意思是言行偏激；由指仲由，喭（音yàn）的意思是性情刚猛。所涉及的四个弟子，都在孔门七十二贤人之列，孔子各用一个字就指出了他们主要的个性缺点。指出缺点可以一字以蔽之，指出优点同样可以一字以蔽之，道理不辩自明。

这样的道理，移到杜甫身上自当能适用，开篇提出的那个问题，正是基于此发出来的。直白一点说，即是想拷问，如果用一个字概括指认杜甫的主要性格特征，那么他原本是一个什么性格的人。

着意于斯,既不为标新立异,也无关猎奇取异,只缘自性格对所有人都太重要了。按照《现代汉语词典》的解释,性格指的是"在对人、对事的态度和行为方式上所表现出来的心理特点,如开朗、刚强、懦弱、粗暴等",通常又称性情。熟语所谓"性情中人",其实就是性格特征鲜明的人。时无论古今,地不分中外,每一个具体的人都生存在社会关系谱系中,对人、对事惯于取什么态度,下意识地表现出什么行为方式,根基于先天的个性、气质所支撑,并经后天的经历、修为所陶铸,积聚而生成的心理定式取向,亦即所谓心理特点。心理特点具有复合性,不会太单一,但总有一种或者两种是主导性质的,主导性的心理特点便构成具体人的性格特征,如俗话说的"青山易改,禀性难移"。当今社会有一种说法,叫"性格决定命运",虽然在普适度上略有夸张之嫌,但在不少人身上确是验之不爽的。比如前文所引《论语·先进》所记"由也喭"的仲由,即子路,便如《史记·仲尼弟子列传》所载,因为"性鄙,好勇力,志伉直",后来在卫国战中临难不避,死得很壮烈。足见探究一个人的性格特征,对于知其人,论其行,进而延及论世,既是合理的,也是必要的。

　　这还只是从一般意义说。杜甫是诗人,是文艺领域中特别需要张扬个性的那一类人,因而必须切入审美意识形态,在这一个特殊的意义上有所开拓,有所发现。已然存在的文献资料早已昭示,无论马克思主义文艺理论,还是中华传统美学,从来都是关注和重视文艺家的主体个性的。

　　马克思主义经典作家认为,人类的一切艺术活动,都是对客体世界的"掌握"与对主体自身的"肯定"的辩证统一。马克思在《政治经济学批判·导言》里,从思维的差异性入手,将人类的艺术活动定义为与宗教、哲学等意识形态有区别的"掌握世界"的一种"专有的方式"。马克思和恩格斯在《德意志意识形态》里,详细论述了人类物质劳动与精神劳动分工的形成,进一步探讨了人类"思想、观念、意识的生产",提出了"精神生产"的科学概念,从而将艺术活动升华为精神性的艺术生产。这就从辩证唯物主义认识论的维度,揭示了艺术活动的实践本质,给从1940年以来在中国主流意识形态场域奉为圭臬的一条基本文艺原理——一切文学艺术都是人类社会生活在作家、艺术家头脑中的反映的产物,提供了真理性的理论依据。离乎此,就无从认准文艺创作的源泉所在,其精深意义怎么估计都不过分。

只不过,这毕竟只是艺术活动的一个方面,而不是全部。考察艺术生产的全体,不能局限于艺术活动中主观与客观的关系,还须注意在艺术生产全过程中主体与客体的关系。马克思在《1844年经济学哲学手稿》中指出:"人不仅通过思维,而且以全部感觉在对象世界中肯定自己。"展开后还说:"人不仅像在意识中那样理智地复现自己,而且能动地、现实地复现自己,从而在所创造的世界中直观自身。""复现自己"和"直观自身",实质就是艺术活动主体的"肯定自己",与主体对客体实现的"掌握"缺一不可,相得益彰。二者的辩证统一,普适于人类艺术活动,这就形成了人类艺术生产中美的创造的另外一类基本规律。

在艺术活动中,人对自身的"肯定"和对世界的"掌握",实际地体现为创作主体的艺术"表现"和对反映客体的审美"再现",二者的结合即为"能动"。而"能动"的创造主体,始终是文艺创作者个人,而非其他。正因此,马克思在《詹姆斯·穆勒〈政治经济学原理〉一书摘要》中强调,"假定我们作为人进行生产",那么,"我在我的生产中物化了我的个性和我的个性的特点",因此我既在活动时享受了个人的生命表现,又在对产品的直观中由于认识到我的个性是物质的、可以直观地感知的,因而是毫无疑问的权力而感受到人的乐趣。尽管他在这里所说的是泛指人类一切生产活动,并且主要指物质生产活动,但正因为泛指,其意其旨当然也就普适于艺术生产活动。也正因为如此,探究杜甫的"我的个性和我的个性的特点",也就天经地义,顺理成章了。

与马克思主义文艺理论,乃至西方传统美学相比较,中华传统美学在对于存在与认识、物质与精神的辩证统一关系上进行论理开掘,容或相对不足。但在讲真、善、美的完美结合上，又都显示出对于艺术活动中的客观与主观、客体与主体的审美价值追求的相通和互融。而在这种相通互融中，中华传统美学更强调善与美的统一，西方传统美学更强调真与美的统一，则生发出了前者更重表现，后者更重再现。更重表现，实质上是更重主体，更重文艺创作的心理发生，更重文艺与社会文化心理上的相互感应作用，这又是中华传统美学的一大特色和长处，尤其是让中华传统诗学自成一个系统。其间的某些开掘深度以及论理精度，不仅不比西方传统诗学逊色，而且以其独到精深而雄视中外。

密切关系到杜甫性格的中华传统诗学论述，就是主导着中华传统诗歌蓬勃发展且长盛不衰的"言志"说和"缘情"说。最早是《尚书·尧典》记述了虞舜的话："诗言志，歌永言，声依永，律和声。"其后的《毛诗序》进一步阐发："诗者，志之所之也，在心为志，发言为诗。情动于中而形于言，言之不足，故嗟叹之，嗟叹之不足，故永歌之，永歌之不足，不知手之舞之，足之蹈之也。"再后的陆机《文赋》中特指出："诗缘情而绮靡，赋体物而浏亮。"相因相承的这些体认，以儒家诗学作为文化原点，又吸纳了道家思维，构筑成了志、意、情三位一体的中华传统诗学本原性的原理。这条原理中，以心为本，在己为情，情动为志，志意同一，言志和缘情无不是内勃发于心，外表现于世。转换成现代汉语加以描述，说的即是主体个人的心因感物（客观世界）而动，激生出情感，衍生成意向，规定着内心欲望和欲念取向，就以特定的艺术审美形态表现为诗。志、意、情三者，无不与主体个人的性格生息与共，尽管性格并不是支配志、意、情的唯一因素。

性格之于志、意、情到底有什么关系，刘勰的《文心雕龙·体性》阐释得最为透彻。他开篇就指出："夫情动而言形，理发而文见，盖沿隐以至显，因内而外者也。"表现的必由，概显于文辞。紧接着申述道："然才有庸俊，气有刚柔，学有浅深，习有雅郑，并情性所铄，陶染所凝，是以笔区云谲，文苑波诡者矣。"其意分明是，创作主体的才能、气质、学识、习惯各有特质，但都要

"狂犬"杜甫

内受情性的铄炼,外经社会的陶染,才可能在云气奇幻、波涛诡异的文学苑围中争鲜斗艳。"情性所铄"四个字,将性格对创作主体多方面的打造作用和提振作用揭示无余。以之为纲领,进一步从文章的八种风格、四对矛盾,以及八种风格的变迁不定逐层分析,强调了"气以实志,志以定言,吐纳英华,莫非情性",揭示出主体性格对作品风格的无所不在的决定作用。并且继之以实证,列举贾谊、司马相如、扬雄、刘向、班固、张衡、王粲、刘桢、阮籍、嵇康、潘岳、陆机等人为例,说明了这是不刊之论,"触类以推,表里必符"。不难认定,对杜甫"触类以推",也注定"表里必符"。

那么,杜甫主要的性格特征,究竟是怎样的呢?

狂。

杜甫主要的性格特征是狂。

历来"李杜"并称,许多人注意到了李白的狂,却很少有人也注意到了杜甫的狂。其实无论杜甫传世的诗作,及其一生的经历、行事、佚闻,还是正史本传记载,都反映出了杜甫的狂不亚于李白。

从晚唐迄于当代,虽然注意到杜甫的狂的人相对偏少,但并不是决然没有。只不过即便注意到了,大多都轻描淡写,未肯深说。当今有学者已在着意关注杜甫的狂,进行专题性的探究,并且发表了学术性的研究文章,惜乎尚嫌零散,远未达至公认。其所以如此,或许有两个深层原因。一是碍于杜甫的两顶桂冠,亦即古之"诗圣",今之伟大的现实主义诗人,不愿或不敢放言论说杜甫的狂。二是碍于狂字的负面字义,担心给杜甫抹黑,招致"雷说""酷评"之讥。更有可能两个"碍于"交相为用,引申出了集体无意识的为尊者讳。

对前一个碍于,没有分辨的必要。但对后一个碍于,却有必要做一些具体分析。

就字义而言,狂的本义是疯狗,《说文·犬部》释为"狂,犬也"。转而指狗发疯,引申及人,也指人精神失常,或痴呆,或疯狂,都陷入一种病态。显而易见,这些都与杜甫的狂沾不上边。

再引申到说人的性格,字义就有性质或者程度上的差异了,也就有可能关联杜甫了。择其大要,一指傲慢、骄恣,如郑玄注《书·洪范》说"狂,倨慢",《南齐书·五行志》所述"失威仪之制,怠慢骄恣,谓之狂"。二指狂躁、狂悖,如《集韵·阳韵》说"狂,躁也",诸葛亮《黜来敏教》指斥"敏年老狂悖,生此怨言"。三指放纵、放荡,如《广韵·漾韵》说"狂,辄为也",苏轼《江城子·密州出猎》词谓"老夫聊发少年狂,左牵黄,右擎苍"。诸如此类的用义当中,几乎无一例外地负面涵蕴为主,但也不失正面选择。因此,不止对杜甫,而且对所有涉狂的人,都得据实品评,区分正负,切忌不分青红皂白,就简单地做出论断。

狂还可以引申到说人的行为。例如《后汉书·申屠蟠传》所记"其不遇也,则裸身大笑,被发狂歌",就指的是纵情地、放任地、由着性子地、无拘无束地怎么样做。又如屈原《九章·抽思》自谓"狂顾南行,聊以娱心兮",王逸注"狂,犹遽也",就指的是急急促促。这些用义都关联到杜甫的某些行事,虽然并非直指性格,但行事的心理深层多少与性格牵连,也不宜简单放过。

以"狂"字作为中心词来组词,无论指人的性格,还是指人的行为,都可以组成一系列常用词。前者如狂妄、狂直、狂易、狂勃、狂悖、狂狷、狂率、狂简、狂放、狂诞、狂躁、狂暴;后者如狂言、狂笑、狂歌、狂喜、狂热、狂气。联系实际稍加比较就足以发现,前者大多含贬义,因而通常不受待见;而后者大多归属中性词,绝大多数人都能接受,甚而还有所体验。从这一落差容或反映出一种国民性,那就是习惯性地思维认定,喜怒哀乐人之常情,兴之所至偶尔狂一下是正常的,是能够容忍的;但若狂成了性格定式,就视作反常了,就难于容许了。正由于如此,自古及今自认或他认性格属狂的,不管叫狂人、狂士、狂且,还是叫狂夫、狂生、狂童,都可能遭到白眼或非议,起码会被认作人品上的瑕疵。前述第二个碍于,恐怕就根源于此。

其实圣如孔子,对于狂以及狂人不但颇能宽容,而且讲究辩证地看待。《论语》三处涉狂，孔子的基本态度前后一致，但褒贬适度，各有侧重。《阳货》篇讲"古者民有三疾，今也或是之亡也"，狂为疾之一，他说的是"古之狂也肆，今之狂也荡"。肆意为无拘无束，荡意为放纵不检，古今对照，他肯定无拘无束而否定放纵不检。《泰伯》篇说"狂而不直，侗而不愿，悾悾而不信，吾不知之矣"，批评狂放而不耿直，懵懂而不恭顺，外表老实而言行失信的人，但"我"真不理解这三种人到底是什么人。但详情度理，如果狂放而又耿直，分明还是赞许的。《子路》篇更见其襟怀，他说的是："不得中行而与之，必也狂狷乎！狂者进取，狷者有所不为也。"他的意思是，如果不能结交到能行中和、中庸之道的朋友，那就结交狂者或狷者。这两种人虽然"不得中行"，但狂者德行之长在于进取，狷者德行之长在于有所不为。赞扬了"狂者进取"，并愿意与之结交，这种态度为许多后儒所远不能及。

孔子果真言而有信。《论语·微子》记述"楚狂接舆歌而过孔子"，孔子便下车"欲与之言"，孔子有意结识那位楚国狂人的真心诚意，确乎昭然字里行间。至于"狂者进取"的论断，尤其发人所未发，精神独到，闪耀着哲人思想的光辉。正面地看待原非精神病患者的狂人，这一论断当属千古不易的至理，用于杜甫当是准绳。

由进取看狂，孔子本人固然还不算任何一种狂人，但性格中也确乎有狂的因子。在《论语》中，《述而》篇记他自谓"天生德于予，桓其如予何"，《子罕》篇记他自谓"天之培养丧斯文也，匡人其如予何"，便透出个中信息。孟子的狂性更其过之，也更具有代表性。如狂言，《孟子·公孙丑下》记他自炫："如欲平治天下，当今之世，舍我其谁也？"如狂行，《孟子·梁惠王上》记他公开说梁襄王"望之不似人君，就之而不见所畏焉"，还当着那个暴君的面讲出了"不嗜杀人者"才能一统天下的话。即便是追求自然无为的庄子，也曾口出过"圣人不死，大盗不止"，"窃钩者诛，窃国者为诸侯"（《庄子·胠箧》）那样的狂言，身行过对楚威王派来请他为官的两个使者"持竿不顾"，并把楚威王此举比喻为欲将神龟"死为留骨而贵"（《庄子·秋水》）那样的狂事。其与孔孟所狂的不同，仅在他是在另外一个向度，亦即钟情自由逍遥上进取。

思想界如此，政治界亦然。秦末大暴动的三个首脑人物，出身不一样，资质不一样，要改变自身命运，夺取专制威权的狂热信念却惊人地相近。第一个陈涉，无非是一个被征服役的贫苦农民，却敢宣称"王侯将相，宁有种乎"，并且首先揭竿举事（《史记·陈涉世家》）。第二个项羽，早在还是一个破落贵族子弟的沉潜时候，偶见秦始皇威仪，即敢口出狂言"彼可取而代之"，后来果然率军亡秦（《史记·项羽本纪》）。而第三个刘邦，以区区亭长身份送役夫效力骊山，偶见秦始皇出游，居然也敢发出"大丈夫当如此也"的狂妄感叹，而且还笑到最后（《史记·高祖本纪》）。其间长短姑不置喙，仅就进取言，的确是他们狂的性格因子共同内核所在。

不过，纵然进取性确是狂的共同内核，狂的固有属性及其外向表征也并非仅此一端。略举唐代以前文人狂士的几个个例，便有望确认，狂的性格有多样性。

例如仲长统，《后汉书》本传称他"性俶傥，敢直言，不矜小节，默语无常，时人或谓之狂生"。他生在东汉末年，面对外戚、宦官轮替擅权的衰世，"每州郡命召，辄称疾不就"，二十多岁时，"游学青、徐、并、冀之间，与交友者多异之"。继而感悟世象混乱，"名不常存，人生易灭"，唯"优游偃仰，可以自娱"，于是"卜居清旷，以乐其志"。致力于著述，有《昌言》十余万言，提出"人事为本，天道为末"的卓见，否定了"天命"对于社会历史的主宰作用，成为汉末独树一帜的政论家和哲学家。后为荀彧举荐，在曹操麾下做过尚书郎，年四十一而卒。他的狂质属清狂，细究颇有狂直的特点。

例如祢衡，《后汉书》本传称他"少有才辩，而尚气刚傲，好矫时慢物"。对于东汉末年云集许都的贤士大夫，他大多看不上眼，"唯善鲁国孔融及弘农杨修"。孔融名居"建安七子"之首，比他年长二十岁，杨修的文名、年龄也超过他，他却到处狂言："大儿孔文举，小儿杨德祖（现代柳亚子诗有句

"狂夫" 杜甫

"大儿史大林,小儿毛泽东"典出于此)。余子碌碌,莫足数也。"孔融爱其才,向曹操举荐。曹操想召见他,他却"素相轻疾,自称狂病,不肯往,而数有恣言"。曹操虽"怀念",仍"以其才名,不欲杀之"。继而一再发生了祢衡裸身击鼓骂曹操、以杖捶地骂曹操的尴尬事情,曹操才视之"狂生",将他送到黄祖那里。黄祖初始"善待"他,但他仍旧"不逊顺",终为黄祖所杀。他的狂质属轻狂,细究颇有狂悖的特点。

例如嵇康,《晋书》本传称他"有奇才,远迈不群",且又"天质自然,恬静寡欲,含垢匿瑕,宽简有大量"。生平崇尚老庄,常修养性服食之事,既能谈理,也能属文,为"竹林七贤"的精神领袖。但如其《与山巨源绝交书》自述,实际是"纵逸来久,情意傲散,简与礼相背,懒与慢相成",既反对虚伪的礼法和礼法之士,也不满魏末司马氏擅权的黑暗政治。他曾公开发表非周礼、薄"圣人"的离经叛道言论,并当面奚落司马昭的心腹、当世权贵钟会。终被构陷而横遭处死。临刑赴东市,三千太学生为之送行,索琴叹"《广陵散》于今绝矣",时年四十岁。康字叔夜,《文心雕龙·体性》谓之"叔夜俊侠,故兴高而采烈"。他的狂质属倦狂,细究颇有狂诞的特点。

例如刘琨,《晋书》本传称他"少负志气,有纵横之才",曾与石崇、陆机等人以文章事权贵贾谧,又与祖逖先吾著鞭。先出任西晋并州刺史,召募流亡士兵与先汉刘渊、刘聪对抗,战败而致父母遇害。继而受命都督并、冀、幽三州军事,又败于后赵石勒。败后投奔幽州刺史鲜卑人段匹磾,相约共扶汉室,不久却因其子得罪了段而牵连被杀,时年四十八岁。其间作诗格调悲壮,陈绎曾在《诗谱》中谓之"忠义之气自然形见,非有意于诗也,杜子美以此为根本"。他的狂质属疏狂,细究颇有狂简的特点。

凡此流亚,殊难遍举。

综合起来看,杜甫之前狂士们的狂同异差互,但同异之间深蕴着两条狂性生成机理。一是就个人而言,凡非精神病患的狂者,不论狂的强弱、深浅、广狭、显隐的程度和形式如何差异纷呈,大抵都有独立不羁的人格自重,自由奔放的人生自期,切实有谱的才华自矜,旷达无衰的志节自强。四个"自",未必然每个狂者都占齐了,或者未必占齐就一以贯之了,但八九不离十,总有那么一些心理特征可循。二是就社会而言,大体是两种生态环境或则单一挺出,或则交混同在(无论两者孰主孰次),最有可能催生狂者。其中一种是,社会处在急剧变革状态,或处在蓬勃发展状态。另外一种是,社会处在极度黑暗状态,或处在冲突频发状态。不管哪一种状态当中,狂者的产生、存在及其活跃、决荡,都标志着此一时代社会精英的风骨和血性。唐以前的春秋战国和魏晋六朝,唐以后的明清之际和晚清民国,悉皆如是。居于其间的,相对平庸的社会生态环境里面,绝大多数人也流于平庸,狂者相应地难以出现,出现了也会难以生存。

杜甫正是一个四个"自"都占齐了的个体的人。

杜甫所处的唐代社会,正是一个两种生态环境密集存在的社会。

那个社会远不止催生出了杜甫一个狂者,远不止。仅从杜甫称引过的当世文人看,贺知章、高适、李白、张旭等都是,先于他们的陈子昂、王勃、骆宾王等,后于他们的韩愈、柳宗元、刘禹锡等,无一不是,杜甫不过是同代中的一个。但因为他是"诗圣",他这个狂者就有了特殊性,值得特别给以扫描。

杜甫传世的1400多首诗里面,句中含有"狂"字,且一般的人都颇熟悉的,莫过被浦起龙称作其"生平第一首快诗"(《读杜心解》)的七律《闻官军收河南河北》——

> 剑外忽传收蓟北,初闻涕泪满衣裳。
> 却看妻子愁何在? 漫卷诗书喜欲狂。
> 白日放歌须纵酒,青春作伴好还乡。
> 即从巴峡穿巫峡,便下襄阳向洛阳。

"狂夫" 杜甫

这首诗写于唐代宗广德元年(763年),时年五十二岁的杜甫漂泊梓州(今四川三台)。当年正月,史朝义自缢而死,其部将李怀仙斩其首来献,并以幽州归降,迁延七八年之久的安史之乱趋于结束。远在剑南的杜甫忽然听闻这一消息,禁不住喜出望外,手舞足蹈,激情贲张地发言而成诗。"忽传""初闻""却看""漫卷",于仓促间极状欲歌欲哭之态。"即从""便下",更是跳跃式地憧憬幻化出了"好还乡"的预设路线:先是水路两个节点,从巴江之峡(即嘉陵江小三峡),急穿巫山之峡(即长江大三峡);后是陆路两个节点,必经的襄阳和故乡的洛阳。整首八句诗,除第一句题事而外,其余七句皆写情,疾速奔突,跃然笔端。

但平心而论,诗眼"喜欲狂"的狂,尽管也是心理特征,却还不是狂者的狂,而多半是相当多的人忽闻其事都会有的狂。即是说,很大程度还属于人之常情,而非狂者特有之情。倒是"放歌"与"纵酒"两样狂态,超越了人之常情,在狂者中有普遍性。

真正提供了狂者依据的,是其此前在成都写的另一首七律,诗题便标明了"狂"的《狂夫》——

> 万里桥西一草堂,百花潭水即沧浪。
> 风含翠筿娟娟净,雨浥红蕖冉冉香。
> 厚禄故人书断绝,恒饥稚子色凄凉。
> 欲填沟壑惟疏放,自笑狂夫老更狂。

杜甫在成都西部卜居草堂,始于唐肃宗上元元年(760年)春,已经年届四十九岁,发白齿落,病痛缠身。"锦里烟尘外,江村八九家"(《为农》),虽然冷清,毕竟得以安定下来。何况"清江一曲抱村流,长夏江村事事幽"(《江村》),只要有一口饭吃,还是可以过着"老妻画纸为棋局,稚子敲针作钓钩"(《江村》)的闲散日子。置身"风含翠筿娟娟净,雨浥红蕖冉冉香"的周边景色,有时还可以漫步寻花,引妻乘艇。但一家生计,全靠"故人供禄米"(《江村》),一旦"厚禄故人书断绝","稚子"就沦于"恒饥",颜色凄凉,可怜煞人。一家人濒临饿死的惨境,杜甫仍然不改故态,一味疏放。疏放的极端表现,便是"自笑狂夫老更狂"。

什么叫疏放?疏放就是任性任意,无拘无束,与疏狂亦即狂放不羁意义相近。同一期间写的《屏迹三首》之二,自状疏放极其传神。他写的是:"晚起家何事?无营地转幽。竹光团野色,舍影漾江流。失学从儿懒,长贫任妇愁。百年浑得醉,一月不梳头。"无须加一字注解,杜甫的任性任意、无拘无束即已跃然纸上,如在目前。"狂夫"如何"老更狂",由兹可概见一斑。

"自笑"一语,尤堪重视。自笑当然不乏自嘲的意思,但决然不是自哂、自怜、自责。相反地,其间更多的是杜甫本人的自鸣得意,不以为非而以为是,不以为耻而以为荣。这样的疏放,不仅充盈着放任旷达,而且镕铸着兀傲倔强,贯注和张扬着对于艰难困窘的轻蔑和漠视。唯其如此,"自笑狂夫"其实就是自命"狂夫",既自信,也自慰。

既然是"老更狂",那么,就可能少即狂。杜甫于上元二年(761年)写于成都草堂的《百忧集行》,开头四句所回忆的"忆年十五心尚孩,健如黄犊去复来,庭前八月梨枣熟,一日上树能千回",就透露出了个中的信息。如果说,这句诗中尚没有用"狂"字直接地点睛的话,那么,他于唐代宗大历元年(766年)在夔州(在今重庆奉节)所写的自传性诗《壮游》,便明明白白地宣示过,"往昔十四五"便"性豪业嗜酒,嫉恶怀刚肠","饮酣视八极,俗物多茫茫",至二十余岁更是"放荡齐赵间,裘马颇清狂"。自己的诗自证其性,可以说,狂伴了杜甫一生。

在壮游期间,杜甫结交了年长他十一岁的李白,写过两首《赠李白》诗。其中第二首,写于唐玄宗天宝四年(745年),是他现存的绝句最早的一首——

"狂夫" 杜甫

秋来相顾尚飘蓬,未就丹砂愧葛洪。

痛饮狂歌空度日,飞扬跋扈为谁雄?

历来注家解此诗,多认为杜甫旨在规劝李白。主要着眼在"飞扬跋扈",其语出自《北史·齐高祖纪》所记"(侯)景制河南十四年矣,常有飞扬跋扈志",李贤注"跋扈,犹强梁也"。李白好任侠,十五好剑术,据说曾经手刃数人,其迹未免近似强梁,所以杜甫会认为他跋扈。作为好朋友和小兄弟,杜甫不愿看到李白继续这样过分地任性,所以用为什么人而如此称雄的设问警醒李白,希望李白改弦更张。

其实在这首诗里,飞扬意谓放纵无拘,跋扈意谓肆意而为,近义复合地共同形容颠狂状态,与强梁不相干。将第四句自然链接第三句体味,痛饮狂歌恰是飞扬跋扈的日常行为表现之一(当然并非全部表现),飞扬跋扈则是痛饮狂歌之类行为的精神凸现,二者对举正见一致。彼时彼际,李白和杜甫同样"放荡齐赵间",同样沉溺于痛饮狂歌和飞扬跋扈,以之为乐,以之为趣。但同中又有不同,当时的李白刚从京城长安三年翰林供奉的人生得意高点失意未久,不得已而遁迹于梁园,济世之志有所消减,正借之以抚平伤痛,梳理羽毛,所以对"空度日"和"为谁雄"不大在意。而杜甫则不然,当年他已经三十四岁,过了人生"而立"之年,如《壮游》所述的"快意八九年"已自觉得够了,该返回洛阳去争取实现用世之志了,所以渐次不再甘于如斯"空度日",希图直面"为谁雄"的人生价值大问题。作为李白的好朋友和小兄弟,杜甫不肯只顾自己,因而以诗设问。那一问,固然主要为警醒李白,却也深寓着自警和自强。果然那年秋末,他便辞别李白,回归洛阳。

撇开这样的诗意指向,分明能确认两点。其一,杜甫与李白同样惯常痛饮狂歌,同样惯常飞扬跋扈,因而是行为表现和精神凸显同属一大类的狂者。其二,杜甫特别拷问"为谁雄"的人生价值大问题,从一个特定角度,实证了孔子说的"狂者进取",杜甫和李白同样是进取型狂者——或许,在一以贯之的进取性上,杜甫还略胜李白一筹。

在那以后的困守长安时期、为官颠沛时期和漂泊西南时期,杜甫的诗中,都时不时注入"狂"字或者实质为狂的词。不同时期、不同诗作所注入的"狂"具体的蕴涵不尽一致,甚至判别颇大。但其实情上的多指性和用法上的多样性,恰正多向度地折射出,杜甫这一个少即狂、老更狂的"狂夫",狂的社会因由、心理触机、内涵实质和外现特征都绝不单一、凝固,而是多彩的、恒动的——自然而然,其间也有着一以贯之的个性基质。

如天宝十年(751年)在长安写的《乐游园歌》。当时的杜甫困处长安已达五年,生存的艰辛日益煎迫着他,难得有所欢娱。适逢正月晦日,杨长史在城东南郊乐游园置酒设筵,他得以身与其间。饮酒行乐过程当中,主人用长生木瓢酌酒待客,酒后又让客人们乘马游览,杜甫用"长生木瓢示真率,更调鞍马狂欢赏"两句诗点染其事。前一句的"示真率",称赞主人的真诚和坦率,也突示出他本人对真率的欣赏。后一句的"狂欢赏",则极状酒后忘形,戏马取乐,诗人个人的主体感受充溢其间。联系到此诗后面写的席上"百罚深杯亦不辞",以及结句所写欢后"独立苍茫自咏诗",不难体会到他是生性耽酒,纵酒发狂,借狂排忧。

如同年十月在长安写的《官定后戏赠》,就是另一种心态,另一种格调,另一种意味。先是被任用为河西尉,那是一个从九品上的下级官吏,虽可仗势欺凌民众,借机榨取钱财,却还要时常对上迎拜官长,对下鞭打平民,有时自己也会遭受鞭笞,所以他不接受。继而被任用为右卫率府胄曹参军,那是一个从八品下的下级官吏,比县尉略高一点,职在管理名账差科、公私马驴,无官场潜规则的实惠,却以为可以避免上述人生尴尬;尽管同样距平生抱负相差悬远,但迫于生计,他接受了。接受后心犹未甘,便写出这首诗来调侃自嘲:"不作河西尉,凄凉为折腰。老夫怕趋走,率府且逍遥。耽酒须微禄,狂歌托圣朝。故山归兴尽,回首向风飙。"五、六两句简直在以歌当哭,备含辛酸,却又达观地说成只不过为得几个喝酒的钱,托当今"圣朝"的福。"狂歌"的背后,深藏着对"圣朝"赐福的轻慢和嘲笑,那才是大不敬的严重的狂。既有狂傲,又有狂妄,但本质是狂放。

如其后不久写的《去矣行》。杜甫终究太天真,原本以为"率府且逍遥",实际体验之后就明白了官场自有官场规矩,虽欲逍遥而常不可得,他实在适应不了在王侯间受憋屈。一方面,他以"堂上燕"比喻小人,极其鄙视他们"衔泥附炎热"的奴颜婢膝行径。另一方面,他以"野人"自拟,直抒胸臆表明:"野人旷荡无鄙颜,岂可久在王侯间!"所谓"野人",就是粗鄙的人,狂野的人。所谓"旷荡",就是性情旷放,行为狂荡。哪怕是失去好不容易才得到的耽酒微禄,也决不趋炎附势,奴颜媚骨。从八品下的小官与极品王侯,在社会地位、手头权势方面固然注定霄壤云泥,不可比并,但在人格上理当是平等的。人格平等的基本人权不获尊重,那就宁可损害人身生存的基本人权,也不降心辱志,低三下四。这样自觉的狂直、狂傲,真真切切,分分明明,渗透和勃发着孔子所倡扬的"三军可夺帅也,匹夫不可夺志也"(《论语·子罕》)的人格力量。

如天宝十四年(755年)十一月,安禄山起兵作乱前夕,由长安往奉先县去探望妻子时作的那首纪实长诗《自京赴奉先县咏怀五百字》。第一层咏叹既往的襟怀,劈头就是"杜陵有布衣,老大意转拙"。拙,本意是笨拙,杜甫借来自况自嘲。一般的人越是老大越是世故,唯独他不然,时年四十四岁的他竟是越老越笨拙。笨拙是假,顽强是真。心忧黎元,叹息肠热,就是对拙的根由的自道。"取笑同学翁,浩歌弥激烈"的狂直气概。纵然"以兹误生理",依旧"独耻事干谒",颠扑困穷,不易其节。非唯不易其节,还要扬之于外,"沉饮聊自遣,放歌破愁绝",无怨无悔,无止无休。个人的忧思系于忧国忧民,狂起来就是一派清迈高远,卓荦雄放。与大约千年以前的屈原行吟泽畔之行相较,形相异,质相近,纵或穿越百代,仍能见其风骨。

如上元二年(675年)写于成都的《绝句漫兴九首》,杜甫之狂又换了境界。其第五首写道:"肠断春江欲尽头,杖藜徐步立芳洲。颠狂柳絮随风舞,轻薄桃花逐水流。"起首的"肠断"二字,点出杜甫当时遇到了不如意事,因物起兴,随有所思。仇兆鳌《杜少陵集详注》指出:"颠狂、轻薄,是借人比物,亦是托物讽人。"据此解可知,杜甫当时遇到的不如意事,必起因于如颠狂柳絮一般随风舞,如轻薄桃花一般逐水流,亦即妄从捕风捉影、随波逐流而谣诼生事的宵小之徒。本事已无从考究了,但杜甫对于这种颠狂以及轻薄深恶痛疾,当是诗中应有之义。说穿了,那样的颠狂,强则疯狂,弱则轻狂,与杜甫自己所具的清狂之形或有所似,质则迥不同,水火冰炭,固难相容。杜甫如此借人比物,托物讽人,无异于与之划清了界线。同年写的《戏为六绝句》当中,指斥"轻薄为文哂未休",容当出自同一境界。

如大历二年(767年)在夔州写的《遣闷戏呈路十九曹长》,就显示出杜甫自认为清狂。"晚节渐于诗律细",便是这首诗的第五句。这首诗的结尾两句"唯君最爱清狂客,百遍相过意未阑"反映出当时杜甫旅居夔州将近一年,日常交游的朋友当中,在路家排行十九的那位曹长最为赏识他的清狂,上百遍过从仍意兴未尽。路为主人,杜为客人,故自称"清狂客"。杜甫的感佩知遇之情,浓缩在"唯君最爱"四个字中,而路之于杜固是知遇、知己,在杜甫本人,所谓"清狂"自然也是自知、自认。联系到此前《壮游》诗中自述"放荡齐赵间,裘马颇清狂"不难确认,杜甫一生的狂精魂在清狂。

什么叫清狂?首先要把握什么叫清。清的本义指水澄澈,与"浊"相对。《孟子·离娄上》中有言:"有孺子歌曰:'沧浪之水清兮,可以濯我缨;沧浪之水浊兮,可以濯我足。'"即清、浊对举,揭明清的本义。其次将清的本义转引到人,可以指人的品格、行为高洁。在其写的《写怀二首》当中,不但经"全命甘留滞,忘情任荣辱"两句诗宣明了"任"的"忘情"的狂性,而且以"用心霜雪间,不必条蔓绿,非关故安排,曾是顺幽独"四句诗传达出了一个"独"字——独特的独,独立的独,进而以"达士如弦直,小人似钩曲,曲直吾不知,负暄候樵牧"四句诗力挺出了一个"直"字,耿直的直,劲直的直。简言之,真、任、独、直,共同伸张了杜甫清狂的主体性特质。

"狂夫"杜甫

但有其正面,必有其负面。杜甫一生清狂惯了,太真、太任、太独、太直,也就难免过犹不及。从其主观看,《狂夫》一诗已然自认的"疏放",在那任性任意、无拘无束之间,一旦把握不好度——实则无从把握好度——就会流于太放纵,或则失之大套大拿,违谨违周,或则失之自视过高,与实脱节。放诸客观看,在中庸之道左右国民性的家国语境当中,非但太任、太独、太直经常可能惹出麻烦,抑且太真也经常难合时宜。所以杜甫一生命运颇多挫折感和悲壮性,是与他的这种性格密不可分的。《论语·公冶长》中,孔子便用"清矣"评价过齐国的陈文子。正因为如此,品格、行为高洁的人可以叫清人、清干、清才。然后再伸及狂的性格,《汉书·昌邑哀王髆传》注引苏林的话说:"凡狂者,阴阳脉尽浊。今此人不狂似狂者,故言清狂也。或曰,色理清徐而心不慧曰清狂。清狂,如今白痴也。"细按其话理,"阴阳脉尽浊"的狂当是精神病态,应叫疯狂。而"不狂似狂",则应叫佯狂。"色理清徐",与杜甫的清狂基本脉络相通,但"心不慧",甚至于"白痴",可就大相径庭了。杜甫的清狂,清的本质是高洁,所以清狂就是高迈不羁、卓然不群、志洁行芳、心高气傲之狂。

这样的清狂,从正面的主导性的积极意义看,主要具有四点特质。一是如其同年在同地写的《暇日小园散病,将种秋菜,督勤耕牛,兼书触目》一诗当中,起始两句"不爱入州府,畏人嫌我真"那个"真"字,五、六两句"老病忌拘束,应接丧精神"的"忌拘束"三字所暗寓的"任字"——任性的任,任意的任。二是如其后不久说的性格决定了他的命运,于正于反,都没有虚夸嫌疑。

从人伦亲情看,杜甫深爱他的妻子和儿女,当是毋庸置疑的。然而,至少在安史之乱爆发以前若干年内,他由于过分大套大拿,对家庭、对妻室儿女疏于照顾,也是不争的事实。唯其如此,才导致了如《自京赴奉先县咏怀五百字》所记述的那样,当他"穷年忧黎元,叹息肠内热",对"朱门酒肉臭,路有冻死骨"的社会惨象愤嫉不已的时候,却疏忽了他的亲人的生存状况究竟如何。及至醒悟到"谁能久不顾,庶往共饥渴",已然自是"入门闻号咷,幼子饿已卒",他这才痛感到"所愧为人父,无食致夭折"。尔后的《羌村三首》,再一次记录了他这个为人夫者为人父者久出在外,偶尔回家的陌生景况,始则"妻孥怪我在,惊定还拭泪",继则"娇儿不离膝,畏我复却去"。那以后,这种该他负责的人伦疏离状态方才有所改变。

从社交友情看,杜甫对他结识的朋友从来都是一片挚诚,也是毋庸置疑的。非唯此也,他还坚持做到了别人对他好十分,他必对别人好上十二分,甚而曾经交好的朋友渐次对他比较淡漠了,他仍然会一派痴情无怨无悔。而与此同时,他在交友过程中,还淡化了年龄、地位、权势、贫富诸般界限,越是深交热衷的朋友,越是只讲友情而不计其他。这两个"越是",原本是他真率本性的必然产物,真、任、独、直都占齐了,自以为适意,却忽略了不合历代中国社会等级森严、尊卑有别的既成常规。由于习惯成自然,不太自觉地真率过度,得意忘形。他竟差点因狂贾祸。《旧唐书》本传当中,《新唐书》本传当中,都记载了他与严武之间所发生的那样一桩佚事。

《旧唐书》本传较略,只引《新唐书》本传:"(甫)尝醉登武床,瞪视曰:'严挺之乃有是儿!'武亦暴猛,外若不为忤,中衔之。一日,欲杀甫及梓州刺史章彝,集吏于门。武将出,冠钩于帘三。左右白其母,奔救得止,独杀彝。"这一段颇具惊险戏剧情节的记述当中,严武时任成都尹兼剑南节度使,属于唐代封疆大吏。杜甫昔年在长安时,严武之父严挺之曾是他的朋友,严武本人更曾与他同在掖庭相处甚洽;杜甫流寓成都后,严武又与他结成莫逆之交,对他的多方照顾远超过了他的"故交"高适,依常规当是杜甫第一"恩公"。至于章彝其人,曾以刺史摄行东川节度使职权,在严武离蜀期间,看在严武关系上也对杜甫有过接济,却并未被严武所杀。佚事当中的杜甫,应邀出席严武的宴请,喝醉了酒后公然登上严武胡床发酒疯,瞪大眼睛瞟着严武,当众说出"严挺之居然有这样的儿子"的疯话,实在是大煞宴席风景,大伤严武面子。无论怎么说都过分了。假若严武盛怒之下杀掉

"狂夫"杜甫

了杜甫,"诗圣"也就不可能有了,幸好当时严武只是"外若不为忤,中(私心)衔之"。可见即便是清狂,狂过分了也会不可取。

至若家国情怀,忧国忧民,那是杜甫精神最伟大的部分,他个人被后世尊为"诗圣",他的诗被后世奉为"诗史",主要因由都在其间,无须多加申论。他在《奉赠韦左丞丈二十二韵》中"自谓颇挺出,立登要路津,致君尧舜上,再使风俗淳",在《自京赴奉先县咏怀五百字》中自叹"许身一何愚,窃比稷与契",在《北征》中自陈"虽乏谏诤姿,恐君有遗失"以及在若干诗中指陈时政等。一方面乃是他这"诗圣"圣之所本,他的"诗史"史之所在;另一方面也显示出了他的志存高远,抱负博大。但据实而论,志存高远难免于自视过高,抱负博大难免于大而无当,不能不说又是杜甫狂性所致的一个弱点。正因此,《新唐书》本传指责他"放旷不自检,好论天下大事,高而不切",并没有过分苛酷之失。

尽管如此,新、旧唐书对于杜甫性格的鉴定性的结论,却都有重新辨证的必要。《旧唐书》本传说的是"甫性褊躁,无器度,恃恩放恣","无拘检"。《新唐书》本传说的是"(甫)性褊躁傲诞",且"放旷不自检"。而做出这些鉴定性的结论,主要依据就在杜甫与严武间曾发生过的那桩佚事,以及杜甫在成都草堂期间"纵酒啸吟,与田夫野老相狎荡",再加上某些诗里"好论天下大事",以点代面、以偏概全、以表象定实质、以陈规囿特性的单相评鉴十分突出。不是说负面所指一无是处,而是说一概统归负面,把正面资质都屏蔽住了,否定掉了其间的要害,就在所谓"无拘检"或"不自检"的那个"检"。

什么叫检?检就是约束,检就是限制。古往今来,任何人主身于世,都需要对自己的言行有所约束,有所限制,决然不能"和尚打伞,无发(法)无天"。《尚书·伊训》传导的"与人不求备,检身若不及",便辩证地讲明白了他检与自检的共存互济。以之看杜甫,他固然崇尚任性任意,无拘无束,却决然不是只肯讲这一面,不肯讲另一面。他在严武宴间闹出的那一场戏,其实是因酒乱性,偶尔发疯,其实绝大多数时候,他与严武的交往是分寸得宜的。至于放言天下大事,更是一种社会担当,从没有超越集权专制王朝容许的界限。甚至小到一家之微中,如前引诗"所愧为人父",他也是确有自省和自检的。将他贬损成那个样子,委实过当了。

《旧唐书》的总纂人兼《杜甫传》的执笔人刘昫,《新唐书》的总纂人欧阳修及《杜甫传》的执笔人宋祁,都是他们所处时代的硕学鸿儒。他们是在用自己秉持的儒家"逊顺"观念审视、评骘杜甫。唯其如此,在他们心目中,凡有所检就必须是循规蹈矩,任何情况下也不允许越雷池一步。判断是非的认知依据,或许还在于,孔子曾经说过"七十而从心所欲,不逾矩"(《论语·为政》)的话,连"圣人"都要到七十岁才可能做到随心所欲,并且还相应坚守不逾矩,后生小子怎能有异? 他们分明忽略了,孔子还说过"狂者进取",尽管只是一种有条件的肯定。然而正是这两句"圣人"的话,原本就潜藏理念上的自相矛盾。因为要进取,难免会逾矩,甚而非得逾矩不可。证之以古今中外相关人事,哪一样进取,或多或少,或显或隐地能离得开有所逾矩呢? 理念上缺少了辩证法,不敢正视这种矛盾,别人稍有逾矩就视为狂躁悖谬,其实是一种因循不化的顽固陋习。他们习焉而不察,径对杜甫施以恶评,今之人和后之人实无必要尽信他们。

不独此也,新、旧唐书的修纂者们历史观上也有局限性,他们忽略了社会历史宏观背景对每个人(其中自然包括杜甫)会产生的重大影响。杜甫生活于盛唐,以及唐王朝由盛转衰时期,他的性格必然打上时代烙印。接续唐太宗的"贞观之治",推演唐玄宗的"开元之论",大唐王朝的国力空前雄厚,俨然成为当时世界上的头号大国和头号强国,大国臣民心态和强国臣民心态便应运而生,杜甫以及别的进取者都因之而养成了睥睨天下、挥斥方遒的雄放气魄。那个时代又空前开放,多民族的交流和融通,更强化和激化了杜甫以及别的进取者崇尚独立、自由的文化心理。与之相错综,大唐盛世日渐深重的权贵腐败,穷兵黩武,乃至由之酿成的"安史之乱",以及由所有这些衰象乱象所造成的满目疮痍、遍地狼烟,则从另一向度上深化和异化了杜甫以及他的同类人的愤激情绪。杜甫的清狂,社会历史成因多维性地深植于其间,仅从个人看注定理不清。

又不独此也,杜甫性格的时代烙印,还直接与诗学领域的"魏晋风骨"热密切关联。从初唐陈子昂标榜"兴寄"、力挺"风骨"始开风气,经"初唐四杰"而至盛唐,包括李白、杜甫在内的大批诗人莫不以传承和弘扬"魏晋风骨"为自觉追求。魏晋六朝的曹植、阮籍、嵇康、陶潜、谢灵运、鲍照、谢朓、庾信等人的诗作诗风,广泛而深刻地熏染和陶冶了群星璀璨的盛唐诗人,激励他们的诗无论关注社会还是拥抱自然都竞相焕发生命活力。与其同时,魏晋六朝曹植等人性格共性当中率真、旷达、放诞的基因遗传密码,也不同程度地注入了盛唐诗人们的为人为诗个体生命中,李白如此,杜甫亦然。

杜甫生活在那样一个特殊时代,既有幸,又不幸,有幸和不幸合力交互,终铸成了他的清狂。而他的清狂反作用于那个时代,就决定了杜甫的人生轨迹和命运走向,并交相生发出杜甫的传世诗作的价值取向、审美选择、风格形成和艺术成就。

从这个意义上说,尽可以认定无狂即无杜甫,无狂亦无杜诗,无狂更无遑多论"诗圣""诗史"。

要确知杜甫,当从"狂夫"始。

"放荡齐赵间,裘马颇清狂"的游侠经历

"人之初,性本善。""人之初,性本恶。"孟子荀子,各执一端。他们说的性,不单指性格,但涵盖了性格在内。若按他们的说法看待人的性格,似乎主要由先天因素决定,后天因素是次要的。

其实不然。人的性格总会有一个养成过程,并不是从出生伊始就注定了,就恒定不变。先天赋予的血质、气质之类因素,的确属于人的性格的遗传基因,会对人的性格产生萌蘖作用。然而,恰如俗话所说,"一娘生九子,九子不一样",这种不一样就反映出遗传的基因无决定性。因此,对人的性格如何生成、如何演变,起决定作用的是生存环境、社会经历之类后天因素。

杜甫何以养成清狂为主的个人性格,自需要作如是观。

唐睿宗太极元年(712年),杜甫出生在河南巩县(今巩义市)城东二里瑶湾村一个官宦人家。其父杜闲曾任奉天(今陕西乾县)令,当时已三十余岁。其母姓崔,他出生没几年,母亲就去世了,没给杜甫留下多少深刻印象。关于性格的先天因素,已无从稽考。

然而,打从童年始,后天因素却是有迹可循的。主要见于他成人后的一些诗作。其次,也见于他所写过的一些文章。

唐玄宗开元二十九年(741年),时年三十岁的杜甫从山东回到洛阳,在首阳山下尸乡亭附近的窑洞中写过一篇《祭远祖当阳君文》,缅怀并颂扬他的远祖西晋当阳侯杜预:"圣人之后,世食旧德。降及武库,应乎虬精。恭闻渊深,罕得窥测。勇功是立,智名克彰。"他虔诚仰慕这位远祖,明确地表示"不敢忘本,不敢违仁"。

杜预是杜甫十三世远祖。三国末年,他任西晋镇南大将军,都督荆州诸军事,于晋武帝泰始元年(265年)灭吴战争中功勋卓著,为结束割据,恢复统一做出了贡献。灭吴后,他在江南兴修水利,发展生产,不仅当时政绩不俗,而且为后来东晋以及南朝时期江南地区的经济社会发展拓展了道路,奠定了基础。他还博学广识,对政治、经济、军事、律令、算术都有所涉猎,尤其是钻研群经,特好《左传》,所著《春秋左氏经传集解》三十卷为现存最早、最具权威性的《左传》注本,后人将其收入了儒家经典汇编《十三经注疏》中。允文允武,立德立功立言,杜预不愧为中国历史上一位践行"修身、齐家、治国、平天下"人生理想的卓越人物,自然成了杜甫终身崇敬不已、引为骄傲的宗族楷模。当而立之年,杜甫那样言辞铮铮、信誓旦旦地表明自己"不敢忘本,不敢违仁",宣示的核心,固然是支撑他整个一生的人生理想和道德愿景,但充溢其间的进取性志向,确乎也浸染了他性格的狂。

天宝九年(750年),时年三十九岁的杜甫写出《进〈雕赋〉表》,在祖述"自先君恕、预以降,奉儒守官"的同时,着重推崇了祖父杜审言:"修文于中宗之朝,高视于藏书之府,故天下学士到于今而师之。"并进而申诉,自己"幸赖先臣绪业,自七岁所缀诗笔,向四十载矣,约千有余篇",恳祈得到垂怜任用。

杜审言于高宗朝得中进士,武后时任著作郎、膳部员外郎,中宗朝因依附武氏权贵张易之而一度被流放,召武后授国子监,加修文馆直学士。人品不甚高,政治上亦无作为,但作为武后时的宫廷诗人,与李峤、苏味道、崔融合称"文章四友",后来与沈佺期、宋之问时相唱和,对律诗形式确起到过推进作用。杜甫把这看成诗学家传,后来有诗吹嘘"吾祖诗冠古"(《赠蜀僧闾丘师兄》),炫耀"诗是吾家事"(《宗武生日》),反映出他传承和弘扬诗学家风的自觉和自期,其间也渗入了引以为荣的自我狂傲。

值得充分注意的是,在《进〈雕赋〉表》中,杜甫居然直言不讳地表露出狂:"臣之述作,虽不足以鼓吹六经,先鸣数子,至沉郁顿挫,随时敏给,扬雄、枚皋,可企及也。"进而甚至说:"臣以为雕者,鸷鸟之殊特,博击而不可当,岂但壮观于旌门,发狂于原隰,引以为类,是大臣正色立朝之义也。臣窃重其有英雄之姿,故作此赋,实望以此达于圣聪耳。"那分明是在向唐玄宗表白,他杜甫本是一个雕一般的当世"英雄",不该让他年近四十还不得仕进,应该让他率登要津以尽"大臣立朝之义"。政治上的狂几近于妄,等闲罕有可比者,兴许孟子的"当今之世,舍我其谁"能开导其先河。

这两条文例说明,杜甫的家世对他滋生出狂有一定的影响。只不过,这种作用未必从他年幼、年少时就那样强烈,实际上是他成年以后历经积聚才日趋凸显的。其间确有演进过程,寓迹于他的诗里,而且多是后来追述,愈老愈明。摅其要者,除了上元二年(761年)在成都写的《百忧集行》略有勾画之外,集中再现在大历元年(766年)于夔州写的《壮游》《昔游》《遣怀》三首诗中。

《百忧集行》入题便写道:"忆年十五心尚孩,健如黄犊走复来。庭前八月梨枣熟,一日上树能千回。"他所回忆的,是他十四五岁的时候,还一派天真,充满孩子气。体质也壮,像头小黄牛,成天到处跑来跑去。到了八月间,庭前梨子、枣子成熟的时候,什么时间想吃就爬上树去摘,甚或还跟村野少年嬉乐也说不定。一个"能"字,表现出他并不是说一天之内真的上树达千回,而是他当时身手矫捷能够那样,自信、自豪溢于言表。那形象,纯

"狂夫"杜甫

全是一个狂野少年,狂野的性格自在其中。

出身诗礼世家、官宦人家的杜甫,其所以会十四五岁还是一个野孩子,起因于他的独特的童年。如前所述及,杜甫出生没几年,生母崔氏便去世了。继母卢氏生了些弟妹,虽未亏待他,却也管顾不了多少。父亲又游宦在外,童年杜甫在家里基本乏人照看,因而大多时间都寄养在洛阳仁凤里的二姑家里。二姑疼爱这个有娘生却没娘养的外侄,免不了溺爱纵容,只要没有习染品质上的坏习惯和大毛病,就将就他,任凭他无拘无束,自由自在。杜甫便因之得以较少受到儒教束缚,而能成天与村野少儿混在一起,奔跑游嬉,爬树摘果。这样的村野生活,极有利于纯朴其心灵,强健其体魄,冶炼其性格。由童年至于十四五岁,正是一个人的成长期,杜甫终生的狂,显然就根植于这一种成长期。

《壮游》一诗,杜甫从他的童年一直写到他的晚年,历来被认作他自传性的诗体回忆。"壮"字不单指壮年,主要以其因有的豪壮、壮阔之类字义,笼括他的生平经历、思想脉络和性格特征。"游"则具有双重涵义:一是指行止上的旅游;二是指人际间的交游,交游包含了交往和结交。在杜甫的壮游中,旅游是一个重要方面,但不是唯一方式;交游却是核心性内容,流动性地贯穿在他的人生经历当中。

在这首诗里,杜甫回忆童年和少年,仍是从十四五岁写起的——

> 往者十四五,出游翰墨场。斯文崔魏徒,以我似班扬。七龄思即壮,开口咏凤凰。九龄书大字,有作成一囊。性豪业嗜酒,嫉恶怀刚肠。脱略小时辈,结交皆老苍。饮酣视八极,俗物多茫茫。

与《百忧集行》不同的是,虽然都是回忆十四五岁的生活方式,但《百忧集行》专忆村野一面,这里专写文儒一面,各有其切入角度和展开层面。两面都直接关系到了杜甫的成长。如果仅有村野那一面,狂的性格成因倒是找到一个重要出处了，却难与诗人杜甫挂上钩。自古及今，那样的村野少年所在多有，单凭着村野之狂，即便资质再真，也未必能够进入美的天地，长而成为诗人，更遑论成为"诗圣"。还必须有文儒这一面亦即"翰墨场"陶冶，村野杜甫才能兼合文儒杜甫，并由文儒杜甫飙为诗人杜甫。

翰墨场指文场。杜甫十四五岁便接触文场了。并且一接触就给人以不俗印象，有如今人所形容的闪亮登场，引得当时当地的"斯文"人士，亦即文坛领袖崔尚、魏启心等人讶异不已，称赞他文才好似汉代的班固、扬雄。他也丝毫不故作谦虚推让之态，不但自以为是、当之无愧地全盘接受下来，抑且乘势而倒叙转去，申言自己七岁便怎么样了，九岁又怎么样了。所谓"七龄思即壮"，无异于说自己早在垂髫之年便颇有神童之概，诗思豪壮，逸兴飞扬。咏凤凰的诗，容当真是他的童真处女作，可惜早已散佚无存，无从考校。"九龄"句则是习书与习诗交相并举，自诩当年即字也写得好，诗也写得好，习书、习诗的纸质作品足以装满一大麻袋。崔魏之徒夸赞他，或许与对此已有所闻所见也有关联。杜甫年届五十五岁犹如斯回忆，反映出他对自己的早慧抱有十足的自珍，他的"老更狂"直通"少即狂"。

少即狂在继后的六句诗里，张扬得更加明显，更加直白。"业"是又的意思，他说他从少年时期起，就已然是既性情豪爽，又酷嗜饮酒，并且刚肠激烈，疾恶如仇。揆诸其后来毕生的为人处世，杜甫确实是那样的一个人，光明磊落，豪气纵横，得也在斯，失也在斯。性情豪爽的常态之一，就在于出入翰墨场十分任性，择人而交。"脱略"是轻易、等闲的意思，"小"在这里作动词用，是小看的意思，"时辈"则指当时当地混迹文场的一般平庸者。尽管年后于彼辈，他却自信才学过之，气质过之，对他们不以为意。他只结交那些年先于他，才学、气质也让他敬畏的先进们，亦即所谓"老苍"。一些注家将"老苍"归到高适、李白等人头上，毋宁指远了，杜甫要在十几年后才能结识"高李辈"，此处所指当是"崔魏徒"。就在这样因品别人、冷热有异的交游之间，"性豪"还要与"嗜酒"交汇发酵，更引生出一旦至于酒酣耳热，很容易血脉贲张,率性爆发,一半清醒一半醉,朦胧中扫视八极,什么都不再看在眼里,几近目空一切的心理狂热状态。"俗物"及于人,主要指"时辈","多茫茫"正是描状简直瞧不起彼等。

杜甫结识崔尚、魏启心等文坛领袖,地在洛阳,时在开元十三年(725年),那一年他十四岁。同一年段内,他还曾在歧王李范、秘书监崔涤宅内听过著名乐工(按今之称谓应叫歌唱家)李龟年唱歌。大历五年(770年),时年五十九岁、即将长辞人世的杜甫漂落长沙,写出过一首脍炙人口的《江南逢李龟年》:"歧王宅里寻常见,崔九堂前几度闻。正是江南好风景,落花时节又逢君。"无限感慨间,充分散发出他对十四岁时的那段忘年交谊耿耿在心,无论怎样时势迹迁、山水阻陋都未曾忘怀。而他这个人,自小便真率狂野,十四五岁便能同那样一些"老苍"交游,既备受赏识,又大开眼界,势所必至地就催生出他对个人才华的自信满满,自负满满。何况还有酒加温添热,他的自信、自负与对"时辈""俗物"的等闲小看,乃至对"恶"的深恶痛绝,同样势所必至地和而为一,愈来愈形成心理定式,简言之就是"清狂"的性格特征。

可以认定说,十九岁以前的未成年期,亦即古人所谓少年时期,今人所谓青少年时候,乃杜甫清狂性格的形成期。其所以形成,从小真率的个性特质固为内因,村野经历和文儒交游,特别是文儒交游则是外因。内因与外因浑然结合,就构成了自少即狂、老而更狂的"狂夫"杜甫。

不过,形成期不等同定型期,定型期更有支配性的决定作用。就杜甫而言,清狂性格定型期始于开元十八年(730年),他十九岁那年。那年洛阳遭遇洪灾,杜甫为避灾第一次远行,西去晋地郇瑕(今山西猗氏),结识了后来做过刺史的韦之晋、寇锡等人,虽然未留下诗酒佳话,却引生出了"行万里路"的人生兴趣。于是乎,从开元十九年至开元二十二年(731—734年),他远投东南,漫游吴越。开元二十三年(735年)返回洛阳,应贡举而不第后,再始游齐越,继游齐赵,一直到开元二十九年(741年)才重返洛阳,年届三十而与司农少卿杨怡的女儿结婚。结婚两年多之后,于天宝三年(744年)第四度远行,先游梁宋,再游齐赵,天宝四年(745年)秋才再返洛阳。排开第一次较短暂的晋地之游不算,只计吴越、齐赵、梁宋游,合起来足有十年以上。统谓十年壮游。十年间所游,何止万里路? 远不止于万里路的"行万里路",究竟让他新结识了一些什么样的人物,新增长了一些什么样的阅历,他都化成了《壮游》的乐章——

　　东下姑苏台,已具浮海航。到今有遗恨,不得穷扶桑。王谢风流远,阖庐丘墓荒。剑池石壁仄,长洲荷芰香。嵯峨阊门北,清庙映回塘。每趋吴太伯,抚事泪浪浪。枕戈忆勾践,渡浙想秦皇,蒸鱼闻匕首,除道哂要章。越女天下白,鉴湖五月凉。剡溪蕴秀异,欲罢不能忘。
　　归帆拂天姥,中岁贡旧乡。气劘屈贾垒,目短曹刘墙。忤下考功第,独辞京尹堂。放荡齐赵间,裘马颇清狂。春歌丛台上,冬猎青丘旁。呼鹰皂枥林,逐兽云雪冈。射飞曾纵鞚,引臂落鹙鸧。苏侯据鞍喜,忽如携葛强。快意八九年,西归到咸阳。

　　所引前一段,忆的是吴越之游。吴和越均为古国名。周初太伯居吴,其地在今江苏无锡梅里。至其第十九世孙寿梦,始兴盛称王,拥有今淮泗以南至浙江太湖以东地区。传至夫差,为越所灭。越国的始祖,相传为夏少康的庶子无余,封于会稽。春秋末,越王勾践卧薪尝胆,终灭吴称霸。至战国前期,越为楚所灭。后世吴越并称,用作地域名,泛指今江苏、浙江、福建以及上海的广大地区。这一地区内,秦朝即先后设会稽郡和吴郡,经三国时期东吴立国,尤其是经东晋及宋、齐、梁、陈数代经营,经济文化已然繁荣起来。成年伊始的杜甫,循着西晋末年、东晋初年中原地区衣冠南渡的足迹,从洛阳出发,乘船经广济渠、淮水、邗沟,渡江至江宁(今江苏南京),稍事停留便广游吴越。迥别于中原风光的吴越风光,丰沛的历史遗存和文

"*狂夫*"杜甫

化积淀,无不使杜甫生平第一次视野大开,心潮澎湃,受益良多,终生难忘。

姑苏台在今江苏苏州,相传是春秋时期吴王阖闾选址姑苏山(胥台山),积材五年兴建而成,特供春夏游赏之用。继位的夫差,又在台上另立春霄宫,与越国献的美女西施作长夜之饮。又开凿天池,泛青龙之舟,日携西施嬉游纵乐。还配建灵馆、馆娃宫,穷尽奢华,广积美女,放纵荒淫而疏忽国政。数年后越人伐吴,吴太子友兵败,特将此台付之一炬。时隔1100多年后,年轻的杜甫来到这里,再也看不到思慕已久的昔日姑苏台,只能凭想象沿着山间曲径登高极目。当其时,他追昔抚今,神思飞越,臆想出了由之向东,便能乘船浮海远航,直达扶桑之国日本。然而终究是一时憧憬,当时并没有付诸实践,所以"到今"写诗,未免仍"有遗恨"。

诗情激荡,诗绪腾挪,杜甫的回忆穿越时空,一会儿从先秦下跳至东晋,感喟"王谢风流远",一会儿又从东晋上跃至先秦,浩叹"阖闾丘墓荒",历史的苍凉感如大江东去,不舍昼夜。由史迹人事而眼前风物,眼前风物亦史迹人事,掰也掰不开,理也理不清。东晋时期的王谢两大名门世族,不是曾经出过不少风流人物吗?然而,都被风吹雨打去,延至而今安在哉!而今还能见证历史的,唯有阊门,即苏州北门。传说阖闾墓就在那里,其葬后三日,有白虎踞其上,故号称为虎丘,而今墓也早荒废了。虎丘山上倒还有剑池,池边倒还有石壁数丈,只不过,池和壁都太逼仄,哪里及得上昔日阖闾一世英雄的壮阔气宇?苏州城里还有长洲苑,苑内的荷芰仍能应时飘香,只不过,早已物是而人非,又何从寻王谢风流?这样的史迹人事、眼前风物交合感慨,贯穿在他后来的,特别是夔州期间的咏史、怀古、感物、写景诗中,容当可以认为,源头即在于斯。

史迹人事与眼前风物两相比较,杜甫的感性聚焦,主要总是在史迹人事上。因而接下来四句,追远直至吴太伯。《史记·吴太伯世家》记载:"太伯弟仲雍,皆周太王之子,而王季历之先也……季历贤,而有圣子昌(即姬昌,后之周文王),太王欲立季历以及昌。于是太伯、仲雍二人乃奔荆蛮……以

30

避季历。"这段文字说的是,太伯本是周之太王古公亶父的长子。古公亶父认为,他的三个儿子,亦即太伯及其二弟仲雍、三弟季历,以季历最为贤明,而且季历还给他生养了一个具备圣德的孙子姬昌,所以属意将权位传给季历及姬昌继承。太伯和仲雍都遵从了父亲意愿,一起避免权位之争,远走到当时尚属"荆蛮"之地的勾吴,后来成为吴国始祖。而周之权位一传季历,再传姬昌,果然促成了周之强大,终于取殷商而代之。太伯的行为,既体现了孝和悌,又反映出胸怀大局,公而后私,因之历来受人景仰。"清庙"即吴太伯庙,系东汉吴郡太守糜豹建于苏州的阊门外,"映回塘"犹谓光耀于后代。杜甫感佩太伯的正大德行,所以多次去拜谒太伯庙,并且"抚事泪浪浪"。这当中,分明寄寓着他的远眺先贤,自励道德。

其后四句诗,分用四个典,各有爱憎,各有寄托。

"枕戈忆勾践",典出于《史记·越王勾践世家》:"吴既赦越,越王勾践反国,乃苦身焦思,置胆于坐,坐卧即仰胆,饮食亦尝胆也。曰:'女(通汝)忘会稽之耻邪?'"亦即成语"卧薪尝胆"所指故事。勾践的卧薪尝胆,为的是灭吴复仇重振越国,与后之刘琨欲重振晋室心志相通,所以又化用了《晋书·刘琨传》的"枕戈待旦"一语。他欣赏的是,勾践那种挫不言败、愈挫愈奋和辱不表志、忍辱负重的豪壮胸怀、坚强意志。旁及于刘琨,因为刘琨也与因挫至吴的晋室相关,而且心志近似勾践。

"渡浙想秦皇",典出于《史记·秦始皇本纪》:"三十七年(前210年)十月癸丑,始皇出游……至钱塘,临浙江。水波恶,乃西百二十里,从狭(通峡)中渡,上会稽,祭大禹。望于南海,而立石刻颂秦德。"他没有计较秦政苛酷,单只着眼于秦始皇巡游的大气度,遥想那位"千古一帝"(明·李贽语)的壮阔心态和壮烈雄风。

"蒸鱼闻匕首",典出于《史记·刺客列传》:"伍子胥知公子光欲杀吴王僚,乃进专诸于公子光。光具酒请王僚,使专诸置匕首鱼炙之腹中而进之。既至王前,专诸擘鱼,因以匕首刺王僚,王僚立死。公子光遂自立为王,是为阖闾。"阖闾一作阖庐,闾、庐一音之转。他从公子光一变而成吴王阖闾,多亏了伍子胥推荐侠士专诸;专诸为报他和伍子胥的知遇之恩,不惜明知就死而不恤,鱼腹藏剑刺死王僚,为他夺王位排除了障碍。有注家认为,用这个典是举公子光以见太伯之不可及,恐怕并不靠谱。典里的主体,原本是专诸。杜甫用其典,属意在专诸。质言之,他是游吴越而闻专诸故事,对专诸的知恩图报、已诺必然、勇不畏死、为而有成的侠义品行由衷钦佩。扣住其中的"闻"字,对照下句的"哂"字,何解为当,了了分明。

"除道哂要章",典出于《汉书·朱买臣传》:

买臣家贫,好读书,担束薪行且诵书。妻数止买臣,买臣愈益疾歌。妻羞之,求去,买臣不能留……后数岁,买臣拜会稽太守。初,买臣尝从会稽守邸者寄居饭食。拜为太守,买臣衣故衣,怀其印绶,步归郡邸,守邸与共食。食且饱,少见其绶。守邸前引其绶,视其印,会稽太守章也。守邸惊,出语上计掾吏,陈列中庭拜谒。会稽闻太守且至,发民除道。入吴界,见其故妻、妻夫治道,买臣驻车,令后车载其夫妻到太守舍,置园中,给食之。居一月,妻自经死。

其中的"除道",指修缮道路;"要"与腰通,"要章"即是指腰间的印绶。朱买臣一旦当官,就对曾经救助过他的守邸者那样试探、显摆,特别是对前妻夫妇那样卖弄羞辱。并致其前妻上吊自杀,其庸俗、势利集于一身,简直与同为吴地人士、同为布衣出身的专诸品行殊途,判若云泥。杜甫用一个"哂"字归之,显见出与"闻"对举,对朱买臣其人其行甚为不齿。

然后的四句,杜甫浑若在追踪秦始皇,一路走进了浙东一带的佳山秀水,兴致一发而不欲收拾。在今绍兴城东南三十多里地的若耶溪畔,他借着丽日晴光,仿佛亲睹了光彩照人的越女西施,还在那里携伴浣纱。溪水沿着嶙峋有致的山石曲径,自北流入清澄幽静的鉴湖,天光云影间,依稀让人感到五月清风的微凉。而在今浙江天台县的天姥山，剡溪水灵，葱茏山秀，云蒸霞蔚，风景优美，又别是一番世外绝异。尽管他没像李白那样写出《梦游天姥吟留别》，但身游之际，他也做出了"蕴秀异"的评判。看到的写不尽，写到的赞不完，他为之神往，更为之思壮，只能以"欲罢不能忘"结之。

吴越之游长达四年多，其时正当杜甫进入成年期，天宝十年（751年）他在长安写的《进三大礼赋表》自谓"浪迹于陛下丰草长林，实自弱冠之年矣"，可见其自认何其重要。简言之，那是他人生的第一个进取性提升，所见所闻所感所思，无不充实和扩张了他后来的价值取向。同时，随见闻而思无蔽障、口无遮拦地点评历史，臧否前人，也显示和增益了他有胆有识的清狂个性。只不过从游的基本面来看，那一段游主要还是行止上的旅游，而不是人际间的交游。人际间的交游，亦即与时人的交往和结交要从所引后一段诗性追忆当中，才具实地展示出来。

后一段的前六句，忆及的是两次壮游间的一段人生经历小插曲，亦即时年二十四岁的杜甫，回洛阳参加进士考试，未能得中的事。"气劘"的"劘"读音mó，用义为迫近；"气劘屈贾垒"，意谓他应考之时气壮如牛，自认文章可与屈原、贾谊匹敌。"目短曹刘墙"，则是进一步申说，眼界甚高，直将睥睨曹植、刘桢。真的够狂啊。殊不知却是盛气文章不合时宜，"忤不考功第"，居然落榜。但他对之满不在乎，"独辞京尹堂"，不久又踏上了齐赵之游的壮游行程。

齐和赵，原本也是春秋战国时期的两个国名，其疆域在今山东东南部及河北南部一带，秦汉以降泛指地域名。杜甫落榜时，其父杜闲仍在世，在兖州（今属山东）担任司马一职。唐代州分上、中、下三等，兖州为中州，州司马官阶为正六品下，高于诸州的中县令，因而杜闲的俸禄，足以供给杜甫让他去逍遥。杜甫作为一个中间偏下级的"官二代"，虽然远不能企及权贵子弟，却也足以放心大胆地任性任意，"放荡齐赵间，裘马颇清狂"了。

兖州地处齐鲁大地，文脉悠久，名胜不少。杜甫在父亲身边，难得地清闲自在,曾经登上城南的城楼,极目望远,随兴寄慨,吟成了他传世诗作中最早一首五律《登兖州城楼》:"东郡趋庭日,南楼纵目初。浮云连海岱,平野入青徐。孤嶂秦碑在,荒城鲁殿余。从来多古意,临眺独踌躇。"其开阔的视野,博大的襟怀,与其后不久望泰山写的传世名篇《望岳》如姊妹篇,一望远,一望高,审美意象高度一致。同一时地所写的《房兵曹胡马》《鱼鹰》等诗,也反映出了与之同一的精神境界。但这些都还不是"放荡",其真正凸显放荡的诗产生于其后走向草泽民间、山庄旷野之时。

"春山无伴独相求,伐木丁丁山更幽。涧道余寒历冰雪,石门斜日到林丘。"这是杜甫《题张氏隐居二首》之与一位姓张的避世高人间的交往。他俩心气相通,一见如故,或则"远害朝看麋鹿游",或则"对君疑是泛虚舟",无牵无挂,情趣超然。他俩不时相聚,一相聚就把酒畅谈,兴高采烈之际还相互开玩笑。"杜酒偏劳劝",其意若曰,喝高的杜甫指着酒说,酒是杜家远祖杜康发明的,该我杜甫想怎么喝就怎么喝,哪里用得着你外姓人来劝?"张梨不外求",其意若曰,张姓高人也借潘岳《闲居赋》里"张公大谷之梨"一句的"张""梨"二字,醉眼蒙眬地对杜甫说,这是我老张家自产的梨,用不着别处去找,你就放开多吃一些解酒吧。临到头,不顾"前村山路险",年轻诗人谢绝了张姓高人的诚意挽留,自信和自足于"归醉每无愁"。如此散淡、高远的娱酒清狂,影响了杜甫后来大半生的诗酒人生,为其放荡的清远型体现。

同类的体现,还见证于他同时同地的另外几首诗中。如《刘九法曹郑瑕丘石门宴集》诗所谓:"掾曹乘逸兴,鞍马到荒林。""晚来横吹好,泓下亦龙吟。"如《与任城许主薄游南池》诗所谓:"秋水通沟洫,城隅进小船。晚凉看洗马,森木乱鸣蝉。"如《对雨书怀,走邀许十一簿公》诗所谓:"座对贤人酒,门听长者车。相邀愧泥泞,骑马到阶除。"尤其是如《夜宴左氏庄》诗所谓:"检书烧烛短,看剑引杯长。诗罢闻吴咏,扁舟意不忘。"联通了不难看出,杜甫正是在他与张、刘、郑、许、左等未留名的高人、达士的交往中,淘洗尽了考场失意,更强化了高洁卓荦、旷达不羁的个性资质。而嗜酒任性,酒逢知己千杯少,也因之而将他引向与李白一路的"痛饮狂歌""飞扬跋扈"。

但是所有这些人和事,对杜甫而言,都赶不上和比不过与苏源明相识相交。正因为如此,"放荡齐赵间,裘马颇清狂"两句十个字只是概写,将这些人和事都涵盖其间了,继后的八句从"春歌丛台上"至"忽如携葛强"才是实写,并且专属于苏源明一人。

苏源明初名预,字弱夫,京兆武功(今属陕西)人,《新唐书》有传,在天宝年间颇有诗名。杜甫于开元二十四年(736年)结交他时,他正任兖州监门胄曹,一个下级小吏。但正如杜甫三十年后在夔州所作《八哀诗》第六首《故秘书少监武功苏公源明》所述,苏源明是一个"武功少也孤","读书东岳中,十载考坟典"的志学者,是一个"庶以勤苦志""学蔚醇儒资"的真君子,还是一个壮年出仕之后,身陷安史祸乱,不畏生死,不受伪职,气节嵚崟磊落的人,窭老终身,以至饿死。杜甫痛悼亡友,谓之"结交三十载,吾与谁游衍",大有为举世无二的挚友之概。《壮游》忆齐赵之游,独举苏源明一人,依稀透露出这样的讯息。

诗里的"丛台"在邯郸(今属河北)城里面,相传为战国时期赵国所筑,数台相连,煞是壮观。春风骀荡的大好日子,两位诗人结伴登临,引吭高歌,该是何等的豪气干云,心旷神怡。"青丘",有注家说为齐景公曾游猎过的地方,不靠谱(《晏子春秋·内篇谏上》记明"景公游于麦丘");还有注家将其与"皂栎林""云雪冈"合指为齐国地名,也会错意了。当是泛指齐赵境内满目苍翠的山冈原隰(《望岳》之所谓"齐鲁青未了"),与"丛台"的特指相对应,两位诗人冬季游猎更加惬意。当是时,雪纷纷,风飕飕,他俩却忘情物外,心炽胜火,犯雪冲风,纵马飞奔,时而呼唤猎鹰掠过皂树、杨树林搜寻猎物,时而驱放猎狗跃过雪压的山冈追捕猎物。他俩也都身手不凡,纵马疾驰间,弯弓搭箭,引弦急射,不时有斩获,"射飞曾纵鞚,引臂落鹙鸧"的写照极为生动传神。及至撒欢够了,纵乐够了,方才驻马相顾。"苏侯"的"侯"是

"狂夫"杜甫

对人敬称,"据鞍喜"话出了苏源明的即时神态。"葛强"为晋时山简爱将,此借代杜甫,意谓在当时"据鞍喜"的苏源明眼里,杜甫浑若他携带的葛强。这两句诗似白实文,言近旨远,主要彰显出了杜甫心目中的"苏侯"老大哥豪壮形象,再则暗寓着杜甫对自己的孔武矫健的怡然自得。归结于放荡,当是激越型体现。

清远也好,激越也好,无非外在形态有所不同而已,内在实质却是一样的,都属性格上的任性任意、无拘无束,只不过后者更为狂放不羁罢了。而任性任意、无拘无束,作为一种性格特征,自先秦始便谓之为"侠"。《说文解字》解"侠"字,始说"侠,俜也",继说"俜,使也"。桂馥义证说:"使也者,读如使酒之使。"可知"因酒纵性"就是"使",倒推转去"纵性"就是"俜"和"侠",拙著《先秦大侠义》即已曾辨之甚明。而侠气性格一旦与侠义价值和合为一,那样的人便是中华民族传统文化所称的侠士。再进一步,如《史记·游侠列传》裴骃集解引荀悦说"立气齐,作威福,结私交,以立疆于世者,谓之游侠",游侠则是个体的侠经历交游而成为群体的侠。

唐代是一个侠义大张的奇崛时代,不仅产生过大量武侠,而且出现过不少文侠。晚清时期的"通儒"邓绎,在其《藻文堂谭艺·三代篇》中精确指出:"唐人之学博而杂,豪侠有气之士多出其间,磊落奇伟,犹有两汉之遗风。而见诸文辞者,有陈子昂、李白、杜甫、韩愈、柳宗元之属,堪与谊、迁、相如、扬雄辈相驰骋而上下。"可见,杜甫是唐代文侠群体的一个重要代表。他自幼在村野、文场所养成的任性、好强、自负而又豁达的个性即已充盈侠气,一旦经吴越之游追仰过专诸、刘琨等的侠义风骨,进而在齐赵之游中又与苏源明等同心相印、同气相求地交游砥砺,他的清狂也就提升为游侠之狂。

齐赵之游期间,开元二十七年(739年),杜甫在汶上(今属山东)还曾首度与年长他十二岁的高适相遇,并且与之相交游。当时的高适正落魄潦倒,遁迹草泽,满胸臆的怀才不遇和愤世嫉俗,时不时呼朋唤友,纵饮狂歌,因而与杜甫能一见如故。后来相继入蜀，杜甫在成都草堂有作《奉寄高常侍》，回忆到"汶上相逢年颇多，飞腾无那故人何"的往事。然而正是在蜀中时段，"厚禄故人书断绝"，令杜甫不能不有所失望。所以时隔多年写《壮游》，于齐赵段独存苏源明，未及高适。

尽管如此，杜甫毕竟是一个达观而且厚道，比高适远为看重贫贱之交，并且尊重事实的人，所以在与《壮游》同期写的《昔游》《遣怀》两诗中，仍将高适和李白并举作了回忆。回忆的主要对象虽是李白，却终究未掩高适。唯其如此，《昔游》《遣怀》实为《壮游》诗的续篇，既有补充，更有完善。

《昔游》开篇便写道："昔者与高李，晚登单父台。寒芜际碣石，万里风云来。桑柘叶如雨，飞藿共徘徊。清霜大泽冻，禽兽有余哀。"临结还写道："不及少年日，无复故人杯。赋诗独流涕，乱世想贤才。"

《遣怀》首先写了："昔我游宋中，惟梁孝王都。名今陈留亚，剧则贝魏俱。邑中九万家，高栋照通衢。舟车半天下，主客多欢娱。白刃雠不义，黄金倾有无。杀人红尘里，报答在斯须。"继而写道："忆与高李辈，论交入酒垆。两公壮藻思，得我色敷腴。气酣登吹台，怀古视平芜。芒砀云一去，雁鹜空相呼。"结末还有悼亡之叹："乱离朋友尽，合沓岁月徂。吾衰将焉托？存殁再呜呼！"

两诗互补，显然是忆梁宋之游。

杜甫结束齐赵之游后，于开元二十九年（741 年）回到洛阳，正三十岁。洛阳以东的偃师县（今市属河南）西北二十多里首阳山下，有陆浑庄，其远祖杜预和祖父杜审言都葬在那里。他在那里修建了几间窑洞，打算安定下来，后来诗中常提到的"偃师故庐""尸乡土室""土娄旧庄"皆指其处，"青春作伴好还乡"的"乡"也是指其处。他还在那一年，与司农少卿杨怡的女儿结婚，那是当时世俗人家、官宦人家悉皆罕见的晚婚。夫妻恩爱，相偕白头，若不是天宝三年（744 年）结识年长他十一岁的李白，很难说，会不会别妻离家，又有梁宋之游。

"狂夫"杜甫

李白早就以诗扬名,声震朝野,四十二岁终为当朝召入长安,供职翰林。但好景不长,仅一年多,便被玄宗降旨放还,其时恰在天宝三年。当年的四月,李白漫游到东都洛阳,时年三十三岁的杜甫获得机会与他相见了。当时的杜甫尚未成为著名诗人,却与李白一样地有志难伸,有才难用,满腹牢骚,抑郁寡欢,因而心气相通,一拍即合。杜甫于李白,分明是后进遇先进,崇拜之情难以遏止。李白要转往梁宋一带游历,邀杜甫同往,是顺口一句话,还是极力相邀,殊不可知,反正杜甫就应承了。于是乎,也就诞生了他的第一首《赠李白》——

二年客东都,所历厌机巧。野人对膻腥,蔬食常不饱。岂无青精饭,使我颜色好?若乏大药资,山林迹如扫。李侯金闺彦,脱身事幽讨。亦有梁宋游,方期拾瑶草。

"方期拾瑶草",吐露了杜甫梁宋游的交游动机,那就是要抓住机会,结交李白那样的人作朋友,以期自己的德才受其熏染,朝着正方向升华提高。就交友原则而言,理论表述始出自《论语》所记,孔子曾经一再强调过的"无友不如己者"(《学而》《子罕》)。不要交不如己者,反过来说,就是要交如己者,尤其是交胜于己者。如己指的是心志相通,意气相投,才情相近,即通常所谓志同道合,胜过也主要着眼于德才。杜甫一向注意"无友不如己者",交游似随便,实慎重。成年前的"结交皆老苍"即见端倪,齐赵之游与苏源明结成为莫逆之交更见发展,此番不情别离结婚未久的妻子,响应李白的邀约出游梁宋,尤其显得真诚执着。

诗里所涉的梁宋或者"宋中",地在今河南的高丘市一带。据《汉书·梁孝王传》记载,西汉文帝年间,其少子刘武曾经徙封于梁。传称"孝王筑东苑,方三百余里,广睢阳城七十里"。东苑又名梁苑、梁园、菟园。扩大了的睢阳城内,大治宫室,宫室间有宽阔的道路连接,道路的终端直抵最高建筑

——平台。由两汉至六朝,睢阳古县称梁国、梁郡。隋朝改称宋州,治所称宋城,址在今商丘南(今商丘市睢阳区)。唐天宝元年(742年)改宋州为睢阳,后仍复旧名。李白的从祖李彦允时任陈留采访使,陈留郡,治在汴州,即今开封市,大范围属梁地,所以李白要去梁宋之地游历。恰逢杜甫的继祖母在陈留郡去世,杜甫便与李白约定,忙完丧事后便去会合,一起出游。

太巧了,天宝三年秋杜甫去梁园见到李白,二人结伴往王屋山访华盖君,因华盖君已死而返回梁园时,高适也在那一带活动。杜甫与高适二度相遇,李白也欣赏这个比他年长一岁的朋友,于是乎三人相偕同游。

"昔者与高李,晚登单父台。"单(shàn)父台在今山东单县;今山东单县位于今河南商丘东北,相距不过一两百里。相传孔子的弟子宓子贱曾任单父宰,任内鸣琴而治,礼乐化人,后人思之,乃名其台为琴台。高、李、杜三位朋友就近慕名,自然要去游览和登临。高适《宓公琴台诗序》说:"甲申岁,适登子贱琴台,赋诗三首。"甲申岁为天宝三年,可证其时。"晚登"的"晚",是指岁末,即天宝三年冬。"寒芜际碣石"至"禽兽有余哀",都是登台望远的所见所感。寒风凛冽中,平芜一望无尽,其势似可以远达碣石;但碣石远在昌黎(今属河北秦皇岛市),他们未必真的能望见,"际碣石"的"际"多半是他们神思所际,其间涵纳了对汉武刻石、魏武挥鞭的思古之幽情。

"昔我游宋中,惟梁孝王都。"同样是追忆曾与高李一起游睢阳城旧都,发过思西汉梁孝王之幽情,但仅是引起而已。他们当年注意的,主要在他们所处那个当下,那个"宋中"。三、四两句说,尽管自汉及今此"都"都有"名",却已"今"非昔比,只能算是"陈留"即汴州的流亚了,其后用一个"剧"字有深意藏焉。剧者,甚也,极也。与贝州(在今河北清河县)、魏州(未详)相比,在两个方面都很一样。一方面,如"邑中九万家"至"主客多欢娱"四句所描述,时下"宋中"仍然一派都市繁华,时尚奢华。另一方面,如"白刃雠不义"至"报答在斯须"四句所描述,时下"宋中"的民风剽悍,殊难治理。两个方面都是"剧"的突出反映,因而引起了三位诗人的高度关切。从中透

"狂夫"杜甫

现出,彼时彼际的杜甫、李白、高适,同游过程当中绝非只是耽于游山玩水,探幽怀古,而是同时还十分关注现实,包括关注社会经济和民生民风。

其间,关于民风的四句需要准确认知。《史记·货殖列传》早就指出过:"郑卫俗与赵相类,然近梁鲁,微重而矜节。濮上之邑徙野王,野王好气任侠,卫之风也。夫燕亦勃碣之间一都会也,南通交赵,东北边胡……大与赵代俗相类,而民雕捍少虑。"其所指疆域,广及先秦直至汉初的郑卫、齐赵、梁鲁等地,大略相当于今之河北、河南、山东,唐之梁宋自在其内。所谓"燕赵自古多豪侠",即因缘那种历史积淀而来,"宋中"民风如斯一点不足为怪。《新唐书》各人本传中说,高适"少落魄,不治生事,客梁宋间",李白"喜纵横术,击剑为任侠,轻财重施",杜甫"少贫不自振,客吴越齐赵间",长时间地浸染于那样的民风中,即便并不非要"杀人红尘里"不可,也必然会出自价值认同而增长豪侠之气。"黄金倾有无","报答在斯须",在李白和杜甫后来的人生中都不鲜见。

八年后的天宝十一年(752年),高适已入河西节度使哥舒翰幕府任掌书记,杜甫作《送高三十五书记十五韵》相赠,有句称"高生跨鞍马,有似幽并儿"。前一句直写高适马上英姿,后一句用典曹植的《白马篇》:"白马饰金羁,连翩西北驰。借问谁家子,幽并游侠儿。"得出那样的游侠印象,显然发脉于与高适的两度交游,特别是后一度梁宋之游中的"宋中"民风体认。还有句称"脱身簿尉中,始于捶楚辞",则指的是高适曾任封丘县尉,曾作《封丘县》诗抨击为吏之苦:"拜迎长官心欲碎,鞭挞黎庶令人悲。"既不甘,更不齿,因之而有"乍可狂歌草泽中,宁堪作吏风尘下"的大感慨。杜甫初遇高适时,正值高适"脱身簿尉"而遁迹草泽不久,定然听高适切齿痛陈过,所以印象十分深刻。后来杜甫《官定后戏赠》诗谓"不作河西尉,凄凉为折腰",《去矣行》诗谓"野人旷荡无覬颜,岂可久在王侯间",无不折射出高适《封丘县》对他影响之深之大。回溯之前也证明了,在两度交游当中,杜甫与高适是心志相通、意气相投的。

杜甫作为三人中的小兄弟,对两位老大哥的艺术才华由衷佩服,因而写到"忆与高李辈,论交入酒垆",特别点赞"两公壮藻思,得我色敷腴"。"壮",这里是以动用法,即以什么为壮,以什么而卓尔不凡。"藻思"犹如说华美的文思。陆机《文赋》谓"或藻思绮合,清丽千眠;炳若缛绣,悽若繁弦",即多视角地讲文思华美。华美的文思既包含风格,又包含情采,合起来指出审美特色。杜甫认为高李两公共同的审美特色,就在雄放壮美臻于卓尔不凡上。至于"敷腴",乃是形容神采焕发的样子,用例见鲍照《拟行路难》之五:"人生苦多欢乐少,意气敷腴在盛年"。"得我色敷腴","得"的主体仍然是高李两公;其意若曰,两位老大哥因为得到我这小兄弟,"论交入酒垆",把酒论诗文,颜色都显得极神采飞扬。究其实,一样"色敷腴"了的,何尝没有杜甫自己? 甚至"壮藻思",他也在其间。"壮游"之壮,呼之欲出。

"气酣登吹台,怀古视平芜。"因为《遣怀》回忆点在"梁孝王都",这里的"吹台",容当即是前文提到的平台,又称吹台、繁台、雪台。虽然这两句诗紧承着前引四句,却不一定是同一次酒后发生的事,而是三人同游"宋中"若干次的酒酣耳热、兴致淋漓、乘兴出游、登高怀古当中的一次。有注家说吹台在今之开封,于情理也通,尽可兼存。继后"芒砀云一去,雁鹜空相呼"两句,可证所游地在多处。因为"芒砀"乃芒山、砀山两山合称,址在今安徽砀山县东南,与今河南永城县接界,距宋中一百余里。《汉书·高祖纪》记载,刘邦曾犯事"亡匿,隐于芒砀山泽岩石之间","所居上常有云气"。自刘邦为帝后,那里便空寂无人,空有雁鹜相呼而已。高李杜三人未必是在吹台之上望见过芒砀山,很可能是结伴到芒砀山凭吊过,甚或在那里还曾射猎过。

"芒砀云一去,雁鹜空相呼",容或还可以做另外一种解读。那就是,据实明写当中,还兼有隐喻。所隐喻的是,他们特定三人的同游从兹画上句号,再也未能重得其快,有如只剩下雁鹜的空相呼唤。史实业已确证了自那之后他们有同有异的人生轨迹。因为盛唐成就卓著的诗人中,他们都保

"狂夫" 杜甫

持了"壮藻思"的审美共性,却又各有其艺术走向和风格特色。更重要的区别是,同为素怀济世之志的侠士,高适渐次从布衣之侠转换成为卿相之侠,从地方军团政要员一直做到散骑常侍,成了盛唐诗人中官职最高的人;而李白也好,杜甫也好,虽然也与官场短暂沾过边,却一直未能融入其间,因之一直保持着民间立场,布衣之侠的本色不改。社会地位的相差悬殊,再加上个人德行有异,终于导致了高适与他们渐行渐远。

杜甫与李白并没有渐行渐远。第二年秋天,三十四岁的杜甫再到兖州(天宝元年改称鲁郡),重游齐赵,第三度与李白交游。当时李白的家小寄住任城(今山东济宁),有一些田产,邀请杜甫前去相会。挚友重聚,倍极欢洽,把酒豪饮,促膝夜话,谈宴高歌,登览访友,共同度过了一段比头年梁宋之游更知心的日子。

他俩曾一起拜访一位姓范的居士。李白为之有《寻鲁城北范居士失道落苍耳中见范置酒摘苍耳作》一诗,记述了他俩是在一个"雁度秋色远,日静无云时"的日子里,相携入山寻访那位"闲园养幽姿"的范居士,歌唱了他俩在范居士隐所"风流自簸荡,谑浪偏相宜"的颠狂体验。杜甫也作了《与李十二白同寻范十隐居》一诗,诗里也呼应了此番同游"入门高兴发",但起首六句却是盛情称赞李白,由衷描述他俩之间胜似骨肉的真挚友谊:"李侯有佳句,往往似阴铿。余亦东蒙客,怜君如弟兄。醉眠秋共被,携手日同行。"结尾四句还表达了:"向来吟橘颂,谁与讨莼羹?不愿论簪笏,悠悠沧海情。"其间连用了四个典故,即屈原《橘颂》的受命不迁,行比伯夷,张翰思吴中莼羹,人生贵适志,江总诗"簪笏奉周行",吾丘寿王论"东越沧海",传达出了他与李白同心相印、同气相求的高洁志趣。只不过,第三典讲不屑富贵求官,第四典讲民思物外之游,多属杜甫访范居士后的一时起兴,并不像李白那样当真倾心。

证据就在二人分别时,杜甫写了拷问"痛饮狂歌空度日,飞扬跋扈为谁雄"的那首《赠李白》。开头两句"秋来相顾尚飘蓬,未就丹砂愧葛洪",就已然明白说出，尽管他也曾那样一时起兴，却不愿意与李白一样炼丹学道，超然世外。他的济世志比李白更强烈，而且尚未受过李白那种挫折，因而尽管颇享受同在一起"痛饮狂歌""飞扬跋扈"，一旦冷静下来，尤其临别之际，还是要直言忠告李白，不要总是"空度日"，要想一下"为谁雄"。言下自然有另外一层意思，就是坦荡地宣告，自己要了结"空度日"的状态，去寻求解决"为谁雄"的人生价值大问题的途径了。如此直言不讳，如此坦荡无欺，本身就体现出了知己之间才能有的交友之道，同时也要具备清狂性格特征的真君子如杜甫者才能那样地对待知己之交。

李白同样坦荡待友，非但没有视杜甫的忠告为逆耳狂言，还写一首《鲁郡东石门送杜二甫》为之壮行："醉别复几日？登临遍池台。何时石门路，重有金樽开？秋波落泗水，海色明徂徕。飞蓬各自远，且尽手中杯。"情深意切，煞是感人。自从天宝四年秋天那一别之后，杜甫与李白天各一方，再也没有机会相聚，没能重拾"登临遍池台"，实现"重有金樽开"。

当李杜长别之前，传说李白有一首《戏赠杜甫》的诗："饮颗山头逢杜甫，头戴笠子日卓午。借问别来太瘦生，总为从前作诗苦。"既往即有人怀疑是伪托，窃以为果真很可疑。倒不是要强为尊者讳，以为李白不会写出那种嘲弄性的诗，从而显得对杜甫友情薄。就个性而言，李白比杜甫在狂放上更表现得大套大拿，年龄也长杜甫十一岁，并且诗名早耀，不像杜甫其时尚没有出名，因而对杜甫戏谑嘲弄一下也是有可能的。那样的戏谑嘲弄，非但无伤大雅，抑且在两个都清狂的知心朋友之间，更见友情真淳，无拘无束。问题不在那里，而在诗意所涉，与壮游期间的杜甫不符。第一，李杜不是偶然相逢。第二，无论游梁宋，游齐赵，时令都不需要杜甫头戴斗笠。第三，当年的杜甫体魄犹健，决然不是什么"太瘦生"。第四最关键，壮游期间杜甫作诗还处在率性而为阶段，诗风雄放，远不是后来的"晚节渐于诗律细""吟安一个字，捻断数茎须"，无"苦"可言，更遑论还是"从前"。

纵或硬是要认定李白写过《戏赠杜甫》，也丝毫无伤李杜友情，无伤这

"狂夫"杜甫

一段中华诗史上最瑰奇的传世佳话。李白和杜甫,都因为性格清狂(当然还有别的多方面的原因),招致为当世所不能容,这是他俩的人生的不幸。然而另一方面,两位执着进取的狂者交游知遇,互相影响,互相激励,从主体性格决定作品风格(如前所述,不限于此)的特定意义上助推造就了一位"诗仙",一位"诗圣",却既是他们个人之幸,更是中华民族之幸。不是小幸,而是大幸。大幸的机缘以及载体,就集中在杜甫的十年壮游,特别是与李白交游。

李白是杜甫游侠经历中所结交的最重要的知己朋友。人生得一知己足矣。更何况,最重要之外,杜甫还结交了诸如苏源明那样的,更多的知己朋友。好多知己朋友,乃至够不上称知己的若干朋友,终生难忘友情却成了后之杜诗题材之一。与之相伴生,"壮藻思"的审美取向,以及壮游过程所积累的社会、历史、人文、自然等诸多所见所闻、所思所得,更成为后之杜诗创作的参照系。清狂性格的因之定型,对杜甫而言,尤其是不可忽视的决定要素。

总而言之,以游侠经历为精神内核的十年壮游,既成就了"狂夫"杜甫,又成就了诗人杜甫,一而二,二而一。中华诗史上终至跃生出"诗圣"杜甫,多靠十年壮游的奠基。

"会当凌绝顶，一览众山小"的凌云壮志

杜甫传留至今的一千四百多首诗，排序第一的是五古《望岳》——

岱宗夫如何？齐鲁青未了。

造化钟神秀，阴阳割昏晓。

荡胸生层云，决眦入归鸟。

会当凌绝顶，一览众山小。

据其《进〈雕赋〉表》所说："臣幸赖先臣绪业，自七岁所缀诗笔，向四十载矣，约千有余篇。"进表之天宝九年，杜甫年三十九岁，故而可称"向四十载"。"诗笔"包括诗与文，"千有余篇"中，诗理当有八九百首。其中最早的诗，当为《壮游》所谓"七龄思即壮，开口咏凤凰"那首咏凤凰诗。然而，今传杜诗属于他三十九岁之前作的不足百首，说明大多数都没有留下来。是他个人悔其少作，不愿留下来，还是未能传开，没有留下来，已难考证清楚。

"狂夫"杜甫

唯独《望岳》，不仅他自己愿意留下来，作为传世的最早一首诗，而且历代编杜诗者，选杜诗者，几近无一例外地将其位列于卷首，可就值得用心品味。

单就诗论诗，《望岳》不啻一首观景写意诗。从形式上看，格近五律而实非五律，句中时见平仄未谐，只一味纵意遣词，自由挥洒，因而属于多对仗的一首五古。从内容上看，是从远处望东岳泰山，由望而及泰山大观，由大观所见之景而抒写胸中之意，起于直觉而结于倾吐。整首诗妙在气骨峥嵘，体势雄浑，语义警拔，洋溢着兼容物我、挥斥八极、浑融无碍的豪壮情怀。

起始两句一问一答，警奇破题。泰山在今山东泰安市境内，高一千五百多米，总面积四百多平方公里，初名岱山，世称东岳。尽管其高不及北岳恒山，奇不及南岳衡山，雄不及中岳嵩山，险不及西岳华山，但凭着地在齐鲁的人文优势和自然优势，历来被尊为五岳之首，故称"岱宗"。"夫"是一个指示代词，相当于现代汉语的"它"，缀连着名词"岱宗"，再拷问"如何"，相当于问岱宗它的气象气势怎么样。一个"青"字，凸显出首先着意的景色，泰山所固有的青葱苍翠之色。"未了"，亦即其色没完没了，殊难望断。用浦起龙《读杜心解》的话来说，其势就是"越境连绵，苍翠不断"。那样的一种难望断的青葱苍翠之色，纵横泽被齐鲁大地，甚或还可能越出齐鲁之外，就形成了杜甫望岳的第一印象。纯属直观而得，雄阔之意顿生。

三、四两句推进一层，仍是写望，由总体印象中的山色宏观大势，进一步伸向望眼所及的山色中观变幻。不同之处在于，不再是言青，而是言阴阳昏晓对照性的景象示现。而在第四句着重言景象示现之前，第三句还承转性地对由宏观至中观的山色奇丽之所由生做出了一个主观意向判断。"造化"本义指天地化育之功，按现代语义，可以释为大自然的鸿钧伟力。"钟"，意思是结聚集中，即钟灵毓秀的意思。"神秀"即指山色奇丽。"造化钟神秀"合为主观意向判断，上承宏观性的"齐鲁青未了"，下转中观性的"阴阳割昏晓"，意谓所有一切山色奇丽都源自天地造化。举凡是山，背日面为

"阴",向日面为"阳"。阴面山色相对暗弱,如时之向昏,故形容为"昏";阳面山色相对明亮,如时之已晓,故形容为"晓"。一个"割"字,准确而且峭刻地言状出了造化对于山色奇丽变幻的分割造就之功。

五、六两句再推进一层,依旧是写望,所望却由山色而拓展到天光,并且一致地指向"归鸟"的微观。第五句的警奇处在于,分明欲言的是因为远望见了山色之上的天光云影,客体性的白云如山如海,富于层次变化,引生出了主体性的心胸为之开豁,意气为之激荡,却硬是不肯依序直写,偏要反主御客地曲写为是诗人自己的心胸开豁和意气激荡,催生出了那样的层云奇观。第六句则由大片的云,指向了小群乃至单只的鸟,意味着望更细更专。"决"是裂开的意思,"眦"指人眼角,"决眦"形容极力地大张开眼,纵目细望。望见的是"归鸟",表明望岳时间甚长,已经接近飞鸟归林的时刻。更主要的是,用一个"入"字活画出了望得何等专注,何等入神,不只是目随鸟去,而还是恍若诗人自己的神思已经化入了归鸟,心心念念要随它们一同归去。寄寓其间的,毋宁有着即时即景油然而生的致远之意。正由于如此,结尾的两句才得夺腔而出。

结尾两句不再写望岳本事,而是写此番望岳所激发的,以后必将登岳绝顶的决心和憧憬。"会当",就是合当,就是定要。"凌",意思是高升、登临,如张衡《东京赋》所谓"然后凌天池,绝飞梁"。"绝顶"指山的最高峰。杜甫此番望岳而时至飞鸟归林,要登临泰山的最高峰自然不可能了,但是,己之意未了犹如山之青未了,他决计要留待他日。决心既定,他就憧憬出他日凌绝顶的预期兴会来:独自兀立于泰山绝顶,披襟临风,极目四望——不再是远望、仰望,而改作俯瞰,将可以望断山色之青,让齐鲁大地内外的其他所有高低错落的山峰都拜伏在自己的脚下,变得分外卑微渺小。那是一种何等雄壮的天人相合情境!那是一种何其高远的人生兴寄图象!全诗观景写意,至此已凌绝顶。

晚年杜甫写过一首《又上后园山脚》诗,今昔对比而有所追忆:"昔我游山东，忆戏东岳阳。穷秋立日观，矫首望八荒。"从中看得出，当年他是将决心化作行动，真的登上了泰山绝顶的。只可惜未曾留下诗来，使后之来者无法对比《望岳》，切实体味他是如何体验一览众山小的。

在杜甫写出《望岳》之后七年，李白游泰山，曾经写出过《游泰山六首》。其中一首写的登日观峰的感受："平明登日观，举手开云关。精神四飞扬，如出天地间。黄河从西来，窈窕入远山。凭崖览八极，目尽长空闲。偶然值青童，绿发双云鬟。笑我晚学仙，蹉跎凋朱颜。踌躇忽不见，浩荡难追攀。"其中"精神四飞扬"至"目尽长空闲"六句，都是写的极顶纵目的所见所感，与杜甫的登极憧憬比较接近。但无论是这六句，还是整首诗，较之杜诗"会当凌绝顶，一览众山小"的审美意象和人生情怀，应当说是都差了档次。

其实何止李白，就是遍数自古及今写过泰山的诗人，有谁写泰山的诗堪与杜甫这首《望岳》一攀伯仲？赶不上，比不过，固然远不足以论诗人高下，但《望岳》的卓尔不凡，从小的比较中尽可显现出来。其所以会成为传世杜诗第一首，除时序因素外，其审美意象和人生情怀之高容当至为关键。

但是，解读《望岳》，不宜将它仅定位于观景写意。它更是一首书怀言志诗。依据就在于，结句"一览众山小"，分明用了《孟子·尽心上》所谓孔子"登东山而小鲁，登泰山而小天下"那样一个典。而且杜甫之用那个典，不是触景生情，顺势赞美孔子，而是骋意抒怀，乘兴夫子自道。

要破解其中奥秘，须回顾杜甫壮游齐赵的由来。

前一章里已提及，杜甫游齐赵之前，刚经历过考场失意。那是在开元二十三年，时年二十四岁的杜甫结束吴越之游，返回河南老家，然后参加了生平第一次，也是唯一一次进士考试。那是他在政治上求进取的第一次尝试，满以为凭着个人才华，保准能够一试得中，殊不知却失败了。

中国历史上的科举考试制度，始于隋，兴于唐，经宋元一直流变到明清。较之既往魏晋南北朝的九品中正制，以及更早的两汉辟召制度，实行科举是一个重要进步。唐代科举分常科和制举两个类别。常科考试有秀才、明经、进士、明法、明字、明算等多种科目，最受重视的是明经和进士两科，每年均由礼部定期举行考试，参考人员是生徒和乡贡。进士和明经都要考三场，第一场试帖经，第二场试诗、赋各一篇，第三场试经义，每考完一场就张榜公布通过者及淘汰者。每年报考应试者常达二三千人，最后通过者一般都不到百分之一。考明经难，考进士尤难，所以有"三十老明经，五十少进士"的民谚。但自报科目，公开竞争，择优录取，落榜后还可以多次再应考，非权贵子弟也因而有了进身之阶，一旦进士及第便能像孟郊《登科后》诗所写那样"春风得意马蹄疾，一日看尽长安花"。制举考试则由皇帝不定期举行，其旨在选拔"非常人才"。以此，欲求仕进者又多了一条进取之路。而唐王朝亦因科举而广延人才，如《通典·选举》所载，唐太宗在端门见到新科进士鱼贯而出，欣然说出了"天下英雄尽入吾彀中矣"的话。

杜甫是以乡贡身份入京参加进士考试的。凡乡贡，都是先由乡里保荐，再经州县甄选出来的人才。进京应考时，州县还要用公车送他们去，有如向皇帝贡献人才，所以称"乡贡"。如《壮游》所忆，他"往昔十四五，出游翰墨场"，且"斯文崔魏徒，以我似班扬"，怎么会怀疑自身能力？可是，事实证明了竞争残酷，他那年的考试由考功员外郎孙逖主持，三场考完，放榜出来，只有贾至、李颀、萧颖士、李华等二十七人登进士第，他成了百分之九十九以上名落孙山者之一。究竟怎样"忤下考功第"，后已失考，反正他只能"独辞京尹堂"了。

细考量一下，"忤下考功第"的"忤"大有讲究。晚年回忆还用了一个"忤"字，说明杜甫从来就认为，不是他才不如人，应试文章写得不好，而是不中考官意，考官认为不合时宜，才导致他未被录取。而他的真实水平，乃如十三年后《奉赠韦左丞丈二十二韵》之所称，早已是"读书破万卷，下笔如有神"的了，所以他去应考，也就"自谓颇挺出，立登要路津"志在必得。讵料考官有眼无珠，居然不识我这个人才，激愤和狂傲尽在阿睹中。

"狂夫"杜甫

只不过,杜甫的狂不只有狂傲,更多的还是狂放。一次受挫败,短暂的失望、激愤甚至沮丧、烦闷或许有过,却决然没有末日的悲伤。落榜算什么?我不过二十四岁而已,今后的人生历程既长且广,凭着自己的才华和能力,"立登要路津"将指日可待。因此,"暂蹶霜蹄未为失"(《醉歌行》),重振精神向来日,落榜几天之后他又朝气蓬勃,豪情满怀。离开长安,返回洛阳未久,他就收拾行囊,踏上了齐赵之游的行程。而且一游就是四年多,他要用行万里路来丰实读万卷书,更加丰满自己搏击人生长天的羽翼。

泰山就在兖州以北约百里处,彼时彼际的杜甫,望泰山和登泰山纯属就近,顺理成章。从《又上后园山脚》一诗所记"穷秋立日观"来看,《望岳》当成于开元二十四年清秋时节或之前。那样的时节天格外高,气格外爽,诗人的意兴自会格外开张,所言"会当凌绝顶,一览众山小"之志也就注定了志不小。

对比一下李白《游泰山六首》诗里的"精神四飞扬"所领六句就能看出。李白之狂放、狂傲都是出了名的,但他登上日观峰,抒写的尽是眼中景和胸中情,其后"偶然值青童"至"浩荡难追攀"六句却转引出了"学仙"之意。杜甫则不然,他是两句诗尽言胸中志,并且直白而又大胆地用了《孟子·尽心上》的那一个著名的典。不能说他是自比孔子,然而,尽可以认为他在自攀孔子,心无挂碍,口无遮拦。

非唯此也。孟子之所记孔子"登东山而小鲁,登泰山而小天下",还只限于追颂先圣的实在行迹。而杜甫这个后生小子,彼时彼际是在应进士考试落榜未久的背景下自攀孔子的,理所当然要同他那"立登要路津"的政治期许挂上钩。

为什么做出这样的推测?无他,只因为泰山作为五岳之首,还是中国历代帝王的祭祀、封禅之宗。《尚书·舜典》记载:"岁二月,东巡狩,至于岱宗。柴,望秩于山川,肆觐东后。"其中的"柴"作动词用,意谓烧柴火;与"望"相配,构成上古的一种祭祀仪式。在《史记·封禅书》中,司马迁引《管子·封禅》的话说:"古者封泰山,禅梁父者七十二家。"七十二家不一定完全可信,但列举的无怀氏、伏羲氏、神农氏、炎帝、颛顼、帝喾、尧、舜、禹、汤、周成王等,确系远古至上古中华民族传说中的人文始祖或者史有实证的历史君主。而截至杜甫当年,从秦始皇、秦二世、汉武帝、汉光武帝、汉章帝、汉安帝到隋文帝、唐高宗和唐玄宗,先后都曾于泰山登封告祭,刻石纪功,于正史历历可据。所有的登封告祭,无不指向天人合一观念下的祈福求得社稷平安,或称之为国泰民安,实质上形成一种文化传统,一种政治象征。正是在这样的意义上,可以有把握地说,杜甫《望岳》的结尾两句诗含有他的政治期许。

传世的杜诗足以证实,杜甫是一个从小就有远大理想、政治抱负极高、政治期许极强的人。儒家思想所传导的修身、齐家、治国、平天下的政治理念和人生价值观,对他的一生影响极深,济世之志主导了他的思想、行动基本取向。像其先其后许多志士仁人一样,早走仕途,辅佐帝王,经邦治国,建功立业,他几乎一直都在进取不已,历经多次挫败而不悔不弃。一次应进士考试而未如意,并没有使他心灰意冷,根本动因正在其间。而且,他不是追求做个中、下级的官员,能够荣华富贵就心满意足了,而是志在"立登要路津","窃比稷与契"(《自京赴奉先县咏怀五百字》),一心一意"致君尧舜上,再使风俗淳"(《奉赠韦左丞丈二十二韵》)。"会当凌绝顶",就是一定要登上那样一个政治绝顶。"一览众山小",众山既包含了使之受挫的一次科举考试,也包含了他"忤"过的有眼不识真才、大才的主考官员,还包含了同科应试、先登龙门的贾至、李颀、萧颖士、李华等人,以及更多的其他因素。总而言之,"俗物多茫茫",登上要路津舍我其谁,志存高远,莫之能御。谓之壮志凌云,实在贴切不过。

验之杜甫一生的政治实迹,这样的政治期许诚然是落空了,甚至多少显得过分目空一切,自视过高,不乏狂诞乃至狂妄。然而,少年壮志不言愁,立志不立志是一回事,所立之志是否能实现和可否实现了是另一回事,可贵的是杜甫当年能立志和敢立志。更何况,尽管其所立之志终究并未实现,其志之所至却是转换到了文学,到了诗歌,在中国诗史上达成了凌绝顶,确实是堪称"一览众山小"。一失一得,不容轻薄。

叩其两端而取其中,不难做出判断,《望岳》是杜甫的平生第一狂诗,狂直、狂放、狂傲、狂诞尽在其间。有志者事竟成,纵然是失之东隅,终究也收之桑榆,"会当凌绝顶,一览众山小"的凌云壮志毕竟成就了"诗圣"杜甫。从精神文明的历史性进步而言,应该说这是得大于失,并且不是些微的大,而是宏博深远的大。

"会当凌绝顶,一览众山小"的凌云壮志不是一时兴起、短暂忘形喷涌出来的,而是贯注在同一时期他的精气中。他壮游十年,传留至今的诗不过二十多首,却有好几首同样的在言如斯壮志。

其一如《房兵曹胡马》:

> 胡马大宛名,锋稜瘦骨成。
>
> 竹批双耳峻,风入四蹄轻。
>
> 所向无空阔,真堪托死生。
>
> 骁腾有如此,万里可横行。

前四句既写了马之形,也写了马之神,其间或多或少同时在借马喻人。后四句进而写马的气概和品格,意气纵横之间,分明寄托了诗人自己的精神向往。

前两句中,起句点出胡马由来。"大宛"为汉代西域国名,位于帕米尔高原西麓,锡尔河上中游,今之乌兹别克斯坦的费尔干纳盆地。大宛历来出好马、名马,唐初"八骏"即由之而来,今仍有的汗血宝马也产自那一带。次句"锋稜"一词,形容此马的嶙峋骨相,凸显出它的外形迥异凡马。马太肥,就难免形体臃肿而气散神昏,不可能千里致远。而骨相嶙峋,反倒剽悍轻捷和气拔神健,极有利于万里横行。体形特征一经描出,神气非凡随之亦出。

三、四两句写耳写蹄,由大及于细,更为状特质。《齐民要术》有言:"马耳欲小而锐,状如斩竹筒。"杜甫善骑善射,爱马知马,所以第三句用一个"批"字点染此马之耳状如斩竹筒,用一个"峻"字突出此马之耳小而锐的锐。但此句和上句还在写静态,第四句才转入写动态。马若长于致远,必须四蹄轻健。钱谦益《笺注杜工部集》引《拾遗记》说:"(三国)曹洪所乘马曰'白鹄'。此马走时,惟觉耳中风声,脚似不践地,时人谓乘风行也。"合为此句准确、生动的诠释。骏马飞奔之势,由兹活脱可见。连接第二句,杜甫将房兵曹的胡马形神兼备地夸赞了个够,以之喻人也能相通。

五、六两句进一步写马的气概和品格,简直像是在写一个血性贲张、所向无前的侠义男儿。"无空阔",形容的是在马的蹄下乃至心中,什么样的空阔地带全都不屑顾,不足道,尽可任我奔驰冲决,横行无忌。"托死生"换了角度,由人赞马,极言人可以把自己的性命存亡托付给马;"真堪"二字,将诗人的由衷赞美倾吐无余。既是在盛赞马,又是在寄望人,寄望人要成为如马那样的人。可以联想到杜甫本人,他就有志于成为一个那样的人。

第七句"骁腾有如此",合而总括四、五、六句。"骁腾"语出颜延之的《赭白马赋》:"料武艺,品骁腾。"其词义为骁勇飞腾。正因为马有如此气概,如此品格,所以骑马的人就不但可以托付死生,而且横行万里。第八句作结,依然是借人咏马,由人赞马。但咏马、赞马之间,隐隐然仍在以马喻人,寄望于人。杜甫自己就在自励,合当像此胡马那样"所向无空阔",那样"万里可横行",建功立业,名垂万古。与《望岳》相比较,虽然一个言志取向在登高,一个言志取向在致远,空间意象有所差异,但志在济世、志在建功、志在扬名是完全一致的。

其二如《画鹰》:

"狂夫"杜甫

素练风霜起，苍鹰画作殊。
攫身思狡兔，侧目似愁胡。
绦镟光堪摘，轩楹势可呼。
何当击凡鸟，毛血洒平芜！

与《房兵曹胡马》相同的是，两首诗都是在托物寄兴，托物言志。不同的是，前一首诗所托之物是诗人眼中所见，实有之物，这一首诗所托之物是诗人画上所见，虚有之物。尽管如此，仍然如仇注所说："每咏一物，必以全副精神入之，故老笔苍劲中，时见灵气飞舞。"

起句的"素练"，系指画鹰所用的白绢。"风霜起"，描状画上所现之鹰的威势，其威猛浑如挟风霜而起。风霜有肃杀之气，鹰作为一种鸷鸟，素善搏击，同样也有肃杀之气。两股肃杀之气浑然和合为一，就使画上之鹰的神态毕现，仿佛正展开双翼，搏击长空。第二句是诗人赞画，称赞苍鹰画得非常好，一个"殊"守犹言画得极有特色，非常出色。这一句紧承始句，评点画作，同时又引领后之四句，将审美意向聚焦到鹰，联想和想象真实世界当中的鹰如何不凡。画鹰一如真鹰，真鹰直拟画鹰，尺幅天地，难分彼此。

"攫"音sǒng，意思是竦然兀立。"攫身思"画的苍鹰静态，威猛身躯竦然兀立于什么之间，其神情好似有所思。思什么？思搏击狡兔。狡兔无非猎物之一，以一代多，泛指搏击各种猎物。画鹰如画人，妙在点睛，传神写照，尽在阿睹中。孙楚《鹰赋》描绘鹰眼："深目蛾眉，状如愁胡。"杜甫笔下的"侧目似愁胡"，取象立意与之相同。盛唐极开放，来自本土以外的"胡人"中有不少金发碧眼的西方人，碧眼之色恰似鹰眼所特具的褐黄色。画上的苍鹰，侧目斜睨，其眼色也恰正近似于一个愁眉微锁的胡人眼中的碧色。用一"愁"字，足堪引出五、六两句，暗示出此鹰已非大自然当中之鹰，而被束缚于绦镟、轩楹间，再也难以随心所欲，彰显不凡。这三、四两句，侧重在以真鹰反拟画鹰，形神兼备，如在目前。

五、六两句则侧重在由画鹰而联比真鹰。其中的"绦"指系鹰的丝绳，"镟"指系绦的转轴，"光"指绦和镟都闪亮发光。然而，真鹰脚被丝绳所束缚，丝绳又缠在转轴之上，显见得已不是大自然中自由自在、无拘无束的本色鹰，而成了为红尘浊世主人所困的捕猎鹰。所以诗人慨然兴叹，即便你那绦镟再光鲜耀眼，也应当把它们摘去，让鹰得到解放。"轩楹"意指庭院廊柱间，"势"指被困之鹰由静转动的情状，"可呼"犹言鹰之主人随时可以呼鹰出猎。因外物写鹰，从虚处写实，更能渲染鹰的精神。

　　"何当击凡鸟，毛血洒平芜"，直从上句"呼"字而来。"呼"有显、隐双重涵蕴。从显看，是鹰之主人呼鹰出猎。而从隐看，则是诗人替真鹰设想，若曰真鹰在声声呼唤解除束缚，解脱困境，得以重返大自然，自由自在，无拘无束，重显本色，搏击长空。"何当"犹言"安得"，怎么才能获得，显、隐二义，尤其是隐义深蕴于其间。真实苍鹰心心念念追求的，岂不正是志在"击凡鸟"，纵或"毛血洒平芜"，亦将心甘情愿，在所不惜吗？其志存高远，坚定不移，与杜甫本人心心相印，息息相通。

　　其中"击凡鸟"，"凡鸟"自然实指一切不如鹰的鸟，同时也是比喻世间一切平庸的人，卑琐的人，恶劣的人。用于喻义上，"击"字不当解作击杀，而指排击。杜甫一贯"嫉恶怀刚肠"，毋宁就有"击凡鸟"之意。萧涤非《杜甫诗选注》指出："末二句承'势可呼'来，含义甚广，艺术手法甚高，其中有着杜甫自己的精神。通过这两句诗，我们可以感触到他那种奋发有为的热情和嫉恶如仇的性格。"十分精当，论在不刊。

　　三如《临邑舍弟书至，苦雨，黄河泛滥，堤防之患，簿领所忧，因寄此诗，用宽其意》，那是一首五言排律，不尽引。诗作的背景在于，时逢黄河泛滥，苦雨成灾，杜甫收到作地方小吏的兄弟杜颖来信之后，以诗逞见而"宽其意"。他本人非但纯全一个布衣之士，而且科场失意未久，却在诗里谋其政，鼓励其弟"版筑不时操"，却不懈不息地坚持筑堤防洪，并对民众的苦难深表关切。关键在末四句："吾衰同泛梗，利涉想蟠桃。却倚天涯钓，犹能掣巨鳌。"既为宽慰其弟,亦兼自述心志。

这里的"衰",不是衰老的衰,而是衰微的衰,杜甫自认地位卑微。然而,位卑未肯忘忧时,尽管自己"同泛梗",仍然"利涉想蟠桃"。"泛梗"典出于《战国策·齐策三》:

（苏秦）谓孟尝君曰:"今者臣来,过于淄上,有土偶人与桃梗相与语。"桃梗谓土偶人曰:"子,西岸之土也,埏子以为人。至岁八月,降雨下,淄水至,则汝残矣!"土偶曰:"不然,吾西岸之土也,吾残则复西岸耳。今子,东国之桃梗也,刻削子以为人,降雨下,淄水至,流子而去,则子漂漂者将何如耳?"

其间"漂漂"即所谓"泛",故梗称作"泛梗"。他当时不但地位卑微,而且正在漂泊,因而自比为泛梗。尽管如此,他绝不因之委顿,而还要自强不息。《山海经》上说:"东海度索山有大桃,屈盘三千里,名曰蟠桃。"他就以之设喻,说我虽然处境如泛梗一般,被洪水冲得载浮载沉,漂流不定,随时都有没身之险,但纵或漂入东海,我依然要涉过水去摘取度索山的蟠桃。励志之情,溢于言表。既是励杜颖,也是励自己。

"却倚天涯钓"的"却",在此句中不是副词,而是动词,摘取度索山的蟠桃以后,我还要从东海退回到陆地上,借蟠桃为饵,倚天涯垂钓。"掣",字义是拉牵;用于"巨鳌"之前,就是把巨鳌钓起来。后来杜甫《戏为六绝句》之四有句"未掣鲸鱼碧海中",掣的用义与此相同。"鳌"是"鼇"的俗字,传说是海中的一种大龟;屈原《天问》"鼇戴山林,何以安之"即用本字。作"倚天涯"之钓,建"掣巨鳌"之功,想象何其诡奇? 气势何等豪壮? 见于诗中,用于收结,无异于在进一步激励杜颖,同时也在进一步激励自己。

这结尾两句的汪洋恣肆,远可追庄子,近堪比李白。壮游期间的杜甫,二十多岁的杜甫,就是那样雄放,就是那般浪漫,充满激情,充满奇想。如果说,"会当凌绝顶,一览众山小"除了狂直、狂放,还有狂傲、狂诞,那么,

"却倚天涯钓,犹能掣巨鳌"就还多了一个狂——狂妄。狂妄就在于奇谲诡异,虚幻空阔,根本不可能化为现实。然而,那种狂妄的精神内核,终究在于确信自己"犹能"治国、平天下,志向宏大,期许高远,纵少了可能性,仍充盈正能量。

四如业已一再引述的那首《赠李白》。他乐于与知己一起"痛饮狂歌",他敢于与知己一起"飞扬跋扈",然而,他不愿意老是如此"空度日",他执意要分辨清楚"为谁雄"。不独自己不再耽于"空度日",而要拷问"为谁雄",抑且情殷殷,意切切,不惜设问敲打挚友,希望李白也能够与他取同一步调。支配他的正能量,说到底,仍在志于"会当凌绝顶,一览众山小"。

《望岳》以及上引四首诗,合计五首诗,约为杜甫传世壮游诗的五分之一。这一个比例足以说明,杜甫晚年追忆他二三十岁那样一段游侠经历,诗题特用一个"壮"字引领"游"字,他毕其一生始终崇尚,始终坚守的人生价值就在"壮"上。而他始终崇尚、始终坚守的壮,核心要素就在于壮志,以志驭言才有壮言,以志驭行才有壮行。狂的性格助长了他那壮的志行,壮的志行反激了他那狂的性格,就合成了他的清狂。

其间,《房兵曹胡马》和《画鹰》两首诗,突出的特征在托物言志。儒家美学传统之一就在于强调"诗言志",杜甫自觉地继承和发扬了这一优秀传统,在壮游以后的诗作里,仍有不少的诗,在以同异差互的切入角度和表达方式多样地托物言志。

如托于马。杜甫在成都草堂期间,写过一首《题壁上韦偃画马歌》——

> 韦侯别我有所适,知我怜君画无敌。
> 戏拈秃笔扫骅骝,欻见麒麟出东壁。
> 一匹龁草一匹嘶,坐看千里当霜蹄。
> 时危安得真致此?与人同生亦同死。

"狂夫" 杜甫

这首诗的前六句,由题画之由写到赞技赞马,值得品味的是其中五六两句,特别是第六句。第五句先写两马同在,一"龁"一"嘶",第六句再写"嘶"的那匹。所谓"嘶",就是马引颈长鸣。那匹马为什么要引颈长鸣?"坐看千里当霜蹄"即为答案。"坐看",犹言伫看。"当",是正对着的意思。那匹马所伫看到的,当是眼前一望千里的可驰之道,只要它奋蹄飞奔,就指定是千里可致。"霜蹄"语出于《庄子·马蹄篇》的"马蹄可以践霜雪",用于此,俨然意指那匹马本为良马,正在有所思,长思能奋蹄。其意象,显然直与《房兵曹胡马》相通,那匹马思的是"所向无空阔","万里可横行"。

联系到题画当年的时局,"安史之乱"仍在延续,家国遭涂炭,民生满疮痍,怎生一个"时危"了得?所以结尾两句,杜甫由画上马的引颈长鸣,思能奋蹄,一下子就联想到了人世安危,人马合一,也引颈长鸣,也思能奋蹄,怎么才能真让良马千里奋霜蹄?明面在马,暗亦有人,好比在诘问,怎么才能真让良将千里赴戎机,着力将时危转化为时安?马能与人同生共死,明面在夸赞马之于人"真堪托死生",暗则在倾诉特定的人,即诗人自己的因爱国爱民而郁结于身的忧时情怀。诗人杜甫仿佛如马在引颈长鸣,告天告地自己愿充当一匹国之良马,利国于板荡,解民于水火。如斯情怀,正是他那凌云壮志施行于家国艰危、民生苦难之际的深化性取向。

早在这首诗之前,杜甫还困顿于长安、颠沛于秦中的时候,便已然写过好几首咏马诗。只不过,较之《题壁上韦偃画马歌》,与《房兵曹胡马》的寄托不是贴得那么近,不是那样的直接罢了。

一如《高都护骢马行》。"高都护"指安西都护高仙芝,其人于天宝八年(749年)入朝,当时的杜甫正困于长安,便借其"胡骢马"来寄托己之情。但凡马,青白色即谓之"骢"。"此马临阵久无敌,与人一心成大功",将马的能力、品格和作为尽点示于句中。"雄姿未受伏枥恩,猛气犹思战场利",合用两典,言马之志。前一句典出曹操《步出夏门行》:"老骥伏枥,志在千里。烈士暮年,壮志不已。"后一句典出《后汉书·马援传》:"丈夫为志,穷当益坚,志当益壮。""男儿要当死于边野,以马革裹尸还葬耳,何能卧床上在儿女子手中邪?"很明显,如此这般代马言志,实际上是托马而言己之志。末两句"青丝络头为君老,何由却出横门道",进一步代马申说,不愿老死槽枥之间。"何由"二字,强烈探问,意思是急欲知道怎样方才能够。"横门"为汉代长安西北向第一门,出门即为通往西域的大道,亦"丝绸之路"的东端起点。马一出横门,就仍然能够效命沙场,万里横行。那么,人呢?人怎样才能"出横门道"呢?那就是杜甫当年恍若伏枥之马,而且还是尚未老的伏枥之马,托马言志,发自心灵深层的愤激呐喊。

二如《天育骠骑图歌》。"天育"为唐代皇室马厩名,"骠骑"统称皇家飞骑。张说《陇右监牧颂德碑序》有言:"开元元年,牧马二十四万匹;十三年,乃有四十三万匹。"足见当时养马之盛。杜甫写此诗,约在天宝末年,安史乱起之前。开头八句写道:"吾闻天子之马走千里,今之画图无乃是?是何意态雄且杰,骏尾萧梢朔风起。毛为绿缥两耳黄,眼有紫焰双瞳方。矫矫龙性含变化,卓立天骨森开张。"全是描摹天子之马为千里良马,首二句起于画图,次六句及于真马,将"天育飞骑"的形神风采铺陈得比《房兵曹胡马》更为详尽,更为精彩。中间八句写如何育马,姑不论。在末尾四句,确是卒章显志:"年多物化空形影,呜呼健步无由骋。如今岂无腰褭与骅骝?时无王良伯乐死即休!"其借马寓怀,托马言志,只差将"腰褭""骅骝"改写为人——直白一点说,改写为杜甫。

"腰褭(音niǎo)"和"骅骝",均为日行千里的名马。黄伯仁《龙马颂》写过:"逾腰褭之体势,逸飞兔之高踪。兼骥騄之美质,逮骅骝之足支。"王良和伯乐,都是春秋时期的名人,前者擅长御马,后者善于相马。杜甫感慨横生,直击画上的马再写照传神,也无非是"空形影",当不得真,纵有"健步"亦"无由骋"。而真马已自"物化",即已自死去,自然更是"健步无由骋"。可是,现实环境中,难道再也没有腰褭、骅骝之类的千里马了吗?否!只因为"时无"王良、伯乐那样的爱马、识马的人,纵有千里马,也只能落得"死即休"的下场。无须只言片语的诠释，便可以领会，杜甫是在为自己鸣不平。

三如在此前写的《骢马行》。此诗写的邓公之马。邓公姓李，马得之于太常梁卿，委托杜甫写一首诗。起始四句交代出"邓公马癖人共知"，即爱马、识马，以及得马由来后，继之四句即写这匹青骢马的形神风采："雄姿逸态何崷崒，顾影骄嘶自矜宠。隅目青荧夹镜悬，肉骏碨礧连钱动。"这就与《天育骠骑图歌》所描摹的天子之马有所不同，不同就在尽管它的"雄姿逸态"尚不及天子之马，还只是"天厩真龙此其亚"，但它却因为得主，而有条件"昼洗须腾泾渭深，朝趋可刷幽并夜"，效力主人，建功立业。因而杜甫抚膺兴叹："吾闻良骥老始成，此马数年人更惊。岂有四蹄疾于鸟，不与八骏俱先鸣。"其意若曰，此马虽也是一匹良马，却并不比其他良马更特殊，却因为得到邓公那样一个主人的爱惜赏识，用不着苦盼大器晚成，只不过数年之间就能使人惊，出"马"头地，大展其志。这与前诗恰正对映，杜甫的托马顾影自怜，更与此马的顾影自矜形成对照。

四如在华州写的《瘦马行》。唐肃宗至德二年(758年)，四十七岁的杜甫好难得地任左拾遗，却因上疏营救房琯而遭贬，出为华州司功参军。诗里借一匹路上所逢，"六印带官字""三军遗路旁"的"骨骼碎兀"的瘦马，委婉曲折地写了自身遭遇。那匹瘦马落到"皮干剥落杂泥滓，毛暗萧条连雪霜"的凄惶境况，并非它资质不佳、征战不力所致。相反地，"去岁奔波逐余寇"，它是确曾努过力、拼过命的。非唯此也，它至今还是"有意仍腾骧"，战死沙场之志未减。然而，"当时历块误一蹶，委弃非汝能周防"，命运并不是自己所能够决定得了的，遭弃更不是自己所能够遍防得了的。字字句句代马立言，为马倾诉，同时，字字句句又是杜甫本人的命运遭际，还有杜甫本人的失志怨尤。正以此，"见人惨澹若哀诉，失主错莫无晶光"，他甚至痛责自己有眼无珠，错对唐肃宗寄希望了。"失主"二字，恰与《骢马行》的得主相对，痛责又何尝只对他自己？虽然并未明明白白点出来，大不敬之意毕竟已经若隐若现，狂直之怨意如是，于杜诗中实罕见。

五如他在秦州写的《病马》。这首诗成于《瘦马行》后，一看，与《瘦马行》简直就是姊妹篇。所不同的是，仅五言八句：

乘尔亦已久，天寒关塞深。
尘中老尽力，岁晚病伤心。
毛骨岂殊众？驯良犹至今。
物微意不浅，感动一沉吟。

马的主人也恰正是杜甫本人。人与马之间，同病相怜，同气相求，借马自喻，更方便言志。

傅庚生《杜诗散绎》中分析这首诗，比前人的解释都更精到。他说的是："'乘尔亦已久'说'劳'，'天寒关塞深'说'苦'，'尘中老尽力'说'愚'，'岁晚病伤心'说'怨'，'毛骨岂殊众'说'愤'，'驯良犹至今'说'悔'，'物微意不浅'说'理'，'感动一沉吟'说'悟'，一个'犹'字，倾吐出不平之鸣，一个'亦'字早已点明了人马双关之秘。不从寄托上去领会此诗，那便只见其'物'之'微'，而难见其'不浅'之'意'了。"

需要补充指出的是，"物微意不浅，感动一沉吟"，适用于杜甫所有托马言志诗，乃至于所有托物言志诗。"意不浅"的反面即为意极深，深就深在总是在马人同一，物我同一，或直露或婉曲地彰显他的凌云壮志。哪怕《病马》业已发出狂直之怨，结尾四句仍能收转来，与前面的"有意仍腾骧"照应，表达出他的志未泯，心未死："天寒远放雁为伴，日暮不收乌啄疮。谁家且养愿终惠，更试明年春草长。"何等执着，何等悲壮，拳拳之意，天日可表。

托鹰言志的诗，与此一脉相通。

杜甫在成都，以《杨监又出画鹰十二扇》为题写过一首五言古诗——

"狂夫" 杜甫

近时冯绍正,能画鸷鸟样。

明公出此图,无乃传其状。

殊姿各独立,清绝心有向。

疾禁千里马,气敌万人将。

忆昔骊山宫,冬移含元仗。

天寒大羽猎,此物神俱王。

当时无凡材,百中皆用壮。

粉墨形似间,识者一惆怅。

干戈少暇日,真骨老崖嶂。

为君除狡兔,会是翻鞴上。

王嗣奭《杜臆》点评说:"公赋鹰赋马最多,必有会心语,人不可及,如'清绝心有向'是也。'识者一惆怅',无限感慨。虽奇材异能,用之有时,如今干戈未有暇日,则真骨老于崖嶂矣!'少暇日',谓主上不暇羽猎也。'为君除狡兔',又是一意,变化百出。此诗气魄不常,盖发兴于鹰扬者也。"关节处都点出来了,但犹觉评说未能尽意。

细品此诗,与向之五律《画鹰》一样,都是由画鹰联及真鹰,以真鹰直拟画鹰,进而以鹰喻人,托鹰言志。第五至八句,即是由画鹰所传真鹰之状,画鹰真鹰和合为一,极力渲染出鹰的"鸷鸟样"。"清绝"形容英姿飒爽,气势超凡。"心有向",由形神切入志气,突出鹰的意向高远,目标明确。"疾"指迅疾矫健,"禁"字用在"千里马"前,显示出鹰在狩猎行动中,冲锋荡决之功为千里马所不能及。"气敌万人将"随之而来,更凸显鹰的功绩非凡,一只鹰足可当得万人将。当得万人将,自然而然地人在其中,喻人之意呼之即出。

"忆昔"领起的六句,即进一步用昔日骊山羽猎之盛,来对鹰的地位、品格、作用、特性做出描述。"羽猎"指帝王狩猎,众多将士负羽箭随从,因有其名。宋玉《高唐赋》谓:"传言羽猎,衔枚无声。"扬雄《羽猎赋》尤其写明了羽猎之际，"贲育之伦，蒙盾负羽，杖镆邪而罗者以万计"。"冬移含元杖"即语出于斯，前言"万人将"也以之为本。"此物神俱王"的"王"音wàng，意为旺盛，指所有鹰的精气神都挺旺盛，凌于众多人、马之上。"当时无凡材"，意指参与羽猎的鹰全都不是凡庸之辈。"百中皆用壮"，"百中"犹言所有的鹰，"皆用壮"则言要充分依用其最壮者，即最优秀者。那样的壮鹰，一如"干戈"当中的干城，喻意之深至为明显。

最后六句，由"粉墨"的"形似间"，干脆转入现实中的"识者一惆怅"。"识者"当然包含杜甫，甚或意全特指诗人这个自己。"干戈少暇日，真骨老崖嶂"，王氏点评业已到位。末句的"鞲"字音gōu，是古代打猎时用以停立猎鹰的一种革制臂衣。"为君除狡兔，会是翻鞲上"，译作现代白话就是：为了替君王扫除狼烟，剿除叛逆，一定会像羽猎当中的猎手那样，翻转臂衣，架着猎鹰身先士卒，一冲而上，一往直前。这已经不是写鹰，而是写人，直接抒发特定人的建功壮志了。王氏称其"气魄不常，盖发兴于鹰扬者也"，确为真知灼见。

晚年杜甫还曾写过《白黑二鹰》，仇兆鳌《杜少陵集详注》标题为《王兵马白黑鹰二首》。二首均七律，作于唐代宗大历二年（767年），时年五十六岁的诗人还旅居在夔州。不是题画诗，而是听一个姓王的监兵马使说了附近山上有黑白二鹰，欲捕者张设网罗，欠取不至，他因事有感而发，遂成诗的。

其一：

雪飞玉立尽清秋，不惜奇毛恣远游。

在野只教心力破，千人何事网罗求？

一生自猎知无敌，百中争能耻下鞲。

鹏碍九天须却避，兔藏三穴莫深忧。

"狂夫"杜甫

通篇都为白鹰立言。首联想象出,那只白鹰毛白如雪飞,玉立于清秋时节的山崖上,无忧无虑,恣意远游。次联"在野"二字继以"心力破",依稀有深意藏焉,似在猜测它之所以会遁迹于野,或许是因为先前遭逢了使它"心力破"的事情。所以责问张设网罗的人们,鹰的自由自在与你们有何相干?你们为什么要做那种会使鹰更心力破的事?三联转而称美鹰,它原本鹰之壮者,一生自猎所向无敌,在众鹰中也一贯称能,耻于成为一只能立于下等鞲上的凡庸之鹰。末联更对白鹰寄望,要懂得避开九天云中强过你的大鹏,不要担忧捕不到换藏三穴的那些狡兔。如此为白鹰立言,隐隐然有杜甫晚年漂泊的身世自况,自况当中不乏自励。

其二:

> 黑鹰不省人间有,度海疑从北极来。
> 正翮抟风超紫塞,立冬几夜宿阳台。
> 虞罗各自虚施巧,春雁同归必见猜。
> 万里长空只一日,金眸玉爪不凡材。

为黑鹰立言,同样是以己度鹰,寄以深意。首联想象它的来路必然不凡。次联较写白鹰换了一个视角,但"正翮""立冬"云云,依然如前首诗的三联,在赞美它的矫健和灵敏。三联似单对黑鹰而言,其实是针对白黑二鹰而言,寄语它们要多提防网罗,甚至要注意别与"春雁同归"给设网者提供踪迹,这就与《瘦马行》的"能周防"意相通了。末联两句陡然而起,煞是两首诗的豹尾,表达出对二鹰的殷切期许。其意若曰,你们在山野暂栖一时,养得羽毛丰满以后,定然能重振雄风,搏击长空。此其杜甫心目中的白黑二鹰之志,又何尝不是晚年杜甫本人之志?

托鹰如此,托鹘亦然。

鹘,也是一种鸷鸟,能够俯击鸠鸽之类而食之。唐代皇室嗣养的猎鹰,分有雕、鹘、鹞、鹰,可见合则大类统属鹰,分则各有别。从杜甫《义鹘行》一诗看,若分而别之,鹘较之鹰更为猛健。

《义鹘行》约写于唐肃宗乾元元年(758年),杜甫时在长安。此诗前四句写崖上一鹰巢,被白蛇入登,尽食雏鹰。继之八句写雌鹰悲号无助,雄鹰觅食归来后见状,即翻入长烟向健鹘求援。鹘为侠义鸟,遂见义勇为,再继的八句写得极酣畅淋漓:"斗上捩孤影,嗾哮来九天",义鹘即刻飞上九天,张翅回旋,厉声长鸣着搜寻恶蛇的踪影。迅即发现目标,立时俯冲而下,"修鳞脱远枝,巨颡拆老拳",将整条蛇叼离了树丛,还用利爪将蛇头击碎。惩之犹不足,进一步鹘又"高空得蹭蹬,短草辞蜿蜒,折尾能一掉,饱肠皆已穿",上下翻腾,撕裂蛇身。又继之八句,则写义鹘功成而弗居,"快意贵目前"便一飞而去。诗人不禁衷心礼赞:"兹实鸷鸟最,急难心炯然。功成失所往,用舍何其贤!"结尾八句,更写他在灞水之湄听樵夫说义鹘故事后,顿时"凛欲冲儒冠",感叹"人生许与分,只在顾盼间",于是"聊为义鹘行,用激壮士肝"。他要"激"的"壮士肝",当头一个便是杜甫自己。

《杜臆》指出,这纯"是太史公一篇义侠客传,笔力相敌"。其中"功成失所往,用舍何其贤"两句,"分明是一个鲁仲连"。至若"人情许与分,只在顾盼间"两句,则"道理更大,明是季札挂剑心事,其可少耶"? 其说别具慧眼,确系此诗要蕴。但犹须申说,不止于所引四句,而是直写义鹘的所有诗句,无一不是杜甫个人心志所在。他就是要作义鹘,要作季札、鲁仲连。义鹘的义行固然未及于国,季札和鲁仲连的义行却是着眼在国,利亦在国。明乎此,就不难洞察杜甫要"激"的"义士肝",是怎样一种情系家国的大义之肝。

大约同一时,杜甫还写过一首《画鹘行》,区别只在于是因画起兴。前八句明写画鹘,却从"生鹘"突兀而出,挺示其"飒爽动秋骨"的"神俊姿"。中八句似写画鹘神妙,又字字句句酷似生鹘:"乌鹊满樛枝,轩然恐其出。侧脑看青霄,宁为众禽没。长翮如刀剑,人寰可超越,乾坤空峥嵘,粉墨且

"狂夫" 杜甫

萧瑟。"其间乌鹊的恐惧,为衬生鹘的劲猛。"侧脑"的主体为生鹘,它志在青霄,因此不会为乌鹊辈的恐惧而自弃本志,变得如一般禽鸟那样隐踪敛迹。"长翮""入寰"两句,把生鹘的形态特征和高远志向指要般渲染无余。然后转到粉墨上,意谓画鹘虽与生鹘神形毕肖,气势终不及生鹘。由兹引出结尾四句:"缅思云沙际,自有烟雾质。吾今意何伤,顾步独纡郁!"其意若曰,他个人的多年际遇,与画鹘相似,却始终不如生鹘。生鹘能够飙举云沙,自己却是偃蹇困顿,难以奋飞,独自纡郁,岂不怜怆然?

由马而及鹰、鹘,无论是明是暗,是显是隐,是直是曲,杜甫的托物言志都贯穿着一对关键词——"凡"与"不凡"。无须再多做任何诠释,就可以得出结论,杜甫一生不管怎样大不如意,也都认定了自己乃是一个"不凡材",因而不甘与"凡"为伍,不甘沉沦"凡"境。如他这个"不凡材",理当"百中皆用壮",而绝不是与之相反。说穿了,"不凡材"是该用于不凡志的,那就是他那"会当凌绝顶,一览众山小"的凌云壮志。有纡郁,有愤激,皆因世道不公,使他有志难伸。

为寄托此志,杜甫还用过其他喻体喻象,如"新松",如"古柏"。然而,全都不及托于马,托于鹰和鹘,原因就在马、鹰、鹘形质之"壮"之"不凡"与他物相比较,更为历代志士仁人所认同,更易使人产生联想。

《论语·泰伯》记述曾子曰:"士不可以不弘毅,任重而道远。仁以为己任,不亦重乎?死而后已,不亦远乎?"杜甫能终生那样立志,那样守志,就源自遵奉这条儒家优秀传统之道,弘毅自期,弘毅自励。拿"仁以为己任"检验,他那"会当凌绝顶"的"绝顶",初始指向和毕生追求都体现在以"致君尧舜上,再使风俗淳"为己任当中。他不是毫无根基,凭空妄想,而是自认具备"赋料扬雄敌,诗看子建亲"的不凡材质,才敢树立那样的远大理想。自古及今,都有人讥笑他说大话,仅从政治期许未能实现看,未尝不是毫无依据。但证以杜甫平生行事,平生功德,如斯讥笑就未免流于轻薄。

人多谓"有志者事竟成",其实只能信一半,不宜全信。因为那种事,虽

有或然性,却不具必然性。准确说法或许是,有志未必都能成事,无志则万万不能成事。杜甫就属于有志未能成事的例证之一。而且他之所以终竟未能成事,还有着历史、社会、人事、机遇方面的诸多客观原因,决非主观因素所能完全左右。责备太过,情理难容。

值得庆幸的是,志未成于此,却终成于彼,杜甫虽然未能登临到政治的绝顶,但却已然登上中华诗史的绝顶,这就是不凡了。

不是些微不凡,而是极为不凡。

"致君尧舜上,再使风俗淳"的功业自期

上一章业已指出,杜甫"仁以为己任",他寻"会当凌绝顶"的"绝顶",初始指向和毕生追求都体现在以"致君尧舜上,再使风俗淳"为己任当中。那是他的政治抱负,也是他的远大理想。但"政治"这个语词,属于现代文化概念,还原到他所处的那个时代——乃至其先其后极长久的年代,确切的称谓应该叫作"功业"。即是说,"致君尧舜上,再使风俗淳"乃杜甫的功业自期。

期,是希望,也是志向。杜甫作为一个生在盛唐长在盛唐的文化精英,其希望所在,志向所在,根本的和首要的,甚而至于一以贯之的自我取向,不是成为诗人,而是成为治国、平天下功业可期的贤良能臣。

这样的功业自期,由他自己明明白白表述于《奉赠韦左丞丈二十二韵》当中——

自谓颇挺出,立登要路津。

致君尧舜上,再使风俗淳。

前两句表现出了他的自信和自强。"挺出"即指出,他自信资质不凡,能力超群,建功立业倚马可待。"要路津"语出《古诗十九首》:"何不策高足,先据要路津。"在这里紧随于"立登"后,喻指凭借资质和能力自强,非但入仕易如反掌,抑且要担当本朝机枢重要的职务,从而建立不世功勋。

后两句即为他的希望和志向的愿景式提炼。前一句言辅佐君主,要使得君主成为一代圣君明主,足可以远追往古,比侔尧舜。这既是他建立功勋的一大目标,又是实现另一目标(即后一句)的必要手段。后一句言利济当世。所谓"风俗淳",包含着政治昌明、道德良善、世风淳正、民生康泰等多重涵蕴。而一个"再"字,分明暗寓着他的洞见,即已发现了盛世已有的衰象和危机,因而他将及时地兴利除弊。其志存高远,分明已经超越了本朝前期的贤相房玄龄、魏征等人,给后人窃比稷张了目。

杜甫其所以如斯自期,源自于他的奉儒守官。而奉儒守官又有一大一小两个源头,其大者为他崇奉的薪火相传的儒家思想,其小者为杜氏一门,特别是杜预及杜审言所传留的家教家风。

儒家思想指引的君子之道,从来就是修身、齐家、治国、平天下,其最高理想境界则在治国、平天下。要致力于治国、平天下,从孔子开始,就认定了必须走"学而优则仕"的路。只有这条路,没有别的路。孔子周游列国,便是身体力行,即便因之"累累若丧家之狗"(《史记·孔子世家》),他仍然坚持追求"修己以安百姓"(《论语·宪问》)。既然孔子早已经垂范于先,那么,后生小子如杜甫希图走通这一条路,就变成了天经地义,势在必然。

自先秦以降,有崇高儒家思想的士人君子,大多沿着修、齐、治、平的既定之路行进,希图实现生命价值的不朽。《左传·襄公二十四年》有言:"大上有立德,其次有立功,其次有立言,虽久不废,此之谓不朽。"孔颖达疏认为:"立德,谓创制垂法,博施济众,圣德立于上代,惠泽被于无穷。"这样的立德,合当是杜甫立志之所本。以德驭功驭言,方说得上立功和立言,主从关

"狂夫"杜甫

系较然甚明。而杜预作为杜甫十三世祖，比孔颖达更早即为《左传》集解，家学所传，定然使杜甫对这一切熟稔于心，奉若珍宝，必欲力行，以效承传。

究其实，杜预原本就是历代儒家精英修身、齐家、治国、平天下，"学而优则仕"，立德、立功、立言的一位成功型楷模。他入仕西晋，三任河南尹、度支尚书，《晋书》本传称"预在内七年，损益万机"，即对家国大事多有筹谋策划。为实现统一，他力赞伐吴，继羊祜出任都督荆州诸军事、镇南大将军，镇襄阳。他在辖区兴修水利，灌田万余顷，被尊称"杜父"。太康元年（280年）率军灭吴，因功受封当阳县侯。又博学多谋，人称"杜武库"。他还自命有"左传癖"，撰成《春秋左氏经传集解》三十卷，是现存最早、最具权威性的《左传》注本，后被收入儒学经典著述汇编《十三经注疏》当中。杜甫理所当然地为有这一位远祖而深以为荣，并竭力想踵武其后，重耀家门。

正因此，杜甫三十岁时曾特撰《祭远祖当阳君文》，对杜预颂扬备至："圣人之后，世食旧德。降及武库，应乎虬精。恭闻渊深，罕得窥测。勇功是立，智名克彰。"而在《进〈雕赋〉表》中称赞祖父杜审言"修文于中宗之朝，高视于藏书之府，故天下学士到于今而师之"，则无非为了显示"吾祖诗冠古"（《赠蜀僧闾丘师兄》），表明"诗是吾家事"（《宗武生日》），自己有诗学家传，与颂扬杜预根本不能相提并论。两相对比则不难看出，杜甫心目中的"要路津"，只能是并且确乎是像杜预那样出将入相，因功封侯，而决不是像杜审言那样只做一个中级文官。其志之大，十足惊人。

何以见得？铁证就在《自京赴奉先县咏怀五百字》的开头八句："杜陵有布衣，老大意转拙。许身一何愚，窃比稷与契！居然成濩落，白首甘契阔。盖棺事则已，此志常觊豁。"

"老大意转拙"的"拙"，意思是笨拙，与"许身一何愚"的"愚"义近互文。明面在自嘲，暗面在自负，明暗映衬，兼而有之。而所谓"许身"，换一个说法便是自许，便是自期。自期亦即"窃比"所在。"稷"通称后稷，是周人祖先。据《史记·周本纪》记载，他曾经担任舜的农官，教会百姓耕种。"契"

70

则是殷人祖先,传说是帝喾之子。据《史记·殷本纪》记载,他在虞舜时助禹治水有功,任为司徒。无须多作申说,便能一眼看出,杜甫心心念念所欲登的要路津,就是成为舜所倚重的,并且确能担当重任、造福生民的稷、契那样的治世之重臣能臣。这就与"致君尧舜上"相链接通。

"居然成濩落",仍然在自嘲志向虽大,无奈总是大而无用。但紧接一句"白首甘契阔",就把自嘲之意冲淡了,代之突出的反是自强不息,穷且益坚。因为"契阔"在这里的意思是艰辛困苦,前冠一"甘"字,就将他的心甘情愿和盘托出,更前还冠以"白首"二字,尤其凸显出此志既定,终身无悔。"盖棺事则已",语出《韩诗外传》卷八所记孔子曰:"学而不已,阖棺乃止",分明是在表达鞠躬尽瘁、死而后已的坚定态度。"此志"二字,既承接前七句,旗帜鲜明地点出了所言一切都归于"志",更转换角度,慷慨激昂地宣示出自己始终乐观向上,只要生命不息,就会进取不止。"常",意味着时常、一贯。"觊"的意思是希冀,"豁"的意思是开达,两字组成动宾结构,并由"常"作状语修饰,更彰显出了他一贯有决心,有仁心,无论如何都要争取自己的远大志向得以实现。

两首诗,前一首写于天宝七年(748年),时年三十七岁的杜甫已在长安困处将近三年,后一首写于天宝十四年(755年)十一月,他已有四十四岁,头发已经花白了,时势已濒临安禄山作乱的前夕了。一生中的黄金年华都消磨于"朝扣富儿门,暮随肥马尘"的屈辱中,虚度于"残杯与冷炙,到处潜悲辛"的凄惶中,壮志未酬,一事无成,那样的困顿,那样的挫折,自古及今有多少人能承受得住? 然而,杜甫承受住了。不但承受住了,他还以他素有的狂直、狂放,言人之罕敢言,揭张出了"窃比稷与契","此志常觊豁",誓欲"致君尧舜上,再使风俗淳"的功业理想、信念大旗。其矢志不移,穿越百代仍可钦可佩,可赞可风。

这期间,不能不注意到前一首诗的干谒因素。诗题标明的"韦左丞丈",指韦济,其人时任尚书左丞,官居正四品上。杜甫以"丈"敬称,表明了是执后生礼。当时的杜甫俨然一介布衣,一介寒儒,却能向四品官员"奉赠"诗作,并在诗中大发牢骚,透露出两方面的诗外信息。一方面,韦济对杜甫确系识才爱才,从诗中"甚愧丈人厚,甚知丈人真"的由衷感佩,"每于百僚上,猥诵佳句新"的知己重述即足以看出。另一方面,杜甫对韦济也因之而寄予厚望,希图以这一次的"佳句新"又一次地博得韦济赏识,从而又一次"于百僚上"推荐他杜甫。"窃笑贡公喜,难甘原宪贫",即杜甫的真实愿望的直切表白。至于其后"今欲东入海,即将西去秦"等四句,反倒并非真心话,并非真的打算离开长安,另谋出路。"常拟报一饭,况怀辞大臣",终究还是反复致意,伸说明了欲报恩,难辞离。说穿了,杜甫是以诗干谒韦济,期盼韦济不遗余力地继续引荐,让他尽早获得实现志向的仕进机会。

可是,在后一首诗里,杜甫不是明确说过"独耻事干谒"吗?既"独耻事干谒",又身行事干谒,岂不成了人格分裂,自相矛盾?对此,要从两个时段,做出具体分析。前一个时段,就是干谒韦济前后,即杜甫困处长安三年前后,直至他于天宝十年(751年)四十岁时献《三大礼赋》那六年间。后一个时段,则是他天宝十一年秋与高适、岑参、储光羲等同登慈恩寺塔,直至天宝十四年(755年)十月任右卫率府胄曹参军那四年间。时段不同,经历不同,心境也不同,对干谒的态度也不尽相同。

先看前一时段。

杜甫于天宝五年(746年)住进长安,最大的也是唯一的人生目的,就是在功业上力求做到"会当凌绝顶,一览众山小"。其社会历史动因在于,正是那一年,唐玄宗颁发诏书,欲广求天下之士,故命通一艺以上、有一技之长的士人们皆到京师就选。机不可失,时不再来,杜甫自然不肯错失这一良机。第二年科举考试由李林甫主持,公开名目叫作"招贤",杜甫及元结等人都参加了应试。殊不知,那却是李林甫导演的一场骗局,结果以所谓"野无遗贤"闹剧收场,包括杜甫和元结在内,所有的应试士人都未获得仕进实机。杜甫明知受骗上当,却又无可奈何,于是留住长安,自谋仕进之路。谋求仕进的途径之一,便是按照唐代官场、文场一条不成文的明规则,拜谒有名望、有权势的人以图引荐——简洁一点说,那就叫干谒。

"干谒"原本是一个中性词,但凡对人有所求而请见,都叫干谒。其间优劣、良莠的分野,除了所求的性质之外,关键在请见所用的手段。如《北史·郦道元传》所述,其弟郦道元"好以荣利干谒,乞丐不已,多为人所笑弄",那样的请见手段从来都为道德君子所不齿,自然也就成了杜甫"独耻事干谒"的第一义。但是,以诗、赋、文章请见,却与"荣利"判然有别,自两汉以降即不乏其例,在唐代文士当中更是蔚为风气。例如年先于杜甫的李白,年后于杜甫的白居易,先先后后都那样做过,并都取得了被引荐得进的实效。因此,志行高洁、心气狂傲的杜甫,当时并不把那样的干谒当作一种耻辱。相反地,为了实现"致君尧舜上,再使风俗淳"的远大志向,纵或其间曾错见过某些人,乃至不得不降心纡志,忍辱负重,那也是有志者的一种大勇。方之于秦末张良有脱履之跪,韩信曾有胯下之辱,于正于反都不失为因志受屈的一种大勇。

事实上,韦济与杜甫之间,是以通家之好作为交往纽带。韦济的父亲韦嗣立,曾在武后当政时做过宰相,伯父韦承庆也是当朝高官,他们与杜甫的祖父杜审言同朝为官,关系都不错。倘若论辈分,韦济要比杜甫高一辈,所以杜甫称其为"丈",决然不是奴颜婢膝巴结讨好。韦济任河南尹的时候,曾经几次到杜甫偃师陆浑庄上访问,打听杜甫消息。杜甫听说其事后十分感动,写了一首《奉寄河南韦尹丈人》,告以自己"青囊仍隐逸"的境况,感谢对方"逢人问孔融"(杜甫自比)的盛情。韦济进京任尚书左丞以后,他又写了一首《赠韦左丞丈济》,吐露出了渴盼对方引荐的心扉:

> 不谓矜余力,还来谒大巫。
> 岁寒仍顾遇,日暮且踟蹰。
> 老骥思千里,饥鹰待一呼。
> 君能微感激,亦足慰榛芜。

"狂夫"杜甫

　　杜甫将韦济尊为长辈,同时也视作知己良友,所以能够直吐真情,畅所欲言。韦济也是诚心圣意引荐过的。然而,一个尚书省的四品事务官(唐代设中书、门下、尚书三省,三省主管皆位列宰相,但中书、门下为"机要之司",作用比尚书省大;而尚书左、右丞均为尚书左、右仆射手下主持日常事务的属官),在当朝权贵面前终究积微言轻,帮不上忙。

　　杜甫在长安拜谒过的官位最高者,是特进汝阳王李琎的父亲李宪,本是唐玄宗李隆基的长兄,史称"让皇帝",爵位为宁王。李宪于天宝初年死后,李琎袭爵受封汝阳王,并加特进。在唐代,职官系列之外还设有散官系列,文教官从开府仪同三司到将仕郎共二十九阶,特进为第二阶,正二品。论品级,比同为职官宰相的尚书左、右仆射的从二品,侍中、中上令的正三品还高。然而,所有散官都只是荣誉职务,并没有实权。李琎贵为盛唐"太子党",虽能够加特进,也没有实权。他也就乐得过悠闲日子,广交友,善饮酒。杜甫《饮中八仙歌》写道:"汝阳三斗始朝天,道逢麴车口湛充诞,恨不移封向酒泉。"足见他能礼贤下士,一起纵酒。后来杜甫在夔州作《八哀诗》,第四首诗便是《赠太子太师汝阳郡王琎》,反证他与杜甫确曾诗酒相交。

　　但与韦济相比较,李琎毕竟贵为当朝"太子党",杜甫的赠诗就要委婉些。《赠特进汝阳王二十二韵》一诗中,起首四句先是赞颂"特进群公表,天人凤德升",中间各十二句两段仍是称许李琎如何德行高,如何善待士,末尾各八句两段才写出自己如何感佩李琎的知遇之厚,以及自己将如何做到无愧其厚。"已忝归曹植,何如对李膺",他连用两个典,将李琎喻为曹植和李膺,暗示出自己是像王粲等人之于曹植,杜密之于李膺那样领受了知遇之恩。"淮王门有客,终不愧孙登",进一步合用淮南王刘向,以及孙登与嵇康的故事,表明自己终将无愧于李琎的进一步知遇之恩,亦即请他鼎力引荐。李琎是否鼎力引荐了,无文字资料可查;不过,从《八哀诗》当可看出,他是做过实事的,无非由于没有实权未做到而已,否则杜甫不会那样地缅怀他。

天宝九年(750年),杜甫向翰林学士张垍投赠了一首《赠翰林张四学士》。张垍是唐代名相张说的儿子。《旧唐书·张说传》说:"二子均、垍皆能文。"张说任当朝宰相,其子张均、张垍一同掌制诰,父子三人显赫一时。特别是张垍,后娶唐玄宗之女宁亲公主,成为当朝驸马,备受唐玄宗恩宠,特许禁中置内宅,受赏的奇珍异宝不计其数,权势堪称炙手可热。开元二十六年(738年)始以翰林供奉称学士,时任太常少卿张垍与起居舍人刘先谦等首居之,其达官贵人双重身份可见一斑。即便与李琎相比,张垍也是一个朝中有人,说得起话的特权人物,因而杜甫有求于他。

赠诗一开头便极力夸赞:"翰林逼华盖,鲸力破沧溟。天上张公子,宫中汉客星。"诗中又多维度地做称许。如"赋诗拾翠殿,佐酒望云亭",如"内分金带赤,恩与荔枝青",将张垍的才华和恩宠点赞了个够。直至末尾四句,方才结出用意:"此生任春草,垂老独飘萍。倘忆山阳会,悲歌在一听。"所谓"山阳会",用了《魏氏春秋》里面的一个典故:嵇康寓居于河内山阳,与王戎、向秀同游,嵇康遇害后,向秀过嵇康山阳旧居,作《思旧赋》。用这个典故,命意在思旧。从中看得出,以往张垍与杜甫之间有过诗友交往,因而杜甫希望张垍能够念旧,援手引荐。殊不知,张垍与李琎,尤其是与韦济相比,根本不是同样重友情的人,杜甫简直就是热脸贴到冷屁股,不仅大失所望,而且自取其辱。"到处潜悲辛",此当是一例,杜甫却是有口难言,打落了牙齿,只能和血肚里吞。

那以后,杜甫还干谒过别的人。见之于其诗,一如《敬赠郑谏议十韵》:"将期一诺重,欻使寸心倾。君见途穷哭,宜忧阮步兵。"二如《奉赠鲜于京兆二十韵》:"交合丹青地,恩倾雨露辰。有儒愁饿死,早晚报平津。"前诗所赠的对象不知其名,姑不议,后诗所赠的对象却颇不简单。时任京兆尹(从二品,与尚书左、右仆射,太子少师等高官同一官阶)的鲜于仲通,曾将杨国忠引荐给剑南节度使章仇兼琼，为杨国忠打开了通往朝廷的升迁之路。天宝十一年（752年）十一月，原权相李林甫死，杨国忠升任右相，与京都"老大"鲜于仲通关系更密切。若引荐杜甫，只是一句话而已。杜甫给鲜于仲通赠诗，无非寄望他向杨国忠引荐自己，无复他求。

与给张垍赠诗相似，诗开头，援例是一些颂词："王国称多士，贤良复几人？异才应间出，爽气必殊伦。始见张京兆，宜居汉近臣。骅骝开道路，雕鹗离风尘。"其间"张京兆"，指汉代张敞，由胶东相而治京兆，循赵广汉故迹，任内颇多政绩。元帝即位后，待诏郑明举荐张敞为先帝名臣，宜传辅皇太子。用于此，借喻的意思十分明白。继而次第身述之后，结尾四句才说意愿："交合丹青地，恩倾雨露辰。有儒愁饿死，早晚报平津。"前两句设喻，后两句达情。其间"平津"指汉代公孙弘，武帝时曾受封平津侯，代薛泽为丞相，开阁广延贤人。用于此，借指新任右相杨国忠。"报平津"，则是寄望鲜于仲通将"愁饿死"的自己举荐给杨国忠，意思也十分明白。然而，这一回，他的心愿又是竹篮打水一场空。

毋庸讳言，后两例与前两例的性质大不一样。后两例当中，杜甫都看走了眼，所求非人。但也不宜过分深责他，他是遂志心太切，待人心极真，总以他那坦坦荡荡的君子之心揣度面目似善的人。前一个张垍，满以为曾有过"山阳会"似的诗友交谊，会像自己诚挚待友一样地对待自己，殊不知文人中从来都不缺虚情假意的势利宵小，而张垍恰是那样一个人。后一个杨国忠，满以为会与李林甫不同道，新登相位以后将会为国引贤，殊不知权贵中从来都不缺嫉贤妒能的谋略高手，而杨国忠恰是那样一个人。他看走眼了，求错人了，当是属于不谙世相的惨痛教训，而绝不是他个人的道德人品庸俗卑污所造成的。

这两次干谒，发生于后一时段，临近于写《自京赴奉先县咏怀五百字》的时候。毫无疑义，到这个时候，他已然悟明不该赠诗去求张垍，不该赠诗去求鲜于仲通转托杨国忠，他已然为之痛悔和激愤得心火奔突，两眼喷血了。奇耻大辱,莫此为甚,已然成为他"独耻事干谒"的第二义。而且,这个第二义,既是专属杜甫的独特意义,也是具备普适性的警世意义。正是经历了惨痛教训而对之有深悟,以后的杜甫,就活得更加尊严自信了。

既是"独耻事干谒",又有曾经事干谒,构成了杜甫道志道路上的奇崛的风景。令人由衷景仰的是,他非但未曾被一时的迷误和叠加的挫折所异化和击倒,反而凭仗人格自重和行为自省,及时做到了自己解放自己,更加勇毅地直面惨淡的人生,正视腥血的社会,义无反顾地出走难料的未来之路。壮志既立就决不放弃,自期既明就决不动摇,显然就是他进取的动力。而他固有的狂放和狂傲,与其自信和合为一,显然也是他进取动力的不绝能源。

唯其如此,在"独耻事干谒"一句的前和后,杜甫表现的情志基调,始终都是积极向上的。

其前,对于他的"穷年忧黎元,叹息肠内热"不时被旁人"取笑",他慨然称"诟歌弥激烈"。为什么要这样?他先退一步,坦陈自己"非无江海志,潇洒送日月",再进一步,直说只因为"生逢尧舜君,不忍便永诀"。那意思就是,在他心目中,唐玄宗便是一位"尧舜君",他就是志在辅佐唐玄宗,使之能够德侔尧舜,造福黎元。之所以他会以尧舜喻唐玄宗,是基于开元年间,唐玄宗的"开元之治"政绩斐然,不仅直追唐太宗的"贞观之治",而且将唐代国家的社会经济发展推进到一个盛世的高峰。尽管盛世已出现了衰象和危机,但在他看来,祸根不在唐玄宗本人那里,而在当朝权臣李林甫之流那里。一旦有贤良能臣取而代之,唐玄宗便会重振尧舜之风,"再使风俗淳"将在指顾间。而杜甫本人,正是那样的一个贤良能臣之选,所以他选择"不忍便永诀"。他甚至认为,"当今廊庙具",朝廷臣僚中不乏栋梁之材,都具备取李林甫而代之的贤良资质,"构厦岂云缺",连自己这块料也不缺。一度守望于杨国忠其人,正是出自这一认识。但不管自己这块料缺还是不缺,他都如"葵藿倾太阳,物性固莫夺"。其坚信不疑,其忠贞不渝,铮铮然

"狂夫" 杜甫

于"物性固莫夺"五个字中。他还生怕意之不明,乃以"但自求其穴"的"蝼蚁"与"辄拟偃溟渤"的"大鲸"做对比,伸明了自己志在"慕大鲸"。虽是自嘲语式,却是自期情愫。

其后,先是反问:"兀兀遂至今,忍为尘埃设?"前一句"兀兀"二字,笼括了穷困现状。后一句"忍为"二字,实际是说不忍为,亦却不甘忍受。所谓"尘埃设",概括的就是志不得伸,埋没风俗,所以使他不甘忍受。狂喊出不甘之声犹则意有未足,更继之以狂直的自我宣言:"终愧巢与由,未能易其节!"这里的"其"为第一人称代词,指杜甫本人。至于"节",字面意思是气节、操守,行定语义则对应前面"窃比稷与契"。不厌其烦,反复申说,十足凸显出杜甫"三军可夺帅也,匹夫不可夺志也"(《论语·子罕》)的节操品格。然而,客观现实终究与主观愿望南辕北辙,杜甫也只能"沉饮聊自遣,放歌破愁绝"。

这样的放歌,早已见于天宝十一年(752年)秋天作的《同诸公登慈恩寺塔》。

慈恩寺为唐高宗李治作太子时所建,址在长安东南区进昌坊。寺塔为玄奘所立,凡六级,高三百尺。慈恩寺塔又称大雁塔,迄今仍是陕西西安的重要文物保护单位。那一年秋天,杜甫与高适、岑参、储光羲、薛据同登此塔,五位诗人都写了一首登塔诗。据杜甫此诗自注:"时高适、薛据先有此作。"薛据诗已佚,高适、岑参、储光羲诗都还在。杜甫是后作唱和,和即同,所以说"同诸公"。从现存的高、岑、储三诗看,不外乎描赞塔的突兀高大,结意落在"输效独无因,斯焉可游放"(高),"誓将挂冠去,觉道资无穷"(岑),"崴为非大厦,久居亦以危"(储)等话语上,应景而已,均非佳构。唯独杜甫这一首,前人评赞"真足压倒群贤,雄视千古矣"(仇注所引钱谦益语)。

开头八句写道:"高标跨苍穹,烈风无时休。自非旷士怀,登兹翻百忧。方知象教力,足可追冥搜。仰穿龙蛇窟,始出枝撑幽。"从描状塔高入题,到概写登塔作顿,前二句和后二句都无奇特征,妙在当中四句,次第话中有话。"旷士"指超然物外之士,杜甫自认并非那种人,所以登塔临风,非但没有生出旷达自适的轻松感觉,反而平添了许多忧愁。"翻百忧"一语,就给结尾八句预留下伏笔。"象教"乃是佛门语,意谓借形象教人,接一"力"字代指佛塔对个人的独特启悟。那启悟不是别的,而是"足可追冥搜",即足可以触发联想,让诗人自己苦心思索现实当中遇到的问题。这又深化"翻百忧"的"忧",紧扣住现实疑难,为结尾八句寄慨张了目。

中间八句写道:"七星在北户,河汉声西流。羲和鞭白日,少昊行清秋。秦山忽破碎,泾渭不可求。俯视但一气,焉能辨皇州?"表面看,前四句从仰视角度写,后四句从俯视角度写,都是写登塔过程当中所见到的景象。但仔细品味,几乎全都不是眼中即时景,而应该视作意中和合景。特别是"秦山""泾渭"两句,分明已有隐喻和象征,"破碎"隐喻盛唐气象所掩盖的时政衰象和危机,"不可求"则意味着社会上下已泾渭不分,清浊不分,良莠不分,美丑不分。这已经是"翻百忧",也已经在"追冥搜"。"焉能辨皇州"一句尖锐拷问,不啻力穿苍穹,立即将结尾八句一呼而出。

结尾八句着力抒发登塔所感。其中前四句,借典以寄慨:"回首叫虞舜,苍梧云正愁。惜哉瑶池饮,日晏昆仑丘。"杜甫不是矢志"致君尧舜上"吗?彼时彼际,他不禁蹑武屈原在《离骚》里欲"济沅湘以南征兮,就重华而陈词"的良苦用心,在心底里呼唤虞舜。据传说,舜名重华,死后葬于苍梧之野九嶷山。仇注认为,此"以虞舜苍梧,比太宗昭陵也"。那么杜甫的用意就是,大唐前一位知舜之君即唐太宗早已作古,如今昭陵愁云深锁,是不是正在为国运渐衰而愁思不已呢?其间隐藏的,显然还有他对自己心目中的大唐后一位如舜之君即唐玄宗的大失望。因而又用了《列子》里"周穆王升昆仑之丘,遂宾于西王母,觞于瑶池之上"的典故,影射唐玄宗与杨贵妃游宴骊山,荒淫无度。他敢那样地对当今皇上如此大不敬,除了证明狂得胆大,更从反面表现出了他多么在意"致君尧舜上"。

"狂夫" 杜甫

后四句仍然以物做比喻："黄鹄去不息,哀鸣何所投? 君看随阳雁,各有稻粱谋。"前面的"黄鹄"喻指正人君子,当然包括了杜甫本人在内。由于"泾渭不可求",正人君子得不到赏识,有才难用,有志难伸,备受压抑和排斥,自然只好"去不息",并且"哀鸣"着不知出路在何方。与之相对照,"随阳雁"则喻势利小人。他们惯于趋炎附势,巴结逢迎,看风转舵,揽权谋私,"各有稻粱谋"即是彼辈的真实写照。如此的清浊、良莠、美丑对立,恰是世风严重不淳的具象反映。因而杜甫如此寄慨,也从反面表现出了他多么在意"再使风俗淳"。

同样的放歌,更早见于天宝十年(751年)正月作的《乐游园歌》结尾四句:"圣朝已知贱士丑,一物自荷皇天慈。此身饮罢无归处,独立苍茫自咏诗。"

乐游园即乐游原,又称乐游苑,《西京记》说是汉宣帝所建,其址在长安东南部。武则天长安年间(701—704年),太平公主在原上置亭观赏,其地地势高,四望宽敞,从兹成为游览胜地。杜甫题下自注:"晦日贺兰杨长史筵醉歌。"全诗先从宴园写起,称美主人,次写园中景及饮中态,转到"歌声上",然后"却忆"领起,引发"醉时"感慨。感慨共八句,前四句点出了"只今未醉已先悲",强调了"数茎白发哪抛得",及终才有了结尾四句。

句中的"贱士"是杜甫自谓,犹如别的诗里自谓"腐儒""弃物",其间深寓着愤激和牢骚。孔子曾说过:"邦有道,贫且贱焉,耻也。"(《论语·泰伯》)杜甫在这里反其意而用之,颇有些黑色幽默。因为所谓"圣朝"自当是有道之邦,士人君子在有道之邦长久无所作为,沦于既贫且贱,那才可耻可悲。但自己长久无所作为,沦于既贫且贱,时常见丑受辱,遇到的所谓"圣朝"并非有道之邦。本意原在此,却偏反着说,仿佛真的承认自己是"贱士丑",实际上则是遏制不住的愤懑不甘。正因为如此,结合园中观景随处可见的一草一木,他自喻为"一物",表示感荷"皇天"恩慈,能让自己像草木一样地苟活下来。"物"即人,人即"物",因而"皇天"亦即"圣朝"。单从表面语义看,似乎是在感荷"圣朝"的浩荡皇恩,深层的意旨其实正相反。他是在如地火奔突一般地怒吼,"圣朝"并未给我一丝一毫"皇天慈",才造成我始终无从"致君尧舜上,再使风俗淳"。既往如此,时下如此,未来可能仍然如此,因而他不得不挑明了"此身饮罢无归处,独立苍茫自咏诗",言有尽而意难了。

不仅当年意难了,而且若干年后,杜甫依然意难了。乾元元年(758年)他被贬为华州司功参军时,作《华州试进士策问五首》,犹自借题发挥地写出了一大段话:"遗祲荡涤之后,圣朝砥砺之辰,虽遭明主,必致之于尧舜;降及元辅,必要之于稷卨。驱苍生于仁寿之域,反淳朴于羲皇之上。"文句与诗句两相对照,"致君尧舜上,再使风俗淳"的功业意愿不仅一以贯之,而且更加强化。强就强在两个方面,一是纵然已经命运注定他这一生做不了稷契,也要力助"元辅"(如房琯、严武等)"要之子稷卨"(音qì,也可作契、偰),让他们实现"致君尧舜上";二是一"驱"一"反(通返)",将"再使风俗淳"的目标定得更高更明确。其拳拳之心,真天日可表。

难能可贵的是,无论他自己多么困穷,也无论时势变幻多么难料,他一直都愤激归愤激,牢骚归牢骚,在言行取向上却是我心依旧,素志不移。他还将自期化作了自为,不在其位,也谋其政。并且不是偶发性地谋,而是经常性地谋,真做到了自觉自愿,当仁不让,不吐不快。

《兵车行》便是杜甫布衣论政的显例。

这首诗,《杜臆》引旧注,认定是为"玄宗用兵吐蕃而作",所断年在天宝六年(747年)。钱注则引《资治通鉴·唐纪三十二》,认定为"天宝十载(751年)四月,鲜于仲通过南诏,将兵八万,至西洱河,大败,死者六万人,制大募两京(长安、洛阳)及河南、北兵以击南诏。人闻云南多瘴疠,未战,士卒死者十八九,莫肯应募。杨国忠遣御史分道捕人,连枷送诣军所。于是行者愁怨,父母妻子送之,所在哭声振野。"后之注家多从其说。但从诗中明有"青海头"一语来看,似不涉及开元年间多次对吐蕃用兵的事,不止用兵南诏一端。而且据《资治通鉴》所载,天宝十一年(752年)三月又有"安禄山发蕃、汉步骑二十万击契丹"事，所以只能将《兵车行》的写作年份大体定在天宝十年，并同时认定所指战事决不仅限于用兵南诏。

"车辚辚，马萧萧，行人弓箭各在腰。爷娘妻子走相送，尘埃不见咸阳桥。牵衣顿足拦道哭，哭声直上干云霄。"全诗开头仅用七个长短句纪事，概括描摹出了军人出征、家人送行，生死离别、哭声震天的悲惨状况。这与钱注所引的史事相等，然而，这只是引生以下两段纪言的由头，切入纪言便荡开了。

第二段由"道旁过者问行人"转近一层，引出行人所答一串话。"过者"实为杜甫自己，"行人"则指行役之人，出征之人。"行人但云点行频"，即见被迫出征的事历年来已然频繁发生。"或从十五北防河，便至四十西营田。去时里正与裹头，归来头白还戍边。"年龄从"十五"熬到了"四十"，生命从年少熬到了"头白"，所涉有行役则覆盖了"北防河""西营田"和"还戍边"，字面涵义深藏着多少民生辛酸。这些纪言，出自行人。

接下来八句纪言，可就出自杜甫了。"边庭流血成海水，武皇开边意未已"，他立即就从现象切入实质，狂直颇切地直接议政。"边庭"一句七个字，将连年不断用兵打仗所导致的生命毁灭做了高度浓缩的形象概括。验之以《资治通鉴·唐纪三十二》所载天宝八年(749年)六月，"上命陇右节度使哥舒翰帅"六万三千兵"攻吐蕃石堡城"，"屡攻之，不能克"，"唐士卒死者数万"，那简直就是抨击现实。然而《资治通鉴》所谓"上"，实即当时"圣上"唐玄宗，他那与汉武帝一般的穷兵黩武、开疆拓土的雄霸意图并没有因之消减，两年后又出兵南诏即为实证。"武皇开边意未已"，实际就是"边庭流血成海水"的罪恶的渊薮。为无数死者喊冤，矛头直指当今"圣上"，只差将"武皇"改作"吾皇"。有注家说，这是强烈的政治讽刺，或说这是主题所在，未必尽确当。讽刺确乎有，但不是主要的，主要是讽喻。本着"致君尧舜上"，他是想用"边庭流血成海水"的惨状，以及为之喊冤来讽谕唐玄宗，警醒唐玄宗，期盼其能够改弦更张。若不然，继后的六句诗就不可能是："君不闻汉家山东二百州，千村万落生荆杞。纵有健妇把锄犁，禾生陇亩无东西。况复秦兵耐苦战，被驱不异犬与鸡。"

为什么这么说？很简单，"君不闻"三字意在提醒，命意显豁。他所提醒的现实视度，已从"行人"转到了整个社会。"汉家"实即"唐家"，"山东二百州"泛指唐代崤山以东的二百一十七州，乃至所有的"唐家"属地。那里的健儿被征调当兵了，出征打仗了，流血边庭了，农本立国的田地还得要有人耕种。可是，"纵有健妇把锄犁，禾生陇亩无东西"，不可避免地导致"千村万落生荆杞"，其直接后果必然只能是民生凋敝，国用不足。其严重危害，绝不亚于，甚至还会超过"边庭流血成海水"。"况复"一句的"秦兵"，这里似不是指唐王朝的关内之兵，而是与"汉家"相对，代指与唐王朝有冲突的周边地区他国之兵。他国之兵一身"耐苦战"，尽可以像鸡犬一样被其首领驱赶着来与唐兵生死搏杀，如果继续"开边意未已"，岂不是还得让更多的"行人"去给血海增加血水吗？岂不是还要更多的"千村万落生荆杞"，甚而至于更加不堪吗？由这两方面结出命意，分明他是在为生民请命，同时更望"今上"猛醒，此才正是这首诗的主题所在。

厘清了这一点，余下第三段就好解读了。"长者虽有问，役夫敢申恨？"是借"役夫"口吻，用反问句式，进一步反映民众对于上述一切苦难，业已切齿痛恨，只不过还不敢明白地吐露出来。验之以《新唐书·杨国忠传》："自(鲜于)仲通、李宓再举讨蛮之军，凡举二十万人弃之死地，只轮不反，人衔冤毒，无敢言者。"当不难看出，连年用兵已造成民怨积聚，势将威胁到唐王朝生存。杜甫既要为生民请命，又要为王朝着想，那么，"役夫"亦即民众的不敢公然"申恨"，义无反顾地就只好由他来大胆代言。

"且如今年冬，未休关西卒。县官急索租，租税从何出？信知生男恶，反是生女好；生女犹得嫁比邻，生男埋没随百草。君不见，青海头，古来白骨无人收？新鬼烦冤旧鬼哭，天阴雨湿声啾啾。"似是役夫在诉苦，实是杜甫在执言。吴师道的《吴礼部诗话》说："杜老《兵车行》'长者虽有问，役夫

"狂夫" 杜甫

敢伸恨',寻常读之,不过以为漫语而已。更事之余,始知此语之信。盖赋敛之苛,贪暴之苦,非无访察之司,陈诉之令,而言之未必见理,或反得害。不然,虽幸复伸,而异时疾怒报复之祸尤酷。此民之所以不敢言也。虽字'敢'字,曲尽事情。"确实,杜甫的反复代言,已将唐代兵役对于民众的祸害,由此及彼地连同赋敛之苦,贪暴之苦,触目惊心地和盘托出了。杜甫如此代民执言,大胆议政,第一关切点在于民生状态,第二关切点在于王朝安危,二者既严重冲突,同时又错综交织。看得出,尽管他并未祖述孟子"民贵君轻"之类的话,但他这是本持儒家传统的"民本"思想,在用诗化文字对唐玄宗强谏。当时他连位卑犹且算不上,十足的只是身微而已,却忘记了布衣身份和穷困处境,颇自觉地力行身微未敢忘忧国。所以,全诗的基调并非讽刺,而是讽喻,意在警醒唐玄宗关注民瘼,关注国运,重返"开元之治"正道。这样的基调,与《丽人行》当有所区别,起码是有一定差异。

正因此,他仿佛已然是个当朝大臣,一而再、再而三地用其诗作反对连年不断的对外用兵,穷兵黩武,祸害生民。《前出塞九首》假借一个征夫的诉说,直切叩问"君已富土境,开边一何多"。并且鲜明地表达出己见:"杀人亦有限,立国自有疆。苟能制侵陵,岂在多杀伤?"其间,他划出了一条是非区分线,那就是"制侵陵"。可见他不是一般性地论战和反战。他明白"立国自有疆",只排斥"开边一何多"。

也因此,当安禄山反唐之初,他的《后出塞五首》论政的侧重点就出现了微妙差别。仍然是借人之口表达,并且是借一个脱身归来的士兵之口表达,却另有了"跃马二十年,恐辜明主恩"的新视角。发生这一转换的关键,在于"渔阳豪侠地,击鼓吹笙竽","主将位益崇,气骄凌上都",安禄山的蕃镇势力已自坐大,构成了比边患更严重,有可能会颠覆唐王朝的国家政权的心腹大患。危急关头,唐王朝上下居然仍是老一套:"古人重守边,今人重高勋。岂知英雄主,出师亘长云。"边将贪功,皇上好武,却放松了对藩镇叛乱的必要防范,并且实际对安禄山养痈遗患。因此,杜甫不能不挺身而出,振臂疾呼,戳穿安禄山反唐真相,寄望唐玄宗快清醒过来。

这样的轻重移位,也体现在"安史之乱"爆发以后的"三吏""三别"当中。那时节,对于唐王朝而言,调集一切力量讨平叛乱业已成为救亡图存之战,因而杜甫不再反战,而是拥战。一方面,他仍然秉持"民本"思想,悲悯民间苦难,随处为民请命。另一方面,他又总从大局看问题,隐忍地理解甚至支持征调民众服役弭乱。《新安吏》宽解"掘壕不到水,牧马役亦轻",劝慰"况乃王师顺,抚养甚分明";《石壕吏》赞许"急应河阳役,犹得备晨炊";《新婚别》假借新妇之口鼓励"勿为新婚念,努力事戎行";《垂老别》假借老人之口自慰"势异邺城下,纵死时犹宽",都在表明,杜甫在理性上是将这些牺牲视作不可避免,甚或理所当然的。事实上,质之古往今来,民众在所处国家救亡图存的战争中做出诸如此类的牺牲,注定都会大量发生,不存在杜甫矫情不矫情。

值得特别提出的是,在《潼关吏》中,杜甫还对平叛战事直抒了己见:"哀哉桃林战,百万化为鱼。请嘱防关将,慎勿学哥舒!"哥舒即哥舒翰,率兵二十万镇守潼关,力阻安史叛军达半年之久。由于杨国忠奏请出战,唐玄宗派中使促战,哥舒翰被迫引兵出关,兵败桃林,潼关失守,士卒坠黄河死者数万人。卢元昌《杜诗阐》评述:"禄山初反,哥舒翰守潼关,相持半载余,贼兵冲突襄、邓间,卒不敢窥关,则守之明效也。时李(光弼)、郭(子仪)亦力持此议。禄山苦之,谓严庄曰:'今守潼关,兵不得进。'是守关而贼可坐困。向使国忠之奏不行,中使之命不促,坚壁固守,长安可保无恙。"杜甫正是出自类此的清醒认识,以哥舒之败作为惩戒,警醒王朝当局从中汲取教训。明面说的"慎勿学哥舒",暗面则在告请当今皇上和当权大臣,不要重犯唐玄宗采纳杨国忠奏章,派出中使督军出战,致使兵损关失的错误。其言下之意在于,具体战役中是守是攻,要让领兵主将自己依据实际去做决定,最高当局决不可以继续瞎指挥,前事不忘当成为后事之师。应该说,这样的议政业已超越指摘问题,升华到了总结经验,指陈方略。非但如此,

"狂夫"杜甫

其总结的经验和指陈的方略,还并非大而无当的空洞议论,而是做到了直指要害,切中肯綮。

有主见,中肯綮,《留花门》当是另一个好例。这首诗写于乾元二年(759年)春。据《资治通鉴·唐纪三十七》记载,唐军郭子仪、李光弼等部与叛军安庆绪、史思明部众战于河阳(今河南省孟县)一带,多失利,引回纥兵援助。"甲申,回纥骨啜特勒、帝德等十五人自相州奔还西京,上宴之于紫宸殿,赏赐有差。"乾元元年(758年)七月,唐肃宗还把幼女宁国公主嫁给回纥可汗,并送亲直至咸阳磁门驿。公主表态说:"国家事重,死且无恨。"唐肃宗才流涕而还。其用意就在借力打力,借回纥打安史,要将回纥部队长期留下来。杜甫认为,回纥兵决不可以长期留驻,恐防坐大以后又将会如同安史一样生变,而且当下恃宠扰民也吃不消,因而写出这一首诗。《杜臆》指出:"题曰《留花门》;言不当留也。"诗一发端便指出了:"花门天骄子,饱肉气勇决。高秋马肥健,挟矢射汉月。"回纥人一贯强悍可畏,固有的习气难以更改。结尾更是敲响警钟:"胡尘逾太行,杂种抵京室。花门既须留,原野转萧瑟。"剔除其间的歧视性时语,验之以晚唐逐渐沦于包括回纥在内的分裂割据直至消亡,杜甫的预见其实堪称洞若观火,断非危言耸听。

仅从这几个实例便可看出,杜甫如此这般地运用诗作布衣论政,一方面时时处处表现出了"致君尧舜上,再使风俗淳"的信念外延何其宽广,内涵何其深厚,另一方面也实实在在地证明了,他的"窃比稷与契"虽狂,却是自有其思辨能力作支撑的。《新唐书》本传称他"好论天下大事,高而不切",未免是官儒偏见,并不公允。至少在所引几例当中,他直论天下大事,是高而又切的。何况并非仅限于斯,而是直至漂泊西南,心知肚明此生已与成为贤良重臣绝缘后,他仍是疚心不改,不时议政,多有见识。如《枯棕》的"伤时苦军乏,一物官尽取",《有感五首》之三的"不过行俭德,盗贼本王臣",《送陵州路使君赴任》的"国待贤良急,君当拔擢新",《释闷》的"天子亦应厌奔走,群公固合思升平",《送韦讽上阆州录事参军》的"必若救疮痍,先应去蟊贼",《除草》的"芟夷不可阙,疾恶信如雠"……无一不见赤心,无一不具卓见。假设杜甫如其自期果真在位上,他的忧国忧民,论兵论政,容当会有更多的直臣言行。

历史当然没有假设。杜甫在仕途上一辈子未遂心,他是否真能行伊稷契,并没有得到实践检验。就诗论人,固然也可以做出一些合理推测,但终究只是推测而已,从中见到的仅为或然性,而不是必然性。相反地,倒是他寻毕生无改的清狂性格,很可能已然注定,他即便能成为高官,也会立不住,做不长。因为他不如魏征幸运,遇到的是唐太宗,哪怕直言切谏直接触犯龙鳞,惹得"今上"恨得牙痒,也不会招致杀身之祸。他遇到的是业已由明变昏的唐玄宗,朝廷上擅权的还有李林甫和杨国忠之流,他想学魏征定是不可为。所以他的功业自期,无论能不能跻身高官,都必定化作泡影。

乾元二年(759年)岁末,漂泊到成都以后,杜甫已接近"知命"之年,他已真正明白了自己"许身一何愚"。尽管如此,对于"自比稷与契",他依旧素志未泯,只不过将功业自期转换成了精神自慰。自慰依托的精神偶像,就是蜀汉丞相诸葛亮。到成都的第二年,游览武侯祠,他便写出《蜀相》一诗——

> 丞相祠堂何处寻?锦官城外柏森森。
> 映阶碧草自春色,隔叶黄鹂空好音。
> 三顾频烦天下计,两朝开济老臣心。
> 出师未捷身先死,长使英雄泪满襟。

历来注家都已经指出,杜甫如此推崇诸葛亮鞠躬尽瘁,死而后已,实际寄寓着他自己的政治抱负和身世感慨。道理自明,无须赘述。

广德二年(764年)五十三岁时,杜甫在成都又有《登楼》之作:

"狂夫" 杜甫

花近高楼伤客心，万方多难此登临。

锦江春色来天地，玉垒浮云变古今。

北极朝廷终不改，西山寇盗莫相侵。

可怜后主还祠庙，日暮聊为梁甫吟。

《三国志·诸葛亮传》说，诸葛亮好为《梁甫吟》。在这里，"梁甫吟"其实是借喻《登楼》这首诗，"吟"的原主体自然也是借诗喻作者自己。身处"万方多难"的时代，面对"寇盗"之"相侵"而"朝廷终不改"，杜甫不禁"伤客心"，因而大发"浮云变古今"的伤时浩叹。古亦今，今亦古，杜甫狂直地自拟诸葛亮，于这首诗昭然甚明。

大历元年（766年）居夔州以后，晚年杜甫在《八阵图》里赞诸葛亮"功盖三分国，名成八阵图"，在《古柏行》里明说"孔明"暗说自己"志士幽人莫怨嗟，古来材大难为用"，不仅延续，而且深化了与诸葛亮的比附情怀。而《秋兴八首》，虽然并无一字点及诸葛亮，但第一首的"丛菊两开他日泪，孤舟一系故园心"，第二首的"夔府孤城落日斜，每依北斗望京华"，第四首的"鱼龙寂寞秋江冷，故国平居有所思"，在忠其君、爱其国，心心念念，无时或已的传统理念上，仍然是与在永安宫接受托孤，确实做到鞠躬尽瘁、死而后已的诸葛亮跨越了时空心气相通的。其间的判别仅在于，诸葛亮虽然终究未能兴复汉室，却建立了不少功业，而自己则只能伴着"夔府孤城落日斜"，独自"每依北斗望京华"而已。思念及之，好不怆然！

纵然这样，杜甫犹自胸怀博大，寄意寒星，将自己实现不了的志向移于他人。例如宝应元年（762年）七月，唐代宗召严武还朝，他就写出了《奉送严公入朝十韵》相赠，竭诚寄望严武"公若登台辅，临危莫爱身"。次年八月四日房琯死于阆州（今四川阆中）僧舍，他九月闻讯赴吊，又写出了《王命》一诗，结句收在"深怀喻蜀意，恸哭望王官"，期盼唐代宗能选准用好镇蜀的人选。尤其是其与世长辞的前一年亦即大历四年（769年）的秋天，在长沙作《暮秋枉裴道州手札,率尔遣兴,寄递,呈苏涣侍御》,他不仅表明自己"齿落未是无心人,舌存耻作穷途哭",而且还对裴虬、苏涣表达了"致君尧舜付公等,早据安路思捐躯"的肺腑之言。从中不难认定,不管一辈子如何仕途困穷,功业无成,杜甫的平生志愿都定在"致君尧舜上,再使风俗淳"了。他这确是另外一种鞠躬尽瘁,死而后已。

完全可以说,终其一生只成为诗人——无论成就多么宏赫,决非杜甫心愿所期。他是功业自期始终未得以伸张实现,才不得不将才华和精力献给了诗道,终至在历史上不是作稷契,而是作"诗圣"。这叫人不能不记起司马迁的《报任安书》那段名言:"盖西伯拘而演《周易》;仲尼厄而作《春秋》;屈原放逐,乃赋《离骚》;左丘失明,厥有《国语》;孙子膑脚,《兵法》修列;不韦迁蜀,世传《吕览》;韩非囚秦,《说难》《孤愤》;《诗》三百篇,大抵圣贤发愤之所为作也。此人皆意有所郁结,不得通其道,故述往事,思来者。"杜甫恰也是"意有所郁结,不得通其道",于是乎走上发愤为诗之路,超前启后,凌轹古今。从这个意义上看,分明可以说,杜甫困穷乃成"诗圣"。

"赋料扬雄敌，诗看子建亲"的才华自矜

杜甫在《奉赠韦左丞丈二十二韵》里，由"自谓颇挺出，立登要路津"，进而直白"致君尧舜上，再使风俗淳"的功业自期以前，先"具陈"了八句颇为自矜的话——

> 昔甫少年日，早充观国宾。
>
> 读书破万卷，下笔如有神。
>
> 赋料扬雄敌，诗看子建亲。
>
> 李邕求识面，王翰愿卜邻。

其一、二两句，实指开元二十三年(735年)以乡贡身份赴京参加进士考试。那一年，杜甫二十四岁，风华正茂，因而自认为"少年"。"观国宾"一语，出自《易·观卦·小象传》："象曰：观国之光，尚宾也。"原文意思是，观察一国的风俗习尚，就在推尚贤良之士。传说上古的贤良之士进谒朝廷，天

子必定以宾客之礼相待,所以叫"宾"。杜甫直用这个典,意在自矜为贤良之士,并且早在少年时即已充当过国宾。

第三、四两句明白如话,是夸耀自己书读得多,博学多识,写诗作赋极富灵气。

第七、八两句,借引两位前辈贤良赏识自己,进一步炫示自己才德高。其中的李邕,诗文和书法均负盛名,德行亦堪为人中楷模。据《新唐书·杜甫传》所说:"甫少贫,不自振,李邕奇其才,先往见之。"天宝四年(745年)杜甫再游齐赵时,曾去拜望时任北海太宗的李邕,并在济南历下亭即席赋诗赠李邕。在《陪李北海宴历下亭》诗中,不仅赞扬"海右此亭古,济南名士多",而且以"贵贱俱物役,从公难重过"作结,对年长于他三十四岁的李邕表达出了不胜依依的惜别之情。另一位王翰,也是盛唐的著名诗人,性格豪放,倜傥潇洒。《旧唐书·王翰传》说,张说担任并州长史时,"奇其才,礼接甚厚。翰感之,撰乐词以叙情,于席上自唱自舞,神气豪迈"。时人杜华亦为学士,其母崔氏说:"吾闻孟母三迁,吾今欲卜居,使汝与王翰为邻,足矣!"杜甫将这个同姓故事顺手拈来,反说成王翰愿与自己卜居为邻,轻而易举地抬高了自己,不经意间,露出狂性。

综看这六句,关涉到的人和事,全都切合杜甫所处那个"当代"。人要么就是杜甫本人,要么就是与韦济相似的赏识杜甫的当时长者,事也多为韦济所知,集中说出来容易产生亲切感。杜甫分明是将韦济视作一位值得尊敬、值得信赖的长辈知己,所以说起来不但没有丝毫顾忌,而且不避夸张、炫耀。其间还用了"观国宾"那样一个典故,其典不是出自《周易》的经文、卦辞,而是出自其中的象辞,实际上是似乎无心,实则有意地炫示了一下自己读的书多,且读得精,博闻强记的本事也强,熟稔到了可以随心所欲拿来为我所用的境界,从而给"读书破万卷"那个"破"张了目。所有这一切,都为着让韦济更了解自己,从而在功业上对自己更多助。

第五、六两句,述说的目的完全一致,关涉到的人却大不一样。扬雄,

"狂夫"杜甫

字子云,是西汉末年至新莽时期的思想家和辞赋家,其卒年(公元18年)比杜甫生年(712年)早694年。子建为曹植的字,其人为东汉末年至三国时期的杰出诗人,卒年(232年)也比杜甫生年早480年。对杜甫而言,他俩是"古人"。杜甫为什么要郑而重之地特别引出这两位古人,比另外六句更耐人寻味。

"赋料扬雄敌"句内,"料"是料定的意思,"敌"是匹敌的意思,全句意谓料定自己的赋直与扬雄的赋相颉颃上下。"诗看子建亲"句内,"看"是指视作的意思,"亲"是接近的意思,全句意谓指看自己的诗可与曹植的诗相踵武传扬。毫无疑义,其所自矜的都是才华。问题却在于,才华可资自矜者决然非止一端,为什么要特定在赋和诗上面?在杜甫以前的古人中,擅赋擅诗者历代不乏人,为什么要特定于扬雄和曹植?

不妨先探讨前一个问题。诗赋的特定,既缘于中华传统文化演进过程当中它们所特具的地位,更缘于唐代科举考试的特定要求。

在中华文化发展史上,诗和赋——起始是诗,后加上赋,与其他文学形式相比较,民族特色之鲜明,政治关联之浓烈,从先秦至唐代堪称首屈一指。六经、六艺都包括《诗》,即见至尊。《论语》中,记载了孔子如何强调"兴于诗,立于礼,成于乐"(《泰伯》),"诗,可以兴,可以观,可以群,可以怨,迩之事父,远之事君"(《阳货》),"不学诗,无以言"(《季氏》)。朝会及外交活动当中,公卿赋诗是一项必备功课,也是一种能力检验。《汉书·艺文志》解释:"不歌而诵谓之赋。"由之而转化成为一种文体,荀子《赋篇》、屈原骚赋开启了先河。至汉朝蔚为逞辞大赋,赋俨然成为汉代文学的引领旗帜。始于汉,盛于魏晋南北朝,又演变出抒情骈赋,诗也进入了自觉、独立的文学状态。发展到唐代,一如在五、七言古诗基础上形成了五、七言律诗那样,也在骈赋基础上形成了律赋。大体的勾勒足以显示,从先秦以降,由汉至唐,诗和赋不仅占据了文坛主导地位,而且成了文士才华的重要标志,时常会与政治功业相链接。

与政治功业相链接,在唐代的科举考试中发展到顶端。如前所述及,唐代的科举制度分为常科、制举两类。常科的考试科目虽多,最重要的却只有明经、进士的科,尤其是进士科考试通常每年举行一次,十分难考,录取率甚低。唐王朝存续289年,录取进士最多的一年为79人,最少的一年仅一人而已。但进士及第十分显耀,唐代368位宰相中,进士出身者多达142人,因而进士及第称为"登龙门",对应试士子的吸引力最大。时有"三十老明经,五十少进士"之谚,就反映出了众多唐代士子为登龙门,平步青云,竟不惜活到老,考到老。杜甫作此诗时才三十九岁,对身登龙门而言,显然尚不算老。

唐代进士的常科考试,规定考三场,考过一场淘汰一批。第一场试帖经,实际是考对于六经的文字记忆,类似于现代考试里的填空,只要能填写出被"帖"(即贴)的经文,便算通过。第二场试诗赋,撰诗、赋各一篇。诗通常是以古人诗句或者成语为题,诗题冠以"赋得"二字,故称"赋得体",又称"试帖诗"。用句用韵要求甚严,大多为五言六韵或者五言八韵的排律(杜甫晚年有不少排律,一定程度上得益于斯)。赋也是如此,除了命题限定之外,文句通常要求用四、六骈骊句式,一层意思用一韵,全篇通常六韵或八韵。虽然这些限制对人具有束缚性,但要求一致,也好比较,便于考官鉴别优劣。撇开这一层,诗赋确也能体现应试者的文学才华,所以这一试为三场之重。过了这一关,第三场才试时务策五道,及第者的文策还要送中书、门下两省详覆。应该说,并非一考定终身,一官定取舍,这一考试流程还是比较公正,并且具备历史进步意义的。

从唐高宗时期开始,唐代还注重制举考试,即由皇帝不定期地颁出诏令,举行考试,发掘选拔"非常人才"。到了唐玄宗时,特别重视制举当中的文词科目,先后开设过文词雅丽、文藻宏丽、文词秀逸等新名目的制举考试。不少人将制举看作步入仕途、一展抱负的正门捷径,巴不得一试即中。天宝六年(747年)杜甫在长安应诏就试,即是应的制举试,只不过被

"狂夫" 杜甫

李林甫耍了花招，未能够顺心遂志罢了。

　　与这两种正式的科举考试相配，或者视为补充方式，唐代还时兴向权势者或名望高的贤达人士献诗献赋，求得引荐。这在那个时代，也是一条入仕正途，其名叫作"纳卷"——投到礼部叫"公卷"，投给个人叫"行卷"。如获得引荐，对考试能否得中大有助益。年后于杜甫的白居易初到长安，便是凭诗作登门拜望顾况，以名句"野火烧不尽，春风吹又生"获青睐，经顾况大加赞赏，广为传扬，因之而诗名大振，进而顺畅地进入仕途的。而那首诗的诗题就叫《赋得古原草送别》，试探应制，心迹可寻。杜甫天宝十年（751年）献《三大礼赋》，唐玄宗奇之，命待制集贤院，证明了这条路是走得通的。即便这首《奉赠韦左丞丈二十二韵》，分明也有"纳卷"的用意，只不过面对知己长者，牢骚发得多些罢了。

　　至此已看得出来，杜甫自矜才华，其所以特定在诗赋上，根本原因就在唐代科举考试规则内，诗赋是两块主要的敲门砖，并且缺一而不可，其他才华形式全部替代不了。依凭敲门砖敲开仕进门，他才有可能逐步升迁，跻身相位，比侔稷契，最终实现"致君尧舜上，再使风俗淳"的功业自期。换一句话说，杜甫所自矜的"赋料扬雄敌，诗看子建亲"，是服从于和服务于他的功业自期的。

　　分辨明白这一点以后，自然就必须聚焦另一点，着重探讨第二个问题。就凭"读书破万卷"一条，于赋特定扬雄，于诗特定曹植，个中的奥秘便颇值得考究。杜甫后来的一些诗里，就曾多次提到其他人，如《江上值水如海势，聊短述》提到"焉得思如陶谢手，令渠述作与同游"。如《戏为六绝句》之一提到"庾信文章老更成，凌云健笔意纵横"，之五提到"窃攀屈宋宜方驾，恐与齐梁作后尘"。如《咏怀古迹五首》之一提到"庾信平生最萧瑟，暮年诗赋动江关"，之二提到"摇落深知宋玉悲，风流儒雅亦吾师"。如《壮游》提到"气劘屈贾垒，目短曹刘墙"。如《解闷十二首》之七提到"熟知二谢将能事，颇学阴何苦用心"……唐代以前的辞赋家和诗人，他既熟知又敬重的人多了去了，究竟是什么原因，使得他不举别人，只举扬、曹？其间，决然不存在什么无缘无故的爱。

先看扬雄。

据《汉书·扬雄传》说，扬雄为西汉蜀郡成都人，自少即好学，博览群书。"为人简易佚荡，口吃，不能剧谈"。及年四十余，才被人引荐到长安，献《甘泉》《羽猎》等赋，被任为郎官，给事黄门。这样的身世以及性格，与杜甫有三点相近或者相同。一是从小便好学，读过很多书，相近于杜甫"读书破万卷"。二是"简易佚荡"的性格特征，与《旧唐书·杜甫传》说杜甫"狎荡无拘检"，《新唐书·杜甫传》说杜甫"放旷不自检"是相同的，都指简慢轻忽，放任不羁。这样的性格，在汉、唐两代都属侠士性格特征之一。前引邓绎《藻文堂谭艺·三代篇》即已指出："唐人之学博而杂，豪侠有气之士多出于其间，磊落伟奇，犹有两汉之遗风。而见诸文辞者，有陈子昂、李白、杜甫、韩愈、柳宗元之属，堪与谊、迁、相如、扬雄辈相驰骋以上下。"杜甫与扬雄同为文侠，即性格有相同处，自然容易同气相求。这一条最重要。三是扬雄四十余岁才因人引荐步入仕途，而杜甫时年三十九岁，入仕愿景也颇相近。基于这三点，杜甫舍贾谊、司马迁、司马相如而选扬雄，当在情理之中。

不止此，还有二。据扬雄本人仿《论语》作的《法言·吾子》所述，他早年喜作辞赋，晚年却变得看不起辞赋，指为"童子雕虫篆刻"，"壮夫不为"。看起来，这样的说法颇合杜甫心意。他在功业诉求上，原本就比扬雄高得多，窃自比拟的前贤乃是稷与契，企望建立的功业乃是"致君尧舜上，再使风俗淳"，压根儿就没把辞赋当作一件多么了不起的玩意儿。其所以要习要作，无非因为应科举考非得过那样一关不可，虽是"童子雕虫篆刻"，他这个"壮夫"也不得"不为"。一旦将入仕之门敲开，这块砖说丢就丢，不在话下。殊意旨而同归趣，自当会使他对于扬雄倍觉亲近。

更还有三，杜甫既然只是将赋视作一块敲门砖，习赋作赋就在暗自走捷径，未经拜师，而以扬雄作为才师。据《法言·吾子》记述，曾有人问扬雄：

"狂夫" 杜甫

"赋可以讽乎？"扬雄答道："讽乎？讽则已；不已，吾恐不免于劝也。"杜甫的《三大礼赋》，便是走的这条路，与扬雄的《甘泉》《羽猎》等赋颇为相近。《进封西岳赋表》甚至明白地写出："作封西岳赋一首以劝，所觊明主览而留意焉。"

事实上，不限于赋的写法暗师扬雄，就连诗赋中"沉郁顿挫"的风格特色，也多缘自暗师扬雄。杜甫在《进〈雕赋〉表》里特地写道——

> 臣之述作，虽不能鼓吹六经，先鸣数子，至于沉郁顿挫，随时敏给，扬雄、枚皋之徒庶可企及也。

其间，"随时敏给"指文思敏捷，写作灵快，对应的是枚皋。而"沉郁顿挫"四字，对应的则是扬雄。扬雄撰成《方言》后，刘歆曾致书夸赞："非子云澹雅之才，沈郁之思，不能经年锐精成此书。"扬雄《答刘歆书》自称："心好沈博绝丽之文。"他俩说的"沈"指思虑深沉，"郁"指情致蕴积，杜甫所说的"沉郁"因之而来，主要是就诗赋的思想内容而言。杜甫所说的"顿挫"则取自《后汉书·孔融传》："北海天逸，音情顿挫。"章怀注说："顿挫，犹抑扬也。""顿挫"超越了扬雄所谓"绝丽"，指节奏起伏，音声抑扬，主要是就诗赋的表现形式而言。思想内容与表现形式完美统一，逐步形成为杜诗风格，在杜赋中也有体现。李重华《贞一诗话》认为："作诗善用赋笔，惟杜老为然。其间微婉顿挫，总非平直。"应该对之再补充一句，杜甫诗里的"善用赋笔"，很大程度上从习赋而来，暗师扬雄，得其心法，化而自成，良有创造。习之于赋，得之于诗，却又是一个诡异的现象，一言难尽，不说也罢。

除开这些打着杜甫个人印记的特殊原因，也不能忽视扬雄其人在赋史上普适性的一般原因。刘勰《文心雕龙·诠赋》指出：

> 然赋也者，受命于诗人，拓宇于楚辞也。于是荀况《礼》《智》，宋玉《风》

《钓》，爰锡名号，与诗画境，六义附庸，蔚成大国。遂客主以首引，极声貌以穷文，斯盖别'诗'，之原始，命'赋'之厥初也。秦世不文，颇有杂赋。汉初词人，循流而作。陆贾扣其端，贾谊振其绪，枚、马播其风，王、扬骋其势，皋、朔以下，品物毕图。繁积于宣时，校阅于成世，进御之赋，千有余首，讨其源流，信兴楚而盛汉矣。

这段话，相当经典地勾勒出了由楚赋到汉赋的演进源流，描述出了西汉赋的繁盛景象。其间与王褒同被称作"骋其势"的扬雄，恰正是汉宣帝（前73—前49年）、汉成帝（前32—前7年）时期的人（生于公元前53年，死于公元18年），他在赋史上的特殊地位和作用毋庸置疑。刘勰所谓"骋其势"，犹言扩展了赋的气势，将他的特殊地位和作用概括得相当准确。

《文心雕龙·神思》中，还对扬雄的精神气质、为文特点做过提炼，称之为"扬雄辍翰而惊梦"。其本事见于桓谭《新论·祛蔽》："子云亦言，成帝时，赵昭仪方大幸。每上甘泉，诏令作赋，为之卒暴，思精苦。赋成，遂困倦小卧，梦其五脏出在地，以手收而内之。"其大意就是，扬雄奉诏撰写《甘泉赋》，为之殚精竭虑，成后困倦不已，曾做过一场为作赋而呕出五脏的惊奇异梦。这样的精神气质和为文特点，切合《汉书·扬雄传》说他"默而好深湛之思"，也与杜甫后来苦吟成诗相通。

综合起来看，杜甫于汉赋大家当中特别心仪扬雄，既有个人心志、身世方面的多重同气相求，又以扬雄在赋史上的地位和作用，及其精神气质和为文特点作为依归，决非一时率性之行。直至晚年所写的《夔府书怀四十韵》，还有"文园终寂寞，汉阁自磷缁"之句，用扬雄遭冤而被污损的事，喻自己因为上疏营救房琯而被逐还、贬谪的事，可见他对扬雄的推重之切，感念之深。还原到当年赠诗前后的特定环境审视杜甫，他那样特举扬雄，毋宁还有另外一层深意潜藏着，那就是虽未认为扬雄已是汉赋第一，却已认定扬雄为汉赋一流代表作家当之无愧。由之进一步，顺理成章的推断便是，

"狂夫" 杜甫

他于赋独推扬雄，无异于自料将会达到唐赋一流，自负之狂隐然可见。

再看曹植。

曹植的身世虽与杜甫迥异，但一为汉魏之侠，一为盛唐之侠，则是心志大同。拙著《先秦大侠义》即已指出，产生并盛于先秦的侠，经秦政苛酷、汉事独尊而致削弱之后，东汉、三国时期和隋唐、两宋时期又是两个重振高峰。活跃于汉末、三国时期的曹植，便是一个文武兼备的侠。《三国志·曹植传》说他"生乎乱，长乎军"，不仅才思敏捷，"言出为论，下笔成章"，而且还"任性而行，不自雕励，饮酒不节"。这样的性格、行为特征，比扬雄更与杜甫相通，杜甫引为同调自在情理当中。曹植的《白马篇》是现存汉诗中最早歌颂游侠的诗："白马饰金羁，连翩西北驰。借问谁家子？幽并游侠儿。"而在《名都篇》里任性地宣扬"斗鸡东郊道，走马长楸间"，"归来宴平乐，美酒斗十千"，则简直就是杜甫壮游时期与李白、高适等的游侠情趣的样板写照。读着这类诗，杜甫必当会感到格外亲切，格外认同，仿佛能与曹植跨越时空交游。何况《南史·谢灵运传》还有"天下才共一石，曹子建独得八斗，我得一斗，自古及今共用一斗"的说法，与"才高八斗"的曹植相亲，无异于自矜才高七斗九。所以言及诗，他前不举屈原，后不举陶潜，只特举出曹植。

杜甫如此推重曹植，超乎纯个人因素，还与唐代诗坛特别重"风骨"，并特别推崇"建安风骨"的审美取向密切关连。早在刘宋时，刘勰的《文心雕龙·风骨》即已宣扬："诗总六义，风冠其首，斯乃化感之本源，志气之符契也。是以怊怅述情，必始乎风，沈吟铺辞，莫先于骨。故辞之待骨，如体之树骸，情之含风，犹形之包气。结言端直，则文骨成焉，意气骏爽，则文气清焉。"但直至初唐，陈子昂才在《与东方左史虬修竹篇序》中隔代响应，不仅指摘"汉魏风骨，晋宋莫传"的多年流弊，而且借赞东方虬的诗"骨气端翔，音情顿挫，光英朗练，有金石声"，生发了风骨涵蕴。以《登幽州台歌》和若干首《感遇》为代表，他的创作实践，同样做出了将诗的内容劲健刚直，情感浓烈昂扬,而且声情与辞采融为一体的积极尝试。发展到盛唐,早期的孟浩然和王维几乎毕生奉之的高适、李白、岑参、王昌龄、储光羲等,无一不自觉追求风骨,杜甫自未出其外。他的《戏为六绝句》之二替"王杨卢骆当时体"辩护,批评"轻薄为文哂未休",之三又指出"纵使卢王操翰墨,劣于汉魏近风骚",褒与贬全都因为如王世贞《艺苑卮言》所说"子安(王勃的字)稍近乐府,杨、卢尚宗汉魏,宾王长歌虽极浮靡,亦有微瑕,而缀锦贯珠,滔滔洪远,故是千秋绝艺",于建安风骨既有所及,又有所不及。

而曹植正是建安风骨的一位杰出代表。正因此,《文心雕龙》的《明诗》篇述"建安之初,五言腾跃",首先就赞扬"文帝陈思,纵辔以骋节",然后再说"建安七子"当中的王粲、徐干、应玚、刘桢(另三人为孔融、阮瑀、陈琳)如何"望路而争驱"。进一步,还点明了"其所同",亦即"慷慨以任气,磊落以使才;造怀指事,不求纤密之巧;驱辞逐貌,唯取昭晰之能"。这些"同",即是建安风骨的多维注脚。钟嵘的《诗品》,不但品评曹植的诗"骨气奇高,词采华茂,情兼雅怨,体被文质",而且将其《赠白马王彪》一诗与王粲的《七哀》、阮籍的《咏怀》、谢灵运的《邺中》、陶渊明的《咏贫》等一批魏晋人诗并誉为"五言之警策者也"。李白《宣州谢朓楼饯别校书叔云》谓:"蓬莱文章建安骨,中间小谢又清发。俱怀逸兴壮思飞,欲上青天揽明月。"虽未明确提及曹植,但观夫魏晋诗坛的"建安骨"群体,毫无疑义,曹植乃是"壮思飞"的领飞者。依我看,其之为屈原以后,陶潜以前,天地之间,一人而已,也不算是虚美过誉。

看起来,杜甫当年正是将曹植视为汉魏第一诗人的,否则他不会选中一个"亲"字自矜其诗。亲,毕竟还只是接近,不是匹敌。对照一下后来的《壮游》诗说"目短曹刘墙",变得居高临下俯视曹植、刘桢,就不难明白当初他对曹植还是真诚敬畏,既不敢言匹敌,更不敢言超越。因为那时候,他不但仕途困穷,生活困穷,诗名也还并不太大。唯其如此,接近曹植似乎有所谦虚,其实同样也颇狂,起码暗寓着自己的诗必成为唐诗翘楚之意。

"狂夫"杜甫

孔子说过"狂者进取",杜甫如此这般地自矜才华,主导基因终究在进取中的坦荡、自信。既坦荡,又自信,原本是孔子、孟子都赞赏的一种儒门君子品格,汉儒、宋儒以降的犬儒、俗儒居然视之为逆,今之人和后之人都不必习非为是。杜甫既然志在作稷契,掌握优质敲门砖就是必具之要,能坦荡,能自信,毋庸非议。关键是,自矜了"赋料扬雄敌,诗看子建亲"以后,自己的作为和成就是否真的与之相副。实践是检验真理的唯一标准,这一条普适法则,对于杜甫也完全适用。

俗话说"文无第一,武无第二",要比较诗赋高下原本就难。即便如李白、杜甫,后之人评价他们的诗,缘于不同审美旨趣,说长道短就已然是五花八门。更何况,杜甫与扬雄、曹植异代,对他们进行比较势必更难。尽管如此,却也不是决然不能加以比较,关键在要有一定的准绳。揆其要,一是具体的诗赋作品,内容、形式都会有得失之迹,可以据实做具体分析。二是包括诗赋在内的任何一种文学作品,创作主体的成就如何,主要是将其放在他们那个"当代"做横向比较,看其处于什么档次,什么位置。三是进一步,还可以将特定的创作主体,放到"历史"的长河中做纵向比较,看其在某一种或某几种文学样式的创作中有多大影响,有什么地位。要弄清楚杜甫是否果如其言"赋料扬雄敌,诗看子建亲",就不能不三者相合,兼而用之。

诗,中华诗史已有明确的解说,凡知晓者都有定见,不必多加论列。赋却不然,中华赋史上记着扬雄名字,知晓者不算太少;杜甫的名字却是鲜见与赋相联,一般人记赋很难想到杜甫。这就有必要对扬雄赋和杜甫赋做具体比较,然后再判别,二者是否真正相匹敌。

扬雄是西汉末年至新莽前期最重要的辞赋大家。传世赋十余篇(对赋的界定不一,故历来说法不一,乃不确指为十一篇或十二篇),从为赋旨趣看,大致可以分为两类。一类是以《甘泉》《河东》《羽猎》《长杨》四赋为代表,着意对汉成帝的骄奢淫逸进行讽劝,其间也不时透露出他的政治观点。另一类则包括了《反离骚》《解嘲》《解难》《酒赋》《逐贫赋》等赋,主旨在抒情言志,表达他那既不汲汲于名利,又寄希望于遇机一试的人生观念和价值诉求。

据《汉书·扬雄传》记载,《甘泉》等四赋作于成帝元延二年、三年间(31—32年)。为"待诏承明之庭"所作。扬雄仰慕他的前辈司马相如,"每作赋,常拟之以为式",四赋都有模拟司马相如《子虚赋》《上林赋》的痕迹。但同中又有不同,扬雄不像司马相如那样颇具战国纵横家遗风,逞气肆志,意气风发,而是自禀深湛之思,意尚婉曲,辞多蕴藉。《甘泉赋》于此最为典型,通篇多用骚体句式,极力铺陈甘泉宫的"登椽栾而蚟天门兮,驰闾阖而入凌兢","列宿乃施于上荣兮,日月才经于栊桭"的若幻仙境,而将"此非人力之所为,党鬼神可也"的讽劝寓于其间。《羽猎赋》讽喻之意稍许明显一些,通篇运用四字排比为主、奇偶交替兼行的句式,对羽猎的过程和声势做了铺张扬厉的描述,然后才卒章见讽,以"立君臣之节,崇贤至之业,未遑苑囿之丽、游猎之靡也"为劝。倘若不再三咏诵,悉心体味,等闲间很难窥测乃至领悟所寄深意。

但在表现形式上,扬雄的这一类赋较之既往同一类赋,却有所突破和有所创新。既往那些描写宫廷生活的逞辞大赋,惯常运用主客问答体,扬雄打破了这一个陈规。《甘泉赋》开头写道:"惟汉十世,将郊上玄,定泰畤,雍神休,尊明号……于是乃命群僚,历吉日,协灵辰,星陈而天行。"简直就是纪事的散文,凸显出其大胆创新。《羽猎赋》开头写道:"或称羲农,岂或帝王之弥文哉?论者云否,名亦并时而得宜,奚必同条而共贯?则泰山之封,焉得七十而有二仪?"虽是设问,终究已与主客之间的问答相异,这也是推陈出新,自创一格。刘勰赞其对于汉赋"驰其势",这些突破、创新正是驰势的内涵之一。

另一类赋颇不一样。《汉书·扬雄传》说他"清静亡为,少耆(通嗜)欲,不汲汲于富贵,不戚戚于贫贱,不修廉隅以徼名当世",个人品格是相当高尚的。基于此,凡不是奉诏而作的赋,他就不避显露真性情,甚至还能表达一些有别于他人的个人见解。例如《反离骚》，一开始就对屈原身处浊世，受谤遭斥，深表其同情与不平："惟天轨之不辟兮，何纯洁而离纷。纷累以其泏涩兮，暗累以其缤纷。"但后面又对屈原有责难："灵修既信椒兰之唛俀兮，吾累忽焉不蚤(通早)睹？""累既攀夫傅说兮，奚不信而遂行？"因为他主张对浊世要看透，犯不着抵抗流俗，一旦"圣哲之不遭兮"，就千万不要"弃由(许由)、聃(老聃)之所珍"，最好是选择沉默或者逃避，而不必强自立异，更不要选择死。这种主张对不对姑且不论，仅就其赋敢于说真话、显真情而言，就有两点值得注意。一是这类赋，映现出了扬雄思想、性格的内质主流，据之可以确认他并非一个总喜欢依附权势、歌功颂德的伪君子。二是这类赋还体现出，赋体文字与其他文学样式相同，都可以承载真实内容和鲜活思想，决非注定了缺乏生命力。

　　《解嘲》《解难》和《逐贫赋》，尤其浸润着扬雄内心的价值诉求，而其侧重又有不同。《解嘲》写于哀帝时，据《汉书》本传说："时雄方草《太玄》，有以自守，泊如(淡泊无为)也"。有人嘲笑他"以玄尚白"，他就特意模仿前辈东方朔的《答客难》，采用主客问答的形式，装进对比古今之士遭时或不遭时的内容，着重揭露和抨击"当今县令不请士，郡守不迎师，群卿不揖客，将相不俯眉，言奇者见疑，行殊者得辟"的怪象。其间妙语连珠，如"子之笑我玄之尚白，吾亦笑子之病甚，不遇俞跗与扁鹊也，悲夫"，真个是嬉笑怒骂皆成文章。然后回转来，历数好多位前贤异己之行，悠然结在"仆诚不能与此数子并，故默然独守吾《太玄》"，既回答了开头客难"何为官之拓落"的问题，更宣明了安于卑位、清静自适的本志。《解难》则对著述《太玄经》彰显自负，一改《反离骚》态度，公然对抗流俗，指称"声之眇者，不可同于众人之耳，形之美者，不可混于世俗之目"，表明"老聃有遗言，贵知我者希"。《逐贫赋》也伸张了安贫乐道的意愿。将赋用于抒情言志，扬雄虽非西汉第一人，却在回归本我，张扬真我上做得相当突出，也是对汉赋"驰其势"的积极的贡献。

　　《逐贫赋》另有特别值得关注的地方，主要在两点上。其一，它在托物咏志上,继承和发展了贾谊的《鵩鸟赋》。贾谊假托鵩鸟,申明了"德人无累,知命不忧"的素志。扬雄将"贫"拟为一个活体对话者,申明了"长与汝居,终无厌极"的不以贫贱为意的心迹。前者主要是说理,而这一篇,则将说理、抒情、描写融合在一起,对后来的咏物抒情赋具有开拓意义。其二,它通篇使用四言句式,亦叙亦议,亦问亦答,自由灵活,生气盎然,同样继承和发展了贾谊的《鵩鸟赋》。联系到《酒赋》也是四言诗体赋,那么,从赋的体式流变审视扬雄,他对四言诗体赋的传承和发展抑自功不可没。

全面看扬雄,不难得出结论,他在中华赋史上的成就和贡献、地位和作用都相当显著,决非只属于西汉那一个时代。前人将他同司马相如连在一起,并称为"马扬",就是对他的成就和贡献、地位和作用切当的肯定,他也真是实至名归,当之无愧。尽管跨界比,中华赋史上的"马扬"比不过中华诗史上的"李杜",但就赋论赋,就辞赋家论辞赋家,扬雄无疑应是一大高标了。杜甫自矜"赋料扬雄敌",能不能匹敌,无疑须当过细考量。

杜甫留给世人的赋一共六篇,即合称《三大礼赋》的《朝献太清宫赋》《朝享太庙赋》和《有事于南郊赋》,《封西岳赋》,《雕赋》以及《天狗赋》。

所谓"三大礼",指的是唐代宫廷的三大祭祀活动,即祀南部、祠太清宫和享太庙。据《旧唐书·玄宗纪》记载,天宝十年(751年)"正月乙酉朔,壬辰,朝献太清宫;癸巳,朝享太庙;甲午,有事于南郊。"所谓"有事于南郊",亦即合祭天地于南部。杜甫当时在长安,立即抓住这样一个难得一遇的投献良机,作了三篇大赋投献给了朝廷。在赋前的《进三大礼赋表》中,他辞恳情殷地对献赋的来由做出了陈述——

臣甫言:臣生长陛下淳朴之俗,行四十载矣。与麋鹿同群而处,浪迹于陛下丰草长林,实自弱冠之年矣。岂九州牧伯,不岁贡豪俊于外;岂陛下明诏,不尨席思贤于中哉?臣之愚顽,静无所取。以此知分,沉埋盛时,不敢依违,不敢激讦,默以渔樵之乐,自遣而已。顷者,卖药都市,寄食朋友。窃

"狂夫"杜甫

慕尧翁击壤之讴，适遇国家郊庙之礼，不觉手足蹈舞，形于篇章。漱吮甘液，游泳和气。声韵寖广，卷轴斯存。抑亦古诗之流，希乎述者之意。然词理野质，终不足以拂天听之崇高，配史籍以永久；恐倏先狗马，遗恨九原。谨稽首投延恩柜，献纳上表，进明主《朝献太清宫》《朝享太庙》《有事于南郊》等三赋以闻。臣甫诚惶诚恐，顿首顿首，谨言。

　　表里所提到的"延恩柜"，始设于武后垂拱二年（686年），是唐代朝廷专门设立，特供士子投献诗赋、表章之类的一种公开设施，有似于今之所谓"意见箱"，却是更加庄严、适用。《唐六典》说："延恩柜，凡怀才抱器，希于闻达者投之。"当时的杜甫，不但是一介布衣，而且还是一个"饥饿动即向一旬，敝裘何啻悬百结"（《投简咸华两县诸子》）的寒士，穷困得"卖药都市，寄食朋友"，维持生存都异常艰难。能"适遇国家郊庙之礼"，并且可以依凭延恩柜献赋，实在是一种难得的幸运。

　　从内容到形式，《三大礼赋》都基本上是模拟西汉反映宫廷生活的逞辞大赋，特别是司马相如的《子虚赋》《上林赋》，扬雄的《甘泉赋》《羽猎赋》。以《朝献太清宫赋》为例，即可以概见一斑。唐王朝皇室姓李，尊奉道教始祖李聃为"太清道德天尊"（与"玉清元始天尊""上清灵定天尊"合称为"三清"），格外尊崇道教。唐高祖武德八年（625年）规定，三教次序为道先，儒次，佛最后。唐高宗乾封元年（666年）尊老子为"太上玄元皇帝"。唐玄宗本人就接受了道教法箓，有道士身份；杨贵妃皈依道教，道号为"太真"。太上老君的宫观称作太清宫、老君殿或老君庙。因而三大礼之首便是朝献太清宫。仇兆鳌《杜少陵集详注》已指出："当时尊奉道祖，帝号崇祀，本属不经。"但杜甫此赋，却是"寓规于颂"，歌功颂德的基调贯穿全赋始终。赋的第一大部分，不厌其烦地铺陈描述了朝献仪卫之盛，入庙肃雍之象，执事备物之虔，望神如在之意，纯粹是虚应故事。第二部分进一步，假借视辞敷衍，才代为唐玄宗陈言。其大意在于，颂扬唐王朝勘乱致治，超越前代，"扫太始之含灵,卷殊形而可挹"。第三部分更进一层,虚拟"天师张道陵等,泊左玄君者"夸赞"今王巨唐",歌颂唐玄宗厘正祀典,拨乱反正。最后"或曰"作结:"今太平之人,莫不优游以自得,况是蹴魏踏晋、批周抉隋之后,与夫更始者哉!"其间暗寓着历代兴替、吉祥概由人主自致,从来非关神降的微言大义,不反复诵读,用心推敲,根本就难以体悟出来。

尽管如此,《三大礼赋》的情景描写和辞采显耀,却相当突出地体现出了扬雄所鼓吹的"诗人之赋丽以则"(《法言·吾子》)。如《朝献太清宫赋》里描绘神灵宜降之势:"九天之云下垂,四海之水皆立。凤凰威迟而不去,鲸鱼屈矫以相吸。"从天到地,从陆到海,将神光现象,异物频生,飞潜灵异,无不昭应的宏大奇观,如庄子之文一般地刻画得既形象生动,又诡异奇崛。尤其是前两句,据洪迈《容斋随笔》所说,"东坡《有美堂会客》诗云:'天外黑风吹海立,浙东飞雨过江来。'读者疑海不能立,黄鲁直曰:'此本老拙'《朝献太清宫赋》'九天之云下垂,四海之水皆立',二者皆句语雄峻,前无古人。"从后之苏轼仿用,黄庭坚力挺,足以见出杜甫的炼字、炼句功夫了得,前无古人,后启来者。

另如《朝享太庙赋》里的"园陵动色,跃在藻之泉鱼;弓剑皆鸣,汗铸金之风马","八音循通,既比乎旭日升而氛埃灭;万舞凌乱,又似乎春风壮而江海波",《有事于南郊赋》里的"战岐傈华,摆谓掉泾;地回回而风渐渐,天泱泱而气清清","天关不敢旅拒,鬼神为之呜咽;高衢腾尘,长剑吼血",也都是以气驭文,辞气壮伟。从句法上看,大体继承了六朝骈赋所通用的四、六骈偶,而又有所变化。特别是间以长句,不仅打破了骈偶呆板,而且显出了凭仗气盛,则言之短长与声之高下皆宜,为后来韩愈所倡气盛之说提供出了一个先例。所以仇注认为,"少陵廓清汉人之堆垛,开辟宋世之空灵,盖词意谦优,而虚实并运,足以超前轶后矣",虽然有以偏概全,溢美拔高之嫌,却还是有一定道理的。至低限度,"词意兼优"和"虚实并运",适用于杜甫《三大礼赋》。

"狂夫"杜甫

　　由于内容能够讨"今王"喜欢,形式也多见情彩丰赡,《三大礼赋》献上以后,终于引起了唐玄宗关注,诏待制集贤院,命宰相试文章。于是由宰相出题,杜甫到政事堂(杜诗称"中书堂")按题作文,然后由礼部主持集贤院的学士们集体评议。首先发言的集贤殿直学士崔国辅和学士于休烈,对杜甫的应试诗文做了高度的评价,其他人没有不同的意见,于是宰相测试就顺利通过了。这是杜甫一生中,唯一一次获得的应制成功。在他心目中一直都看成重大荣耀。十几年后在成都严武幕中,遭到一些年轻官员的轻薄,他曾写过一首《莫相疑行》书慨,其间有句:"忆献三赋蓬莱宫,自怪一日声煊赫。集贤学士如堵墙,观我落笔中书堂。往时文采动人主,此日饥寒趋路旁。"前四句诗的情景何其风光,重提起来仍不免心旌摇荡,引人自豪;后两句诗的对照何等强烈,只差骂一句"虎落平阳,反遭犬欺"。

　　杜甫当时本以为青云之路畅通了,殊不知,朝廷的安排只是让他"送隶有司,参列选序"。意思就是选官部门将他列入候补名册了,让他回家去耐心等待。这一等就是将近五年,直到天宝十五年(756年)二月,才让他当上了一个从八品下的右卫率府胄曹参军,根本无权参与朝政。而在这之前,他照旧只能穷困潦倒,度日如年。失望,伤感,苦熬半年多,几近绝望了,他甚至打算离开长安了。天宝十一年(752年)春夏之交,他写了一首《奉留赠集贤院崔、于二学士》,对自己的凄凉遭际大发感慨。"昭代将垂白,途穷乃叫阍。气冲星象表,词感帝王尊。"开头四句间杂着悲怨、豪迈两种感情,重提起半年多前因时献赋、感动帝王的事。中间八句先感遇应试顺畅,后抱怨处置阻逆,致令自己"青冥犹契阔,陵厉不飞翻",有才不得用,有志难伸张。最后八句虽然结在"谬称三赋在,难述二公恩"上,但命意却主要在于抒发"儒术诚难起"的牢骚,表达"欲整还乡斾"的无奈。

　　但是那一次,杜甫并没有离开长安。待到天宝十三年(754年)二月,权奸李林甫死后,右相杨国忠进位司空,走投无路的杜甫心欲一试,又投献了《封西岳赋》。在《进封西岳赋表》中,杜甫诉说了自己"头白之后,意以短篇只字,遂曾闻彻宸极,一动人主"的经历,以及"常有肺气之疾",唯恐早死会"孤负皇恩"的忧虑,表明了"作《封西岳赋》一首以劝,所觊明主览而留意焉"的心愿。他还特别抑制住了自己的狂性,说出了"维岳授陛下元弼,克生司空,斯文又不可寝已"的奉承话,恳祈杨国忠能垂怜关爱。只可惜,即便已经如此近乎卑躬屈膝了,杜甫的希望仍是一场空。

实事求是地说,杜甫的《封西岳赋》,内容和形式都与《三大礼赋》归于一路,中规中矩,并不突出。从思想性和审美性看,这四篇赋赶不上他的《雕赋》,甚至于不及他的《天狗赋》。

《雕赋》的著作时间,历来有两种说法,一说为天宝九年(750年),另一说为天宝十三年(754年),我认为当以前一说为是。依据就在《进〈雕赋〉表》。表中有句"自七岁所缀诗笔,向四十载矣……","向"的意思为接近,天宝九年杜甫三十九岁,名副其实是接近四十岁,天宝十三年杜甫四十三岁,则不能说是"向四十载"了,此其一。其二,对比一下《进三大礼赋表》的行文特征,更可以确认,《雕赋》只可能是作于天宝九年。

且看《进〈雕赋〉表》——

臣甫言:臣之近代陵夷,公侯之贵磨灭,鼎铭之勋,不复照耀于明时。自先君恕、预以降,奉儒守官,未坠素业矣。亡祖故尚书缮部员外郎先臣审言,修文于中宋之朝,高视于藏书之府,故天下学士,到于今而师之。臣幸赖先臣绪业,自七岁所缀诗笔,向四十载矣,约千有余篇。今贾、马之徒,得排金门、上玉堂者甚众矣。惟臣衣不盖体,尝寄食于人,奔走不暇,只恐转死沟壑,安敢望仕进乎?伏惟明主哀怜之!倘使执先祖之故事,拔泥途之久辱,则臣之述作,虽不能鼓吹六经,先鸣数子,至于沉郁顿挫,随时敏给,扬雄、枚皋之徒庶可企及也。有臣如此,陛下其舍诸?伏惟明主哀怜之,无令役役,便至于衰老也。臣甫诚惶诚恐,顿首顿首,死罪死罪。臣以为雕者,鸷鸟之殊特,搏击而不可当,岂但壮观于旌门,发狂于原隰,引以为类,

"狂夫"杜甫

是大臣正色立朝之义也。臣窃重其有英雄之姿,故作此赋,实望以此达于圣聪耳。不揆芜浅,谨投延恩柜进表献上以闻,谨言。

尽管表中两度用了"伏惟明主哀怜之",以及"诚惶诚恐"之类的话,都只不过是按照上表规则行文,并不像《进三大礼赋表》那样真的诚惶诚恐。相反地,从"臣之近代陵夷",到"安敢望仕进乎",叙家世、述己状,无不贯注着自豪、自矜之气。其真率,其直白,简直就像是在对韦左丞丈侃侃而谈,哪里存在臣下对君,特别是一介布衣对当今皇上第一次进表的谦恭和拘谨?从"倘使执先祖之故事",到"便至于衰老也",讲愿望,炫才华,自豪、自矜和真率、直白非但不亚于上文,甚或还有所过之。其间"有臣如此,陛下其舍诸"的公然设问,实在堪称大胆。至于"以为雕者"以下的结语文字,更是毫无矫饰、毫无遮拦地自况为雕,既狂直,又迫切。杜甫的真性情,真风流,亦如他说雕"鸷鸟之殊特,搏击而不可当"。

据《正字通》说:"雕,胡地鸷鸟,似鹰而大。土黄色,毛长翅短,俗呼'皂雕'。盘旋空中,搏击鸿鹄食之。草中有雕毛,众鸟必自落。雕之俊曰'东海青'。"如今西藏高原仍有的大鹫,或许就属雕。杜甫明说他"引以为类,是大臣正色立朝之义也",足见其志不在小。所谓"执先祖之故事",决非意在祖父杜审言那种档次,而是要远眺十三世祖杜预,建功立业,堪比稷契。读一读《雕赋》,便能看到杜甫当年自况为雕的"英雄之姿"。

一开篇,《雕赋》便写道——

当九秋之凄清,见一鹗之直上。以雄材为己任,横杀气而独往。梢梢劲翮,肃肃逸响。杳不可追,俊无留赏。彼何乡之性命,碎今日之指掌?伊鸷鸟之累百,敢同年而争长。此雕之大略也。

前两句由"见"破题,写一"鹗"冲天,直上云霄。"鹗"音è,古称为"睢鸠"。据《尔雅·释鸟》注说:"雕类,今江东呼之为鹗。"可知言鹗即已言雕。次两句为全篇赋的引领之笔,"以雄材为己任"写雕的内质心志,"横杀气而独往"写雕的外神形象,杜甫本人的"引以为类"尽寓于其间。五至八句着力描绘"独往"奋飞,"梢梢劲翮"写高飞之状,"肃肃逸响"写疾飞之声,再用"杳不可追"形容其飞得何等之疾,"俊无留赏"夸赞其捕猎何等之神。九、十两句直写捕猎,无论"何乡之性命",一旦被雕认作目标,就注定"碎今日之指掌",所谓"搏击而不可当",已然尽在指顾之间。由之进一步,十一、十二两句再化用《后汉书·祢衡传》一个典故,孔融上表荐祢衡说:"鸷鸟累百,不如一鹗。使衡立朝,必有可观。"字面意思是,数以百计的鸷鸟均不如鹗,决不敢与鹗同年争短长。实际意旨是,鹗那样"壮观于旌门,发狂于原隰",恰似"引以为类"的人,前如祢衡,今如杜甫等人一样,彰显出来的"是大臣正色立朝之义也"。结以"此雕之大略也",分明就是开门见山,总陈主旨。

先总写,再分写。先写虞人如何得雕,用虞人获雕后,必"择其清质,列在周垣",精心调教、鉴识,"然后缀以珠饰,呈于至尊",供宫廷校猎之用,喻朝廷对士当养而后用。再转换视角,由人到雕,拿鹰隼与雕做比较,极力夸赞雕的捕猎功效远胜于鹰隼,对雕做出"斯又足称"的基本评价。接下来就紧扣住"足称"二字,从三个层面具象着笔,迭层更进地张扬雕的"殊特"性。第一层写雕"轻鹰隼而自若,托鸿鹄而为邻"善于蓄威,不击凡鸟,"此又一时之俊"。第二层写雕气概特雄,"有触邪之义"。第三层写雕得食能报,"久而服勤",迥异于"虚陈其力,叨窃其位"之鸟,以喻正人在位,可屏尸位素餐之徒。最后才以"其不在位"则将如何,了结全篇。

不妨浅析一下第二段的文字——

夫其降精于金,立骨于铁,目通于脑,筋入于节。架轩楹之上,纯漆光芒;掣梁栋之间,寒风凛冽。虽趾砑千变,林岭万穴,击丛薄之不开,突权柯而皆折,又有触邪之义也。

"降精"四句描绘雕的体貌神采。其间化用了傅玄《鹰赋》写鹰"含炎离之猛气兮,受金刚之纯精"的语意,点染出雕的身刚如金,骨健若铁,目炯通灵,筋劲有力,天生的特雄气质。"架轩"四句渲染雕的体态威势,兀立于轩楹之上浑如漆光显耀,引动于梁栋之间意至寒风顿起。合为八句主写静状。一旦动起来,便会如"趾砺"四句,其魄力将莫之能御。其中的"趾"指脚爪,"砺"指脚爪跟踮起,犹言"砺足"。扬雄《长杨赋》有"莫不砺足抗手",意谓企望有所作为,杜甫这里正用其意。说白了就是,雕一旦爪动腾飞,搏击长空,那么无论环境怎样千变万化,莽林峻岭之间有多少狐兔洞穴,它都能够"击丛薄之不开,突权枒而皆折",将狐兔之辈一扫而空。所谓的"触邪之义",亦即雕即便将动未动,凭其神采,凭其威势,也已足以震慑和排斥狐兔之辈。引以为类,雕即为人,因而雕的"触邪之义",实则就是"大臣正色立朝之义"。

从思想内容看,这篇赋真如仇注所说,通篇皆"托雕鸟以寄意。其一种慷慨激昂之气,虽百折而不回。全篇俱属比喻,有悲壮之音,无乞怜之态"。从表现形式看,这篇赋打破写赋惯式,通篇用了古文章法,开门见山地直接入题后,一层又一层文意转进均用"若乃""及夫""至如""尔其""夫其""久而""故"等连词引起,虽略见雕琢之痕,却颇有顿挫之气。句式上,虽然是骈俪为主,也活用了不少散句,体现出了骈散间行,以散御俳。尤其比喻用得好,层层写雕,又层层见人。三者合起来,赋文便有了一股凌厉清俊之气,仇注誉称"三复遗文,亦当横秋气而厉风霜矣",信非虚美。

毫无疑问,《雕赋》是杜甫最好的一篇赋,不仅远在《三大礼赋》和《封西岳赋》之上,而且置诸唐人借物写志赋的优秀作品,如李邕《石赋》,李白《大鹏赋》,柳宗元《牛赋》等等之列,也不遑多让。

在一些方面接近《雕赋》的,是《天狗赋》。

《天狗赋》作于何年,已失考。赋序只说"天宝中",颇可能是在天宝六年(747年)应诏就试,不第之后。因为其后两年他都不在长安,第三年春才重新到长安,秋即投献《雕赋》。而《天狗赋》有序无表,尚没有投入延恩柜的考虑,咏物作赋却又与《雕赋》相近,所以认其作于天宝六年,大致说得过去。

赋序还写道:"上冬幸华清宫。甫因至兽坊,怪天狗院列在诸兽院之上。胡人云:'此其兽猛健,无与比者。'甫壮而赋之,尚恨其与凡兽相近。"文字虽无多,却交代清楚了作赋的由来,特别是"壮而赋之"的命意。所谓的"天狗",仇注指称"自西域来",很可能就是今之藏獒之类形神"猛健,无与比者"的类狗猛兽,杜甫因而才以之为壮。

这篇赋,杜甫多用骚体句,同时间以长短散句,并且于篇章注入散文的文气,这又颇与《雕赋》相近。一入题,就叙华清宫兽坊,点出了其间"上扬云旒兮,下列猛兽"。接着直述自己之"怪",亦即乍见之引生的惊异:"何天狗嶙峋兮,气独神秀,色似狻猊,小如猿狄。"进而再描述天狗的猛健之状,然后抒发出对其神质的观感:"日食君之鲜肥兮,性刚简而清瘦。敏于一掷,威触两斗。终无自私,必不虚透。"自"性"字以下,依稀已有了夫子自道,暗寓进了引类自喻。

随后一段文字,便以"尝观乎副君暇豫,奉命于畋"领起,对天狗在田猎中的迅厉勇悍展开想象性描绘——

天狗捷来,发自于左。顿六军之苍黄兮,劈万马以超过。材官未及唱,野虞未及和。冏骹与流星兮,围要害而俱破。洎千蹄之逆集兮,始拗怒以相贺。真雄姿之自异兮,已历块而高卧。不爱力以许人兮,能绝甘以为大。

在"天狗捷来"之前,已然铺写过围猎虽然人多势众,却"禽有所穿",麋鹿逃窜,鹰隼和犬豹都难以尽猎。当其时,天狗迅捷厉疾地"发自于左",骤令围猎形势改观。"顿"以次四句,用众之不及烘托天狗的突发之勇和攫噬之悍,而并没有进行正面写。正面写的只有"囦骸"下两句。在这里,"囦骸"是疾飞的样子。木华《海赋》所谓"望涛远决,囦然鸟逝"是形容鸟飞之疾,杜甫此赋则是形容天狗的突发之疾。对其疾,他用了两个喻象:一是"骇矢",亦即响箭;二是"流星"。两疾合一,尽显天狗"敏于一掷",迅厉异常。随即仅用"围要害而俱破"六个字,便活画出了天狗"威解两斗"勇悍绝伦。"泊"下两句再一次侧写,以猎众分享猎物,竞相庆贺,进一步地烘托天狗猛健无匹。然后的四句,方才正面颂扬天狗的卓异品格,从四个侧面诠释它如何"终不自私,必不虚透"。

杜甫这样地盛赞天狗,除了引类自喻,还有着泛寓言的性质。因而后面的文字,虽然仍是在写天狗,却比《雕赋》明显地是在为与他同类的异材们说话。"宜其主阊阖而吼紫微",字面意思无疑在于指称天狗不该淹滞于兽坊,与其他的凡兽相混,深寓的意思则在,士子们中的异材理当得幸君前,得逞其能,得尽其用。正是基于这样的寓意,全篇结在"吾君倘忆耳尖之有长毛兮,宁久被斯人终日驯狎已"的呼唤上,以狗状人昭然甚明。以狗状人并非就是人格的自我贬抑,古人与今人观念上有差异。汉高祖评论西汉开国功臣,称萧何为"功人",其他人为"功狗",周勃、曹参、樊哙、灌婴之徒全部接受了,即已开启了以狗状人的先例。所以在这里,杜甫并不是做出狗态,摇尾乞怜,而是借以抒发怀才不遇之志,希冀朝廷,特别是"吾君"能识才、爱才、用才。但也正是基于这样的寓意太殷太切,致使《天狗赋》的后半部分文字风骨削弱,与前半部分不完全相称。

通览六篇赋,分明呈现出三个档次。《雕赋》为第一档,不唯在唐赋中可入第一流,而且置诸自汉至清的整部赋史,也是一篇佳作。《天狗赋》为第二档,尽管怀才不遇、希冀见用有历史认识意义,前半部分也写得相当精彩,毕竟已比《雕赋》低一筹。其他四篇赋则为第三档,"寓规于颂"虽合进献赋的常规,也能讨得君主喜欢,终只不过中平而已,并不值得多所传扬。因此,从总体上看杜甫的赋,在唐人中是前既不及王勃、李白,后更不及柳宗元、杜牧,成就和地位远不及他的诗。也因此,将他放到中华赋史长河中考察,他显然不能与扬雄相匹敌,"赋料扬雄敌"并未成为历史真实。

这倒不是个人才华不及扬雄。能写出《雕赋》,就证明杜甫确实具备能与扬雄相匹敌的作赋才华;如果他毕生致力于赋,甚至还可能后来居上,超越扬雄。当年他那样对韦济说,决非虚狂,牛皮吹过头。是时代不让杜甫成为辞赋家,也是杜甫的主体意向不在辞赋上,双重原因决定了那样的历史呈现。因为唐代已不是赋为文学主导形式的时代,而是诗为文学主导形式的时代,杜甫的主体意向始终在诗,势在必然。对韦济说"诗看子建亲",当时的杜甫尚未达到诗名大著,敢那样说已属自矜,而非谦虚。自打相继写出《兵车行》《丽人行》《自京赴奉先县咏怀五百字》等诗之后,不仅诗风不再与曹植相近,而且在时代性之强、人民性之高、题材之广、形式之丰等多方面,他都超过曹植了。这一面,才是定位杜甫的更重大的历史真实。他的才华,毋庸置疑。

"*狂夫*"杜甫

"穷年忧黎元，叹息肠内热"的时事愤激

　　杜甫在长安期间诗风大变，既有他个人身世、性格方面的原因，又有唐王朝"开元盛世"的表象下，实际上已经衰象频现、危机四伏方面的原因。后者特定的社会生活，不仅注定会对前者的意识反映一般性地产生影响，而且确实还对前者的生存状态特殊性地发生作用，就决定了杜甫的诗不可能再像壮游时期那般浪漫。而杜甫个人，原本就秉性清狂，一旦置身的社会生活老是令他心情大不忿，他的反响就决不会是温良恭俭。

　　按《资治通鉴·唐纪》记载，唐太宗贞观"二十年间，风俗素朴，衣无锦绣，公私富给"，唐玄宗开元初年，也曾奉行"君依于国，国依于民"的治国理念，"以风俗奢靡"为戒，施政以国计民生为重。相继任姚崇、宗璟为相，正人立朝辅佐，让贤良之士有进身之阶，对于"侵暴百姓"之事基本做到了"不可纵舍"，"由是贵戚束手"，社会相对安稳，经济空前繁荣，从而形成"盛世"气象。

　　然而，伴随"开元盛世"的兴旺，唐玄宗的骄奢昏惰也日益增长起来。

尤其是开元二十三年（735年）任用李林甫为相之后，朝政"风俗"就大改变了。李林甫结党擅权，瞒上欺下，排除异己，蔽塞言路，肆无忌惮地制造出了不少冤案（如杖杀李邕、裴敦复，赐死皇甫惟明和韦坚兄弟，逼死李适之、王琚等），导致朝野惊惧，路人侧目，纲纪混乱，风气败坏。与之同时，连年加剧对外用兵，对内聚敛，造成了"边将奏益兵浸多，每岁用衣千二十万匹，粮百九十万斛"，比"开元之前，每岁供边兵衣粮，费不过二百万"翻数倍地增长，以至于"公私劳顿，民始困苦"。而唐玄宗本人，则于开元二十五年（737年）武惠妃死后不久，便将其子寿王的妃子杨玉环"潜内（通纳）宫中"，旋又公开封为贵妃，为之"从此君王不早朝"（白居易《长恨歌》）。杜甫所谓"致君尧舜上，再使风俗淳"，主要就是针对这些衰象和危机，从正面立言。

直接关乎杜甫身世乃至命运的重要关节，在于天宝六年（747年），"玄宗欲求天下之士，命通一艺以上者皆至京师"，参加由李林甫主持的应制考试。那一年，杜甫三十六岁，满怀信心、满怀希望地位诏就试，自以为能一试成功，跻身仕途，以遂"致君尧舜上，再使风俗淳"之志。与他抱着同样期许的，还有比他年少七岁，后来也是著名现实主义诗人的元结。殊不知，他们都被愚弄了，被弃掷了。其缘由是，"相国李林甫以草野之士猬多，恐漏泄当时之机，斥言其奸恶，乃令尚书省试，皆下之"，一个都未曾录取。同时李林甫又"表贺野无遗贤"，唐玄宗居然相信了这种鬼话。失望之余，元结自回商余去了。但杜甫，年届三十六岁的杜甫，面对如此难以接受，却又不得不接受的挫折和屈辱，不可能像尚未而立的元结那样淡然处之，他的愤懑难以言表。后来在《奉赠鲜于京兆二十韵》中，他还咬牙切齿地抒愤："破胆遭前政（指李林甫，其时刚死），阴谋独秉钧。微生沾忌刻，万事益酸辛！"受伤害的烙印之深，断非寻常遭遇可比。

更令杜甫难堪的，是他的生存条件、生活处境急遽困穷。借用当今社会的流行话语，杜甫本是一个"官二代"。其父杜闲官位尽管不算高，但历

"狂夫"杜甫

任地方官,俸禄尚足以支撑杜甫三十四岁以前天南地北漫游,然后又到洛阳、长安准备应试。然而好景不长在,杜甫到长安不久,他的父亲便去世了,于是乎日常生计就断了可靠来源。为糊口,他当街卖过草药,但终究没有稳定收入。饿急了,到朋友家里蹭饭,也只能是偶一为之。即便好不容易找到一点钱,仍只能同底层平民一样去买低价"太仓米"。妻子儿女都养不起,万般无奈,只好将他们送往奉先县去住。独自一个人流落在长安,经常饥寒交迫,三十多岁便白了头。一旦生了病,更百般凄凉,《病后过王倚饮赠歌》即有病中真实写照:"疟疠三秋孰可忍?寒热百日交相战。头白眼暗坐有胝,肉黄皮皱命如线。"

大约写于天宝十年(751年)冬的《投简咸华两县诸子》一诗,充分再现了杜甫当年生活的困苦,以及由此而激生的愤慨——

赤县官曹拥材杰,软裘快马当冰雪。

长安苦寒谁独悲?杜陵野老骨欲折。

南山豆苗早荒秽,青门瓜地新冻裂。

乡里儿童项领成,朝廷故旧礼数绝。

自然弃掷何时异?况乃疏顽临事拙。

饥卧动即向一旬,敝裘何啻联百结。

君不见空墙日色晚,此老无声泪垂血。

诗中"咸华"指咸阳、华原,"诸子"为当时在两县的几位朋友,不知具体指谁。前四句两两对称,用"软裘快马"的"赤县(亦即长安)官曹",凸显"杜陵野老"的"苦寒""独悲"。中四句先借"南山"陶潜种豆、"东门"召平种瓜两个典故,喻写自己的"苦寒"更兼苦饥,粗食无着;再用"乡里儿童"代指小官僚,"项领成"刻画此辈昂项自恣,目中无人;继则直指"朝廷故旧",斥责彼等势利冷漠,瞧不起自己,断绝了往来。其间后两句,恰是《奉赠韦左丞丈二十二韵》中"残杯与冷炙,到处潜悲辛"的另一具象勾勒,人情世故的虚伪和无情渗透于字里行间。后四句进而指述个人的困穷境遇,"自然""况乃"两句自嘲性格使然,"饥卧""敝裘"两句自述悲率竭极。最后才用"君不见"两句作结,对两县诸子呼而告之,"无声泪垂血"正照应"独悲"。

在这首饱含血泪的诗里,杜甫的苦寒、苦饥历历可见,杜甫对"乡里儿童"和"朝廷故旧"的怨恨和鞭笞也声声可闻。这两个方面交构合一,就形成了他的生存条件和生活境况之"穷"。而他这个人,偏偏又"疏顽"成性,亦即疏放清狂成性,不善于更不屑于随俗俯仰,决然不肯突破人格自尊的底线,以至总是"临事拙","与时异",遭到那个社会的"弃掷"就成了一种命运性的"自然"。他对此自嘲却不自否,也就加剧了他的生存条件和生活境况之"穷"。《自京赴奉先县咏怀五百字》里的"穷年",就是指的他这种困穷遭际,而不是指通常说的一年到头。困穷已极,无处可诉,他只能迸着血泪,发而为诗,爆出郁结于胸的悲愤呐喊。说是"无声泪垂血",实为强音鸣不平。

从天宝五年(746年)寓居长安算起,至天宝十四年(755年)十一月赴奉先县省亲为止,杜甫困处于长安大致十年之久("安史之乱"爆发后,天宝十五年二月至至德三年春夏,他还时断时续地在长安滞留过三年)。借用当下社会的流行话语,这么长时间,他十足地成了"长漂",并且还成了一个"老愤青"。

可贵的是,"长漂"生活那样"到处潜悲辛",不但没有使杜甫因为穷愁潦倒而沉沦下去,而且也没有使杜甫仅止为个人际遇而时鸣不平。相反地,"卖药都市,寄食朋友","奔走不暇,只恐转死沟壑"的低贱生活,使他生平第一次既持续又直接地贴近了社会最底层的民众,亲身体验到了民间的疾苦,思想感情潜移默化,处社会、看时政不一定十分自觉,但却相当明显地有了民众视角。再加上他自少"嫉恶怀刚肠",直面惨淡的社会现实,他的激愤便在很大程度上脱离了个体性,增进了人民性,积如地火奔突,喷如火山爆发,越来越趋向了为生民立言。因而他在继续恪守"奉儒守官"家风的同时,如《进封西岳赋表》所说,越来越表现得"敢攄竭愤懑","觊明主览而留意焉",而不是如《进三大礼赋表》说的那样"不敢依违,不敢激讦"。贴近民众和直面现实,并且针对时事而"攄竭愤懑",势所必至地引生他的诗风大为嬗变,从浪漫主义转变而为现实主义。

其强烈讽刺权贵集团的骄奢淫逸,最早的代表作当数《丽人行》。

这首诗写于天宝十二年(753年)。头年十一月,杨国忠凭借杨贵妃的裙带关系,任右丞相。那以前八年(天宝四年),时年二十六岁的杨玉环即已受到年过六十的唐玄宗的宠幸,迅速成为"三千宠爱在一身"的贵妃。杨贵妃一人得道,鸡犬升天,她的父母、叔父、从兄都加官晋爵,大姐受封为韩国夫人,三姐受封为虢国夫人,八姐受封为秦国夫人。杨氏三姐加上从兄杨铦、杨锜五所府第,当时在长安号称"杨氏五宅",宅门前日夕车水马龙,行贿请托者络绎不绝。杨国忠本叫杨钊,是杨玉环的从祖堂兄,天宝七年(748年)才任御史大夫,权京兆尹,后四年多便爬上了宰相高位。这一个权贵集团权倾朝野,各地府、县长官竞相逢迎巴结,势头超过李林甫在世之日。杨国忠和虢国夫人这对从兄妹之间还公然淫乱,《乐史·杨太真外传》称之为"略无仪检"。杜甫讽刺的矛头,就指向了这样一个依靠"今上"作冰山,在那个年月权势绝伦的腐败透的权贵集团。

诗的触机在上巳节。上巳节是中国古代的传统节日之一,春秋时期即已盛行了。《周礼》郑玄注说:"岁时被除,如今三月上巳如水上之类。"汉以前定在三月上旬巳日举行,男女老少皆聚集水滨"被除料浴";后定在三月初三,故俗称"三月三"。唐代的长安,每到上巳节,士女们多到曲江游赏,所以这首诗开头便写道:

三月三日天气新,长安水边多丽人。

随即展开了八句描绘,从意态、肌理,到衣裳、佩饰,将麇集于曲江滨的赏春美女们汇如一画。继而才"就中"一转,聚焦到杨氏姐妹——

就中云幕椒房亲,赐名大国虢与秦。
紫驼之峰出翠釜,水晶之盘行素鳞。
犀箸厌饫久未下,鸾刀缕切空纷纶。
黄门飞鞚不动尘,御厨络绎送八珍。
箫鼓哀吟感鬼神,宾从杂遝实要津。

"就中"犹言个中、其中,从丽人群中,特挑出几个。"云幕"形容她们的游宴帐幕的高大。"椒房亲",点出她们是皇亲国戚。讲"赐名",暗含着"赐"的主体,即"今上"唐玄宗。此同"椒房亲"本指杨氏三姐妹,但七言诗句字数有限,所以只提到了三个"大国"夫人中的"虢与秦"。如《旧唐书·杨贵妃传》所说,"并封国夫人"的杨氏三姐,多年间"并承恩泽,出入宫掖,势倾天下"。那一年虽然只剩两个,上巳游曲江,仍然显摆权势煊赫,无可比拟。从"紫驼"直至"八珍",六句诗集中写游宴的宴,由山珍海味到厌不下箸,再到"黄门""御厨"络绎传送美食,活画出了她们的穷奢极侈,此行的心意不在游宴而在显摆。"箫鼓""宾从"两句,就是进一步渲染现场即时环境,烘托凸显她们的排场火爆,气势轰动。

然后再"后来"一转,托出权相杨国忠——

后来鞍马何逡巡,当轩下马入锦茵。
杨花雪落覆白蘋,青鸟飞去衔红巾。
炙手可热势绝伦,慎莫近前丞相嗔!

其间最妙的是,三、四两句既用典故,又是隐语,还暗寓微词,对杨国忠

"狂夫"杜甫

与虢国夫人堂兄妹间通奸秽事的双关影射和微婉嘲讽。据《南史·杨华传》记载,北魏胡太后曾逼杨白花与其私通,杨白花惧祸,南下降梁,改名杨华。胡太后思之,作《杨白花歌》:"秋去春还双燕子,愿衔杨花入窝里。"杜甫暗用这一典故,并用"杨花"谐音双关杨氏兄妹。《尔雅》说"萍之大者曰蘋,五月有花白色,谓之白蘋",《埤雅》说"杨花入水化为浮蘋",杜甫是将这些词义合起来,"杨花""白蘋"均为隐语,明指物,暗指人,影射杨氏兄妹乱伦,比胡太后的淫行有过之而无不及。这射的是已然,下句则刺将然。"青鸟"用了传说里的西王母故事,"红巾"则指唐代贵妇多用的红色手帕。薛道衡《豫章行》有句:"原作王母三青鸟,飞去飞来传消息。"杜甫借用其意,将"青鸟"和"红巾"作为喻象,指杨氏兄妹不避广众,相互传情。仿佛是颂,其实是讽,不齿与讥斥尽在形象间。五、六两句再以观者避易的告诫之辞,结出这一权贵集团"炙手可热势绝伦",堪称一针见血,疾恶如仇。

当时的杜甫,正处在"饥卧动即向一旬,敝裘何啻联百结"的困穷中,注定连"近前"资格也没有。诗句所描画面,纵或有些许远望所见,也注定了绝大多属想象所得。唯其如此,通过《丽人行》一诗,更足以反映杜甫身在社会底层,早已熟知平民百姓对杨氏兄妹权贵集团的斑斑劣迹、种种秽闻的侧目和声讨,并且远比一般人看得更透,也恨得更切。一般人即或侧目,即或声讨,只可能限于背后,限于私下。而他却不,清狂的本性决定了他不会隐忍不发,而是要以诗妄为。直刺到"椒房亲"。这样的作为,不仅远超越了众多的同代诗人,而且也超越了既往的他自己。哪怕还只是微婉嘲讽,他所抒发出来的,也已经是民众心声。

这样说,并非刻意地拔高杜甫,而是自有其事实作根据。最直接的根据出在作《丽人行》第二年秋天,"霖雨六十余日,京师庐舍、垣墙颓毁殆尽,凡一十九坊污潦"(《旧唐书·韦见素传》),他因而作《秋雨叹三首》。其第一首由"雨中百草秋烂死"破题,结在"堂上书生空白头,临风三嗅馨香泣"上,感叹的还是个人境遇。第二首可就转到民众了:"阑风伏雨秋纷纷,四海八荒同一云。去马杂牛不复辨,浊泾清渭何当分?禾头生耳黍穗黑,农夫田父无消息。城中斗米换衾裯,相许宁论两相值!"久雨造成了川盈水稷,牛马不辨,泾渭难分,禾稼芽蘖卷曲如耳,不耐汙潦的黍穗发黑,农夫田父们面临颗粒无收之灾。然而,杨国忠却故意隐瞒农村实情,"取禾之养者献之,曰雨虽多,不害稼也。上以为然。扶风太守房琯言所部灾情,国忠使御史推之。是岁,天下无敢言灾者。"(《资治通鉴·唐纪三十三》)所谓"无消息"实为微词,指的是朝廷对于灾情无所体恤,久未下开仓粜粮、蠲免赋税的"恩诏"。直至因灾而物价暴涨,普遍乏食,当局才"令出太仓米一百万石,开十场,贱粜以济贫民"(《旧唐书·玄宗纪》),终究解不了民众啼饥号寒之苦。第三首折回重述自家的惨况:"长安布衣谁比数?反锁衡门守环堵。老夫不出长蓬蒿,稚子无忧走风雨。"与众多贫民同困同饥,自己无力救别人,也不敢奢望别人救自己,只好反锁了家门"饥卧",以求苟延性命。久不出门,门外都长出蓬蒿了,不懂事的稚子却还在风雨里跑跑跳跳,真如《杜臆》所说,诗人"有泣而已"。

但在"有泣而已"四个字前面,《杜臆》还说了"白头书生不敢非议朝政",却未免看走眼了。仅止"无消息"一语,原本就是在非议朝政,只不过微讽太婉曲而已。组诗结尾还有四句:"雨声飕飕催早寒,胡雁翅湿高飞难。秋来未曾见白日,泥污后土何时干?"直是保底,那么,激讦就上未封顶,如此对立统一成为杜甫这类诗的一大显著特征。《秋雨叹三首》如此,此前写的《兵车行》也如此,此前和此后写的《前出塞九首》和《后出塞五首》亦复如此。

《前出塞九首》写于"安史之乱"爆发以前,系为哥舒翰用兵吐蕃而作,意在讽刺穷兵黩武。唐王朝是当时世界上的头号大国和头号强国,国民多有大国意识和强国意识,杜甫并无例外,因而他不是一贯反战,而是据实地反对一味穷兵黩武。因而在这组诗里,他假借一个征夫之口,表达出了三层意思。一是"君已富土境,开边一何多",对唐王朝无休止地开疆拓土提出质疑。进而提出了十分明确的政治主张:"杀人亦有限,立国自有疆。敬能制侵凌,岂在多杀伤?"他认为,对外用兵限在"制侵凌"就足够了,分明是在与王朝唱反调。二是"中原有斗争,况在逖与我",敏锐地提醒朝廷注意国内潜在祸患,不要老把关注点放在周边。未久安禄山起兵作乱,证实了杜甫不用宋玉《九辩》的"皇天淫溢而秋霖兮,后土何时而得干",分明是在为生民喊天——既呼喊自然的"皇天",又呼喊社会的"皇天",分明是在叩问天灾何时能止,民瘼何时能消。其间,诗人杜甫与众多贫民,依稀已成为命运共同体,所以《秋雨叹三首》,会有己—民—己结构。只不过,他虽然开始与民众之间同甘苦、共命运了,毕竟还没有转化成民众(延至入蜀以后方才逐步成型),还忘不了"奉儒守官",还突不破"致君尧舜上"的人生素志,因而一如《丽人行》,胸臆愤激归愤激,形诸文字一旦涉君仍讲微婉。这一条,容当视作杜甫困处长安时期感应时事、非议朝政的心理底线。

但这条心理底线,仅限于涉君而已,亦即仅限于他"觊"的"明君"那个最高层级而已。只要不至于触忤所谓"明君",他就特别"敢依违","敢激讦","敢摅竭愤懑",讥刺、揭露、抨击超乎同代诗人。尤其关系到国计民生,他对事政的非议,更常表现得持不同政见,想人之不敢想,言人之不敢言。如果说,微婉只是杞人忧天,危言耸听,那么"弃绝父母恩,吞声行负戈""骨肉恩岂断,男儿死无时""功名图麒麟,战骨当速朽""哀哉两决绝,不复同苦辛",一系惨话直述,反话正说,替承担生别苦难、死离速朽命运的民众做出血泪的控诉。二直系国计,三直系民生,"二"和"三"同构"一"的重大关切的本蕴。其间除了反话正说有曲折,大多数诗句全都剀切直白,犀利如刀。

《后出塞五首》写于"安史之乱"爆发之初,亦是借一个脱身归来的士兵之口,倾诉自己对于相国时事的独立见解。其间的两重愤激特别值得注意。一是第三首所写的:"古人重守边,今人重高勋。岂知英雄主,出师亘长云。""拔剑击大荒,日收胡马群。誓开玄冥北,持以奉吾君。"极写边将贪功,兼寓君主好武,表面上像是赞颂,内质里却是嘲讽,呼应《前出塞九首》"中原有斗争"之意,指斥开边不已实给内乱提供可乘之机。二是第四首所写的:"献凯日继踵,两蕃静无虞。渔阳豪侠地,击鼓吹笙竽。""主将位益崇,气骄凌上都。边人不敢议,议者死路衢。"从上既好武,下必贪功,直击"渔阳""主将"安禄山如何虚功邀赏,如何恃宠坐大,实际上揭穿了安禄山其所以会、其所以能起兵反唐的根基和由来。杜甫确是在呼唤唐玄宗清醒,但经由组诗,不难看出养痈遗患责在唐玄宗。至于全组诗以"我本良家子"不肯从逆,"故里但空村"荒凉无人并存作结,则是表明了他既对内乱造成的民生凋敝痛心疾首,又对内乱从正与逆的基本立场上划清界限的大唐国民心态(后之"三吏""三别"与此一脉相承)。

两"出塞"之间,杜甫写出了生平第一首"史诗"型的五言歌行《自京赴奉先县咏怀五百字》,将其时事愤激推到一个高峰。其时在天宝十四年(755年)十一月,安禄山起兵作乱前夕,他从长安往奉先县省亲。那以前不久,他刚接受任命担任右卫率府兵胄参军,一个从八品下的小官,生平第一次与官禄沾边。困处长安已至十年,似乎终于熬出头了,其实与他的自我期许差得太远,他内心的酸楚实难对人言表。何况那种小官做起来并不省心,单是必须时时处处看上司脸色行事一条,就令狂惯了的杜甫无法开心,因而想到归隐。《去矣行》一诗即是当时心境的留证:"君不见鞲上鹰,一饱即飞掣;焉能作堂上燕,衔泥附炎热?野人旷荡无靦颜,岂可久在王侯间?未试囊中餐玉法,明朝且入蓝田山。"也是生平第一次,想到归隐蓝田了。于是从长安出发,东赴奉先县探妻子儿女,于是产生了这样一首标志他的现实主义诗风完全确立的不朽长诗。

开篇一大段,是对既往四十四年生命历程、命运挫磨的痛彻反思。他所谓"咏怀"即出自反思。"杜陵有布衣,老大意转拙。许身一何愚,窃比稷与契。居然成濩落,白首甘契阔。盖棺事则已,此志常觊豁。"前八句翻来覆去自述心志,一声声,一句句,自责和自痛纠结一起,唯独没有一丝自悔。继之十二句，就紧扣住"志"的对民生与对君主两个层面，进一步申说如何"常觊豁"，亦即如何生命不息，求索不止。"穷年忧黎元，叹息肠内热"，便是"窃比稷与契"之志落到生民层面的总纲。这总纲，不但成为此诗咏怀的主旨经线，而且贯穿在杜甫几乎所有对于时事表达愤激之情的诗中，因之也成为杜诗人民性最根本的特征。落到君主层面，则是往复三叹，以"葵藿倾太阳"，喻"物性固莫夺"。然后十二句，才自伤壮志难伸，怆然地归结于"沉饮聊自遣，放歌破愁绝"，由反思既往到感怀现实。

《新唐书·杜甫传》指出："甫又善陈时事。"反映在这首诗里，第二大段自"岁暮百草零"至"指直不得结"六句，描述时令、环境、感受之后，实写自京赴奉先县的路途上的所见、所闻、所思、所愤，即有充分而又出色的体现——

凌晨过骊山，御榻在嵽嵲。蚩尤塞寒空，蹴踏崖谷滑。瑶池气郁律，羽林相摩戛。君臣留欢娱，乐运殷胶葛。赐浴皆长缨，与宴非短褐。彤庭所分帛，本自寒女出；鞭挞其夫家，聚敛贡城阙。圣人筐篚恩，实欲邦国活。臣如忽至理，君岂弃此物？多士盈朝廷，仁者宜战栗！况闻内金盘，尽在卫霍室。中堂有神仙，烟雾蒙玉质。暖客貂鼠裘，悲管逐清瑟。劝客驼蹄羹，霜橙压香橘。朱门酒肉臭，路有冻死骨！荣枯咫尺异，惆怅难再述。

"凌晨"两句，在诗叙事结构上，原本是接前六句而来，关键在点明了时间——凌晨，地界——骊山，场域——御榻。从"蚩尤"至"短褐"八句，便实写途经其间的所见所闻所感。天寒地冻的岁暮凌晨，弥天大雾（"蚩尤"借代）正笼罩尘世，华清池（"瑶池"借代）里却是依旧温暖如春，"御榻"内外两个世界的强烈反差是何等惊悚？众多羽林军冲风冒雪所护卫的，乃是纵情声色、"欢娱"达旦的当朝"君臣"，鼓乐之声响彻云霄。在这里，杜甫俨然已经突破了他的心理底线，不再对"君"微婉，而是并指"君臣"。虽然不可能亲临直观,但闻乐声而兴感慨,他通过联想便能看清,温泉"赐浴"者尽是权贵,华灯"与宴"者绝无平民,"皆"与"非"构成强烈的对照。那时节,安禄山已在渔阳策动叛乱,唐玄宗君臣却全无觉察,仍然一如既往,梦沉歌舞升平。杜甫自然也无所听闻,因而字里行间犹自不及兵祸内乱事,但愤激之情超越既往,直达他所"生逢"的"尧舜君",其肠内之热分明已如火山熔浆,急欲喷发。

紧接着的十句议论,便是其激愤火山喷发出的熔浆。"彤庭"以下四句,从剖析唐玄宗君臣奢靡来源入手,揭露那一切荒淫用度,全是横征暴敛,取自民脂民膏。"彤庭"出自张衡《西京赋》所谓"玉阶彤庭",借指当今的朝廷。因在岁暮严冬,只拣一个"帛"概见一般,并以"寒女"之"寒"作反衬,即将当朝君臣钉在耻辱柱上。"圣人"以下六句,更进一步反话正说,似专注在刺权贵者们忽视了使"邦国话"的"至理",实着重在讽当今人主弃掷了使"邦国话"的"至理",臣非"多士",君非"仁者"。联系到《资治通鉴·唐纪三十二》所记载的史实:"杨钊奏请所在粜变为轻货,及征丁租地税皆变布帛输京师……上以国用事衍,故视金帛如粪壤,赏赐贵宠之家,无有限极。"这样的诗句,简直等同于历史实录,句句关系国计民生。唐玄宗那个"仁者"未曾因之战栗,杜甫这个仁者却在因之战栗,为国计民生忧思如焚,非讽喻不可,非抨击不可。

随后十二句,前八句再以汉武帝时的外戚权贵"卫(青)霍(去病)室"比喻当今外戚权贵杨国忠兄妹满门,指斥他们的骄奢淫逸丝毫不亚于"御榻""瑶池"。如果说,前面"赐浴""与宴"还是写意画,那么,这里"中堂"以下六句已如工笔画,从美人侑酒、美裘保暖、美食劝客三个视角描绘出了他们的醉生梦死。对照外界的"百草零""高冈裂""霜严衣带断,指直不得结",对照民间的"寒女"及其"夫家"所受征略之酷。这些画意传递的信息,都是社会不公,人间不平。因此,仁者杜甫凝聚于胸的火山熔浆似的义愤和激情,转化成了后四句的控诉和谴责。"朱门酒肉臭,路有冻死骨",石破天惊,震

"狂夫" 杜甫

铄千古。"荣枯咫尺异，惆怅难再述"，语重意长，力敌万钧。他的"肠内热"，明明就是志士仁人的道德良知，就是忘我的社会正义感。

这样的道德良知和社会正义感，一直伴随着杜甫穿越风雪，回到家里。然而，"入门闻号啕，幼子冻已卒"，杜甫一家也是"朱门酒肉臭，路有冻死骨"那种社会惨象的承载者。在自悲、自愧、自责之余，杜甫居然从"抚迹犹酸辛"，将忧愤转向了"平人（亦即广大贫苦民众）因骚屑"，由一家之忧而忧天下人之忧。全诗最后一大段，便由"默思失业徒，因念远戍卒"，结在了"忧端齐终南，澒洞不可掇"。他的悲愤和忧伤就像终南山一样高大，一样深广，一样不可遏制，真是言有尽而意无穷。从中反映出，他的狂放远不止于一般狂放者那种旷达，而是越来越自觉地注入了心系民众、心系天下的博大内涵。后人尊他为"诗圣"，或许"圣"就集中体现在两个"心系"。孔子曾说过，"博施于民而能济众"的人就堪称"圣人"，"尧、舜其犹病诸"；而"己欲立而立人，己欲达而达人"的人则属于"仁者"（《论语·雍也》）。连孔子本人，也不敢承认他是圣人（《论语·述而》）。那么比照孔子，杜甫即便算不上诗界之圣，起码也该称诗界之仁，《自京赴奉先县咏怀五百字》就奠定了他这一地位。

从《丽人行》和《秋雨叹三首》，到两"出塞"，再到《自京赴奉先县咏怀五百字》，杜甫在长安期间愤激于时事的诗作主题，呈现出一纲主领、多重复奏的态势。概而言之，一纲可以统称为悯民生。盛世掩盖下的唐王朝，上自当今君主和权贵集团的骄奢淫逸和穷兵黩武，直接导致了赋敛之酷、兵役之惨逐年加剧，再下至官吏横征暴敛，鞭挞荼毒，以及天灾与人祸交集，更造成了民不聊生，转死沟壑。杜甫身在民间，心系民众，他的悲悯自然而然直通民众。同时他又自比稷契，心系天下，因而对那些既造成了民不聊生，又凸显出风俗不淳的种种弊端痛恨不已，反骄奢、责苛酷、斥权贵、讽君主等题旨也相伴而生，并且全都聚为激愤。这样的态势既经形成，就如杜诗一大主流，贯穿到了"安史之乱"以后的各个时期。

"感时花溅泪,恨别鸟惊心。"这是写于至德二年(757年)的《春望》里的啼血警句。其先,"安史之乱"已经爆发一年多,杜甫本人则经历了战乱当中的蹉跎考验。头年二月他由奉先返长安,就任右卫率府兵胄参军职。四月再赴奉先,携家到白水,依舅氏崔顼。六月携家避难,迁至鄜州羌村。八月听说唐肃宗已在灵武即位,他立即只身投奔,不料中途被叛军扣押,滞留在长安。"国破山河在,城春草木深",时下长安物是人非,实令杜甫痛心疾首。于是乎,其先其后所写的《哀王孙》《悲陈陶》《悲青坂》《哀江头》等诗,其"感时"诗的一纲引领、多重复奏更有所进。

两"哀"所哀的对象不同,所寄的情意有别,但激愤源头却是一样的。《哀王孙》写于至德元年(756年)九月。当年六月,唐玄宗仓皇出逃,长安陷于叛军之手。来不及逃离长安的公主、王妃、驸马八十人及王孙二十余人相继被叛军剜心惨杀,只有一个王孙侥幸逃脱,藏匿民间,"但道困苦乞为奴","已经百日窜荆棘"。杜甫为其国破家亡的凄惶无依深为悲哀,同时勉励其"豺狼在邑龙在野,王孙善保千金躯"。《哀江头》写于次年三月,与《春望》同时,盖为"潜行曲江曲",有感于《丽人行》之情境不再而作。其间重在哀伤昔日"昭阳殿里第一人"(即杨贵妃)荣华不再,已经被缢死于马嵬驿。"明眸皓齿今何在,血污游魂归不得"今昔对比,不胜惋叹。尽管他们都是不久之前还在讽刺的皇亲贵戚之流,但生命凋残,为之而哀也属人道。更深沉的是,他们今日落得如斯悲惨的下场,根源尽在昔日溺于骄奢淫逸。"人生有情泪沾臆,江水江花岂终极",如斯"游魂归不得"皆因"君臣留欢娱",愤懑和谴责亦在不言中。

两"悲"都写于至德元年冬,针对的是同一桩事。据《旧唐书·房琯传》记载,当年十月,房琯"自请将兵,收复京都,肃宗许之"。房琯将所部分为南、中、北三军,"自将中军为前锋"。二十一日中军、北军"先遇贼于咸阳县之陈陶斜,接战,官军败绩","所伤杀者四万余人"。二十三日南军又战,复败于距离陈陶不远的青坂。《悲陈陶》《悲青坂》即为两次惨败而悲。前一首既悲痛又愤恨,悲痛的是"四万义军同日死","血作陈陶泽中水",愤恨的是"群胡归来血洗箭,仍唱胡歌饮都市",爱憎对立得极为鲜明,然后落在"都人回面向北啼,日夜更望官军至"的寄意上。后一首也有叛军骄横与官军惨状的强烈对比,结尾却是"焉得附书与我军,忍待明年莫仓促",寄望中充溢诚勉,近乎是在献策谋划。感时主题的多重复奏中,平添了悲痛与愤恨、寄望与诚勉相交响。

需要特别强调的是,杜甫写两"哀"两"悲"时他人正身陷于叛军所据长安,生命并没有安全的保障。彼时彼际,他对时事的愤激感仍然那样敏捷尖锐,有感而发仍然那样关注国运不顾自我,甚至关注点还切入了他并不置身其间的战事胜负得失,足可以证明,他的"叹息肠内热"直接系于家国情怀。而家国情怀,正是他这种仁人志士安身立命之本,心系民众和心系天下都根植其间。或者反过来说,心系民众和心系天下,其实就是家国情怀的两端。这样的关系,在《北征》中体现得更为充分。

《北征》七百字,结构五大段。诗为追叙至德二年(757年)八月"苍茫问家室"而作,忧国忧民的精神统驭始终。

第一大段前八句交代由凤翔到鄜州探家由来,仿佛如纪史。中六句表达内心的"怵惕",申明意在"谏诤",诚望君王能"经纬固密勿",即对军国大事做出周密擘画。后六句为全篇纲要,直切地说出了自己对国运民瘼的关切。其中"东胡反未已,臣甫愤所切"两句,直指当年正月安庆绪杀安禄山,仍据洛阳称帝的事,凸现出了愤切聚焦于国运。"挥涕恋行在,道途犹恍惚"两句,继之以身在归途、心系阙下之情,"恍惚"中更见所愤之切,所忧之殷。由此引出"乾坤含疮痍,忧虞何时毕"两句,进一步将自己对于"东胡反未已"之愤,与自己固常"穷年忧黎元"之忧合而为一,统视之为"乾坤含疮痍",就超越了既往诸诗时事愤激的特定所指,而归入了国运民瘼的普泛所指。毫无疑问,这在杜诗中是一次升华,是一种笼括全局的飞跃。

第二大段重在民瘼一面,实写路途所见。"靡靡逾阡陌,人烟眇萧瑟。

所遇多被伤，呻吟更流血。"四句二十字，就把战乱造成的生灵涂炭、田园荒芜，触目惊心地描绘出来了。什么叫作"乾坤含疮痍"？这就是缩影。其中的"呻吟更流血"一句，既是特定的纪实，又是普泛的联想，更诠释了那个"含"字。继而经过二十六句路途物象的铺陈描写，再特别点出"夜深经战场，寒月照白骨"。惨淡的寒月下，累累白骨何其阴森、凄凉、恐怖，更激发出诗人的悲愤莫名，促使人问"潼关百万师，往者散何卒"。他问责的是，哥舒翰率兵二十万驻守潼关，杨国忠督促其开关出战，致令唐军为叛军所败，坠黄河死者数万人，存者十不一二那样一件时事。问责的深层分明隐含着，杨国忠那样擅权瞎指挥，"君诚中兴主"的当今皇上注意到"经纬固密勿"了吗？深层的责问不便明说，他只好用"遂令半秦民，残害为异物"的惨痛后果警示谏诤。

第三大段实写到家后的悲喜，了结在"新归且慰意，生理焉得说"两句上。"生理"即生计，直接所指在一家生计。战乱未息，万方多难，一家生计又紧联着万家生计，因而不啻为"乾坤含疮痍"的一部分，分不开，截不断。由小家而大家，由一家而一国，"翻思在贼愁，甘受杂乱聒"，自然而然从事实叙写转向事理思牵，催生出第四大段。

由"至尊尚蒙尘，几日休练卒"领起，第四大段抒写对当下国运的忧思和期望。"阴风西北来，惨淡随回纥"以下十二句，对借兵回纥发表意见。一方面，肯定"其王愿助顺，其俗善驰突"，相信借兵回纥有助于扫除"妖氛"。另一方面，又担心"所用皆鹰腾"，虽"破敌过箭疾"将有利于国运复兴，一旦重步安史后尘则将不利于国运复兴，因而他强调"此辈少为贵"。联系后来写的《留花门》有"自古以为患""隐忍用此物""花门既须留，原野转萧瑟"等等，可见杜甫对于此举颇有前门拒虎、后门引狼的忧虑。但他也知道，唐肃宗借兵收京取胜心切，已决意要依赖回纥，在朝的大臣都不敢谏诤，所以他只用"圣心颇虚伫，时议气欲夺"两句了此议，微讽之意尽在其中。这一点恰是他忧思之所在，"伊洛指掌收，西京不足拔"以下十二句则是他期望之

"狂夫"杜甫

所在。当时的战局已经发生形势上的根本变化,"祸转亡胡岁,势成擒胡月",因而他用"胡命其能久,皇纲未宜绝"表明了祈愿。"皇纲"即为国运的象征,这是他第一次如此明确地瞩望国运重新昌盛。

正因为瞩望"皇纲未宜绝",第五大段就对转运之机公开展开议论。"忆昨狼狈初,事与古先别"以下六句,溯流去年六月唐玄宗一行逃往四川途中,六军"次马嵬,左龙武大将军陈玄礼杀杨国忠及御史大夫魏方进、太常卿杨暄(杨国忠子)"(《新唐书·玄宗纪》),及逼唐玄宗赐杨贵妃缢死,将其视作一个转机。再进一层,先用"周汉获再兴,宣光果明决"两句,以周宣王和汉光武比唐肃宗,寄寓赖其中兴之意。继用四句诗专美陈玄礼:"桓桓陈将军,仗钺奋忠烈,微尔人尽非,于今国犹活。"这样的专美,其实暗寓着一层深意,那就是实现中兴,还得依靠这样的忠义良臣。然后更是一荡开,一收拢,以八句诗作为收结。荡开的是"凄凉大同殿,寂寞白兽闼",借两处长安宫阙点醒京城还陷在叛军手中,并以"都人望翠华,佳气向金阙"喻民心所向,激励唐肃宗锐意中兴,收复京城,以孚民望。收拢的是"园陵固有神,洒扫数不缺",借皇室陵园喻李唐王气,表示相信唐肃宗能光大祖宗弘业,"煌煌太宗业,树立甚宏达"即挑明了这一寄意。

近人胡小石所撰《杜甫〈北征〉小笺》说:"《北征》为杜诗中大篇之一……杜甫兹篇,则结合时事,加入议论,撤去旧杂藩篱,通诗与散文而一之,波澜壮阔,前所未见,亦当时诸家所不及,为后来古文运动家以'笔'代'文'者开其先声。"就长诗形式创新而言,这些话,十分精到,启迪人思。但循之深究,仍然略嫌不足,不足就在尚未顾及此诗全篇所特有的史论性和谏诤性,尤其是后一点。第一大段杜甫自谓"虽乏谏诤姿,恐君有遗失",其实全篇"结合时事,加入议论",他简直就是不乏谏诤姿,生怕唐肃宗对其所陈诸端见有未到,虑有未及。

扣住《北征》的写作背景,当能看出杜甫当时的谏诤之姿何其不寻常。至德二年五月,房琯罢相,被贬为太子少师,受任左拾遗未久的杜甫立即上

130

疏营救,措辞激烈地直陈不该因细过而罢黜大臣。由之激怒唐肃宗,下令三司推问。幸得宰相张镐援手,方免其罪。但经此波折,杜甫已被唐肃宗疏远了。捱至闰八月,他获准离开凤翔,前往鄜州探望家人。从凤翔到鄜州七百多里路,他面临"青袍朝士最困者,白头拾遗徒步归"(《徒步归行》)的窘困,好不容易向将军李嗣业借得一匹马,带一仆人便上路了。名义上是奉诏回家,实质上是备受冷落。可是,"乾坤含疮痍,忧虞何时毕",诗人当时心心念念所担忧的仍是民瘼和国运,尤其是国运。情动于中,发而为诗,杜甫浑若忘记了自己彼时彼际的地位和处境,而俨然是一个刚正立朝的谏臣、诤臣,在对唐肃宗犯颜强谏。其间指陈事关国运的一些微词,既涉及前君唐玄宗,也涉及今君唐肃宗,"臣甫愤所切"并非仅限于"东胡反未已"一个层面。正气凛然,狂直不阿,《北征》又是一个标志。

在整个"安史之乱"期间,杜甫先前所坚守的"穷年忧黎元,叹息肠内热",都生发成了"乾坤含疮痍,忧虞何时毕",兼合着关注民瘼、关注国运两方面。前一方面通称为忧民,后一方面通称为忧国,合则一个精神指向共同体,分则既能统一又有所矛盾。在《北征》后的杜诗里,两方面孰轻孰重,是相统一还是相矛盾,需要就不同的诗做出判析,不可以简单一言以蔽之。例如人所熟知的"三吏""三别",任一首都不及《北征》长,然而其间的多重意向复合却超过《北征》。

"三吏""三别"作于乾元二年(759年)春天。那以前,杜甫个人的生命轨迹,以及唐王朝的国家命运走向,都发生了新的变化。头一年六月,唐肃宗再数房琯罪过,贬其为幽州刺史,杜甫也受牵连,贬为华州司功参军。同一年冬天,他从华州到洛阳,探望久别亲旧及陆浑庄故居。到乾元二年开春,他才因战事转急离开洛阳。唐王朝借回纥兵原本已于头年收复两京(杜甫因之而得以到洛阳),但大军屯于关辅地区,抢掠府库,搜刮民财,扰乱治安,祸害逐渐暴露出来。唐军又没有乘胜追击安史叛军,致史思明喘过气来,于乾元二年正月再次背叛称王,二月引兵南下解安庆绪邺城之

"狂夫"杜甫

围。至三月形势突变,唐军在安阳河北战略失利,郭子仪、王思礼等率残部固守洛阳,胜负天平重新摇摆。杜甫因之而匆忙离开,先至新安(今属河南),再到石壕村(址在今河南陕县),经潼关返回华州。一路上看到诸多离乱现实,不免即事忧叹,故而产生了这两组诗。

《新安吏》由"客行新安道,喧呼闻点兵"入题,着眼在抓丁。借主客问答,直击当时唐王朝抓丁去"守王城",成年的壮丁早已抓尽,如今已至于"次选中男行",即未满二十一岁,只不过十六七岁的男子也抓去当兵了。深切的悲悯情愫,尽寄于简略记事当中。"白水暮东流,青山犹哭声",仇注说是"白水流比行者,青山哭指居者",进一步借景写情,融情入景,极状被抓"中男"与哭送母亲之间的生离死别,诗人的隐痛也寓于其间。然而,接下来的十六句,却不得不以"客"的身份对哭送者说宽慰话。"莫自使眼枯,收汝泪纵横! 眼枯即见骨,天地终无情!"二十字字字泣血,四句诗句句锥心,他只能告诉哭送者,纵然将双眼哭瞎,也留不住被抓的孩子,悲愤之切感同身受。"天地"影射朝廷,"终无情"其奈它何? 他只是不敢说得更明白。相反地,他还只好从几个方面尽量宽解,尽量慰勉,以期送行者"送行勿泣血"。从"我军取相州"到"仆射如父兄"十二句,杜甫几近一位布道者,说着既违心、又真心的话。他其实是强抑悲愤,矛盾和痛苦交织在一起,比《兵车行》那种直述还要炽热。

《潼关吏》较之相对单一些。前六句,由眼中所见的"士卒何草草,筑城潼关道"入题,经过筑城之坚之高的即景判断,引出"修关还备胡"的"借问"。中十句记潼关吏的反应及回答,无非说出一个意思,那就是潼关城已加固,尽可凭险拒敌。要旨在末四句:"哀哉桃林战,百万化为鱼。请嘱防关将:慎勿学哥舒!"在诗中,这也是潼关吏说的话,实亦是杜甫欲吐的心声。此前哥舒翰率兵二十万守潼关,原本据险固守,怎奈杨国忠促战,终于导致了桃林惨败,潼关失守,数万人坠死黄河。这一惨痛的教训,杜甫早已一再警示过,如今乃是就地重提。但重提也有新的意义,那就是史思明部叛军仍然猖獗,"慎勿学哥舒"之"慎"并非仅限于潼关,每一战的胜败都关系到国运。

《石壕吏》与《新安吏》较为接近,但主述角度换了,着力再现的是一家贫苦农民战乱中的负重牺牲。"有吏夜捉人""吏呼一何怒",着墨无多的纪实勾勒,从王朝的执行基层反映出了"天地终无情"之细之烈。而"妇啼一何苦""听妇前致词",则如一段民间痛史的实录,十分典型地凸显出了兵役造成的深重苦难——一方面是三个男丁都去当兵参战邺城,且有"二男新战死";另一方面是"室中更无人,惟有乳下孙"和"有孙母未去,出入无完裙"相依为命,艰难度日。可是到头来,连老翁、老妇也都成了"捉人"对象,"天地终无情"之巨之酷更无以复加。"老妪力虽衰,请从吏夜归,急应河阳役,犹得备晨炊"四句苦语,活现出那位老妇为了保全残缺的家,为了保卫动荡的国,既万般无奈,又义无反顾地表现出了勇毅担当。毫无疑问,杜甫对"吏"之"怒"是切齿痛恨的,对"妇"之"苦"是深切同情的,对"老妪"的自我牺牲和勇毅担当更是由衷钦佩的。诸般情致纠结在一起,"天明登前途,独与老翁别",他实在已然不知说什么好,只能选择默然无语。这样的无语,断然胜有语。

兵役强加给民众的苦难,在《新婚别》里,体现为一个新娘子对从征丈夫的凄切的倾诉。这首诗以"兔丝附蓬麻"比兴发端,一入题便发出"嫁女与征夫,不如弃路旁"的时事悲声。"席不暖君床""暮婚晨告别",那种生死别离,何等痛彻肺腑?"君今往死地,沉痛迫中肠",正是这痛楚的真实直白。而新娘子的时事悲声和真实直白,说穿了,又是诗人对他们的新婚别的人道关切和人性悲悯,其间还隐含控诉和非议。但至此一转,又如《石壕吏》钦佩老妇一样,同样钦佩新娘子的深明大义。仍然是借新娘子的口吻,殷切地鼓励征夫"勿为新婚念,努力事戎行"。为让征夫能安心服役,新娘子还以"罗襦不复施,对君洗红妆"表白出了忠贞不二。然后再结在"仰视百鸟飞,大小必双翔"的喻象上,深情祈愿"与君永相望"。亦如《石壕吏》,诗人无一语,但他对新娘子的同情和敬重却贯注在字里行间。由此反衬前面的关切和悲悯,控诉和非议,自然更强烈。

"狂夫" 杜甫

《垂老别》的倾诉主体是位老翁。起首八句表明,这位老翁"子孙阵亡尽",如今也要"投杖出门去",到战场上拼尽老命。连年征兵造成的家破人亡,由《新安吏》的抽"中男",再到此诗的"垂老不得安",合起来看谁都会明白什么叫作惨绝人寰,诗人的愤激只在指顾间。更惨重的是,面对"老妻卧路啼,岁暮衣裳单"的死别,老翁明知"此去必不归",却只能够听妻"劝加餐",杜甫的控诉真力透纸背。这中间八句婉转曲折,不独老翁,而且连老妻如何与他死别也刻画出来了。其后十六句虽由低沉转为高亢,老翁以"纵死时犹宽""人生有离合"等语宽慰老妻,以"忆昔少壮日""何乡为乐土"等语宽慰自己,实则无不归于"安敢尚盘桓",已被征兵,身不由己。全诗结在"弃绝蓬室居,塌然摧肺肝",凸显出了痛绝人心才是主调。与《新婚别》相比较,这种垂老别的心境,另是一种人间真实,杜甫的悲悯也因而更深。

《无家别》顾名思义,已经是无家可别。"寂寞天宝后,园庐但蒿藜",破题两句诗便揭露无余。"天宝后"三字,固然主要指"安史之乱",但何尝又不曾包含致乱之由?"我里百余家,世乱各东西。存者无消息,死者为尘泥。""四邻何所有?一二老寡妻。""家乡既荡尽,远近理亦齐。"经由这一个无家可别的行人之口,这首诗所展现出来的分明已是普遍惨象,而不再像《新婚别》《垂老别》仅只是一家一户。因此,结尾两句"人生无家别,何以为蒸藜",也构成了对那个世道的普遍性的愤切诘问,而不仅限于行人母子间"终身两酸嘶"的命运探究。浦起龙《读杜心解》说:"末二以点作结,'何以为蒸藜'可为六篇总结,反其言以相质,直可言何以为民上!"所谓"何以为民上",显然指的是"天宝"那个"君上",此说其实是点中了要害。明白了这一点,那么,"三吏""三别"虽然表面上看不出多少杜甫本人的情意波澜,实际上却可以和必须认定,他的时事愤激已经超越了《北征》,不仅更加磅礴深沉,而且将抨击矛头指向最高致祸之源,尽管他还不敢明说。

"三吏""三别"似是两组诗,实为一组诗,杜甫当年忧国忧民的多重意向复合于其中。与《北征》相比,最须注意的一重意向,既不是对君有多少微讽,也不是对民有多少同情,而是对民众服役及其牺牲表示出了默然的认可。这一点,如果与《兵车行》相比较,甚或可以说是迥然有别。承认这一点,就有必要进一步追问,难道是杜甫作了芝麻绿豆大的小官,就弃掷了"穷年忧黎元,叹息肠内热"的人生态度,不再如以前那样关注民瘼了吗?显然并非如此,而是因为他同样关注国运,认为唐王朝平定内部叛乱之战在性质上迥然别于对外开边之战,民众为之而服役、为之而牺牲非但不得不然,抑且有正义性和合理性。

关注民瘼与关注国运既有对立性,又有同一性,更重在哪一面,历来志士仁人都因时而异,杜甫自未出乎其外。做出选择的精神依归,在中华民族传统文化里,归根结底叫家国情怀——家国同构,忠孝同伦,每当国运艰危之际,一切小家、一切个人均当义无反顾地将国家利益奉为至上。汉语的"国"涵义笼统,不像英语析而为三:其一Country,指称一个国家所在山川大地的自然地理特征;其二Nation,指称生活在特定地域的特定族群,由兹而构成文化意义上的命运共同体;其三State,指称统治国家的政权实体,及以政府为代表的整个上层建筑体系。汉语的"国"主要指其三,但在人的认知和情感当中,也能兼及其二、其一。杜甫本持的家国情怀,在"安史之乱"业已危及唐王朝的政权体系的时势下,主要指向三,无疑具备其历史合理性。而且弭平叛乱,对民众根本利益而言,也确系有利而非有害。所以他的那些默然的认可,并不意味他已不再因"忧黎元"而"叹息肠内热"了。

"三吏""三别"的多重意向中,关系民瘼的意向最具有多层面,即确证了这一点。那以后苦旅秦州、漂泊西南十二年,直迄终身,他一直心系民众,愤激时事,更一以贯之地确证了这一点。

乾元二年(759年)杜甫在秦州,写过《秦州杂诗二十首》。当时战事未已,关中大饥,他"满目悲生事""浩荡及关愁",对"鼓角缘边郡""万方声一概"满腹忧思,竟至于以"唐尧真自圣,野老复何知"反讽唐肃宗,以"晒药能无妇,应门亦有儿"直抒对于被贬谪的愤激和嘲笑。《留花门》一诗更是直击

135

"狂犬"杜甫

唐肃宗依赖回纥时事,用汉武帝以公主嫁乌孙王的故事讽刺唐肃宗"公主歌黄鹄,君王指白日",用"田家最恐惧,麦倒桑枝折"的农家受损惨状以显其非,最终结在"花门既须留,原野转萧瑟"的冷峭否定上,忧愤远过于《北征》。《佳人》一诗则罕见地借佳人作寄托,不但一般地痛陈"关中昔丧乱,兄弟遭杀戮",而且特指地伸及"官高何足论,不得收骨肉",将世态无常一并归结为"世情恶衰歇,万事随转烛"。

乾元三年(760年)至永泰元年(765年)在成都、梓州、阆州期间,杜甫因得到严武等的救助,生活境况稍有改善,但"忧黎元"仍属常态。但常态中亦见新意,新就新在虽远离庙堂,仍心忧庙堂,忧虑庙堂之失将会祸结于民。如《对雨》诗谓"西戎甥舅礼,未敢背恩私",暗讽朝廷对回纥和亲,担忧回纥人将借"甥舅礼"为非作歹,祸害生民。如《警急》诗谓"青海今谁得,西戎实饱飞",亦是针对朝廷以金城公主嫁给吐蕃,讥其"和亲知计拙,公主漫无归",终归免不了吐蕃入寇,一如既往地杀伤抢掠。如《遣忧》诗谓"乱离知难尽,消息苦难真",指责唐代宗不能纳谏,乃至像"隋氏留宫室,焚烧何太频"那样,导致长安屡次被非汉人马攻陷,宫室焚毁,民众遭殃。如《释闷》诗谓"四海十年不解兵,犬戎也复临咸京",更是针对唐代宗不诛程元振而作(据王嗣奭《杜臆》),愤激地揭出"豺狼塞路人断绝,烽火照夜尸纵横"的人世惨象。所有这一切"叹息肠内热",都浓缩在广德二年(764年)春天写的《登楼》诗中——

> 花近高楼伤客心,万方多难此登临。
> 锦江春色来天地,玉垒浮云变古今。
> 北极朝廷终不改,西山寇盗莫相侵。
> 可怜后主还祠庙,日暮聊为梁甫吟。

那一年,杜甫已五十三岁,漂泊于川西也将近五年。"安史之乱"虽于头年弭平了,但后续战乱仍然一波未平,一波又起,所以称作"万方多难"。"北极朝廷终不改,西山寇盗莫相侵",即以近时两难,概指万方多难。前一句指广德元年十月吐蕃入长安,立广武王承宏作傀儡皇帝,演出了一场十五天闹剧。唐代宗虽于十二月返回长安仍坐他的皇帝宝座,但慑于吐蕃立帝改元的威势,终不敢诛承宏,故用"朝廷终不改"讥刺其昏庸无能。后一句指同年十二月,吐蕃陷松、维、保三州以及云山新筑二城,西川节度使高适未能夺回,乃至剑南西山诸州亦相继沦陷。告以"莫相侵",实为叹息朝廷已然无力制侵凌,终不改的王朝已然风雨飘摇。结尾比及"可怜后主还祠庙",隐曲地质问唐代宗,竟连蜀后主犹自不如吗? 自比诸葛亮"日暮聊为梁甫吟",则是回应起句"伤客心",自伤自叹苦寂无望。联系《北征》里的"东胡反未已,臣甫愤所切",细味此诗里的"西山寇盗"云云,更能况味"乾坤含疮痍,忧虞何时毕"何其深重。

"忧虞何时毕?"直至身终时。大历四年(769年)冬杜甫流落在岳州(今湖南岳阳)一带,有感于"岁云暮矣多北风",作《岁晏行》,诗中对"去年米贵缺军食,今年米贱大伤农"和"高马达官厌酒肉,此辈(前句中的'渔父''莫徭'、农夫)杼柚茅茨空"做了对比,对"况闻处处鬻男女,割慈忍爱还租庸"和"往日用钱捉私铸,今许铅锡和青铜"作了揭露,最终结于"万国城头吹画角,此曲哀怨何时终"的直白拷问,其时事愤激的强烈程度,民瘼关注的深广程度,都超越了既往的所有的诗。第二年,即大历五年(770年)的绝笔诗《风疾舟中伏枕书怀三十六韵奉呈湖南亲友》,结尾一段依旧以"公孙仍恃险,侯景未生擒"喻指藩镇割据,以"战血流依旧,军声功至今"状写时局险恶,更表明了他"穷年忧黎元,叹息肠内热"确实堪称生命不息,素心不已。

"纨袴不饿死,儒冠多误身"的生存牢骚

存在决定意识。意识支配行为。这两条社会人生普适法则,在杜甫身上屡试不爽。

杜甫从一个"奉儒守官"的盛唐"官二代",跌落为"长漂",演变成"老愤青",经历了一段痛苦的过程。天宝七年(748年)以前,他自己不治产业,不谋生计,凭借父亲杜闲长期在州县当官,岳父杨怡更是从四品上的司农少卿,他既可以十余年间相继壮游于吴越、齐鲁、梁宋,又可以两度赴京应试,成不成都意气风发。但父亲、岳父逝去之后,不仅生活来源断绝了,而且社会关系也发生了陡转。如其《投简咸华两县诸子》所述:"乡里儿童项领成,朝廷故旧礼数绝。"世态炎凉,显现无遗。昔日虽非权贵子弟,却是名门公子的杜甫,急遽陷入了"饥卧动即向一旬,敝裘何啻联百结"的生存困境。生存状态的日趋不堪,一方面使他被动性地置身社会底层,接近底层民众,思想感情也随之而有所嬗变;另一方面,清狂秉性也促使了他主动性地感应社会,既对时事不时地表现激愤,更对社会加诸己身的生存失衡多有牢骚。

两种感应相比较,时事愤激虽然已经多向度地切入了民瘼、国运,并且戟指当朝权贵利益集团,戟端直临当今君主,但就明晰度和张扬性而言,终究不及生存牢骚。其根本原因在于,自秦政以降,皇权专制体制就不容许对君主的干犯,即便所谓"圣君""明主"的容度也很有限。再加上经汉儒改造过的儒家思想体系当中,"三纲五常"第一纲便是"君为臣纲","奉儒守官"如杜甫者再怎样愤激,一旦涉君就注定了会有所避讳,反话正说或隐语微讽已算是够大胆了。而对自己的生存处境大发牢骚,形于诗是自言自语以释放愤懑,要是呈示给知己者以寻求理解,不至于有妄议贾祸的潜在危险。所以,从困处长安时期开始,杜甫发泄生存牢骚的诗比表现时事愤激的诗数量更多,内容更明晰,胆气更张扬,不仅总是狂直,而且时见狂简。

　　狂直与狂简大同而小异。狂直意谓疏狂直率。《三国志·诸葛瑾传》有言:"虞翻以狂直流徙,惟瑾屡为之说。"虞翻的狂直,据《三国志·虞翻传》所记,主要反映在孙权在位时,"翻数犯颜谏争,权不能悦,又性不协俗,多见谤毁",他仍然"性疏直,数有酒失",终令"权积怒非一,遂徒翻交州"。其中的"疏"便指疏狂,"直"便指直率,"性不协俗"即不随流俗俯仰,便指狂直性格者的特立独行。狂简在疏狂直率、独立特行上与狂直基本一致,但"简"比"疏"多了旷放自大、不自拘束的因素,所以狂简通常意谓志虽大而于事疏略。《论语·公冶长》里孔子在陈感叹"吾党之小子狂简,斐然成章,不知所以裁之",就是讲的这个意思。杜甫的时事愤激诗和生存牢骚诗都体现出他的狂直,后者还时不时地透显出他的狂简,应该说是既一以贯之,又略有区别。《旧唐书·杜甫传》称其"放恣""无拘检",《新唐书·杜甫传》称其"放旷不自检,好论天下大事,高而不切",尽管都意在贬抑,倒也并非一概属于空穴来风,不着边际。

　　前已一再引述的《奉赠韦左丞丈二十二韵》一诗,即为杜甫最早的,也是最有代表性的一首发泄其生存牢骚的诗。其中关于"致君尧舜上,再使风俗淳"的功业自期,关于"赋料扬雄敌,诗看子建亲"的才华自矜,全都是

"狂夫"杜甫

他生存牢骚的组成部分。由于牢骚满腹,开篇头两句便突兀而起——

纨袴不饿死,儒冠多误身。

"纨袴"和"儒冠"相对举,都是以物代人。前者指代权贵子弟,他们仗恃着权贵老子,不管怎样的德薄才浅,甚而至于不学无术,都能坐享生活优裕,仕途亨通的福荫和便利,社会公器全然成了此类人的特权保障。据当时史实,杨国忠之子杨暄考明经不及格,考官公然将其列为第一;御史中丞张倚之子张奭,更加一窍不通,也列为首选。他们出生就能要风得风,要雨得雨,所以杜甫说此辈"不饿死",后者则杜甫自谓。其本人,以及像元结一类儒学士子,不管怎样德才兼优,甚而至于经纶满腹,却是一次又一次应试不得中,并且头一年刚遭受过杨国忠主持的制举考试的戏弄。"多误身"三字,饱含着他怀才不遇、投诉无门的一腔怨愤。而两类人、两种境遇的强烈对照,则是他的政治生存环境的严酷写照,他的满肚皮牢骚只能企望韦济"丈人试静听"。

"此意竟萧条,行歌非隐沦。骑驴三十载(据卢元昌《杜诗阐》说,此当是'骑驴十三载'),旅食京华春。朝扣富儿门,暮随肥马尘。残杯与冷炙,到处潜悲辛。主上顷见征,欻然欲求伸。青冥却垂翅,蹭蹬无纵鳞。"如泣如诉的十二句诗,便是"误身"的具象注脚。"此意"指的是"立登要路津",实现"致君尧舜上,再使风俗淳"之志,"萧条"意味着冷落、凋零,美梦成空。"隐沦"指隐居之士,杜甫并不甘心因为政治失意便去做隐居之士,所以他声明"行歌非隐沦"。然而,社会已然严重不公,伴随政治失意而来的,竟然是生活艰辛,生存失据,"骑驴"两句即为纵向的描述,"朝扣"至"悲辛"四句则是横向的留真。尤其"到处潜悲辛"一句,凝聚前三句,将"误身"之奇耻大辱和盘托出,生存的牢骚也达到沸点。"主上"至"纵鳞"四句虽将愤激抑下来,但用鸟望"青冥"而"垂翅",鱼"无纵鳞"而"蹭蹬"两个喻象作比,仍然表达出了对于头年应试遭戏的不能释怀。

再往后,这首诗还表述了两层意思。一是对韦济对己知遇之"厚"之"真"致谢,望其再作提携引荐的同时,坦承了自己"难甘原宪贫",但也不会"心快快"。二是趁势表示"今欲东入海,即将西去秦",欲离开长安又心有不舍,其实这仍是在发牢骚,并非真想离开长安。妙在最后以问作结:"白鸥没浩荡,万里谁能驯?"杜甫以白鸥自化,许愿要像白鸥那样高飞远逝于浩荡烟波之间,没有什么人能够拘束我。这样两句诗,充分表明"到处潜悲辛"的生存困穷并没有使他精神萎靡,就此趴下。尽管牢骚极盛,他仍然志气高昂,决不沉沦,狂直的性格更抵达了桀骜不驯。

须当特别点明的是,这首诗写于天宝九年(750年)冬,杜甫生计渐向贫困沦落未久。因而在诗中,虽有"难甘原宪贫"之句,侧重点却在排击人情的冷酷裂变:"朝扣富儿门,暮随肥马尘。残杯与冷炙,到处潜悲辛。"其间充溢着激愤和屈辱,也流露出不解和无奈,并且触及了人格尊严的底线。只因为尊韦济为"丈人",他才不避人格尊严遭受的损伤,如此毫不加掩饰地倾诉出来。到同年稍后作《投简咸华两县诸子》,倾诉对象不同了,牢骚分寸也就不同了。对"朝扣"过的"富儿门"和"暮随"过的"肥马尘",他已耻于重见于文字,而代之以"乡里儿童项领成,朝廷故旧礼数绝"的直斥。至于贫,也不再用甘与不甘来表明心迹,而代之以"饥卧动即向一旬,敝裘何啻联百结"的直白,坚守住了敢于坦然直面贫穷,却不因而丧志的人格尊严底线。质之其后的同一类诗,前一种倾诉几近绝迹,后一种倾诉则成为常态,精神内蕴正在重视人格自尊。

第二年写的《曲江三章章五句》当中,便凸显出人格自尊。如其一:"曲江萧条秋气高,菱荷枯折随风涛,游子空嗟垂二毛。白石素沙亦相荡,哀鸿独叫求其曹。"前两句和后两句皆为比兴,"菱荷枯折"和"哀鸿独叫"尤其喻示诗人自己生存状态的凄凉和孤独,但第三句仅止嗟叹发已花白。如其二:"即事非今亦非古,长歌激越捎林莽,比屋豪华固难数。吾人甘作心似

"狂夫"杜甫

灰,弟侄何伤泪如雨?"第三句看似突兀,实暗衬贫,不言贫富悬殊而见贫富悬殊。四、五句再以"吾人""弟侄"对衬,表达出诗人自己已然甘心冷对富贵,安于贫困。由兹回应第二句,长歌当哭更彰显出了决不会为贫困所折。如其三:"自断此生休问天,杜曲幸有桑麻田,故将移住南山边。短衣匹马随李广,看射猛虎终残年。"前诗所谓"长歌激越"的"激越",至此已如同惊涛拍岸,不可遏制。对社会不公,对生存日困,他愤怒得自作了断,连叩问苍天也不屑于了。回杜曲种田,效李广射虎,都可以作为余生的选项,他仿佛要与那个社会划清界限了。其实他并未决意离开长安,而是见景生情,寓情于景地大发牢骚。证之以头年献《三大礼赋》,两年后献《封西岳赋》,便明白他是牢骚盛时从不防肠断。

　　同样的牢骚,同样的情致,也反映在《秋雨叹三首》中。这组诗,主要是表达时事愤激,尤其是第二首。而其第一、第三两首,则是由时事愤激引发,兼合着生存牢骚,二而一,一而二。第一首里的"堂上书生空白头,临风三嗅馨香泣",就是对于老大无成的自伤自叹,一个"空"字即透露出生存牢骚。至于第三首则牢骚更盛:"长安布衣谁比数?反锁衡门守环堵。老夫不出长蓬蒿,稚子无忧走风雨。""比数"语出司马迁的《报任安书》:"刑余之人,无所比数。"所谓"谁比数",犹言谁瞧得起我。一个才堪"赋料扬雄敌,诗看子建亲",志在"致君尧舜上,再使风俗淳"的"官二代",如今居然落到无人瞧得起的低微境地,情何以堪? 但他已不再去"朝扣富儿门,暮随肥马尘",守肯饿死,也不丧志,"反锁"一句即显其志。"老夫不出"与"稚子无忧"适成对比,于一忧一乐之间,包含了多少凄楚和怨愤。而整组诗的生存牢骚与时事愤激相结合,恰正标明了,杜甫的生存体验和人生体悟业已趋向与底层民众相融通。

　　杜甫发泄生存牢骚,即便特定在衣食常缺、困苦难熬方面,也并不总是苦怨倾诉。狂简性格原本就有放旷的基因,这就铸成了他能做到怨而不戚,诉而不乞。相反地,还能从愤怒当中自我解脱出来,显之以达观,注之以幽默。天宝十四年（755年）春作的《醉时歌》，三重诗意充满了嘲笑，洋溢着达观、幽默。其间第二重，即是嘲自己——

> 杜陵野客人更嗤，被褐短窄鬓如丝。
> 日籴太仓五升米，时赴郑老同襟期。
> 得钱即相觅，沽酒不复疑。
> 忘形至尔汝，痛饮真吾师。

自称为"杜陵野客"，明说是遭"人更嗤"，表面上颇在意旁人的白眼嘲笑，实质上不在乎旁人的白眼嘲笑，我行我素，干卿何事？被人白眼嘲笑的，无非望洋兴叹是褐衣短窄，而鬓皆白，一副贫贱衰残像，他干脆就自画形象。还有家无隔夜粮，也无钱到市场去买高价粮，见天都得与底层民众一起排队，购买太仓为赈秋霖而放粜的米，聊以糊口，他也不怕白眼嘲笑，干脆自诉出来。其形为自嘲，其实为自若，嗤对谤毁，性不协俗。继之以"时赴"一句，"得钱"四句，更以迥异于流俗常态的达观和幽默，自加以近乎酒鬼的神态，表达出对于他"嗤"的反嗤。直至结尾才正面发牢骚："儒术于我何有哉？孔丘盗跖俱尘埃。不须闻此意惨怆，生前相遇且衔杯！"前两句将"儒冠多误身"诠释无遗，后两句却彰显出，无论生存条件如何令人难堪，他都能够做到力拒"意惨怆"。

力拒"意惨怆"，并不限于衣食住行等基本生存条件方面，还包括了世态人情。经历过了"残杯与冷炙，到处潜悲辛""乡里儿童项领成，朝廷故旧礼数绝"的世道炼狱，他对世态炎凉、人情硗薄的社会常态感受愈深广，认识愈清醒。在确信有韦济那样的"丈人"可以依托，郑虔那样的老友可资"襟期"的同时，他也看穿了张垍、鲜于仲通之辈，同期还写出一首《贫交行》："翻手作云覆手雨，纷纷轻薄何须数？君不见管鲍贫时交，此道今人弃如土！"关于这首诗，浦起龙《读杜心解》说系天宝十三年（754年）时作，杨

"狂夫"杜甫

伦《杜诗镜铨》则认为编于《前出塞九首》之前,意为献赋后作,权衡两说当可认定略比《醉时歌》早一点。王嗣奭《杜臆》疑其"恐非全文",却并不尽然。狂直地直抒胸臆,直斥翻云覆雨之辈,有四句尽可足矣。前两句指今明白如话,第三句援古用了春秋时期管仲与鲍叔牙贫贱之交的典故与之对照,第四句感慨自然呼之即出。仇注认为:"公见交道之薄,而伤今思古也。"进而还说:"语短而恨长,亦唐人所绝少者。"评判堪称是准确的,但差了一点,那就是"交道之薄"亦是一种生存条件,杜甫的"恨长"亦为牢骚期。

牢骚甚还有多样的形态。从《奉赠韦左丞丈二十二韵》到《醉时歌》之间,时间跨度长达五年多,杜甫从三十九岁煎熬到了四十四岁,是他困处长安最为困穷的一段岁月。其间,困穷的多样性,直接促成了他生存牢骚诗的多样性。除以上所引诸诗各有其典型性而外,牢骚多样性渐次显出两个特点。一是直切的一类(包含达观、幽默之作)中,质疑儒学、儒术能否经世致用,俨然成了主题聚焦。"纨袴不饿死,儒冠多误身",自然是其经典的表述;《赠陈二补阙》谓"世儒多汩设",《奉赠鲜于京兆二十韵》谓"有儒愁饿死",《奉留赠集贤院崔、于二学士》谓"儒术诚难起"亦莫不皆然。若不是这样,就归纳不出"儒术于我何有哉"的惊世大牢骚。二是也有借物咏怀,形式上相对婉曲的一类。

婉曲类的代表作,一为《白丝行》,一为《叹庭前甘菊花》。《白丝行》由"缫丝须长不须白,越罗蜀锦金粟尺"起兴入题,次第写了缫丝、染色、制衣之艰。经过染、制以后,虽能讨人喜欢,为人所用,毕竟"已悲素质随时染",失去了素丝所固有的洁白品质。更兼"春天衣着为君舞,蛱蝶飞来黄鹂语",人喜人用都"为君"而变,一旦"香汗清尘汙颜色",就会"开新合故置何许",随时有可能遭到弃掷。尤有甚者,人的喜新厌旧变替过程中,喜或厌都着眼于"色相射",根本无关乎丝本身的洁白素质,这就隐喻出了本色为人的人。所以诗结在"君不见才士汲引难,恐惧弃捐忍羁旅",发出了对那个社会扭曲人才、弃掷人才的牢骚。《叹庭前甘菊花》与之相近,也是借甘菊花的"明日萧条醉尽醒,残花烂漫开何益"喻自己不合时宜,不得世用。诗结在"念兹空长大枝叶,结根失所缠风霜",花人合一,犹如愤言"儒冠多误身"。

作《醉时歌》当年十月,杜甫似乎是时来运转,生平第一回有了官做。那一年,就个人而言,他已满四十四岁,从天宝五年(746年)至长安算起已达十年,黄金年华几近耗尽。就国家而言,距爆发"安史之乱"仅一个月,但社会运转仍一如往常。当其时,他刚从奉先省亲返回长安,忽然被朝廷任为河西尉。自献过《三大礼赋》之后,朝廷将他"送隶有司,参列选序",孰知一等就是四年多,一直泥牛入海无消息,他由盼望而至失望,业已不抱幻想了。可是命运却对他开了一个大玩笑,早不来晚不来,这个时候却来了一个从九品上的芝麻官。这对于一个"自谓颇挺出,立登要路津",并且志在"致君尧舜上,再使风俗淳"的人来说,简直等同于对乞官者的施舍,比不给官做还要令他心寒。所以他当即便推辞掉了。

也不知当局如何考虑的,兴许以为杜甫是嫌官太小了吧,旋即又改任他为右卫率府兵胄参军。这又是一个什么官职呢?唐代实行府兵制,中央一级统领府兵的机构设十二卫和东宫六率,右清道率,各领三府至五府府兵。右卫率府即太子右卫率的常设机关,胄曹参军只是其下一个掌管府内卫士以上名账差科及公私马驴的小官,官阶从八品下,大抵相当于现代军队后勤部门里的副连长,仍然只属芝麻官。对杜甫来说,从八品下比从九品上仅止高半格,依旧远非杜甫从政期愿所乎。然而杜甫却接受了。

为什么杜甫接受后者呢?他以《官定后戏作》一诗做出了回答——

> 不作河西尉,凄凉为折腰。
>
> 老夫怕趋走,率府且逍遥。
>
> 耽酒须微禄,狂歌托圣朝。
>
> 故山归兴尽,回首向风飙。

"狂夫" 杜甫

前四句坦陈推辞前者、接受后者的三个原因。在壮游时期,杜甫曾两度友结高适,定然熟谙高适作县尉的经验。高适曾任封丘尉,有诗题作《封丘县》,揭露了县尉"拜迎长官心欲碎,鞭挞黎庶令人悲"的心灵凄苦。杜甫与高适同一襟抱,所以特举"凄凉为折腰",以示不齿"拜迎长官",不愿"鞭挞黎庶"自然隐含其间。"怕趋走",不但包含了这样两个方面,而且意味着官卑职微,杂务繁琐的更多方面,言怕其实是厌是恶。据此推想,在率府管点杂务,总比作河西尉自由些,所以用"逍遥"与"趋走"相对。但一个"且"字尽显无奈、无聊,无心掩饰是在发牢骚。第五句进一步作调侃、戏谑,居然说是做这个官仅只是为了弄得几个买酒的钱,分明对这个官全然不当回事。然而第六句偏要反讽搞笑,故意夸大说成"狂歌托圣朝",恍若感激涕零,实则不屑一顾。七、八句尤妙,说是这个官一做,仅有一点不称意的,那就是官身羁绊,再回家不方便了(其实一个月后,他又回奉先县去省亲,乃至有了《自京赴奉先县咏怀五百字》)。这实在是突破了既往有的牢骚界线,变本加厉地戏谑、嘲弄那个"圣朝"。

《官定后戏作》是一首"狂歌",并且狂得特别出奇,奇就奇在一"戏"贯穿。戏还戏得有层次,有波浪,一浪之后又跟一浪。从头到尾仿佛是自我取笑,自我解嘲,实则无不另含深意焉,牢骚、调侃、戏谑、嘲笑全都系于"官",进而指向所谓"圣朝"。这一切,都源于"圣朝"只授给他如斯芝麻官,不能不令他啼笑皆非。既啼笑皆非,却又不肯"意惨怆",于杜甫之样一个狂直、狂简惯了的人,那就注定了不妨再加一点狂诞元素,因而便有了这一首"狂歌"。在全部杜诗里,这样的狂歌并不多见,可见其为对于令他啼笑皆非的狂诞反拨。这使我联想到今世一位智者的话:"不严肃地对待不严肃的事情,谓之潇洒。"那个"圣朝"当年那样地对待杜甫,本身就不严肃,本身就属戏弄,杜甫因之而反拨一下,即以其道还论其身,的确堪称潇洒了一回。但是,这样的潇洒并非绝无仅有,《醉时歌》便开了先例。

令杜甫始料不及的是,纵或只图"率府且逍遥",仍如同水中花、镜中月,稍一触碰便落得美梦成空。他就任右卫率府胄曹参军未过多久,便体验到了这个从八品下的芝麻官并不能清闲和自在,等级森严的官场明规则和潜规则,时时处处使他憋气。特别是右卫率隶属于太子东宫,免不了还要与某些王侯及其僚属打交道,对其迎候,受其驱遣,稍不如意即遭呵斥,在所难免。所以杜甫迅速地对这一个新的生存环境产生反感,积为牢骚,写出前文引述过的《去矣行》。他以"韝上鹰"自比,声言"一饱即飞掣",又以"堂上燕"设喻,表明不齿"附炎热"。尤其"野人旷荡无靦颜,岂可久在王侯间"两句,直陈自己骨鲠不谄,放旷狂荡,忍受不了那样一种官场生态。即便放弃这个好不容易才得到的可为"耽酒"提供"微禄"的卑微官职,又将重蹈衣食困乏的艰辛,他也决计要"去矣"了。诗以"未试囊中餐玉法,明朝且入蓝田山"作结,便透示出去意决绝。证之以实际,他十月才从奉先返回长安,十一月旋即自长安赴奉先,证明了决非说着玩的。倘若不是"安史之乱"爆发了,他会不会重新靠近那个"圣朝",委实难说。

天宝十四年(755年)十一月,正当杜甫自京赴奉先县途中,那个"圣朝"的平卢、范阳、河东三镇节度使安禄山,矫托奉密诏讨杨国忠之名,从范阳(今北京)起兵,率其所部及同罗、奚、契丹、室韦等盟军,号称二十万步骑,直扑东都洛阳。由兹拉开了八年战乱序幕,史称为"安史之乱"。"圣朝"上下猝不及防,唐军在河南一线屡战屡败,唯凭高仙芝所部死守潼关。叛军未能攻入潼关,安禄山即将部队扎在陕州,自回洛阳筹建新朝。第二年正月,安禄山称大燕皇帝,改元圣武,网罗一批文武大臣另组一个中央政府,摆出了取唐代之的架势。

风云突变,国运艰危。"窃比稷与契"的杜甫,无论此先对那个"圣朝"多么失望,也在奉先的小家待不住了。天宝十五年(756年)二月,他独自一人重返长安,重新就任右卫率府兵胄参军,希图可以有所作为。但叛军加强了对潼关的攻势,关内风声鹤唳,杜甫担心家小安危,于四月又去奉先,携妻子儿女迁至白水,依附舅氏崔顼。六月潼关失守,守将哥舒翰投降安

"狂夫"杜甫

禄山，附近蒲州、华州、同州、商州等地的防务官员纷纷弃城出逃，守军也随之四散而逃，杜甫又举家避乱至鄜州（今陕西富县）羌村。当时他还不知道，六月十三日拂晓，唐玄宗已逃离长安，二十日长安已沦陷。六月二十八日，唐玄宗一行逃亡到成都。七月九日，太子李亨到达灵武（今属宁夏），三天后即位，是为唐肃宗。直至八月他才听闻了此事，当即辞别妻儿老小，只身赴灵武，将欲投奔新君效力。不料途中被叛军拘留，并被押往沦陷以后的长安。幸而衣着破烂，满头白发，未被叛军发现他大小也是一个官员，才避免了与其他被俘官员一样送到洛阳，被迫"从逆"。

从唐肃宗至德元年（756年）八月，至至德二年（757年）四月，杜甫滞留长安约八个多月，生存条件仍等同底层民众。然而，他不再为一己生活困穷发牢骚，诗作集中呈现出两大主题。一是着眼于国，为国运艰危、生灵涂炭而悲而哀，前所引的《悲陈陶》《悲青坂》和《哀王孙》《哀江头》即其代表。二是着眼于家，满怀伤痛，担忧家人，《月夜》一诗感人至深。"今夜鄜州月，闺中只独看。遥怜小儿女，未解忆长安。香雾云鬟湿，清辉玉臂寒。何时倚虚幌，双照泪痕干？"只字不提自己的伤痛，通篇关注妻儿的情态。真如浦起龙说"心已驰神到彼，诗从对面飞来"，细致入微，情深意长。《春望》所述的"感时花溅泪，恨别鸟惊心"，《对雪》所述的"战哭多新鬼，愁吟独老翁"，则将这两大主题无形地糅在一起，家国情怀氤氲其间。对照先前那诸多生存牢骚，充分显示出，杜甫始终是把家国放在首位。

时局终于峰回路转。至德二年（757年）正月，安禄山遇刺身死，其子安庆绪继位，叛军内部大小事决于严庄，客观上有利唐军展开反攻。二月，唐肃宗从彭原进驻凤翔，长安士民以为克复旧京指日可待了。但等待了两个月，并没有大的动静，杜甫便在四月的一个早晨逃离长安，只身一人前往凤翔。《自京窜至凤翔喜达行在所三首》，历述了他"率苦贼中来"的紧张和艰辛，"喜心翻到极"的激动和憧憬，尤其是表达了他"今朝汉社稷，新数中兴年"的期盼和祝福。五月十六日，唐肃宗授其以左拾遗官职，这组诗便是受官后所作。左拾遗虽然官阶只在从八品上，略相当于今世之科长或者主任科员，但位列中书省，掌供奉讽谏，所以杜甫是甘愿接受的。《述怀》诗谓"麻鞋见天子，衣袖露两肘"，"涕泪受拾遗，流离主恩厚"，既活画出了拜君受官时的衣冠褴褛状，更吐露出了幸得一用的真心实意。较之一年半前那首《官定后戏作》，分明是判若两极。

　　然而其得也突焉，其失也忽焉，好景迅即破灭。就在受任左拾遗那一个月，他第一次履行谏官言事的本分职责，上疏营救房琯，言辞比较激烈，便触怒了唐肃宗，着令三司推问。尽管多亏了宰相张镐相救，保住了性命，但从此唐肃宗便厌烦他，疏远他，同年八月更命他离开凤翔，回鄜州羌村探看家小，实际上是冷落了他。这对于秉性清狂、为人正直的杜甫来说，无异于兜头泼了冷水，惶惑和失落达到了冰点。当时虽被迫呈状谢罪，承认自己是"智识浅昧，向所论事涉近激讦，违忤圣旨"，内心并不认为自己丝毫有错。"圣朝"顶层的生存条件如此险恶，尤非他所能预料，不过只好把愤懑和牢骚郁结于胸，一直到晚年仍未曾释怀。大历三年（768年）秋，五十七岁的杜甫已漂泊至公安（今属湖北），在《秋日荆南述怀三十韵》中仍不忘其事："昔承推奖分，愧匪挺生材。迟暮宫臣忝，艰危衮职陪。扬镳随日驭，折槛出云台。罪戾宽犹活，干戈塞未开。"前四句所指正是受任左拾遗一事，第四句明用《诗·大雅·烝民》"衮职有阙，维仲山甫补之"的典故，直言自己当年真正是尽忠于王，拾遗补阙。"折槛"句指营救房琯，"罪戾"句指张镐救己。结尾两句的意味极其深长，犹言"安史之乱"还没有平息，你唐肃宗为什么要那样对待房琯一样的良臣，自己一样的直臣，"宽犹活"实则反讽而已。

　　明白这一点，有助于诠释《北征》开头何以要写："维时遭艰虞，朝野少暇日。预渐恩私被，诏许归蓬荜。"第一句恰是"干戈塞未开"的另一种表述，第二句则谓当此之际，朝野理当上下同德，共济时艰，怎么能反其道而行之，公然容不得"大臣正色立朝"（借《进〈雕赋〉表》语）。继之以第三、四句反话正语，足见他奉命省亲，完全有违本心，纯属强加之举。明面上说是"顾渐恩私被"，骨子里一点不惭——非但不惭，还认定自己所为合情合理，他决然不将那种被"诏许"当作皇恩独加于己。因之才会"拜辞诣阙下，怵惕久未出"，中心惶惑，久不肯去。也因之更要强调"虽乏谏诤姿，恐君有遗失"，犹如责君太昏聩，一再有所遗失。这样的牢骚直系"圣朝"顶层，不像《官定后戏作》仅止及于"王侯"，因而不便直说罢了。

从凤翔到鄜州，路程七百多里，若步行回家实在不容易。那一年杜甫四十六岁，多病缠身，被"北征"无异一次身心磨难。但是战事仍紧，马匹多被征集到军中，在凤翔的数以千计的大小官员绝大多数没有马骑，正八品上的区区左拾遗自然更是不会有马。他只得写了一首《徒步归行》，去向将军李嗣业借马，诗里写道："凤翔千官且饱饭，衣马不复能轻肥。青袍朝士最困者，白头拾遗徒步归。"前两句概述一般，后两句特指自己，字字句句都是实情。只不过回望一下《奉赠韦左丞丈二十二韵》等诗，一个"且饱饭"，一个"衣马不复能轻肥"，再加上一个"青袍朝士最困者"，组合在一起今昔对比、冷语调侃的况味若隐若现。说穿了，其实就是对被"恩诏"回家借题发牢骚，这牢骚发得比《北征》更早。《北征》写于从凤翔回到鄜州，痛定思痛之际，而这首诗却写于将离凤翔之时。

杜甫回到鄜州，与避乱于羌村的妻子儿女重新团聚，写出了组诗《羌村三首》。在这组诗里，第一首主要描写初到家时的真实情景，"夜阑更秉烛，相对如梦寐"将自己与妻儿久别重逢、翻疑是梦的心理反应和生存体验描摹得极其生动传神。但万方多难，为人臣者正当效力，自己却如此"世乱遭飘荡，生还偶然遂"，实际上不心甘、不情愿，其间多少夹杂着牢骚。第二首主要记叙居留家中的复杂而又矛盾的心境，"娇儿不离膝，畏我复却去"，特别具有审美张力，非常感染人。然而，开篇便说"晚岁迫偷生，还家少欢趣"，分明戟指《北征》所谓的"恩私""诏许""迫偷生"和"少欢趣"均源于斯，其牢骚确比第一首更甚。第三首主要描写父老共饮的乡情，细节描写绘声绘色。只不过，借"苦辞酒味薄"而引出的"黍地无人耕"以及"兵革既未息，儿童尽东征"，业已语涉时事愤激。而"艰难愧深情"，"歌罢仰天叹"，表达出来的全是他这个在职左拾遗，面对"穷年忧黎元"的"黎元"，不但不能对解救国难、民瘼有所作为，反而只能喝他们的酒的那种深自愧惭。非不为也，是不能也，所以只能仰天长叹。联系到回乡背景，不难想见其间牢骚到了何等地步，方之以"忧端齐终南，澒洞不可掇"那个"忧端"，可以认为毫无二致。

至德二年(757年)九月二十八日，唐军克复长安。十月十八日，又克复洛阳。杜甫闻讯而喜，写出《收京三首》，抒发了"生意甘衰白，天涯正寂寥"之际，对于"忽闻哀痛诏，又下圣明朝"的舒畅，表达了"羽翼怀商老，文思忆帝尧"的愿望。十一月，他携家离开鄜州，返回长安。一路上所见所感，与《北征》适成对照。《重经昭陵》一诗写道："陵寝盘空曲，熊罴守翠微。再窥松柏路，还见五云飞。"心态平和，意兴轻飏，一直伴随他回到思念不已的西京长安。一直到次年六月被贬华州，大约七个多月时间内，他都在长安任左拾遗，度过了"安史之乱"爆发以来最平静的一段日子。

这七个多月，杜甫得以与昔日诗友王维、岑参、贾至等人时相唱和，一些唱和诗中充盈平和心态。如《奉和贾至舍人早朝大明宫》，对"旌旗日暖龙蛇动，宫殿风微燕雀高"的欣荣景象极尽夸赞，为其向来诗中所难得一见。还有一些记录当时生活的诗，如《腊日》谓"纵酒欲谋良夜醉，还家初散紫宸朝"，《紫宸殿退朝口号》谓"宫中每出归东省，会送夔龙集凤池"，《春宿左省》谓"星临万户动，月傍九霄多"，《题省中院壁》谓"落花游丝白日静，鸣鸠乳燕青春深"，不仅氤氲着身在朝廷、为国效力的情境感受，而且流露出些许自得。尤其是后一首诗，还吐露出了他的"纯臣心事"："腐儒衰晚谬通籍，退食迟回违寸心。衮职曾无一字补，许身愧比双南金。"如仇注所说，他这是自愧"未尽言责，徒违素心"，"乃题于院壁以自警"。

但这段时间，杜甫也不是绝无生存牢骚。左拾遗官阶毕竟低微，俸禄毕竟微薄，他既要养家，又要耽酒，终究难以称心称意。当时有一个诗酒双料好友叫作毕曜，同样是一位官阶低微，家境清贫，喝了酒后常发诗性之人。《赠毕四曜》一诗有句："才大今诗伯，家贫苦宦卑。"称的是毕曜，亦不乏夫子自道，同病相怜。另一首《偪侧行赠毕曜》，一开篇便复辞兴叹"偪侧何偪侧"，感慨两家人都居处在棚屋隔室密集的地方。两家一居巷南，一居巷北，虽然相距不远，无奈年迈力衰，"自从官马送还官，行路难行涩如棘"，以至于"十日不一见颜色"，再一叹。仅止好友间难得一见倒还罢了，因无马骑而上班迟误，还会招致"徒步翻愁官长怒"，又一叹。"辛夷始花亦已落，况我与子非壮年"，如此多叹，情何以堪。况且"街头酒价常苦贵"，致使"方外酒徒稀醉眠"，一个"稀"字，备极怨叹。

方其时，杜甫已年近半百，力衰多病。微薄的俸禄难以养家，难以耽酒，这一切犹可隐忍。但沉身下僚，难伸抱负，却碍难隐忍，因之平和的心态也在日渐地翻转，政治生存牢骚随其日渐冒头。围绕着一条常爱去的曲江，他在《曲江陪郑八丈南史饮》里感慨"近侍即今难浪迹，此身那得更无家"，在《曲江对酒》里感慨"纵饮久判人共弃，懒朝真与世相违"，在《曲江对雨》里感慨"何时诏此金钱会，暂醉佳人锦瑟傍"。特别是《曲江二首》，面对"一片花飞减却春，风飘万点正愁人"的残春景象，不禁生出"细推物理须行乐，何用浮名绊此身"的人生浩叹；想到"朝回日日典春衣，每日江头尽醉归"的现实境遇，进而有了"酒债寻常行处有，人生七十古来稀"的人生怅惘。韶光易逝，人生易老，"致君尧舜上，再使风俗淳"的功业自期业已注定如烟消逝，他渐次地省悟了，所以那样往复伤悼。

乾元元年（758年）六月，杜甫的从政之路跌到低谷，被贬为华州（今陕西华县）司功参军。其官阶虽然仍为从八品上，但只是一个下州（唐代的州分上、中、下三等）的职事官，等于堵塞了仕进的门道，连谏言的资格也从此丧失了。其失落，其愤懑，毋须剖析即可想见。正因此，次年春二月在洛阳作《洗兵马》，主旨本在颂扬"中兴诸将收山东，捷书夜报清昼同"，瞩望"二三豪俊为时出,整顿乾坤济时了",一接触朝廷现状便加入了时事愤激元素。针对回长安后唐玄宗、唐肃宗父子不和,微讽以"鹤驾通宵凤辇备,鸡鸣问寝龙楼晓"。针对朝中王玙、李辅国等奸佞小人竞相攀附唐肃宗和张淑妃,以及曾经追随唐玄宗入蜀避难,或者跟从唐肃宗灵武即位的所谓"扈从功臣"大受封赏,致使朝堂滥官充斥,冷嘲以"攀龙附凤势莫当,天下尽化为侯王"。正是这样的政治生态环境,造成了张镐、房琯之类良臣仍遭摈斥,未获重用,他更用"关中既留萧丞相,幕下复用张子房"等典故设喻反讽。喻指中固然并未明涉自己,但稍作揣度便会懂得,他这位正臣立朝非但不受赏识,反而横被外放,内心难以遏制的生存牢骚尽在三层诗意组合中。

贬往华州当月所写的《至德二载,甫自金光门出,间道归凤翔;乾元初,从左拾遗移华州掾,与亲故别,因出此门,有悲往事》,从题到诗都暗寓牢骚。不说贬,而说"移",形同黑色幽默。因为他心知肚明,左拾遗与"华州掾"尽管官阶相同,实际地位和作用却断难相提并论。"近侍归京邑,移官岂自尊?"反诘的句式就表明反话。"近侍"即指左拾遗的地位和作用,前列《曲江陪郑八丈南史饮》所谓"近侍即今难浪迹"即已然坐实。"至尊"自然是指唐肃宗,分明知道贬斥外放就是"至尊"的决定,却反讽成难道是"至尊"的决定吗,仿佛是含着眼泪在嘲笑。可是结尾两句还要说"无才日衰老,驻马望千门",故意将贬斥外放说成缘于自己既"无才",又"日衰老",恍若自谑过"耽酒须微禄,狂歌托圣朝"的杜甫又归来了。

当年冬,杜甫在华州司功参军任上作的《瘦马行》,便是自托于瘦马,发泄被贬官的牢骚而作。诗的前半部分写马,"细看六印带官字,众道三军遗路傍"。"带官字"和"遗路傍"两语,特别是"官"和"遗"两字,分明喻指出自己得罪当朝,遭到遗弃。诗的后半部分写心,"失主错莫无晶光"句的"失主","天寒远放雁为伴"句的"远放",对应"官"和"遗"验之若契符。而在"失主""远放"之前,更有"当时历块误一蹶,委弃非汝能周防"两句,将被贬

"狂夫"杜甫

官的真实缘由,以及自己的事后体悟揭示无余。"历块"语出王褒《圣主得贤臣赋》"过都越国,蹴如历块",意指衣马奔突疾进,"误一蹴"则指偶一不慎,失足跌倒,对应的恰是营救房琯悟得,此事得罪唐肃宗太甚,所以终被贬官外放。似乎对马说"非汝能周防",实即对己说非我能周防,伤痛之深,莫此为甚。痛定思痛,多少有了些觉今是而昨非之感,因而以之作为转捩点,杜甫与朝廷渐行渐远(并未忘记,更非对立),与底层民众更为贴近了。

杜甫于乾元元年冬,由华州赴洛阳,次年春复从洛阳返华州。那是他一生中最后一次履迹洛阳,从此往后,不管怎样魂牵梦萦,也再没有见到洛阳。那一年,他四十八岁,距生命终结还有十一年。当然他预见不到生命还能延续多久,但是,对朝廷已从期望走向失望,已从抱有希望走向大失所望,却在这期间心理定格了。因而在返华州的路途当中写过"三吏""三别"之后,他便于乾元二年(759年)七月,断然抛弃了华州司功参军那样一个卑微官职,永远离开了战乱未已、疮痍遍地的关辅地区,也永远离开了波谲云诡、险恶腐败的政治中心,携家带口地迁往长安以西,相距近八百里的陇右道所属的秦州(今甘肃天水),重新过上了贫民生活。"平生独往愿,惆怅年半百。罢官亦由人,何事拘形役?"《立秋后题》一诗所述,集中表达出了他的弃官心境。

在秦州,有侄儿杜佐,还有陷贼长安时结识的和尚赞上人,杜甫寄望得到他们的帮助,找到一个既能避难、又能安居的栖息之所。但他们情谊虽厚,能力有限,接济不了杜甫一家的生活所需,诗人只好重操旧业,当街卖药,勉强维持贫贱生活。好在远离了政治中心、是非漩涡,对于仕进看淡了,终究有心情观赏秦州山水和边城风物,创作出不少山水咏物诗。写实景,抒真情,诸如《秦州杂诗二十首》《宿赞公房》《赤谷西崦人家》《雨晴》《寓目》等诗都呈现出恬静、古朴的乡村风味,苍凉、旷远的边塞气息,同时还融入了忧国忧民的情致。这对杜甫既往诗风是一个突破,对入蜀后的巴阆山水诗、夔州山水诗也开了先河。

154

寄情山水、吟咏风物的意兴之间，杜甫毕竟已是一位老人了，深感于时光易逝，年华不再，他的生存牢骚也随之有所变化，不时流露出岁月紧迫感。如《遣兴二首》诗谓："性命苟不存，英雄徒自强。吞声勿复道，真宰意茫茫。"如《贻阮隐居》诗谓："更议居远村，避喧甘猛虎。足明箕颍客，荣贵如粪土！"尤其在《秦州杂诗二十首》中，虽然主要是由写实景而抒真情，但其抒真情就不免牢骚。如其一的"满目悲生事，因人作远游"，"西征问烽火，心折此淹留"；如其四的"万方声一概，吾道竟何之"；如其十一的"不意书生耳，临衰厌鼓鼙"；如其十二的"俯仰悲身世，溪风为飒然"；如其十六的"采药吾将老，儿童未遣闻"，如其二十的"唐尧真自圣，野老复何知"，"晒药能无妇，应门亦有儿"，无不可见胸中块垒，笔底丘壑。而且这二十首诗发的牢骚，先前还比较有所节制，愈到后面便愈趋向愤激。

其间，杜甫除了与杜佐、赞上人以及道士阮昉有所来往之外，几近离群索居，备感人情硗薄，不免格外思念故友。郑虔因陷贼洛阳，被远谪台州（今浙江临海）任司卢参军，他作诗《有怀台州郑十八司户》以寄关切："昔如水上鸥，今如罩中兔。性命由他人，悲辛但狂顾。山鬼独一脚，蝮蛇长如树。呼号傍孤城，岁月谁与度？"他如此为这位远在蛮荒之地的故友生存之艰辛忧思如焚，悲悯其不幸，同时也是同病相怜，自叹不幸。李白因永王李璘祸事，于乾元元年流放夜郎（今贵州桐梓一带），他闻讯又作《梦李白二首》，对"冠盖满京华，斯人独憔悴"和"孰云网恢恢，将老身反累"喟叹不已，既是为李白，也是为自己。另一首《天末怀李白》当中，"文章憎命达，魑魅喜人过"的锥心概括，更是对于生存处境、生存命运的共性浩叹。

谋生太艰难，当年十月，杜甫举家南行迁往同谷县（今甘肃戌县）。《发秦州》一诗诉说了南行的原因："我衰更懒拙，生事不自谋。无食问乐土，无衣思南州。"然而，"塞外苦厌山，南行道弥恶"（《青阳峡》），道路险恶、风雨泥泞竟然使得"白马为铁骊，小儿成老翁"（《泥功山》）。一路跋涉，经过了赤谷、铁堂峡、盐井、寒峡、法镜寺等直至凤凰山，他留下了十二首纪行诗作,既描述了旅途的艰辛,也抒发了心情的苦恶。同谷县内凤凰山有凤凰台,他以《凤凰台》为题,借景生情,推己及人,以凤为喻,深寄忧思:"恐有无母雏,饥寒日啾啾。我能剖心血,饮啄慰孤愁。心以当竹实,炯然无外求。血以当醴泉,岂徒比清流?"剖心沥血的意象当中,分明可见他与儿女颠沛流离、饥寒交迫的身影,又折射出了天下不太平,同类遭际所在多有。"再光中兴业,一洗苍生忧。深衷正为此,群盗何淹留?"诗结束在这四句上,不排斥有瞩望中兴的明面诉求,但更深层的命意所在,是在怨刺朝廷未能"一洗苍生忧",加剧了苍生生存的艰困。"苍生忧"里,自然包含着杜甫一家忧。

如果说其"忧"在《凤凰台》中还比较隐曲,那么,在《乾元中寓居同谷县作歌七首》就发显为长歌当哭了。如其一:"有客有客字子美,白头乱发垂过耳。岁拾橡栗随狙公,天寒日暮山谷里。"从他本人的衰老、困窘写起,真是"呜呼一歌兮歌已哀,悲风为我从天来"。如其二写托长镵"以为命",争奈"黄独(一种野生山芋)无苗山雪盛",虽"短衣数挽不掩胫"犹难觅得,终至"与子空归来,男呻女吟四壁静",因饥饿而病倒,状"饮啄慰孤愁"而力不从心如在目前。天寒地冻,居然要去拾橡栗、挖黄独填口充饥,并且还不时一无所获,真比困处长安时更为凄惨。用"闾里为我色惆怅"衬托,更见其惨绝人寰,心在流血,至于其三怀念兄弟,其四怀念寡妹,分别结束在"汝归何处收兄骨"和"林猿为我啼清昼",则同样用了反衬方式,表现出身陷困境,几近绝望。然后经其五重述自身,其六伸及时势,最后一首再以"男儿生不成名身已老,三年饥走荒山道"自叹作结。此所谓"三年",盖指至德二年(757年)四月逃至凤翔,到乾元二年(759年)十一月作这一组诗之间近三年时段,那的确是他有生以来政治上起落莫测,生活上艰辛备尝的一个时段,两个层面所同构的生存困穷最为集中,最为典型,因而牢骚也发得最为集中,最为典型。"长安卿相多少年,富贵应须致身早",即为这三年沉淀而得的人生体悟,正好与"纨袴不饿死,儒冠多误身"相发明。

"贤有不黔突,圣有不暖席。况我饥愚人,焉能尚安宅?"乾元二年十二月一日,杜甫携家离开同谷县,南出剑阁,奔赴成都,作《发同谷县》,此为首四句。其间"贤"指墨子,"圣"指孔子,"黔"谓黑色,"突"谓烟囱,"席"谓坐席。班固《答宾戏》有句云:"孔席不暖,墨突不黔。"意思是,孔子坐不暖席,墨子的烟囱常不冒出黑烟,都很少安处。杜甫化用其意,说孔、墨那种圣人、贤人犹且不能安居,我这"饥愚人"怎能希求安居,形同自我调侃,解释离去原因。然而,真实的原因却在"奈何迫物累",即受生计之景所左右,所逼迫,使他不能不"一年四行役"。"忡忡去绝境,杳杳更远适",前一句表明忧愁缠绕,后一句透露前景未明。"平生懒拙意,偶值栖遁迹",这两句紧承前句"穷老多惨戚"而来,是自我反思平生意趣本属懒拙,并不愿黔不突、席不暖,携家带口频繁迁居,连远来陇右成栖遁之迹也殊非本意,更何况又要匆促离去。"去住与愿违,仰惭林间翮"两句收结,便表明了如是心境。由于这首诗是"临歧别数子,握手泪再滴"所作,因而牢骚隐在去住依违之间。

乾元二年(759年)底,杜甫一家到达成都,先在西郊草堂寺寓居了三个月。时任成都尹裴冕送来了米粮,邻舍送来了蔬菜,使他们一家重新感受到了人世间的温暖。第二年春天,他在距草堂寺三里远的浣花溪畔觅得一块荒地,依凭一些官员、亲友的帮助,芟草辟基,修筑成了一座茅屋。进而种植桃、竹、桤、松等树木,屋后凿沟渠护院,扩展为坐西朝东的草堂。"背郭堂成荫白茅,缘江路熟俯青郊。桤林碍日吟风叶,笼竹和烟滴露梢。"他的《堂成》一诗前四句,真实描绘出草堂的幽美宁静,清雅宜人。结尾两句"旁人错比扬雄宅,懒惰无心作解嘲",也真实表达出了久经行役后的欲求安居闲散的栖居心态。他当时或许并未料到,从上元元年(760年)春至永泰元年(765年)夏的五年多内,除宝应元年(762年)秋至广德二年(764年)三月之间避乱于梓州(今四川三台)、阆州(今四川阆中)之外,其余时间都在成都草堂度过。后之《去蜀》所谓"五载客蜀都,一年居梓州",即为举其大略,对这段履历的基本概括。

这五年多内,杜甫总算有了一处栖身之所,也有了一个安定的家。回

"狂夫"杜甫

首既往经历，至迟从天宝七年(748年)以降，足足有十二年未曾尝过如斯滋味了。如《遣意二首》所写，"渐喜交游绝，幽居不用名"，"邻人有美酒，稚子夜能赊"，衣、食、住、行等基本生活条件，以及邻里、世俗关系等人际生态环境，均较既往十二年有了一定的改善，不能不使杜甫的身心重新沐浴着欣幸安怡。心境和心态稍佳，诗兴和诗风也随之而更趋势多元化和多样性，促成他进入了一大创作高峰期。这五年多，包括作于梓州、阆州的170余首诗在内，他合计创作出了480多首诗，约占其传世存诗三分之一，被后世学界统称为"草堂诗"。

从"草堂诗"，到"夔州诗"，再到暮年漂泊湖湘期间写的诗，其间仍然不乏生存牢骚诗。那是因为，从客观上看，他生命的最后十一年，尽管生存条件较之长安、华州、秦州时期时不时地有一定改善，但那些改善却并未具备可持续性，其基本态势和总体趋向仍然是使杜甫及其家人辗转于困穷漂泊之间。存在决定意识，杜甫不能不继续有牢骚。从主观上看，杜甫从四十九岁到五十九岁，由于半生贫困煎熬，已经不仅是衰发皆白，牙齿摇落，而且是耳聋、疟疾、肺气肿、消渴病等多种病痛缠身，极为典型的贫病交加，生趣渐少。由此感应于生计艰危，世相险恶，他的愤懑和幽怨自然不会有所消减，反拨意识必然躁动。再加上狂性使然，意识支配行为，因事而发的牢骚时生也就成为一种常态。虽然密集度和强烈度不及长安、华州、秦州时期，但除了既往指向而外，也增加了一些新的牢骚支点。

最为突出的表现，在于怨叹客愁和迟暮。杜甫在草堂期间，年届四十九岁至五十四岁，仍然漂泊他乡，却已日渐迟暮，难以排遣的落寞和惆怅时不时地涌上心头，发至笔端。《可惜》诗谓："花飞有底急？老去怨春迟。可惜欢娱地，都非少壮时。宽心应是酒，遣心莫过诗。此意陶潜解，吾生后汝期。"见花飞急而怨人易老，诗题与诗句都紧扣住"可惜"二字，便凸显出迟暮之叹。《散愁二首》诗谓"久客宜旋旆，兴王未息戈"，"老魂招不得，归路恐长迷"，即将怨叹客愁与怨叹迟暮合在了一起。那样纠结不清的双重怨叹，在《绝句漫兴九首》里抒发得格外淋漓尽致。一组九首诗，统由"眼见客愁愁不醒"领起，次第怨"无赖春色到江亭"，怨"恰似春风相欺得"，怨燕子"衔泥点污琴书内，更接飞虫打着人"，怨桃柳"颠狂柳絮随风舞，轻薄桃花逐水流"，表象上都在怨春色恼人，实际上都是怨世相纷繁，由不得人，进而恐惧于时光耗尽，生命早衰。第四首所谓"渐老逢春能几回"，第八首所谓"人生几何春已夏"，透露出了真实消息。至于"莫思身外无穷事，且尽生前有限杯"两句，更是画龙点睛之笔，集中传递出了他对漂泊他乡、日近迟暮的无奈和悲凉。

如此这般的无奈和悲凉，似乎与生存牢骚根本就搭不上界，其实跟屈原《离骚》"汩余若将弗及兮，恐年岁之不吾与"简直就别无二致。因为是世相纷繁，由不得他遂心逞志，才导致了他时光耗尽和生命早衰，怨春色、怨春风、怨燕子、怨桃柳无一不是在怨世相。而且其怨之所由，并不限于眼前人和身边事，还伸及于更广时空，更高层面。宝应元年（762年）秋在梓州写的《客亭》诗谓"圣朝无弃物，老病已成翁"，即将"老病"与"圣朝"直截了当挂上钩，牢骚终极异常明显。次年仍在梓州写的《九日》诗谓"世乱郁郁久为客，路难悠悠常傍人"，则点出了客愁源头就在"世乱"。广德二年（764年）三月由梓州返还成都，先后写了《将赴成都草堂，途中有作，先寄严郑公五首》和《草堂》等诗，前者有句"三年奔走空皮骨，信有人间行路难"，后者有句"天下尚未宁，健儿胜腐儒"，"于时见疣赘，骨髓幸未枯"，无一不是把身世遭际与"人间""天下"、时势捆在一起，足见他是愈见衰老愈活得明白，生存牢骚也愈来愈超越现象，指向本原。

大历二年（767年）冬，杜甫在夔州（今重庆奉节），作诗《写怀二首》以浇胸中块垒。其一首先概说："劳生共乾坤，何处异风俗？冉冉自趋竞，行行见羁束。无贵贱不悲，无富贫亦足。万古一骸骨，邻家递歌哭。"他似乎已提升到哲学层面，看透了社会历史进程中的普泛世相，对趋竞与羁束、富贵与贫贱、生死与荣枯都淡然置之。继而专说自己："鄙夫到巫峡，三岁如转烛。全命甘留滞,忘情任荣辱。朝班及暮齿,日给还脱粟。编蓬石城东,采药山北谷。用心霜雪间,不必条蔓绿。非关故安排,曾是顺幽独。"其间概述的,尽是客居夔州的实情,字里行间反映出了随遇而安,生命忘情,恍若已经安于改奉老庄之道。实则不尽然,"非关"两句就在说反话;他真要表达的是,他已经厌倦了"劳生共乾坤"的那一切世相常规,所以"故安排"如是"顺幽独",让自己暮年能任情任性。由此引出结句:"达士如弦直,小人似钩曲。曲直吾不知,负暄候樵牧。"由专说重返概说,更进一步用反话形式发泄牢骚,表明他对那些世相恨到了头,决不做"似钩曲"的"小人",而要做"如弦直"的"达士"。狂直本性,暮年尤烈。

这一首诗里,用到了一个"顺"字,置诸全部杜诗堪称十分罕见。"顺"的本义是顺从,《诗·鲁颂·泮水》所谓"顺彼长道,屈此群丑"即显其义,通常与"逆"相对。按汉儒、宋儒改造过的儒教传统,在家必讲孝顺,在国必讲忠顺,家国同构与忠孝同伦合二为一,"顺"就成了一条基本行为准则,只是其是,不非其非。然而,正是这个"顺"被推到极端,千百年来竟变成了专制礼法的一条锁链,将人的个体和个性禁锢在尊卑有序、贵贱有等的礼伦秩序中。戴震《孟子字义疏证》戳穿了"顺"的负面性:"尊者以理责卑,长者以理责幼,贵者以理责贱,虽失,谓之顺。卑者、幼者、贱者以理争之,虽得,谓之逆。"谭嗣同《仁学》也指出,这种负面属性旨在服务于"上以制其下,而不能不奉之"。任其浸染的必然恶果,见于国民性,便呈现为主奴根性,但凡卑、幼、贱者必视尊、长、贵者为主,必视己身为奴,进而又视卑于己、幼于己、贱于己者为奴,全然没有自由思想和独立人格。杜甫的"顺"却是反其道而行,顺的"幽独"实指个人性情,因而标显特立独行。

特立独行与"奉儒守官"并不相悖,杜甫奉儒主要是尊重和传扬儒家思想的优秀传统,而非无所扬弃地照单全收。能做到这一点,在他那个时代,应该确认为颇了不起。时事愤激和生存牢骚两种取向,都反映出他具备了特立独行的社会人生价值观念,也与他的清狂秉性密不可分。价值观念如人生之魂,清狂秉性如人生之骨,魂与骨和合无间,便有了特立独行。与时事愤激比较,生存牢骚乃是特立独行的垫脚基础。任何一个人,设若处在他那种时代,长期地、大量地、反复地、被迫地遭受社会异常导致的损伤和磨难,却不敢发泄半点牢骚,那么其人格必定扭曲了,其人性必定奴化了,麻木不仁便是他们的历史写真。所以要认识杜甫,要理解杜甫,要传扬杜甫,对他的生存牢骚决不可以淡然处之,漠然置之。

"宽心应是酒,遣兴莫过诗"的诗酒任性

世间万物,与诗相联系最为密切的,莫过于酒。酒,直接关联着诗人性情,进而影响到诗兴和诗作。酒和饮酒行为本身,也是诗的吟咏对象。历朝历代的著名诗人,即便不能说百分之百,起码也是相当多,都有咏酒的诗篇。愈是性狂,愈爱饮酒,愈将饮酒诗写得风生水起,酒香四溢,似乎成了中华诗史历久弥新的一个特征。

早在《诗经》里,就有不少咏酒的作品。如《周南·卷耳》,反复咏叹"我姑酌彼金罍,维以不永怀","我姑酌彼兕觥,维以不永伤",借以表达一个女子对于远行在外的丈夫的无尽的思念,借酒浇愁的旨向给万世定了调。如《小雅·瓠叶》,不避复沓地再三歌唱"君子有酒,酌言尝之","君子有酒,酌言献之","君子有酒,酌言酢之",反映的是上古时期酒宴场合的饮酒礼仪,但引而伸之,也证明了自兹以降,酒一直是友朋交往的情意媒介。《小雅·鹿鸣》中,"我有旨酒,嘉宾式燕以敖",表现出友朋饮宴还可以相邀遨游;"我有旨酒,以燕乐嘉宾之心",表现出友朋饮宴的和乐境界在于大家一起逸乐尽兴。这些酒文化元素都已穿越时空,传承百代。

酒文化传统首在重酒德。孟郊曾以《酒德》为题写过一诗："酒是古明镜,辗开小人心。醉见异举止,醉闻异声音。酒功多如此,酒屈亦以深。罪人免罪酒,如此可为箴。"起首两句喻酒为明镜,足以照见人的真性情和真品格,只要不绝对化,的确可以视作一条人生至理。尤其在喝醉以后,行为举止与平常不一样了,说话声音与平常不一样了,平常遮掩着的真性情和真品格就更容易暴露出来,三、四两句便揭示出这一事理。五、六两句进一层,指出酒的功劳在这里,酒的委屈也在这里。所谓"酒屈"指的是,一些人酒醉后现真相,往往责怪酒会乱性。孟郊不赞成这类指责,因而在诗的结尾说"罪人免罪酒",并且强调"如此可为箴"。

杜甫一生爱饮酒,而且十分重酒德,这从《饮中八仙歌》即能充分显出来。因为但凡一个人,结交什么样的人为友,尊重什么样的友成挚,通常能反证他本人是什么样的人。尤其因为"酒是古明镜",不仅能"辗开小人心",而且能辗开君子心,让小人和君子无所例外地"醉见异举止,醉闻异声音",其真性情和真品格都在相当程度上不自觉地暴露出来,如俗话所谓"酒品见人品",结交什么样的酒友,尊重什么样的酒友,就更能照出他本人是什么样的人。

《饮中八仙歌》作于天宝五年(746年),杜甫结束北游后初到长安,时年三十五岁。诗中所歌的"饮中八仙"里面,苏晋已于开元二十二年(734年)与世长辞,贺知章也于天宝三年(744年)仙逝,李白则于同年已离开长安,其余五人并不一定都与杜甫一起饮过酒。很可能,杜甫是倾慕他们的酒德,认定他们的酒德同自己的酒德十分合拍,因而将他们合在一起尊为"饮中八仙"。仙者,非凡之人也,无论结交过的或未曾结交过的饮酒场上非凡之人,他全都当作精神上的同杯酒友。

其一为贺知章:"知章骑马似乘船,眼花落井水底眠。"贺知章其人,比杜甫年长五十三岁,天宝三年告老还乡,离开长安不久即仙逝,显然杜甫未见过他。但贺知章少时即诗文知名,武后证圣元年(695年)中状元后历任

"狂夫" 杜甫

四门博士、太常博士、礼部侍郎、秘书监、太子宾客等职,在盛唐前期影响甚大。更兼其为人旷达不羁,素有"清淡风流"的美誉,初一见李白便呼"谪仙人",解下所佩金龟与之换酒畅饮。晚年尤为狂放,自号"四明狂客"。对于这样一位老前辈,杜甫情不自禁地仰慕不已,两句诗极力想象其醉态。前一句状其神,醉酒后骑在马上,像乘船似的摇来晃去。后一句状其趣,醉眼迷兮的,只怕是掉到井底也会酣睡不醒。七老八十的人了,还如斯醉中自得,醉后忘躯,率真和狂放真超凡脱俗,所以杜甫心向往之,唯恐不至。

其二为李琎:"汝阳三斗始朝天,道逢曲车口流涎,恨不移封向酒泉。"李琎其人贵为李唐皇室"太子党",其父李宪曾让三弟李隆基做了皇帝(即唐玄宗),史称"让皇帝",他也受封特进汝阳王。但他"不挟贵"(《集注》引王诛语),敦孝义,简嬉游,能放下身段结交文朋酒友,与贺知章有诗酒之交,也曾善待过杜甫。杜甫作《赠特进汝阳王二十二韵》,曾经赞其"朝退若无凭"。这里第一句,说他要饮酒三斗才上朝去拜见天子,一下子就点出了好酒量。二、三句写他酒兴大得出奇,路逢酒车便口水长流,恨不得将自己的封地移到酒泉去。酒泉在今甘肃境内,自汉即为郡名;据《元和郡县志》说,"以城下有泉,其味如酒,故名酒泉"。杜甫将他列第二,敬重的就是他不挟贵而骄,洒脱狂放,嗜酒如命。

其三为李适之:"左相日兴费万钱,饮如长鲸吸百川,衔杯乐圣称避贤。"其人也是一个"太子党"成员,祖父李承乾曾封恒王。他本人,天宝元年(742年)代牛仙客为左相,累封清和县公;后受李林甫排挤,于天宝五年(746年)被罢相。他有诗称:"避贤初罢相,乐圣且衔杯。为问门前客,今朝几个来?"其间所谓"避贤""乐圣"均系于酒,典出《三国志·徐邈传》:"平日醉客谓酒清者为'圣人',浊者为'贤人'。"李白《月下独酌》诗谓"已闻清比圣,复道浊如贤",亦用此典。这里杜甫直取李适之诗意,实为赞他罢相不罢相都纵酒如一,豪爽如一。更用"长鲸吸百川"设喻,彰显出李适之的豪饮之态。

其四为崔宗之："宗之潇洒美少年,举觞白眼望青天,皎如玉树临风前。"其人为齐国公崔日用之子,袭封齐国公,曾官至侍御史。但他为人正直豁达,无拘无束,因而与官场流俗不合,终究被贬官。他与李白诗酒唱和,曾自采石一同乘舟往金陵,两人都顾盼笑傲,旁若无人。崔宗之还与阮籍相似,愤世嫉俗,常以白眼对待庸俗人。杜甫不一定见过崔宗之,很可能是听李白说过,就记住了崔宗之的潇洒风度、少年美质和白眼特色,因而引以为饮中仙之一。

其五为苏晋："苏晋长斋绣佛前,醉中往往爱逃禅。"其人属于另一类豪饮之士。他少能属文,曾作《八卦论》,被吏部侍郎房颖叔、秘书少监王绍宗大为赞赏,称誉有如王粲复出。弱冠之年,即举进士,历任户、吏两部侍郎。主持吏部选事时,能慧眼识人,"独多赏拔"。但他仕途如此顺畅,却选择了皈依佛门,吃长斋。唯有饮酒一项,他会对佛门清规戒律不管不顾,宁肯"逃禅"也要享受那醉酒之乐。他与世长辞那年,杜甫才二十三岁,正在漫游吴越。这两句诗十有八九是听传闻后,心有所感而敬之慕之,特对苏晋逃禅觅醉加以张扬。

其六就轮到挚友李白了："李白一斗诗百篇,长安市上酒家眠。天子呼来不上船,自称臣是酒中仙。"一两年之前,杜甫与李白多次一起"痛饮狂歌",这里就不重述李白的酒量和酒兴之类了。切入角度一换,先用"斗酒诗百篇",极状酒兴助诗兴,如何激发诗思如潮,诗作迭出。再用"市上酒家眠",夸饰李白的狂放不羁,烂醉如泥。然后还以传说加势,用无视天子召唤,极显李白诗酒任性的狂放本质,豪情万丈。不难看出,在杜甫心目中,饮中八仙当以李白为魁。

其七转到张旭："张旭三杯草圣传,脱帽露顶王公前,挥毫落纸如云烟。"其人为书法名家,出于二王、张芝一路,发展成为变幻莫测的狂草,世称"草圣"。其为人洒脱不羁,豁达大度,卓尔不群,才情横溢,诗与贺知章、张若虚、包融并称为"吴中四士",草书则与李白诗歌、裴旻剑舞并称"三绝"。传说他时常喝得大醉，呼叫狂走，然后挥毫书写，甚至于脱帽露顶，用头发蘸墨书写，故又被称为"张颠"。杜甫对张旭十分推崇，后来还有《杨监见示张旭草书图》写到"斯人云已亡，草圣秘难得"，表现出了缅怀和追悼。这里的三句诗，直接写李白的四句诗，又活画出另外一位极富个性、极有成就的饮中之仙。

最后一位焦遂，与前面七位都不一样，纯粹是一个布衣之士。袁郊《甘泽谣》提到，"陶岘开元中家于昆山，自剩三舟，有前进士孟彦深、孟去卿，布衣焦遂，共载游山水"。其中孟去卿为杜甫诗友，因而有可能，杜甫也与焦遂交游过。这里特地写道："焦遂五斗方卓然，高谈雄辩惊四筵。"前一句凸显其人酒量极大，后一句紧继"卓然"而来，突出了焦遂酒后方才高谈雄辩，但一开口便语惊四座的非凡之处。

杜甫所歌的饮中八仙，年龄不一，地位悬殊，特长和成就有别，但全部属于性格狂放、品质卓荦、才情高绝的不凡之人，并由豪饮而联在一起。全诗和住了一个"仙"字，将他们所共有，而又各具特色的醉态和狂态，活灵活现地勾勒了出来。醉态和狂态，表面上是饮中的"仙气"，骨子里是醉后的"真性"，亦即酒德和人格。一如苏晋的"以禅避世，以醉逃禅"，他们的嗜酒醉饮并非全是欢快愉悦，骨子里大都有隐忧在，有激愤在。"对酒当歌，人生几何？譬如朝露，去日苦多。慨当以慷，忧思难忘。何以解忧？唯有杜康！"曹操《短歌行》表达的情志，隔代传承，也正是饮中八仙共同秉有的情志。

这样的情志相通，并不仅限于汉末曹操与盛唐饮中八仙几个人，乃至于个别嗜酒的群体之间，而是导源于中华诗史上诗酒结缘的传统性雄风。这股雄风虽盛于唐代，却始于魏晋。正是由曹操的《短歌行》肇端，经曹植的《白马篇》和《名都篇》，由"建安七子"到"竹林七贤"，然后再到陶潜，逐渐凝聚并成就了借酒逞性、诗酒傲世的醺然意气和伟岸豪情，积代加强，相沿成风。其间，阮籍的放诞傲世，陶潜的高逸蔑世，分别引生出狂而奔放、狂

166

而蕴藉两大支流，形异质同，激荡不息。讲"魏晋风骨"，这一般雄风也是一个重要涵构。传至唐代，从令狐德棻《冬日宴于庶子宅各赋一字得趣》的"放旷山水情，留连文酒趣"，王勃《赠李十四》的"平生诗与酒，自得会仙家"，到高适《同河南李少尹毕员外宅夜饮时洛阳告捷遂作春酒歌》的"故人美酒胜浊醪，故人清词合风骚"，白居易《对酒》的"相逢且莫推辞醉，听唱阳关第四声"，一直都诗酒和合，雄风浩荡。而盛唐正是这一雄风最劲健时期。

李白自然是盛唐诗酒任性雄风的突出代表，杜甫同样是盛唐诗酒任性雄风的突出代表。有人大致清点过，在李杜传世的诗作中，李白用到"酒"字凡239次，杜甫用到"酒"字凡181次，从这个数量看可以认定两人大致在伯仲之间。仅止涉"酒"数量在伯仲之间就自罢了，更关键的是，至迟在《饮中八仙歌》以前，他俩的诗酒情愫还近乎相契若一。正如杜甫笔下的饮中八仙那样，那时的杜甫，诗作也充满浪漫情调，纵酒、醉酒不过是他们对现实的一种叛逆。从开元末年到天宝初年，朝政日趋腐败，社会日趋秒乱，花团锦簇的繁华外表，遮蔽不住脓肿糜烂的溃败内躯。他们本欲有所作为，却又难以有所作为，惆怅和失意只好借酒来消解。酒性狂，人性也狂，发而为诗必然就同归狂纵，狂纵也因为成为诗酒任性的标志。杜甫特地作《饮中八仙歌》，反映出他对诗酒任性的自觉认同。

与李白不同的是，《饮中八仙歌》之后一两年间，杜甫在长安就身陷困穷。既生计困穷，又仕途困穷，双重困穷叠加在一起，将他打入了社会底层，再像先前如《夜宴左氏庄》那样"检书烧烛短，看剑引杯长"，如《赠李白》那样"痛饮狂歌空度日，飞扬跋扈为谁雄"，业已可忆而不可求。代之而来的是如《乐游园歌》所述："却忆年年人醉时，只今未醉已先悲。数茎白发那抛得？百罚深杯亦不辞。圣朝已知贱士丑，一物自荷皇天慈。此身饮罢无归处，独立苍茫自咏诗。"无力抗拒的挫折，无法排遣的悲伤，逐渐使杜甫再也不能固持浪漫的自乐。严酷的现实教育了他，改造了他，使他的醉眼不

"狂夫"杜甫

再总是一片朦胧,而是愈来愈多了醺犹清醒,既富情致,又富理智。整个诗风渐次转向现实主义,诗酒任性也不例外。

这样的转进有一个过程。《夏日李公见访》写道:"远林暑气薄,公子过我游。贫居类村坞,僻近城南楼。旁舍颇淳朴,所须亦易求。隔屋唤西家,借问有酒否?墙头过浊醪,展席俯长流……预恐樽中尽,更起为君谋。"诗约写于天宝十一年(752年)前后,当时杜甫住在长安城南贫民区,贫居一似乡村土堡。"公子"叫李炎,为太子家令,是一个正七品下的小官。朋友来了,不能无酒,杜甫只能"唤西家"借,说明他已一贫如洗了。值得注意的是"旁舍颇淳朴,所须亦易求",与那些"乡里儿童项领成,朝廷故旧礼数绝"(《投简咸华两县诸子》)迥然相异,让杜甫体验到了贫民之交,远胜官场。能"隔屋"随时借酒,更说明他与"贫居"近邻已经融洽相处,这在他的生命历程中应该说是一个新常态,后来的诗里还时有所见。"墙头过浊醪,展席俯长流",安贫乐酒,轻松自在,也替代了昔日那种"痛饮狂歌""飞扬跋扈"。唯有结尾两句,生怕借来的酒喝完了还不尽兴,早早就要"为君"另"谋"借酒的门道,仍一如既往葆有至诚和豪爽。这首诗狂而蕴藉的诗酒基调,也反映杜甫诗风在变了。

但主基调仍然在于狂而奔放,《醉时歌》便相当典型。这首诗作于天宝十四年(757年)春,通篇充溢着戏谑嘲笑,直接对象是诗友郑虔和杜甫本人。《新唐书·郑虔传》说:"玄宗爱虔才,更为置广文馆,以虔为博士。"广文馆属国子监,天宝九年(750年)七月设置后,因雨倒塌也无人修,郑虔只好搬去国子监,所以杜甫称之"广文先生官独冷"。郑虔比杜甫年长二十岁左右,彼此间却性情相同,建立起了忘年之交,"时赵郑老同襟期"即显示出交之厚。尽管郑虔"德尊一代常坎轲",加上"杜陵野老人更嗤",相互"痛饮"却是情真意长,超凡脱俗——

> 得钱即相觅,沽酒不复疑。
> 忘形到尔汝,痛饮真吾师。

"得钱"两句,指的是二人相互间。那些岁月里,"广文先生饭不足",杜甫则靠"日籴太仓五升米"聊以糊口,囊空如洗都是生存的常态。然而,无论哪一个有了点钱,必是毫不迟疑地邀约对方,沽酒同饮。据杜甫《戏赠郑广文兼示苏司业》一诗称"赖有苏司业,时时乞酒钱",那所得的钱,还可能是向别的朋友告借而来,或者是靠别的朋友资助而来,总而言之殊为不易。殊为不易却如此大方,足见二人确实"同襟期",真率旷达,肝胆相照。特别是一旦相聚同饮,就不分长少,不拘形迹,彼此之间你来我去,更臻至于"忘形"境界。这种情谊历来叫作"尔汝之交",出自《文士传》谓"祢衡与孔融为尔汝之交,时衡年二十余,融年五十",杜甫与郑虔真如祢衡与孔融再世,甚或有过之而无不及。所谓"痛饮真吾师"亦是醉时狂语,相互称赏。后续诗句"但觉高歌有鬼神,焉知饿死填沟壑""不须闻此意惨怆,生前相聚且衔杯",就更恣肆地将他俩的狂放任性渲染到极致。

究其实,杜甫前并不是缘自久困长安,与郑虔同怀襟期,方才如此诗酒任性的。早在北游时期,他与李白、高适交往,便如后来《遣怀》所写"忆与高李辈,论交入酒垆"过了。"自齐赵西归,至咸阳作"的《今夕行》一诗,还曾自我描画过参与博塞的狂态:"咸阳客舍一事无,相与博塞为欢娱。凭陵大叫呼五白,袒跣不肯成枭卢。"从中反映出,杜甫狂放不羁成性,并不仅限于醉时为然。未醉尚且凭陵大叫,旁若无人,醉时迸发出那样的歌,甚而直呼"儒术于我何有哉,孔丘盗跖俱尘埃",丝毫不足为怪。同样的道理,《官定后戏赠》自嘲性调侃"耽酒须微禄,狂歌托圣朝"也毫不足怪。要之,《自京赴奉先县咏怀五百字》所谓"沉饮聊自遣,放歌破愁绝",就是杜甫诗酒结缘的根本原因。

"麻鞋见天子,衣袖露两肘。"至德二年(757年)四月杜甫逃出长安,赶到凤翔,谒见唐肃宗,重任左拾遗后作《述怀》一诗,依旧不忘自明心迹:"汉运初中兴,生平老耽酒。沉思欢会处,恐作穷独叟。"所谓"耽酒",就是嗜酒。值得留心的是,大致上自兹伊始,他的因酒作诗、借酒抒怀增添了现实

"狂夫" 杜甫

"沉思"成分,除继续保持与朋友的纵酒论交之外,还延伸扩展到了诗系家室,诗系邻里,诗系平民,诗系民间。同年作的《羌村三首》,便开通了四个"诗系"。如其二所写的:"赖知禾黍收,已觉糟床注。如今足斟酌,且用慰迟暮。"就以预料有酒足饮的强慰之辞,曲折地表达出了"还家少欢趣","抚事煎百虑"。如其三所写的:"莫辞酒味薄,黍地无人耕""请为父老歌,艰难愧深情"。则用感喟携酒慰问的愧怍之语,诚挚地传达出了同期所作《北征》里的"乾坤含疮痍,忧虞何时毕"。更深沉,也更煎熬,唯有"歌罢仰天叹"还见狂直之态。后来在成都期间,在夔州期间,这一类诗时有所见,只不过心境更多姿罢了。

乾元元年(758年)春、夏,杜甫在长安任左拾遗,虽身有谏职,却素志难伸,发牢骚的诗经常离不开酒。《曲江二首》之一有句"且看欲尽花经眼,莫厌伤多酒入唇",就是借埋怨过多饮酒而慨叹"一片花飞减却春,风飘万点正愁人"。之二有句"朝回日日典春衣,每日江头尽醉归",更由靠典当春衣,买醉浇愁,引出了"酒债寻常行处有,人生七十古来稀"的大恶绪和大悲哀。《曲江对酒》尤其悲愤:"纵饮久判人共弃,懒朝真与世相违。吏情更觉沧州远,老大徒伤未拂衣。"《曲江对雨》也提出了"何时诏此金钱会,暂醉佳人锦瑟旁"。《因许八奉寄江宁旻上人》诗谓"问君话我为官在,头白昏昏只醉眠",《送李校书二十六韵》诗谓"临歧意颇切,对酒不能喫",《题郑十八著作丈故居》诗谓"酒酣懒舞谁相拽,诗罢能吟不复听",《酬孟云卿》诗谓"但恐天河落,宁辞酒盏空"等等,无一不是愁肠百结,寄慨遥深。《偪侧行赠毕曜》诗结尾歌呼:"街头酒价常苦贵,方外酒徒稀醉眠。速宜相就饮一斗,恰有三百青铜钱。"恍若重见昔日与郑虔"得钱即相觅,沽酒不复疑"的其情其境,但稍作品味便能发现,其间陡增了多少悲凉,世道沧桑莫测浸透字里行间。

当年六月杜甫被贬为华州司功参军,次年春作的《赠卫八处士》一诗,沧桑之感更浓烈,"人生不相见,动如参与商",杜甫与卫八处士天各一方,居然有二十年倏忽逝去了。"少壮能几时"之叹,"鬓发各已苍"之状,更加"访旧半为鬼",能不"惊呼热中肠"? 想不到"昔别君未婚",如今却"儿女忽成行",惊呼的同时又继以惊喜。卫家儿女"敬父执""罗酒浆",诗句一扫既往愁云,如纪实般逐一叙出"夜雨剪春韭,新炊间黄粱",旧友重逢,如何畅饮——

> 主称会面难,一举累十觞。
> 十觞亦不醉,感子故意长。
> 明日隔山岳,世事两茫茫!

别时容易"会面难",做主人的卫八处士不断劝酒,有多少话语述犹难尽,尽融入了"一举累十觞"的多情行为中。"十觞亦不醉"兼说主客,表现出了备极欢娱,然后再单说为客感激。"故意"的"故"亦即"故交"的故,"故意长"盛赞老朋友情深谊长,有如醇酒经久愈醇。这样的人间真情至谊,对杜甫而言,的确是多年未领略过了,与所谓"朝廷故旧"简直是判若云泥。然而他明白,今夜欢聚后,明日又要别离,山岳又将阻隔,少壮不再、鬓发已苍的两个故友很难说还有再一度的重见之缘。彼此命运如何,谁都无从预测。"世事"涵盖了社会宁乱和个人生死两个方面,都茫茫一片,难以捉摸,于是由感激转入感伤,全诗至此戛然而止。一觞一个味的酒,一句一层意的诗,酒味和诗意融合在一起,在杜甫的咏酒诗中别具一格。千百年以降,这样的诗酒意味业已不单属于他和卫八处士,而是还具备了普适性的社会人生感悟价值。

只不过,杜甫在华州将近一年,这样的诗并不多见。仅止《路逢襄阳杨少府入城,戏呈杨四员外馆》一首当中,有句"兼将老藤杖,扶汝醉初醒",略透出些朋友间的戏谑雅兴。而《遣兴三首》之三即写道:"回首载酒地,岂无一日还。丈夫贵壮健,惨戚非朱颜。"直接用了"惨戚"二字,即将他仕途上更失意,生计上更窘迫,并且人生地不熟,借酒浇愁愁更愁的心境十分精准地揭示出来。而《赠高式颜》诗谓"自失论文友,空知卖酒垆",则点明了所以惨戚的主要原因——由于论文失友,竟至见酒少兴。

到了秦州就更惨戚。从乾元二年(759年)七月弃官,携家往秦州,到十月再往同谷,然后十二月南下成都,合计不过五个月,却是杜甫一生处境最为凄惶,生活最为艰辛的一段日子。从《遣兴三首》到《发同谷县》,他作诗130余首,诗中涉酒的居然屈指可数,其先其后都不存在如此反常的诡异现象,足可以反证其生活凄惶和艰辛。而且其间还有一诗题作《空囊》——

> 翠柏苦犹食,晨霞高可餐。
> 世人共鲁莽,吾道属艰难。
> 不爨井晨冻,无衣床夜寒。
> 囊空恐羞涩,留得一钱看。

起始两句食柏餐霞,似如道家境界,实喻精神状态,即便囊空如洗了,犹不为贫困所屈。三、四两句对比"世人"和"吾道",点出了囊空之故,在于不肯随俗俯仰,同流合污。五、六两句转为实写,无米故不举火,无衣难以御寒。结尾两句形似轻松幽默,质却深沉苦涩,一个"看"字,无穷意味。"看"音kān,看守、守护的意思。只留得一个小钱守护钱袋,因为一个小钱既买不到米,也买不到酒,只好也只能那样子了。一掬辛酸泪,尽在"一钱看"。《空囊》也可以视作一首无酒咏酒诗,千秋奇韵,千古悲风。

如斯悲风,直至杜甫一家卜居成都草堂将及半年后,方才渐为自在饮酒、自由吟诗所代替。上元元年(760年)秋所作的《泛溪》,以浣花溪为背景,描绘出了焕然一新的诗酒怡乐。泛舟浣花溪,诗人看见了:"童戏左右岸,罟弋毕提携。翻倒荷芰乱,指挥径路迷。得鱼已割鳞,采藕不洗泥。人情逐鲜美,物贱事已睽。"既往十几年困处长安,流离于长安、鄜州、凤翔、华州、秦州、同谷,从未领略过天府之国的田园之乐,杜甫自然会情不自禁地诗兴大发,酒兴大发。返棹回舟,登岸归家,一气吟出了四句夜酌诗:"衣上见新月,霜中登故畦。浊醪自初熟,东城多鼓鼙。"清新爽气,扑面而来。

杜甫绝不会满足于夜酌,《江畔独步寻花七绝句》组诗,即宣示出另一种气象。《杜臆》说,这组诗为"竹枝变调,而'颠狂'二字乃七首之纲。觅酒伴而不值,所以独步寻花也。"指认为"竹枝变调"未必符实(当时的杜甫尚未接触三峡竹枝词,民歌竹枝词也尚未演变成文人竹枝词),只看"江畔独步寻花"一条,就足以观照自由自在的诗酒逸兴了。特别令人惊讶的是,七首七绝合成这组诗,公然有四首即景生情,写到了酒。与华州、同谷期间130多首诗中酒踪难觅相比较,反差之强烈,岂是三言两语所能说得清楚? 要之,诗酒人生也要受基本生计制约,苦涩到了挖黄独、拾橡实而不可得的地步,与酒绝缘势在必然,这是另一种极独特的来源于生活。也正因为反差强烈,一旦有了随兴饮酒的条件,不时会颠狂也势在必然。

其第一首写道:"江上被花恼不彻,无处告诉只颠狂。走觅南邻爱酒伴,经旬出饮独空床。"第一句的"恼",字义为撩、撩拨、招惹的意思;"彻"字为尽,无尽无休的意思。春色烂漫,繁花迷眼,杜甫自己被撩拨得兴致盎然,无尽无休。独乐为乐,还是与人同乐为乐? 作为一个性情中人,他激情难按选择了后者,意图觅人告之。殊不知无处可告,竟使他"独步寻花",自个儿处于爱花不已的颠狂状态。三、四句补写出了"无处告诉"之由,同时透露出欲告之旨在于觅伴饮酒赏花,"走觅南邻爱酒伴"之情境恍若在目前。无奈"觅酒伴而不值",只好独步继续寻花,其后六首诗均由此生发。

其第二首写道:"稠花乱蕊裹江滨,行步欹危实怕春。诗酒尚堪驱使在,未须料理白头人。"这是抒写杜甫个人的江畔独步寻花的心态。"裹江滨"的"裹"字义为包夹,用在这里形容繁花夹拥江岸。"行步欹危"则形容步履踉跄,那一年杜甫五十岁了,腿脚不便,确是实情。"实怕春"的"怕"说的

"狂夫" 杜甫

是反话，意思是不怕春色恼人，纵然"行步欹危"也要坚持着独步寻花。第三句表明心意尽在诗酒，身体"尚堪驱使"，为了吟诗饮酒就指定无须怕春，第四句"未须料理"实即为无须乎怕。这就是所谓"颠狂"的心态，也是他的诗酒任性的内驱力。

其第三首写道："江深竹静两三家，多事红花映白花。报答春光知有处，应须美酒送生涯。"第一句"江深"的"深"，在这里不是深浅的深，而是用隐藏义，特指江流隐蔽幽深处，正与"竹静"相映相衬。其处仅有两三家人，足见幽深。而杜甫不辞"行步欹危"，居然独步至如斯幽深之处，尤其显出颠狂之兴。第二句"多事"领起，似在嗔怪"红花映白花"，实为拟人化手法，盛赞江流隐蔽幽深之处犹有如此恼人的花讯花意，兴致之奇出人意表。由兴而激生出三、四句，"报答春光"与"应须美酒"融合于一，杜甫简直是忘形其间了。

其第四首写道："东望少城花满烟，百花高楼更可怜。谁能载酒开金盏，唤取佳人舞绣筵?"从"东望"可知，这首诗是接独步寻花实际踪迹，由西之"江深"处而掉头回望了。成都有少城，在皇城以西，汉唐之际辟为市廛（近世犹有少城公园），如左思《蜀都赋》所写："亚以少城，接乎其西，市廛所舍，贾商之渊。"远望并不能真望见花，充其量可以望见烟云缭绕，"花满烟"无非想象和意向。百花潭在少城以西，杜甫意欲由西向东一直独步寻花到百花潭去，故继之以"百花高楼更可怜"，由三、四两句不难看出，循此意向一路行去，"更可怜"的不仅有花，还须有酒，他想象着到了那里终能寻得一起纵酒赏花的朋友。

后面三首诗虽然不再沾连酒字，但杜甫当时那种诗酒任性，仍旧隐约可见一贯到底。第五首"黄师塔前"的"桃花一簇开无主，可爱深红爱浅红"，第六首"黄四娘家"的"留连戏蝶时时舞，自在娇莺恰恰啼"，无不表现出他对于春光骀荡、花色恼人的由衷喜悦和任性放旷，虽未醉于酒，却已醉于春。第七首结之于："不是爱花即欲死，只恐花尽老相催。繁枝容易纷纷

174

落,嫩蕊商量细细开。"由前之"怕春"反说,到此之"恐花"正说,兴余的感慨意味特深长。联系到《绝句漫兴九首》所写的:"二月已破三月来,渐老逢春能几回? 莫思身外无穷事,且尽生前有限杯。"容当不难发现,五十岁的杜甫颠狂之际尽能不怕春,冷静下来终究会恐花,颇有似屈原那样"恐年岁之不吾与"。这样的恐惧先前便有了,但先前尚未经历在华州,特别是在同谷几乎冻馁而死的生死磨难,因而还不是既恐穷极早死,又恋脆弱今生。而如今却甚不一样了,"繁枝"和"嫩蕊"两句明里写花,暗里写人,花命如人,人命如花,复合性的生命意识非但空前强烈,而且异常厚重。像爱春、爱花那样爱诗、爱酒,已然成为从兹往后诗酒任性的内驱原质。

正如这组诗是由寻觅酒伴作为缘起一样,杜甫从兹往后的好多咏酒诗作,都与酒伴密不可分。尤其这期间,也与昔年与李白、郑虔、卫八处士等挚友们结伴饮酒甚不一样,他所觅得的酒伴已突破了他所属的社会阶层,非但仍然有能结交的文士和官员,而且增添了相结邻的农夫和渔人。成为酒伴的农夫和渔人,与先前在羌村的邻居父老相较,身份和地位虽然相通,结伴饮酒的临时性和随时性、礼节性和亲昵性却有别了。因此,相关的诗作所反映的,乃是杜甫渐次融入底层民众的生命取向,置诸他的诗酒任性当属一项崭新内容。

杜甫在成都有一首七律题作《客至》,有自注"喜崔明府相过",标明是为接待一位姓崔的县令写的。但八句诗所涉的话题,却超越了特定的主客之间,广泛触及了上述两个层面——

舍南舍北皆春水,但见群鸥日日来。

花径不曾缘客扫,蓬门今始为君开。

盘餐市远无兼味,樽酒家贫只旧醅。

肯与邻翁相对饮,隔篱呼取尽余杯。

"狂夫"杜甫

仇注引黄生说:"上四客至,有空谷足音之喜。下四留客,见村家真率之情。前借鸥鸟引端,后将邻翁陪结。一时宾主忘机,亦可见矣。"其说颇中肯綮,可惜未能尽意。关键在下四,如何"见村家真率之情",如何"将邻翁陪结",未能将诗中真蕴揭示无余。

五、六两句的所谓"村家",确指自当是诗人杜甫。这是杜甫对崔县令告歉的话。"兼味"犹言荤素配搭的多重味道,"无兼味"就是只有一二家常素菜。盘中餐如此,盖因集市远,来不及去购买荤食——与下一句"家贫"互文,也未必买得起——这是一重真率。至于樽中酒,更直言"家贫",只有"旧醅"相待,又是一重真率。"醅"音pēi,指未滤的酒,亦即浊酒。中国传统工艺的白酒,元代才由蒸馏制作出来的,其先都是发酵制作,过滤了的称清酒,未过滤的称浊酒。由于是发酵制作,新醅味道正好喝,旧醅则容易变味变质,即或未变质也相对欠醇难喝。后来白居易《问刘十九》诗有句"绿蚁新醅酒,红泥小火炉",可证待客宜用新醅,避用旧醅。杜甫因于家境清贫,无新醅待客,只能用旧醅,直言相告,自是真率。但能够如此真率,除了他的狂直性格使然之外,也表明崔县令已然是相知好友,彼此之间大可不必虚情客套。

七、八两句则是问话,杜甫问崔县令,愿意不愿意"与邻翁对饮"。尤为讶异的是,不是同桌对饮,而是"隔篱"对饮。想象一下吧,隔着一道相互可见的低疏篱笆,一边是杜甫和崔县令,一边是与杜甫毗邻而居的老翁,我喊同干这杯酒,你喊再干一杯酒,这边酒喝完了,那边又去取来,该是一种什么样的和乐情境?崔县令终竟愿意不愿意丝毫不重要,重要的是,杜甫能如此直言询问,除了表明真率而外,更表明了他与邻翁早已经那样做,并且不惊不诧,习以为常了。较之与郑虔"忘形到尔汝",其情其境,同样显示亲密无间。

同期写的《遣意二首》,其一有句"衰年催酿黍,细雨更移橙",说明了杜甫是用黍酿酒。但"酿"前用了一个"催"字,既可诠释为自家相催(与妻子间），也可诠释为邻居相催（与邻翁间），还有可能是兼而有之。其二有句"邻人有美酒，稚子夜能赊"，"夜"字一本作"也"。不管是"夜能赊"，抑或为"也能赊"，都说明了邻里之间相处极融洽，老子什么时候想酒了，稚子什么时候便能赊来。这样淳朴的邻里关系，在传统的中国农村历来极普遍，杜甫真是体验到了。这样的体验，以往颇稀缺，起码在以往诗中还未曾见诸文字。因此，将《客至》同《遣意二首》合起来看，杜甫的诗酒任性又有了新的特质。

只不过，杜甫在成都草堂安定下来以后，日常生活仍旧贫困，除寻花赏景、吟诗纵酒外也无所作为，独自饮酒的心绪情致就并不及与邻同饮、与客同饮那样舒爽。反映到诗里，呈现出多种意兴点染，大体都是即事志感。如与《遣意二首》同期写成的《漫成二首》，其二后四句写道："读书难字过，对酒满壶频。近识峨嵋老，知余懒是真。"自认慵懒，端系实情。《落日》结尾两句写道："浊醪谁造汝，一酌散千愁。"突出的是那个"散"字，但愁绪纠结，哪里消散得了？《徐步》的后四句则是："把酒从衣湿，吟诗信杖扶。敢论才见忌？实有醉如愚。"前两句的"从"和"信"，都是任凭的意思，活现出了诗酒任性，颇见潇洒。但后两句切入了怀才不遇、才高遭忌，"敢论"和"实有"云云就变成了满腹牢骚，无从排遣。《水槛遣心二首》之二结尾表示："浅把涓涓酒，深凭送此生。"仿佛是认命了，心甘情愿诗酒自娱、终老林下了，实际是心不甘情不愿，欲与命运叫板，而又看不见改变命运的前途何在。诸如此类的纷杂意兴交织复合，证明了杜甫纵酒吟诗远不只是关联风物，主要韵致乃系于他个人的身世遭际。

这期间，最需要重视的是他的两首五律：一题《独酌》，一题《可惜》。

《独酌》诗为："步履深林晚，开樽独酌迟。仰蜂粘落絮，行蚁上枯梨。薄劣惭真隐，幽偏得自怡。本无轩冕意，不是傲当时。"起始两句点出独酌的场地、时间，引出悠闲的自适之意，并不见奇。三、四两句记深林所见，特举出仰翻的野蜂被粘落絮、成行的蚂蚁爬上枯梨两个物象，即略见幽森、落

"狂夫"杜甫

寞，反出奇了。盖蜂、蚁均为林间细物，"粘落絮"或"上枯梨"都出自于生存本能，不料却是一被落絮所粘，一被枯梨所诱，芸芸碌碌，或死或生，这就难免因物伤情。虽然并没有明白设喻，也尽可联想，杜甫当时在借物自叹身世和遭遇，由此才引出了后四句的自怜自嘲自宽。以"薄劣"自称，无异于在说才劣见弃，如"仰蜂粘落絮"并非要作真隐。也唯其如此，才来幽深处独自饮酌，如"行蚁上枯梨"，但求自怡而已。最后两句实是反话，尽多愤激。一个"自谓颇挺出，立登要路津"的人，怎么会真是"本无轩冕志"，抑济世之才而甘作真隐？纵或愈来愈不得志，落魄到"幽偏得自怡"的地步了，又怎么会真"不是傲当时"？只有"自怡"两字，才是"独酌"真蕴。

《可惜》诗为"花飞有底急，老去愿春迟。可惜欢娱地，都非少壮时。宽心应是酒，遣兴莫过诗。此意陶潜解，吾生后汝期。"《杜臆》解此诗说："'有底'乃俗语，犹云有如此之急，违吾愿矣，故有下句。三四正发'愿春迟'之意。心难宽，兴难遣，不得已而借诗酒；古来唯渊得此意，而今无其人，吾生也晚，当与作神交耳。"就诗语疏解，大体上准确，犹以"不得已"最能得其神。但以为杜甫与陶潜"作神交"，仅指无意于世事，打算在草堂中结伴诗酒，度过余生，就未必允当了。仇注引其说后即已着意指出："陶虽隐约于柴桑栗里间，观其美三良之殉主，羡荆轲之报仇，慕四畸之节义，知其非忘世者，但不逢时耳。公亦有志济世，而厄于穷愁，故论之以自况欤？"仇兆鳌所强调的一面，更合杜甫诗酒任性的其实旨趣。证以杜甫毕生的志行趋向，完全有理由说，因有济世之志，而又厄于穷愁，乃托诗酒消愁书愤，当是杜甫独酌诗的中心题旨和终极意兴。

其间"宽心应是酒，遣兴莫过诗"两句，普适于杜甫所有咏酒诗，其或还广适于历朝历代大多数咏酒诗。仇注引申涵光说，这两句诗"语近浅率矣，如定官后诗'老夫怕趋走，率府且逍遥'词亦近俚，此皆开长庆一派，非盛唐意象也"，实属于皮相之见。两句都是从功能立言的。酒能"宽心"，涵盖着怡悦心情、激活心性、释放郁闷、消解愁烦等内容，与酒结缘者都会有体会，

178

没有必要多加阐释。关键在加诸"应是"二字,附着了杜甫个人狂放的性格元素和耽酒的兴趣爱好,再联通到诗就无异于生命感悟。而诗能"遣兴",则远眺孔子论诗的"四可以"之首"可以兴"(《论语·阳货》),近承陈子昂的"兴寄"说(《修竹篇序》),不止与盛唐气象有关。兴,历来在中华诗学流变中都是一个举足轻重的概念,既可以指象征性的激发联想的表现方式,又可以指诗歌审美具象形态的感情倾向和社会蕴涵,后者通常叫感发意兴。"遣兴"就是感发意兴,杜甫加诸"莫过"二字,足以凸显他的独特重视程度。

对杜甫来说,"遣兴莫过诗"也是一种生命感悟——感自诗酒任性的大量经验,悟出感发意兴的一条道理,决非一时信笔所至。这一点,可引其他诗作证。如《至后》诗有句:"愁极本凭诗遣兴,诗成吟咏转凄凉",虽未言及酒,却道出了"凭诗遣兴"的根由在于某种情绪。《西阁二首》之二有句"诗尽人间兴,兼须入海求",也未言及酒,但"人间兴"自包含了酒,"人间兴"加"入海求"更意味着感发意兴的适用范围无所不包,"莫过"二字信非浪语。正因为如此,他在《同元使君春陵行并序》中乃有"不意复见比兴体制、微婉顿挫之词"等语,直视"比兴"为一种"体制"。当然这些诗、序皆为后来所作了,但唯其后来有继,连成一贯,证明了确是经验和道理。事实上,杜诗于"兴"不止用"遣"字,还有《漫兴》《秋兴》种种,足见他已将"兴"发掘到了最大化,感发意兴也因之而成了一种精神表达方式。

中国是一个官本位社会,杜甫一家在草堂的生活状态,随着严武到成都做官而有所改善。严武比杜甫年后十四岁,其父严挺之曾任中书侍郎,本人年且弱冠便在哥舒翰的幕中任判官,迁侍御史。唐肃宗灵武即位,他杖节赴行在,颇受房琯的推重,累迁给事中。收复长安后,任京兆少尹兼御史大夫,乾元元年(758年)曾与杜甫一起受房琯牵连而遭贬谪。《旧唐书·严武传》称其"性本狂荡,视事多率胸臆",但他对杜甫却颇重旧情。上元二年(761年)十二月至宝应元年(762年)七月,严武出任成都尹,兼御史大夫,充剑南节度使,到成都不久便作诗《寄题杜二锦江野序》,夸杜甫才比祢

"狂夫"杜甫

衡，问他为何不出来做官。杜甫答诗《奉酬严公寄题野亭》，以"拾遗曾奏数行书，懒性从来水竹居"相推，以"枉沐旌麾出城府，草茅无径欲教锄"相邀。严武果真应邀而来，"元戎小队出郊坰，问柳寻花到野亭"（《严中丞枉驾见过》），饮酒吟诗，相得甚欢。

前后七个月之间，严武不止一次到西部草堂看望杜甫，并且时有诗酒馈赠。杜甫酬答或奉赠的诗多达八首，其中三首咏及酒，最具特色和为人传诵的是《遭田父泥饮美严中丞》，单看诗题便不寻常。"遭"字的本义为遇，如《礼·曲礼上》所谓"遭先生于道"；用在这里，意味着不是事前受邀，不是专程拜访，而是偶然经过而突被邀请。诗的前四句"步屧随春风，村村自花柳，田翁逼社日，邀我尝春酒"，以及后面的"朝来偶然出，自卯将及酉"，便诠释出这个意思。题称"田父"，诗称"田翁"，一可以认定是个老农，二可以认定并非比邻，三可以推定平时尚少过从。"泥饮"包含了两层意思，一为入饮前死缠硬拽，强留饮酒；二为既饮纵酒烂酒，不醉不休，在这首诗里两层意思兼而有之。"美"作动词用，则义指称美、夸赞，"严中丞"自然特指为严武。

田父怎样夸赞严武？杜甫做出了纪录性描述，先虚后实，先略后详。"酒酣夸新尹，畜眼未见有"为虚为略，其意若曰我这双老眼，从未见过如此的好官，由比较显心意。继之八句为实为详："回头指大男，渠是弓弩手。名在飞骑籍，长番岁时久。前日放营农，辛苦救衰朽。差科死则已，誓不举家走！"其间的关键在于五、六两句，意谓多亏了严武能够体恤民情，投入春耕，将在籍作弓弩手的大儿放假返家，投入春耕，让我这个年迈力衰的老朽得以减除力耕的辛苦。所谓"畜眼未见有"的好官，究竟好在哪里，由此得到坐实。因而七、八两句明白表示，往后无论有什么徭役赋税，都愿以死相报，且"誓不举家走"。由此引出"今年大作忙"，进而还问"拾遗能住否"，喋喋不休，殷殷情真。

余下来的诗却与"美严中丞"关系不大了。因为转换了主体，主要写杜甫本人如何"感此气扬扬,须知风化首",对田父的"语多虽杂乱,说尹终在口"一带即过。一写泥饮时间之长:"朝来偶然出,自卯将及酉。"按今计时对应,卯时为上午五至七点钟,酉时为下午五至七点钟,可见一入饮便贯穿整个白天。然而,"久客惜人情,如何拒邻叟",杜甫只好一起泥饮。二写田父强留之忧:"高声索果栗,欲起时被肘。"前一句意谓田父不断大声武气地叫添佐酒的果栗之类,后一句意谓杜甫每欲起身告辞,皆被田父伸手掣肘(按住或拖住),不得不留。虽是"指挥过无礼",仍是"未觉村野丑"。意犹未尽,还加以三:"月出遮我留,仍嗔问升斗。"泥饮业已超过酉时,到月上柳梢头了,还硬拦住不许走,一问喝过多少酒了便生气嗔怪。田父强留杜甫泥饮的实诚豪爽,绘声绘色、绘形绘神地尽注笑端,在杜诗中委实堪称空前绝后。

对于这首诗,今之评注者多着眼于杜甫本人,强调体现出了他对劳动人民的热爱,以及劳动人民豪爽的品质。其尤者甚至于说,一位世代簪缨的士大夫能与乡野农夫如此亲密无间,可见杜甫这位诗圣确是属于人民大众的。应该承认,如此品评确有道理,但决不能视作脱离本诗的刻意拔高。然而,忽略了诗题中的"美严中丞"主题词,终难免于有所偏失。《杜臆》则指出:"然此田父亦见公为中丞之客,而儿子受役于中丞,其殷勤亦半参以势利。然村野人势利,别有一般光景可笑,公亦不深求也。"撇开其间旧时代的士大夫对村野人的世俗偏见,注意到"田父亦见公为中丞之客"那样一种特定社会关系,同样应该承认,确有一定见地。要之,倘没有那样一种特定社会关系,会不会发生"遭田父泥饮"当属未可知。但既然已确实发生了,杜甫多年见惯了上流社会世态炎凉,人情淡薄以后,得遇田父的村野诚朴,极为珍视,发为好诗,仍是一段可遇而不可求的诗史佳话,因此两个向度的解读不宜偏废。

追溯到杜甫当年,他在成都草堂期间的若干诗中,即已涉及上至县令、县尉、司马、长史等地方官员,下至农夫、渔人、隐逸、高士等乡野民众之类

"狂夫"杜甫

不同阶层的社会关系,并且得到他们的帮助。严武与他旧友重逢、旧谊重续后,于官于民,都因之而更多地知晓杜甫,看重杜甫,自在世俗情理之中,即便夹有势利因素也不足怪。甚至在严武离开之后,受到他对杜甫态度的影响,当杜甫避乱到梓州的时候,梓州刺史兼东川留后章彝也给了他不少照顾。杜甫流转成都、梓州、阆州五年多,固然仍未能完全摆脱避乱奔走、衣食难周之苦,总的来看毕竟要比在长安、秦州、华州时期好,多数时间能保温饱,处境和心境都比较宁静。由此决定了他的诗歌创作,其中包括数量超过既往的咏酒诗,虽然仍未能完全摆脱愤激、牢骚,总的来看却注入了不少的欢悦、清朗之风,有的还颇俊健、雄肆。

杜甫浪迹于梓州、阆州的一年零八个月,仍不时诗酒遣兴,有如《杜诗笺选旧序》所说:"性情万变,诗亦如之。"如《又呈窦使君》诗中有句:"日兼春有暮,愁与醉无醒。漂泊犹杯酒,踟蹰此驿亭。"寄寓着送别友人,联及己身,"相看万里外,同是一浮萍"的漂泊伤感。而《舟前小鹅儿》前四句谓:"鹅儿黄似酒,对酒爱新鹅。引颈嗔船逼,无行乱眼多。"其对酒观鹅,状鹅引颈,又洋溢着爱情生机的盎然暖意。至于《将适吴楚,留别章使君留后兼幕府诸公》写出"常恐性坦率,失身为杯酒",则属缘事志感。仇注引王嗣奭说:"章留后所为多不法,而待杜特厚。公诗屡谏不悛,想托词避去,乃保身不哲。"果如是,那么这两句诗就反映出了,杜甫尽管疏狂耽酒,且重人情,但在大是大非上还是相当清醒,洁身自好的。最欢悦也最俊健,当然非《闻官军收河南河北》莫属。"白日放歌须纵酒,青春作伴好还乡",他真的是"喜欲狂"了。连还家的路线,他都预设好了。

然而,广德二年(761年)三月严武复镇蜀,来信诚邀杜甫携家返成都,使他放弃了返还河南老家的心愿。"昔我去草堂,蛮夷塞成都;今我归草堂,成都适无虞。"杜甫感慨万端,写成《草堂》一诗。这首五言古体诗,除了追述祸乱、惊吁世难、叹息漂泊外,特别使用排比句极状"复来"的四"喜":"旧犬喜我归,低徊入衣裾。邻里喜我归,沽酒携胡芦。大官喜我来,遣骑问所须。城郭喜我来,宾客隘村墟。"对比一下《羌村三首》所写到的近似情境:"父老四五人,问我久远行。手中各有携,倾植浊复清。"毫不费劲便能看出,无论是情致,是规模,都不可以同日而语。而四个客体之"喜",恰更烘托出了杜甫这一个主体之喜。其主体之喜,仅次于《闻官军收河南河北》那样的"初闻涕泪满衣裳"。

当年六月,严武表荐杜甫为节度参谋、检校工部员外郎、赐绯鱼袋。"检校"为散官,指部除而非正名的加官,与职事官待遇一样。检校工部员外郎官阶为从六品上,这是杜甫一生所得到的最高官阶。唐代还依散官的官阶高低赐佩鱼符,以袋盛之,故谓鱼袋;三品以上为金鱼袋,五品以上为银鱼袋,自六品以下赐紫、赐绯者也援例赐鱼袋,以作为一种地位、身份的外部标志,犹如今之肩章、绶带。虽然距稷契那种应朝大臣相差尚远,但对时年五十三岁的杜甫来说,毕竟是一种难得的慰藉。所以他的心情大好,一时所作小诗,大多明丽轻快。诗中有酒的如《归来》有句"洗杓开新酝,低头拭小盘;凭谁给麴蘖,细酌老江干",无酒的如《绝句二首》之一"迟日江山丽,春风花草香;泥融飞燕子,沙暖睡鸳鸯",莫不宁馨畅晓,前所罕见。

如此好心情,在永秦元年(765年)四月严武辞世,五月杜甫即携家东下以后,就再也难得一觅踪影了。如过忠州(今重庆忠县)时作的《拨闷》一诗写道:"闻道云安麴米春,才倾一盏即醺人。乘舟取醉非难事,下峡销愁定几巡。长年三老遥怜汝,捩舵开头捷有神。已办青钱防雇直,当令美味入吾唇。"心情虽不恶,却已认定了买酒取醉,无非是拨闷消愁的方式而已。如在云安(今重庆云阳)时作的《水阁朝霁奉简云安严明府》一诗有句"呼婢取酒壶,续儿诵文选",也不过伴儿课读,聊慰寂寞。旅居到夔州州治奉节(今属重庆)后,"哀歌时自惜,醉舞为谁醒"(《暮春题瀼西俗人赁草屋五首》之三),"自惜"一语点破了新常态的诗酒主题,大多与烦、愁挂钩或沾边。

诸多的"自惜"当中,以自惜衰老多病为甚。如《垂白》一诗由"垂白冯唐老,清秋宋玉悲"入题,以"江喧长少睡,楼迥独移时"写境(客观环境,主

"狂夫" 杜甫

观心境），转入"多难身何补，无家病不辞"，结于"甘从千日醉，未许七哀诗"，通篇所贯都是老病悲秋之气。《寄薛三郎中据》一诗更是写道："峡中一卧病，疟疠终冬春。春复加肺气，此病盖有因。早岁与苏郑，痛饮情相亲。二公化为土，嗜酒不失真。余今委修短，岂得恨命屯？"对自己衰老多病，竟然从未有过地追索成因，一直追到了当年与苏源明、郑虔等嗜酒那里去了。好在只是追，不是悔，二公"嗜酒不失真"，他本人也嗜酒不失真，无所谓悔。只不过，撑持到大历二年（767年）秋天，尽管还能"重阳独酌杯中酒，抱病起登江上台"，终究不能不叹"干戈衰谢两相催"了（《九日五首》之一）。久未再登高，甚至不能不为由于病势加重暂时被迫停酒而痛惜："艰难苦恨繁霜鬓，潦倒新停浊酒杯"（《登高》）。对于一个自负"生平老耽酒"（《述怀》）的人来说，那该是一桩何其悲催的事。

然而杜甫就是杜甫，清狂的性格决定了他不会放弃诗酒任性，暂时被迫停一停酒诚然可以，要他戒掉，就会为酒发狂，不管不顾。《崔评事弟许相迎不到，应虑老夫见泥雨怯出，必愆佳期，走笔戏简》一诗写道："江阁邀宾许马迎，午时起坐自天明。浮云不负青春色，细雨何孤白帝城？身过花间沾湿好，醉于马上往来轻。虚疑皓首冲泥怯，实少银鞍傍险行。"为一次酒食之欢，一个五十六岁的衰病老叟，居然不惜不避细雨，不怕泥泞，从天明一直等待到午时，为酒而狂够出奇了。尤其是，邀请方爽了约，他苦等那么久，还有兴味走笔相戏。另有一首诗题为《醉为马坠，诸公携酒相看》，开篇便实录了"甫也诸侯老宾客，罢酒酣歌拓金戟，骑马忽忆少年时，散蹄迸落瞿塘石"的趣事。引得"朋知来问"，他居然"语尽还成开口笑"要求大家丝竹侑觞，日暮犹饮，"喧呼且覆杯中渌，何必走马来为问"。结句陡然联及"君不见，嵇康养生遭杀戮"，看似谐谑不经，实为自诩敢如嵇康那样狂放。

"醉里从为客，诗成觉有神。"这两句诗出自杜甫《独酌成诗》。其诗写于至德二年（757年）往鄜州的途中，灯下独酌，有感而发，但不经意间做出了一条经验总结，揭示了酒、诗、神三者间的内在关系。诗言志，诗缘情，志和情原本都内积于心。酒固有的强烈刺激——能使人血性贲张，无拘束，志和情都喷薄而出，自由张扬。真情志，真品格，凭藉诗酒和合若一，就会神采飞扬，如其《戏为双松图歌》所谓"绝笔长风起纤末，满堂动色嗟神妙"，或如其《敬赠谏议十韵》所谓"思飘云物外，律中鬼神惊"。

究其实，杜甫一向是重视"神"的。这首诗以前的《奉赠韦左丞丈二十二韵》里的"下笔如有神"，《上韦左相二十韵》里的"苍茫兴有神"，以后的《苏端薛复筵简薛华醉歌》里的"文章有神交有道"，《八哀诗》里的"篇什若有神"，都成了他的一个明确的审美追求。这个"神"，经常还与"真"和"骨"连在一起，如其《通泉县署屋壁后薛少保画鹤》诗有句"薛公十一鹤，皆写青田真"，"万里不以力，群游森会神"，"赤霄有真骨，耻饮洿池津"，说的虽是画，却与诗相通。真、骨、神如同三位一体，写真、立骨、有神也如同三位一体，杜诗中的优秀作品多有映现。而他始终坚守的诗酒任性，恰正有利于彰显两个三位一体。

"狂犬"杜甫

"世人皆欲杀，吾意独怜才"的侠骨恩义

　　杜甫一生的诗酒任性，很少有花前月下，独酌浅唱，大多是同诗友酒友相聚痛饮，遣兴酬唱。不涉酒的诗，也大量涉友。可以毫不含糊地说，赠友、答友、赞友、忆友，构成了杜诗一大主题系列。

　　友，自古及今都泛指朋友。但就初始意义而言，朋与友是有区别的。《周礼·地官·大司徒》有"联朋友"之说，郑玄注称："同师曰朋，同志曰友。同，犹齐也。"在《国语·晋语四》中，还有"同德则同心，同心则同志"的说法。可见友本指德行相同、志向相同的人。志向主要指理想、追求，属于人生价值取向，其次也包括兴趣、爱好，也泛指朋友范围广泛。在中华传统文化人际关系架构中，友的地位仅次于亲。而在具体的人际交往中，因人、因事、因时、因地而异，某些友还有可能超过亲，如《诗·小雅·常棣》所谓"虽有兄弟，不如友生"，就反证了这一社会人生现象。之于杜诗，起码在旅居夔州以前，都呈现出友胜于亲；旅居夔州以后，友仍不弱于亲。这一点，有别于历朝历代多数诗人，尽管以诗赠友、答友、赞友、忆友相当普遍。

由这个特点,还引出了另外一个特点,那就是杜甫超乎寻常地重友。这从他赠、答、赞、忆李白、高适、岑参、苏源明、郑虔、严武等人的诗中极其充分地显示出来,并且,远不止于所举诸人。

李白比杜甫年长十一岁。杜甫与李白结交,是从倾慕开始的。天宝三年(744年)春,杜甫在洛阳初次见到李白,写出了最早一首《赠李白》。当时杜甫三十三岁,已在洛阳奔波两年多,因为一事无成而抑郁寡欢,牢骚颇甚,因而前八句自述便写道:"二年客东都,所历厌机巧。野人对腥膻,蔬食常不饱。岂无青精饭,使我颜色好?苦乏大药资,山林迹如扫。"憎恶投机钻营的宵小,向往山林隐逸的生活,字里行间宣泄无余。而时年四十四岁的李白,则于醉令高力士脱靴得罪权贵,"帝赐放还",也离开长安来到了洛阳。李白早已经诗名煊赫,其身的儒家济世精神和道家避世情怀也为杜甫视若楷模,因而后四句赠语写的是:"李侯金闺彦,脱身事幽讨。亦有梁宋游,方期拾瑶草。"前两句衷心赞美李白才华绝伦,摆脱拘羁,还身山林的人生选择令人感佩。后两句表明态度,愿意追随李白游梁宋,同往山林撷拾瑶草。

当年秋天,杜甫赴约往梁园重见李白,二人结伴同往王室山访华盖君。华盖君已死,乃返回梁园,适逢高适,于是三人同游梁宋。他们曾经同登吹台,又登单父琴台。一路上三位诗人意气相投,纵情诗酒,建立起了终身不渝的深厚友谊。其间高适年最长,比李白还大一岁,杜甫事之如兄。二十二年后,杜甫在夔州回忆起来,《昔游》诗仍未忘"昔者与高李,晚登单父台"。尤其是《遣怀》诗"忆与高李辈,论交入酒垆",仍对"两公壮藻思,得我色敷腴"赞叹不已。

第二年秋天,杜甫再游齐赵,应李白的邀约到鲁郡任城(今山东济宁)相聚。这是杜甫平生第三度见到李白,也是他俩最后的一次欢会。两位诗友异地重逢,一起纵酒,一起谈天,一起览胜,一起访友,进一步地成为知音。杜甫曾随李白寻访过一位姓范的居士,作了一首题为《与李十二白

"狂夫" 杜甫

同寻范十隐居》的五言古体诗。诗的主要内容是写寻访的所见所感,但开头两句却是"李侯有佳句,往往似阴铿"。阴铿为南朝诗人,以风格清丽为其时人所重,这里的比类实际是说李白的诗已前承古风,近凌当世。继之四句转而写道:"余亦东蒙客,怜君如弟兄。醉眠秋共被,携手日同行。"两位诗人情同手足,绘形绘神,跃然纸上。后来的《昔游》还回忆到了:"东蒙赴旧隐,尚忆同志乐。伏声董先生,于今独萧索。"可见当年李白还领着杜甫拜访董炼师,一起体验静室修行、丹炉炼丹,杜甫也曾为之大开眼界,当作一件人生乐事。更值得关注的,是所谓"同志乐"。将"如弟兄"和"同志乐"连起来,当能判定,杜甫与李白的知音关系,已达到了"弟兄加同志"的超凡境界。

唯其如此,当他俩终不得不分别之际,杜甫的第二首《赠李白》坦率地写出:"秋来相顾尚飘蓬,未就丹砂愧葛洪。痛饮狂歌空度日,飞扬跋扈为谁雄?"前两句回顾相聚期间同访华盖君、范居士、董炼师等事,后两句则披肝沥胆,对兄长加同志的李白有所劝谏,有所激励,有所期盼。李白答之以《鲁郡东石门送杜二甫》,同样也写得情深意切:"醉别复几日,登临遍池台。何时石门路,重有金樽开?秋波落泗水,海色照徂徕。飞蓬各自远,且尽手中杯!"杜甫到长安不久,又收到了李白的《沙丘城下寄杜甫》诗,其后四句写道:"鲁酒不可醉,齐歌空复情。思君若汶水,浩荡寄南征。"思念不已,溢于言表。从中反映出,李杜之间那种"弟兄加同志"之谊,并不是杜甫的一厢情愿。后来唯见杜甫牵挂、惦念李白的诗多,很大程度上当与两人性格同中有异相关——同为清狂,是其大同。但杜甫是既狂放,又狂直,由狂直的直生发出执着,待人处世通常就一往情深。而李白是既狂放,又狂诞,由狂诞的诞演进为纵放,待人处世难免会大而化之。性格的差异,导致了忆念上的久暂多少。

杜甫对李白一往情深,表现在他流连于长安初期,尽管自己争取仕进不如意,生计也日趋窘困,却时不时地怀念着李白。《冬日有怀李白》写道:

"寂寞书斋里,终朝独尔思。更寻嘉树传,不忘角弓诗。短褐风霜入,还丹日月迟。未困乘兴去,空有鹿门期。"起首两句便直叙怀念,居然到了独思一人的地步,其情之殷殊非寻常。三、四两句用了《左传·昭公二年》的一个典故:晋国使臣韩宣子到访鲁国,昭公设宴招待,席间"韩子赋角弓,季武子(鲁国执政大夫)拜曰:'敢拜子之弥缝敝邑,寡君有望矣。'武子赋节之率章。既享,宴于季氏,有嘉树焉,宣子誉之。武子曰:'宿(武子名季环宿)敢不封殖此树,以无忘角弓。'遂赋甘棠。"其间的《角弓》乃是《诗·小雅》里的一篇,篇中有句"兄弟错姻,无胥远矣"。韩宣子赋之,表达出了兄弟之国宜于相亲的意思,季武子以封殖嘉树表示响应。杜甫将这个典故用到诗里,表达的是他与李白的兄弟之情也要天长地久,永不相忘。后四句便从"不忘"展开,自伤蹉跎的同时,又寄托了像东汉末年的名士庞德公那样登鹿门山,采药不归的玄想,意味着仍在"方期拾瑶草"。

《春日忆李白》情致更精彩——

> 白也诗无敌,飘然思不群。
>
> 清新庾开府,俊逸鲍参军。
>
> 渭北春天树,江东日暮云。
>
> 何时一樽酒,重与细论文。

前四句评价李白,显然已比向之"李侯有佳句,往往似阴铿"更崇高,也更精准。理性梳理做出的概括,突破了他以前的感性点赞,其本身就证明了"终期独尔思"决非虚应之辞。不仅如此,他作为一个"脱略小时辈"的狂直之士,心悦诚服地肯定李白的诗已经达到举世无匹的超凡境界,并且礼赞李白的情思飘飞飙举,卓异非凡,还证明了他的确不愧是李白的知音,知之也深,爱之也真。由古今比较而揭示的"清新""俊逸"两大特征,的确把握住了李诗的审美风神,知之不深绝不可能说得出来,爱之不真也不可能愿意说出来。当时的李白业已离开齐鲁,南游江浙,所以继之以五、六两句遥念之思。诗结在七、八两句上,简直就像在隔空喊话,问讯李白何时方能够兄弟重聚,一如既往地把酒论诗和同衾夜话。

其后未久,李杜二人共同的朋友孔巢父辞官南归,杜甫特意写出了《送孔巢父谢病归游江东,兼呈李白》一诗相送。诗为七言歌行,前十六句都紧扣住"送孔巢父",既赞其"诗卷长留天地间,钓竿欲拂珊瑚树",又怜其"自是君身有仙骨,世人那得知其故",敬重之情溢于言表。直至结尾两句,才拜托孔巢父"南寻禹穴见李白,道甫问讯今何如"。其间"今何如"三字,真是言简而意长,以少少许胜多多许。对孔巢父尚且赞以"诗卷长留天地间",怜以"自是君身有仙骨",那么,对"诗无敌"和"思不群"的李白,"今何如"之"问"能不包含同样的情意吗?

然而,人生有限,世道无常,杜甫与李白再也没有重聚的机会。杜甫人在西北,李白人在东南,不仅云山阻隔,而且身世颠扑,从天宝七年(748年)至乾元元年(758年)完全断了音讯联系。就在乾元元年春,李白因为参加永王李璘幕府事获罪,被判流放夜郎(今贵州桐梓县一带)。乾元二年(759年)春行至夔州,方遇赦得免,返回江陵(今属湖北)。而杜甫则于乾元元年六月被贬为华州司功参军,乾元二年七月弃官,携家往秦州。在秦州,杜甫才听说了李白流放夜郎的遭遇,并不知道李白已经遇赦而还。为李白担忧,为李白不平,他接连写出了《梦李白二首》《天末怀李白》。

"死别已吞声,生别常恻恻。江南瘴疠地,逐客无消息。"在《梦李白二首》第一首开头,杜甫就追怀了他与李白长达十余年的音讯阻隔,如今李白生死未卜,更使得他思念无绪,备受煎熬。"故人入我梦,明我长相忆",纯属忧思而得梦,得梦更忧思。"君今在罗网,何以有羽翼?"他惊异于李白怎么有可能忽来入梦。"恐非平生魂,路遥不可测",他甚至忧惧梦魂是假,其实李白已真的死了。"魂来枫林青,魂返关塞黑",故人之魂乍现乍隐,终于将他梦中惊醒。"落月满屋梁,犹疑照颜色",他想破解是幻是真。到头来,他只能寄望李白遇难呈祥，"水深波浪阔，无使蛟龙得"。贯注其间的，全是对于知己朋友生命安危的深挚关切，当属另一重意义的重友——尊重朋友的生命的价值。

第二首即由此而来。前四句先用"浮云终日行，游子久不至"概述系念之恻，再以"三夜频梦君，情亲见君意"伸及梦晤之灵，恍若李白真在面前。继之六句皆写梦中李白的言语、行状，言语既讲"来不易"，更突出了"江湖多风波，舟楫恐失坠"，正与上一首杜甫忧虑的"水深波浪阔，无使蛟龙得"语若相似，心若相通，行状则抓住"出门搔白首"一个动作，绘形绘神地刻画李白暮年遭祸的落拓凄惶，"若负平生志"由外探及内。如果说上一首的关切还在肉体生命价值，那么点明"平生志"，这一首关切的就在人文生命价值。最后六句就围绕着人文生命价值逐层展开议论。"冠盖满京华，斯人独憔悴"，杜甫为李白大抱不平，直言指控社会的不公。"孰云网恢恢，将老身反累"，进一层更诘问天何曾是"天网恢恢，疏而不漏"，为什么要不仁不义，让李白行年五十九岁还要遭受活罪。侠骨铮铮，义气扬扬，激愤之辞发聩振聋。结尾两句"千秋万岁名，寂寞身后事"，杜甫为李白鸣不平臻于极致：纵然身后必定能名垂万古，但生前遭际如此悲惨，对于生命又有何补？物伤其类，这两句浩叹，自然也寄寓着杜甫个人的无限心事。

《天末怀李白》再对李白倾诉自己的感情。"凉风起天末，君子意如何？鸿雁几时到？江湖秋水多！"杜甫一心希望李白还活着，期盼能够得到关于李白的确切信息，但又唯恐事与愿违，与之相反，所以一再发出问讯。最担忧的是"江湖秋水多"，亦即前诗的"江湖多风波"，害怕万一不测，却又不敢明说。"文章憎命达，魑魅喜人过"，险恶的社会生态超过"江湖秋水多"，他认识到了李白的遭际乃是一种人生宿命，德行高迈、文辞优异的人尤其难逃其外。由此他联想到了屈原，屈原也是无罪被放，终投汨罗江而死。他深信李白同样冤枉，因而诗结以"应共冤魂语，投诗赠汨罗"。一个"赠"字尽着精神，仿佛在告慰李白，万一你也与屈原同一命运，你也必将会同屈原

"狂夫"杜甫

一样千秋万代留芳。

还算好,生死两种可能性,终究只择定了生这一种可能。当得知李白遇赦东还之后,杜甫立即写出了《寄李十二白二十韵》,表达出他的庆幸和欣慰。诗一发端,立即情不自禁地点赞李白的卓绝才华和特异经历:"昔年有狂客,号尔谪仙人。笔落惊风雨,诗成泣鬼神。声名从此大,汩没一朝伸。文采承殊渥,流传必绝伦。"继而再回顾李白遭谗被疏、受累被放的生平坎坷,最后落到:"老吟秋月下,病起暮江滨。莫怪恩波隔,乘槎与问津。"四句诗转入低沉婉转,表达出了对于李白晚景凄凉的无尽惋惜,同时也对李白终能促使保全感到差堪庆贺。虽然并未忍住对于当朝恩波不及的不满,但以庆幸李白获生为主,并且借诗而对李白正面做出公正评价,力图给李白讨一个公道,正是这首诗的最珍贵的看点。"弟兄加同志"之情充盈其间,与《梦李白二首》和《天末怀李白》正好相互发明。

杜甫单怀李白的最后一首诗,是宝应元年(762年)秋天作于梓州的《不见》——

> 不见李生久,佯狂真可哀。
>
> 世人皆欲杀,吾意独怜才。
>
> 敏捷诗千首,飘零酒一杯。
>
> 匡山读书处,头白好归来。

那一年七月,杜甫送严武入朝至绵州(今四川绵阳),恰逢知道作乱,乃避乱梓州。李白五岁时,随父迁居绵州昌隆县(今四川江油),所以现今江油被称作"李白故里"。县西三十里有大匡山,传说李白少年期间,曾在大匡山读书。杜甫不知道,李白就在那一年死于当涂(今属安徽),只记得那一年李白年届六十二岁,想象其已经满头白发了。仓促间,看来并未去过大匡山追寻李白读书遗迹,但因此志感当是无疑的。诗的结尾两句即是因此设言,他期盼李白能够"归来",安度晚年;同时还寄意于不言中,照应到首句"不见李生久",期盼结束长达十七年之久的不见历史,实现重见之梦。

在整首诗里,最值得体味的不是"佯狂真可哀""敏捷诗千首,飘零酒一杯"等评价语,而是"世人皆欲杀,吾意独怜才"两句。《天末怀李白》即已指出:"魑魅喜人过。"所谓"魑魅"不仅指夜郎之地可能有的食人怪物,而且主要是指社会大"江湖"的各种妖魔鬼怪——上至荼毒生灵、草菅人命的权贵,下至落井下石、谣诼诬构的宵小。这在中华民族历史长河中,无异于一股人性恶的污浊支流,历朝历代祸害无已,杜甫定然见多了(如对郑虔,如对房琯)看穿了,并恨透了。落实到李白身上,当初得罪高力士之流而被放还,想必已经被泼过了好多污水。后因永王事获罪,被拘押,被流放,"世人皆欲杀"更是一种恶浊常态,如李白者抗拒不了。杜甫对之深恶痛疾,针锋相对地宣布"吾意独怜才",其特立独行不是佯狂,而是真狂,真狂到了不惜微躯要与恶俗相对立。他对李白的倾心敬重和一往情深,熔铸在"独怜"两个字里,越千百年仍然如空谷跫音,响振心灵,启迪人格。升华到道德层面,这显然体现出了见义勇为,敢说敢当,于儒文化、于侠文化都发扬了优秀传统。

高适与杜甫之间的友谊,比李白与杜甫之间的友谊略逊一筹,但杜甫对高适一如对李白,也倾心敬重,也一往情深。这不仅表现在《昔游》《遣怀》一再以"高李"并称同忆,而且表现在高适仕途得意以后,尽管他对杜甫的情意不及杜甫对他的情意深厚,杜甫在不同时期内、不同境遇下,仍有不少赠诗、忆诗酬高适。

天宝十一年(752年),高适以河西节度使哥舒翰掌书记的身份,随哥舒翰入朝到长安,杜甫作了《送高三十五书记十五韵》一诗相赠。诗里有六句概述他对高适为人的熟悉:"饥鹰未饱肉,侧翅随人飞。高生跨鞍马,有似幽并儿。脱身薄尉中,始与捶楚辞。"他了解高适性格豪放,担心他与哥舒翰意见不合,直言忠告:"人实不易知,更须慎其仪!"其推心置腹,不明到了知无不言、言无不尽的地步。那一年,高适五十三岁了,因而继以衷心祝愿:"十年出幕府,自可持军麾。此行既特达,足以慰所思。男儿功名遂,亦在老大时。"后来果如吉言,尚未及十年,高适即已官至节度使。诗的最后十句,情真意切地抒发他对高适的友谊,恳盼高适"边城有余力,早寄从军诗"。后来高适的边塞诗果真做到了独树一帜,在这一点上,绝没有辜负杜甫的希望。两年后,杜甫便有《寄高三十五书记》称美其诗才诗名:"叹惜高生老,新诗日又多。美名人不及,佳句法如何。"单就诗创作而言,高适比杜甫起步要晚,属于典型的大器晚成一类,杜甫对他的鼓励、称引无疑起了砥砺作用。

至德二年(757年)五月杜甫受任左拾遗,旋因营救房琯差一点获罪,八月即往鄜州省亲。头一年,高适任扬州大都督府长史,跻身从三品的高官;是年遭逢李辅国谗毁,左迁太子少詹事,官阶仍在从四品上。杜甫不顾自己正遭受挫折,即作《寄高三十五詹事》宽慰:"安稳高詹事,兵戈久索居。时来知宦达,岁晚莫情疏。天上多鸿雁,池中足鲤鱼。相看过半百,不寄一行书。"前四句全是寄候之辞,宽解和慰勉高适放眼前程,勿稍懈怠。至于自己怎么样了,竟至绝无只字触及。一切都在为朋友着想,自己时乖命塞仍痴心不改,品格之高洁鲜有人能及。后四句显示,许久未得到高适的书信了,也仅限于寄望能有答书而已。两两对比,情意深浅立时可辨。

乾元元年(758年)五月,高适出任彭州(今四川彭州市)刺史,有《同河南李少尹毕员外宅夜饮时洛阳告捷遂作春酒歌》自咏其事:"前年持节将楚兵,去年留司在东京。今年复拜二千石(唐代上州刺史为从三品高官,故有此言),盛夏五月西南行。"第二年四月,岑参由起居舍人,出任虢州(在今河南灵宝县)长史。当时的杜甫还在华州,正值七月弃官的前夕,他又不顾自己的仕途艰危和羁旅沉步,作了《寄彭州高三十五使君适、虢州岑二十七长史参三十韵》相赠。"故人何寂寞,今我独凄凉",诗里的确抒发了独处边陲的愤懑,但主旨仍在"秋来兴甚长""词客未能忘"上。他夸赞高、岑二人诗才卓异,追凌前贤,禁不住感喟"诗好几时见,书成无信将"。他想象彭、虢两州"岂异神仙宅,俱兼山水乡","更得清新否? 遥知对属忙",可以不断地有好诗问世。进而表明"济世宜公等,安贫亦士常",将意结在"会待妖氛静,论文暂裹粮",只有相励,毫无自轻。

乾元三年(760年)初,杜甫暂居成都西部招提寺,高适从彭州送来米粮,同时致诗《赠杜二拾遗》。杜甫当即答以《酬高使君相赠》,直切地感谢"故人供禄米"。于浣花溪畔建成草堂以后,杜甫生计不能自给,再以《因崔五侍御寄高彭州一绝》告急:"百年已过半,秋至转饥寒。为问彭州牧,何时救急难?"看来他也是将高适认作"弟兄加同志",所以毫不虚伪客套,告起急来实话直说。高适同样地真诚相待,不仅继续接济生活,而且时有精神方面的相互交流。所以杜甫《奉简高三十五使君》一诗写道:"当代论才子,如公复几人? 骅骝开道路,鹰隼出风尘。行色秋将晚,交情老更亲。天涯喜相见,披豁对吾真。"这个"真",确是杜甫待友的根本,丝毫不杂矫情因素。

但是,狂直的个性导致了杜甫"真"的过度,他忽略了朋友相处并不一定每个人都能同他完全一样。他可以做到如对郑虔那样"得钱即相觅,沽酒不复疑",郑虔也能与之一致,而如高适者接济朋友却有可能讲究适度,需索过多了,就不一定会有求必应。于是出现了《狂夫》一诗所写的情况:"厚禄故人书断绝,恒饥稚子色凄凉。"虽没有明点高适的名,但在草堂初成之际,成都及其周边能称杜甫"厚禄故人"者,实非高适莫属,至少包括高适在内。好在杜甫早狂直惯了,虽稍有微词,却说出来就淡然了:"欲填沟壑唯疏放,自笑狂夫老更狂。"其中的"疏放",即为狂直的一种重要形态,他表示即便全家饿死,也不愿改弃疏狂故态。

那以后,他与高适仍然保持了朋友关系,只是不再轻言需求。上元二年(761年)冬,高适代任成都尹,杜甫相继写出了《王十七侍御抡许携酒至草堂,奉寄此诗,便请邀高三十五使君同到》和《王竟携酒,高亦同过》两首诗。两首诗实际出自同一事,从诗题便看得明白。前一首形同以诗代书,托王抡代邀高适,从中依稀可以发现,他与高适不再如以前那样亲密,但仍然以高适为友,希望能够与老友"须成一醉习池回"。后一首则说明,高适同样认这一个老友,随王抡一起"携酒重相看"。他们一起饮酒吟诗,"移樽劝山简,头白恐风寒",彼此还能开些玩笑。如此维护多年相交的老友情谊,一点儿也不计较前嫌,如果将其与现代不乏人的偶有小隙便翻脸不认人,甚至必欲加倍报复的损友者流相比,无疑可以说是美丑、善恶立见。

宝应元年(762年)秋后,杜甫移家于梓州,写过一首《寄高适》,表达了"诗名惟我共,世事与谁论"的情怀,传递出"定知相见日,烂漫倒芳樽"的心愿。广德二年(764年)三月高适入朝任刑部侍郎,转左散骑常侍,杜甫即作《奉寄高常侍》相贺:"汶上相逢年颇多,飞腾无那故人何?总戎楚蜀应全未,方驾曹刘不啻过。今日朝廷须汲黯,中原将帅忆廉颇。天涯春色催迟暮,别泪遥添锦水波。"怀故交,赞功业,致瞩望,寄离思,诸般情致一泄无余。永泰元年(765年)正月高适辞世,朝廷赠礼部尚书,杜甫又作《闻高常侍亡》为悼。诗后四句写道:"致君丹槛折,哭友白云长。独步诗名在,只令故旧伤!"若盖棺定论似的,他对高适的生平才节高度肯定,哀心推重,哭友、伤友、伤旧一派至情。

岑参比杜甫年少十三岁,天宝十一年(752年)秋曾与杜甫、高适、储光羲、薛据同登慈恩寺塔,一起赋诗唱和,从兹结为朋友。杜甫将岑参视作小兄弟,十分关爱、呵护。天宝十三年(754年)六月,岑参兄弟邀请杜甫一起游渼陂,杜甫作《渼陂行》纪其游,开篇便称赞"岑参兄弟皆好奇,携我远来游渼陂"。岑参人奇,渼陂景奇,杜甫的诗思也奇,一气写出了二十多句托假象状真景的诗,结尾却突然转在"少壮几时奈老何,向来哀乐何其多"的感叹上了,隐约寄有勉励小兄弟之意。同年九月,岑参离开长安赴边陲,杜甫又特意在重阳节写了一首《九日寄岑参》,首四句便指向了"思君令人瘦"。历述霖雨之害、苍生之苦以后,全诗结在:"岑生多新诗,性亦嗜醇酎。采采黄金花,何由满衣袖。"不见兄弟而思兄弟的不尽之意,都融入了诗酒寄望中。岑参果真也不负所望,先后在西陲轮台(今新疆轮台县)、北庭(今新疆孚远县)生活六年,创作出了《白雪歌送武判官归京》《走马川行奉送封大夫出师西征》等瑰奇诗作,成为与高适齐名的盛唐边塞诗重要代表之一。

至德三年(758年)春,杜甫得任左拾遗未久,即与裴荐、韦少游、魏其聘、孟昌浩联名上奏《为补遗荐岑参状》举荐岑参任左补阙。状文写道:"窃见岑参识度清远,议论雅正,佳名夙立,时辈所仰。今谏诤之路大开,献替之官未备,恭惟近侍,实藉茂材,臣等谨诣阁门,奉状陈荐以闻,伏听进止。"唐肃宗采纳了,时任宣议郎试大理评事、摄监察御史的岑参得授左补阙一职,与杜甫同为言官。当时在长安,王维任给事中,贾至任中书舍人,杜甫得以同岑参、王维、贾至等诗友相唱和。只可惜时间太短暂了,当年六月杜甫即被贬为华州司功参军,失去了更多唱和的客观条件。

四个诗友唱和期间,杜甫留下了一首《奉和贾至舍人早朝大明宫》:"五夜漏声催晓箭,九重春色醉仙桃。旌旗日暖龙蛇动,宫殿风微燕雀高。朝罢香烟携满袖,诗成珠玉在挥毫。欲知世掌丝纶美,池上于今有凤毛。"他所奉和的,是贾至所作《早朝大明宫呈两省僚友》。王维和岑参都作了和诗。王结句为:"独有凤凰池上客,阳声一曲和皆难。"三人的和诗结句都是应和贾诗的结句:"共沐恩波凤池里,朝朝染翰侍君王。"就思想内容而言,全属于宫廷颂诗一类,没有多少特别之处。但仅就唱和本身比较,王、岑都是两句应对两句,唯独杜甫是四句应对两句,破了点格。尤为不俗的,如黄生所评:"且王结美掌纶,岑结美倡咏,惟杜兼及之,又显其世职,写意周到,更非二子所及。"

杜甫单酬岑参,还留下了一首《奉答岑参补阙见赠》。岑参的赠诗《寄左省杜拾遗》谓:"联步趋丹陛,分曹限紫微。晓随天仗入,暮惹御香归。白发悲花落,青云羡鸟飞。圣朝无阙事,自觉谏书稀。"前四句写上下朝情状,

197

"狂夫" 杜甫

惟纪实而已;后四句写对于按部就班、罕有实务的感受,流露出了些许无奈和不满之意。无奈和不满,不便多对人言,只对杜甫说。杜甫自然能够体谅,答诗写道:"窈窕清禁闼,罢朝归不同。君随丞相后,我往日华东。冉冉柳枝碧,娟娟花蕊红。故人得佳句,独赠白头翁。"前四句分明是对应岑诗,看似轻松,实亦沉重。后四句则反其意,不言官务,只因景言诗,仿佛只是确认了"独赠"之美,仔细品味毋宁还有更深的寄意:管他的呢,无聊之极正好写诗。应当说,这是一个老大哥对于一个小兄弟的肺腑之言,也是对官场人浮于事痼疾的嘲弄。

很快地,杜甫与岑参便天各一方了。大历元年(766年)春,杜甫在云安,得知了岑参出任嘉州(今四川乐山)刺史的消息,即从《寄岑嘉州》相赠。"不见故人十年余,不道故人无素书。愿逢颜色关塞远,岂意出守江城居。"起首四句直叙音讯暌违之久,忽闻近讯之喜。中间四句进而畅言:"外江三峡且相接,斗酒新诗终自疏。谢朓每篇堪讽诵,冯唐已老听吹嘘。"他由岑参所在的嘉州地临岷江,自己所在的云安地近三峡,岷江与三峡一水相通展开联想,切入彼此近况。"谢朓"句比岑参,"冯唐"句拟自己,其意若曰:你岑参正如谢朓清发,必当佳作不断;我杜甫却如冯唐已老,堪叹光阴易逝。最后四句寄意达情:"泊船秋夜经春草,伏枕青枫限玉除。眼前所寄选何物,赠子云安双鲤鱼。"所谓"双鲤鱼",即指诗代尺素书,正对应着前句里的"故人无素书"。从中看得出,不管既往"十年余"间"故人"岑参有没有一纸书信,也不管以后岁月彼此之间又会如何,杜甫的心里总记挂着这个小兄弟。

李白、高适年长于杜甫,岑参年少于杜甫,年龄的差距不妨碍他们结交而成诗友酒友。杜甫自与他们为友,就倾心看重他们,从来不受时空阻隔,也不因谁的身份、地位变化而有移易,纵或偶生小隙也自决不计较。李、高、岑等对于他,也是真心诚意待以为友的,但就巴心巴肝、不离不弃而言,杜甫显然更胜一筹。其所以会如此,既基于他的性格基因当中狂直元素更

198

重,待人处世一当认准便会很执着,又源于他的"奉儒守官",在道德上更讲究忠信为本,诚信待人。而这两大要素集合到他的行为取向当中,"其言必信,其行必果,已诺必诚"(《史记·游侠列传》)的侠义诚信,也就更加深入骨髓,奉为圭臬。李、高、岑在侠义上虽然与他同气相求,同心相印,但在狂直和奉儒上稍有所逊,所以重友不如杜甫。

在所有诗友酒友当中,杜甫一生心心念念最敬重的,当属苏源明和郑虔。他俩诗歌创作的成就,诚然不及李白、高适和岑参,但在道德人品上,必定有超绝群伦之处,否则杜甫晚年作《八哀诗》,就不会将他俩与生前地位显赫的王思礼、李光弼、严武、李琎、李邕、张九龄并列为"叹旧怀贤"的对象。

《八哀诗》之六为《故秘书少监武功苏公源明》。苏源明初名预,字弱夫,京兆武功人。少年失怙,只身徒步到了徐州、兖州一带,在泰山上埋头苦读。杜甫这首诗前十二句便为之作传:"武功少也孤,徒步客徐兖。读书东岳中,十载考坟典。时下莱芜郭,忍饥浮云巇。负米晚为身,每食脸必泫。夜字照熟薪,垢衣生碧藓。庶以勤苦志,报兹劬劳显。"从"时下"至"碧藓"六句,具体而微地描摹出了苏源明的衣食艰困,刻苦志学,杜甫对其"勤苦志"钦佩不已。开元二十四年(736年)杜甫始游齐赵,至兖州省父,即与苏源明结交。后来《杜游》诗里回忆:"放荡齐赵间,裘马颇清狂。春歌丛台上,冬猎青丘旁。呼鹰皂枥林,逐兽云雪冈。射飞曾纵鞚,引臂落鹜鹅。苏侯据鞍喜,忽如携葛强。"其间的春歌、冬猎、呼鹰、逐兽、射飞、引臂种种,虽不是单指苏源明一人,但苏杜二人已然一见如故,引为知己,是确证无疑的。据之可以说,苏源明乃是杜甫整个壮游时期所结交的第一位诗友酒友,而且他俩的交情真做到了生死不渝。

据《新唐书·艺文志》记载,苏源明于天宝初年及进士第,更试集贤院,累迁太子谕德,出为东严太守,至天宝十三年(754年)又召为国子司业。国子司业为国子监次官,官阶从四品下。但他对下属郑虔,对困处长安的

"狂夫" 杜甫

白衣之士杜甫,从来不摆官架子,一概平等地认作朋友。在这首诗里,杜甫历数了他如何地苦等有成,如何地科举脱颖,如何地诗文扬名,如何地公务勤劳,真诚地赞扬他是一个"醇儒",于朋友私交则只字未提。但是,天宝十四年(755年)杜甫终获微职以前,作过一首《戏简郑广文兼呈苏司业》——

广文到官舍,系马堂阶下。

醉则骑马归,颇遭官长骂。

才名三十年,坐客寒无毡。

赖有苏司业,时时乞酒钱。

这首诗前四句、后四句转韵,托出了两重意思。前一重极状郑虔嗜酒,狂态可掬,自不必诠释。后一重兼美郑虔交情,分开来看,于郑突出的是"才"和"寒",于苏彰显的则是情同手足,慷慨接济。一个"赖"字,对一个"乞"字,"乞"前还有"时时",将他们的亲密无间,特别是苏源明的坦诚无私昭示无余。而杜甫与郑虔本就是"得钱即相觅,沽酒不复疑"的角儿,"赖"和"乞"两端都会有份,自然在不言中。对照一下高适的"厚禄故人书断绝",不能不说,高下有别。

安禄山叛军占据长安之后,苏源明不畏死难,不受伪职,表现出崇高气节。杜甫在《故秘书少监武功苏公源明》这首诗里,用"不暇陪八骏,虏庭悲所遭"表述苏源明的陷身悲愤,还用"忧愤病二秋,有恨石可转"表述苏源明的守正心志。及至"肃宗复社稷",郑虔、王维、储光羲等都因被迫接受伪职而受到审查议处,唯独苏源明"得无顺逆辩",升任考功郎中知制诰,后为秘书少监。杜甫对此礼赞有加:"秘书茂松色,再崷祠坛埠。"其意若曰,苏源明不愧为岁寒之茂松,家国之忠臣。正因此,杜甫特意从文才、直节两个向度展开,进一步称颂苏源明:"前后百卷文,枕籍皆禁脔。篆刻扬雄流,溟涨本末浅。青荧芙蓉剑,犀兕岂独剸?"然而,这样一位道德高尚、文才卓异的典范君子,居然"反为后辈褒",并于广德二年(764年)饿死于长安,杜甫怎能不"予实苦怀缅"?

这首诗的末段写道:"结交三十载,吾与谁游衍?荥阳复冥寞,罪罟已横罥。呜呼子逝日,始泰则终塞。长安米万钱,凋丧尽余喘。战伐何当解?归帆阴清沔。尚缠漳水疾,永负蒿里饯!"其中,"结交三十载"一说,立显结交时间之久长无人能及,而"吾与谁游衍"之间,等于是直说,从今往后就再不会有你这样的知心挚友了。"荥阳"为郑虔故乡,代郑虔,所以杜甫会说出这等话。这也坐实了,苏源明和郑虔才是杜甫一生最为敬重的朋友,李、高、岑等均不能及。

事实上,当广德二年苏源明和郑虔相继辞世之时,杜甫即已写出过《怀旧》来独怀念"地下苏司业,情亲独有君",然后又有《哭台州郑司户、苏少监》一诗并悼同怀。诗一开头便是:"故旧谁怜我?平生郑与苏。存亡不重见,丧乱独前途。"他与郑苏间的生死之交,无人能及,由兹定格。紧承"故旧谁怜我"句意,杜甫回忆他们之间"道消诗发兴,心息酒为徒"的契阔相携,称评郑苏"班扬名甚盛,稽阮逸相须",惋惜郑苏"贤良不必展,廊庙偶然趋"。然后感叹身经丧乱,漂流异地,知交别久,殁失难奠,只能"情乖清酒送,望绝抚坟呼",倍觉"飘零迷哭处,天地日榛芜",比一比《闻高常侍亡》结尾四句,不难看出,其哀挽一样真诚,但这首诗情意更缠绵。卢世㴶《杜诗胥钞》说:"此诗泣下最多,缘两公与子美莫逆故也。"

有必要指出,苏源明生前最后一个官职秘书少监,阶在从四品上。若与今之公务员序列对应,从四品上相当于正司局级,地位不算低了。然而,广德二年长安大饥荒,他居然饿死了,这反映出他绝不是一个贪官。"长安米万钱"固为客观原因,他情操雪厉,宁肯饿死也不苟且,当是主观原因。杜甫礼赞其"秘书茂松色",涵义当是多方面的,从政治节操到生活节操无一不堪奉为楷模。"结交三十载,吾与谁游衍?"决然一问,良有以也。

《八哀诗》之七为《故著作郎贬台州司户荥阳郑公虔》。郑虔字若齐,郑

"狂夫" 杜甫

州荥阳人,诗、书、画号"三绝"。杜甫这首诗首段便说他:"荥阳冠众儒,早闻名公赏。地崇士大夫,况乃气精爽。"赞其入仕以前即已名动当世,气质清高。天宝初,郑虔任协律郎,曾著书八十余篇。至天宝九年(750年),"玄宗有虔才,更为置广文馆,以虔为博士"(《俗人唐书·郑虔传》),故以"郑广文"著称。他大略生于武则天垂拱元年(685年),比杜甫年长二十多岁,与杜甫真是忘年之交;就其亲密度而言,当在苏源明之上,杜甫长安时期无人能够企及。其所以能够这样,除开这首诗里所历述的郑虔学识过于扬雄的博览,谈吐过于东方朔的谈谐等因素而外,郑虔"嗜酒益疏放","未曾寄官曹",秉性、兴趣最与杜甫相契合,当是最根本的原因。直至这首诗的末尾,杜甫悼亡仍在追念"剧谈王侯门",追念"操纸终夕酣",追念"词场竟疏阔,平昔滥吹奖",就足以确认他俩的契合。

在杜甫的传世诗作中,最早见证郑杜契合的,当数作于天宝十一年(752年)或其稍后一点的《陪郑广文游何将军山林十首》。第一首前四句写遥望何氏山林,后四句即叙陪郑同游:"谷口旧相得,濠梁同见招。平生为幽兴,未惜马蹄遥。"其中"谷口"代指郑,"濠梁"代指何,可以看出郑虔与杜甫已是老朋友,他俩的结交应在那以前。及至第五首,前四句描绘眼中所见山林景物之后,后四句更转到:"银甲弹筝用,金鱼换酒来。兴移无酒扫,随意坐莓苔。"其间,自然不缺主人何将军豪爽待客,但郑虔与杜甫同样喝得尽兴,酒兴转移了不待打扫饮食残物,就随人心意地坐在莓草苔藓地上休闲和畅谈,豪饮之态同样张扬。第六首"酒醒思卧簟,衣冷欲装绵",第八首"醉把青荷叶,狂遗白接䍦",第九首"醒酒微风入,听诗静夜分",第十首"自笑灯前舞,谁怜醉后歌",写诗酒任性真绘形绘神。《杜臆》评论"此十诗明是一篇游记,有首有尾,中间或赋景,或写情,经纬错综,曲折变幻,用正出奇,不可方物",深得其妙。从"写情"拈出郑杜诗酒情,抑复堪称风致无限。

这种诗酒情,在天宝十四年(755年)春所作的《醉时歌》里,更宣泄得淋漓尽致。起首的八句,便对郑虔的德才不遇、命运坎坷叫屈不已:"诸公衮衮登台省,广文先生官独冷。甲第纷纷厌粱肉,广文先生饭不足。先生有道出羲皇,先生有才过屈宋。德尊一代常坎坷,名垂万古知何用!"对郑虔的德和才推重之隆,置诸所有传世杜诗,都是极为罕见的;尤其认为"德尊一代",更是惊世骇俗之论,推心置腹之颂。以之对衬"常坎坷",并有仕途上的"官独冷"和生计上的"饭不足"两层铺垫,发出"名垂万古知何用"的愤激悲鸣就毫不足怪了。这当中,除开同气相求,同心相印,不排除也有同病相怜。接下来八句转到"时赴郑老同襟期",一称"郑老",二"同襟期",既表明了倾心的尊敬,又凸显出秉性、兴趣的特别契合,实非等亲友情可比。"得钱即相觅,沽酒不复疑",在他俩之间都习以为常。"忘形到尔汝,痛饮真吾师",至情至性尤显不可向迩。

但"醉时"之意还未点深透,所以又有六句写道:"清夜沉沉动春酌,灯前细雨檐花落。但觉高歌有鬼神,焉知饿死填沟壑?相如逸才亲涤器,子云识字终投阁。"前两句写痛饮的环境,中两句写痛饮的心态,后两句再用两位前贤的遭遇相喻相况。"高歌"实为"放歌破愁绝","有鬼神"显示风骨卓异,"焉知"更表明"贫贱不能移",生死亦已置之度外。由此引出六句收结:"先生早赋归去来,石田茅屋荒苍苔。儒术于我何有哉?孔丘盗跖俱尘埃!不须闻此意惨怆,生前相遇且衔杯。"与起首八句呼应映衬,并不是真的认为垂名无用,儒术可废,万象虚无,只宜沉醉,而是对那个一贯颠倒黑白、摧残人才的社会时势发出泣血的指控。为郑虔,为自己,甚至也为同样命运坎坷的人。正是同样的命运遭际,将杜甫与郑虔联结得比其他人更紧密。

风云突变,"安史之乱"使郑虔的命运比杜甫更令人不堪。叛军占领长安时,郑虔未能逃出来,被迫接受伪职,但并没有真替叛军效力。相反地,他被叛军拘留在洛阳期间,还有密章送达灵武,表明了效忠唐室的态度。殊不知,至德二年(757年)十月唐军收复长安、洛阳后,十二月唐玄宗回到

"狂夫"杜甫

长安,肃宗就在大封扈从蜀郡、灵武功臣的同时,对陷贼官员分六等定罪,王维、储光羲等皆被贬官。时年六十二岁的郑虔虽免于死,却被严谴之后远谪至台州(今浙江临海)任司户参军,并被逼仓促上路。杜甫未能赶上送行,伤悼不已,乃作《送郑十八虔贬台州司户,伤其临老陷贼之故,阙为面别,情见于诗》以明心迹。诗中写道:"郑公樗散鬓成丝,酒后常称老画师。万里伤心严谴日,百年垂死中兴时。"对郑虔生不逢时,长期有如庄子所说的樗树一样材大而不见用,垂暮之年还被贬谪万里之外鸣冤叫屈。非但如此,他还悲哀:"仓皇已就长途往,邂逅无端出饯迟。便与先生成永诀,九重泉路尽交期!"殊不料,果然"成永诀",广德二年郑虔卒于台州贬所。

郑虔被贬台州后,杜甫于乾元元年(758年)春,即有《题郑十八著作文故居》寄意。诗中系念"乱后故人双别泪,春深逐客一浮萍",叹息"酒酣懒舞谁相拽,诗罢能吟不复听",别后凄凉浸于笔端。乾元二年(759年)在华州,自己的处境也较之前恶劣了,杜甫再作《有怀台州郑十八司户》,仍担心"郑公纵得归,老病不识路"。他纵驰想象,忧虑郑虔在台州"性命由他人,悲辛但狂顾","呼号傍孤城,岁月谁与度"。进而感慨横生:"从来御魑魅,多为才名误!"既疑其负才招忌,又怜其屈身一官而"非供折腰具"。终而重述厚谊:"平生一杯酒,见我故人遇。相望无所成,乾坤莽回互。"其情其致,丝毫不亚于《天末怀李白》。说是"世人皆欲杀,吾意独怜才"同调,绝不为过。

同年还有一首《所思》,起句即道:"郑老身仍窜,台州信始传。"看来郑杜之间还有书信往还。郑虔告以"为农山涧曲,卧病海云边"云云,多半属于宽慰之辞,以免杜甫过于担心。实际的状况,或许如《八哀诗》之七中所概述的"履穿四明雪,饥拾橡溪橡。"只能艰难地延续着生命。杜甫想救助也救助不了,及至作《八哀诗》,也只能哀于"百年见存殁,牢落吾安放"。唯一还差堪自慰的,也不过是"他日访江楼,含凄述飘荡"。相信那是杜甫的真实愿望,只可叹,他并未获得那样的机会。但不论社会历史怎样捉弄过郑虔、杜甫,他俩的莫逆之交终究已经借诗纪史,百代不移。郑虔和苏源明都可以因有杜甫这样一个朋友而含笑九泉。杜甫则用他对郑、苏等人的一片至诚,既为具体个人,也为社会历史,出色地诠释了什么叫作与朋友交的忠信,什么叫作人生得一知己足矣。

《八哀诗》里的另外六个人,大而别之当属两类。一类为王思礼、李光弼和张九龄,前二人为中兴名将,后一人为一代名相,与杜甫个人并无直接瓜葛,写他们纯属"怀贤"。另一类为严武、李琎和李邕,他们与苏源明、郑虔一样,都是杜甫的故旧知交,写他们也属"叹旧"。但他们三人又与苏、郑二人不一样,他们都曾有恩于杜甫,因而杜甫对于他们的"叹旧",就还具有怀恩的成分。

杜甫初到长安时,曾经多次受到李琎的优礼相待,《赠特进汝阳王二十韵》一诗曾称颂"特进群公表,天人凤德升";"学业醇儒富,辞华哲匠能"。在《饮中八仙歌》里,也描述了"汝阳三斗始朝天,道逢麹车口流涎,恨不移封向酒泉"。李琎已于天宝九年(750年)去世,杜甫叹旧兼怀恩,故在《八哀诗》之四特撰《赠太子太师汝阳郡王琎》。诗起前十句,即赞其人"眉宇真天人","虬髯似太宗",气宇颇轩昂。中间历述李琎不仅善于骑射,常陪皇帝射猎,而且敢于"袖中谏猎书,扣马久上陈",谏猎止辇。尤为赞其"晚年务置醴,门引申白宾","好学尚贞烈,义形必沾巾"。而杜甫本人,就曾多次领沾"申白宾"之溉,并且感受其"道大容无能","篇什若有神"的非凡风采。涓滴之恩,涌泉相报,那是中华侠义的一条基本准则,也是杜甫生平的一条互德原则,所以诗的最后十句,就对李琎的"墓久狐兔邻",寄托以"哀谢增酸辛"之叹。

李邕比李琎更早赏识杜甫,天宝四年(745年)夏,时年三十四岁的杜甫再游齐赵,便与时年六十八岁的李邕结成忘年之交了。《陪李北海宴历下亭》一诗,便是当时在济南历下亭即席所赋。"蕴真惬所欲,落日将如何? 贵贱俱物役,从公难重过!"杜甫深为难以重见唏嘘不已。果不其然,未及两年,李邕便因遭李林甫忌被杖杀而死。《八哀诗》之五特撰《赠秘书监江夏李公邕》,开始四句便为之浩叹:"长啸宇宙间,高才日凌替。古人不可见,前辈复谁继?"如斯浩叹固为泛议,但五、六句"忆昔李公存,词林有根柢"一旦转进,就意味着也是特指。接下来,就一气铺陈,盛赞李邕一生之长:"声华当健笔,洒落富清制。风流散金石,追琢山岳锐。情穷造化理,学贯天人际。干谒走其门,碑版照四裔。各满深望还,森然起凡例。"然而,这样一位文辞华茂,金石精湛,情真学富,德高望重的卓越前辈,却时乖命蹇,遭毁枉死,并且身后异常萧条,子孙微弱,故旧远游,觉冤怎么才能得昭雪呢?"朗咏六公篇,忧来豁蒙蔽",杜甫为之欲哭无泪。

王嗣奭《杜臆》评论这首诗,比其他人见解独到:"此老才名甚盛而死极惨,公痛之甚,故既云'竟掩宣尼袂'又云'魂断苍梧帝',又云'事近小臣毙',又云'坡陀青州血',不觉其言之复也。叶石林以为累句,其论诗则是,而不知老杜又当别论。"但如何又当别论,他仍未曾说明白。撰其旨,杜甫那样地不避"其言之复",实际上是痛极恨极,一言一语难以表达,就从多角度反复地伸言。唯有对前辈至友爱之极,同时对魑魅宵小恨之极,才会如引复沓修辞,任性宣泄。王嗣奭还指出:"'忠贞负冤恨,宫阙深旒缀',言忠贞负冤,由君之明有所蔽也。不忍斥言,故借用宫阙与冕旒蔽目之语。"这一点见解,比前之所言更加独具慧眼,无异于把握住了杜甫的怨恨所指,不限于所谓"小臣",还曲折地及于"君"。李邕有惨死,"君"当然有责,杜甫能以曲笔刺君,置诸《八哀诗》当属独一份。而这独一份,情义之根又在于他对李邕恩义的念念不忘和拳拳必报,实在堪称又是一种"世人皆欲杀,吾意独怜才"。

严武字季鹰,华州华阴(今属陕西)人,与李琎、李邕都大不一样。据《旧唐书·严武传》说,其人"神气隽爽,敏于闻见,幼有成人之风"。其父严挺之为中书侍郎,因而他弱冠即以门荫策名,唐玄宗时由充判官迁侍御史,唐肃宗至德初任给事中,收复长安后升京兆少尹兼御史中丞,时年三十二岁。尔后三度入蜀作封疆大吏,入朝亦为中枢高官,广德二年(764年)十月因功加检校吏部尚书,封郑国公。但"前后在蜀累年,肆志欲逞,恣行猛政";且"性本狂荡,视事多率胸臆",对有"荐导之恩"的房琯"略无朝礼,甚为时议所贬"。永泰元年(765年)四月以疾终,时年四十岁。但他对比他年长十四岁的杜甫一直非常关爱,深情厚谊远超过高适之对杜甫,因而杜甫对他一直感佩有加,引为知己。传世杜诗中,与严武酬唱或者怀念严武的作品多达三十四首,无任何一人能出其右,便凸显出了他俩的友谊极为独特。

杜甫给严武最早的赠诗为《奉赠严八阁老》,作于至德二年(757年)在长安任左拾遗期间。当时严武任给事中,官阶正五品上。给事中属门下省,左拾遗属中书省,两省官员之间援例互称"阁老"。诗为五律:"扈圣登黄阁,明公独妙年。蛟龙得云雨,雕鹗在秋天。客礼容疏放,官曹可接联。新诗句句好,应任老夫传。"前四句赞扬严武遇主乘时,后四句称许彼此性情相投。那一年,严武三十二岁,故称"妙年",杜甫四十六岁,已敢称"老夫"。而敢对一个官阶比自己高十四级,仕途上春风得意的世家子弟自称"老夫",说明友情已突破了官场等级的界限。彼此能相投,基本条件首在都性格"疏放",其次则凭"诗"作纽带。从后来在成都严武给杜甫的多首赠答诗可见,严武的诗的确是清新俊朗,无愧于"新诗句句好"之赞。当年八月杜甫被"恩许"鄜州省亲,特作《留别贾严二阁老两院补阙》一诗,告以"去远留诗别,愁多任酒醺"的情事,留别对象突出了贾至、严武二人,可见他与严武的诗酒友情超过了对同为给事中的王维。

杜甫与严武重聚,时在宝应元年(762年)春。头年十二月,严武受命第二度入蜀,出任成都尹兼御史中丞,充剑南节度使。当年一月到任未久,其便致《寄题杜二锦江野亭》诗,微讽杜甫耽诗而不仕,伸达欲至草堂看望的心意,杜甫即以《奉酬严公寄题野亭见过》所写,"元戎小队出郊坰,问柳寻花到野亭",严武就同他重新欢会了。随之便发生了《遭田父泥饮美严中丞》所述的事,诗歌唱和、乳酒馈赠、携酒野馔、厅宴咏画之类的诗酒雅事也接踵而至了。同年七月,唐代宗召严武还朝,杜甫立赋《奉送严公入朝十韵》相送,殷切寄望"公若登台辅,临危莫爱身"。不仅如此,他还一路陪送,直至绵州三十里外的奉济驿方才依依惜别。《送严侍郎到绵州,同登杜使君江楼宴》喟叹"此会共能几",《奉济驿重送严公四韵》为问"几时杯重把",恨重聚时间太短,盼再次重聚有期,惜别之情既深且长。这一次重聚时不足七个月,杜甫竟留下十四首诗,平均一月便有两首,数字本身便颇具感染力。

广德二年(764年)三月严武第三度入蜀,立即致书邀杜甫返回成都。当年春,杜甫已携家由梓州赴阆州,准备出峡离蜀。但四月得严武书,当即改变主意,决计应邀回成都。"殊方又喜故人来,重镇还须济世才","身老时危思会面,一生襟抱向谁开",《奉待严大夫》一诗传达出他的感激。途中作《将赴成都草堂,途中有作,先寄严郑公五首》,表明了"生理只凭黄阁老,衰颜欲付紫金丹"的衷情。回到成都后,《草堂》诗所写"大官喜我来,遣骑问所须",反映出严武对他关切备至。六月,严武即荐杜甫为节度参谋、检校工部员外郎,让杜甫有官有俸,生计得安。身入严武幕府,酬唱更为方便,咏秋咏晚,咏松咏竹,泛舟赏画,遣闷逸兴,成了他俩共享的主题。杜甫醉酒而发狂,说出"严挺之乃有是儿",就发生在这个期间。即便杜甫终未能适应官场规则,第二年正月辞去幕职以后,他俩的交谊依旧很笃厚。《敝庐遣兴奉寄严公》诗中写道:"把酒宜深酌,题诗好细论";"府中瞻暇日,江上忆词源。"旧情照样浓烈,令人无限怀想。永泰元年(765年)四月,严武突然发病而死于成都,时年四十岁。五月,杜甫便离开成都,走上了携家东下之路。这一次重聚大约一年,杜甫有诗十五首;严武身后悼亡追念,另有三首——数字再一次令人刮目相看。

毫无疑问,严武是一个改变过杜甫生命轨迹的人,是对杜甫主动施恩,而又不求报偿的人,以此构成了他与杜甫的其他朋友最大的区别。杜甫对于严武的知遇之恩，物质上无以回报，精神上却尽其所能，加倍回报，充分体现出了中华侠文化的知恩必报、知己必酬的传统价值取向。两度重聚出自真情实意地写出那么多诗，是一个标志。严武身后一再悼念，又是一个标志。在携家东下途中，于忠州作的《哭严仆射归榇》一诗，就对严武的"老亲如宿昔，部曲异平生"，独自伸张了"一哀三峡暮，遗后见君情"的知遇感和伤逝意。《八哀诗》之三特撰《赠左仆射郑国严公武》，更如仇注引刘克庄《后村诗话》所说，"忠厚蔼然"，"可以矫薄俗"。

为什么会有这样的评判？无他，盖因这首诗浑如为严武立传，并且比《旧唐书·严武传》更正面。杜甫在诗中，开篇即赞"郑公瑚琏器"，从小天资过人，长大才学出众，"阅书百纸尽，落笔四座惊"。入仕以后更为不凡，不但"感激动四极，联翩收二京"，而且"四登会府地，三掌华阳兵"，治蜀尤其"诸葛蜀人爱，文翁儒化成"。然而天不假年，英才早逝，杜甫叹为："颜回竟短折，贾谊徒忠贞"。结尾六句写道："飞旐出江汉，孤舟转荆衡。虚横马融笛，怅望龙骧茔。空余老宾客，身上愧簪缨。"在严武身后，虽有朝廷赠左仆射的哀荣，却是如同前引《哭严仆射归榇》所述，昔日围在身边的部属、宾客大多已改容淡去，"空余"他这个"老宾客"还在"怅望"着"龙骧茔"，其凄凉萧索与他人何异？但唯其"空余"，还要"怅望"，就彰显出了"忠厚蔼然"，其品可鉴，其情可风。对比观照那些"异平生"，亦即诸如人走茶凉，过河拆桥，乃至于忘恩负义，落井下石之类的"薄俗"怪相，霄壤云泥立时可见。

与《八哀诗》同时，《诸将五首》之五还曾写道："锦江春色逐人来，巫峡清秋万壑哀。正忆往时严仆射，共迎中使望乡台。主恩前后三持节，军令分明数举杯。西蜀地形天下险，安危须杖出群材。"这一首政论诗特别推崇严武为挽救危局、平息叛乱的出类拔萃不世之才，诚如浦起龙《读杜心解》所说，"此为镇西川者告也。严武初镇而罢（指段子璋叛乱），高适代之，则有徐知道之反（杜甫正因之避乱梓州），及松、维等州之陷（指吐蕃占松、维）。现镇而卒，郭英乂代之，则有崔旰等相攻杀之扰。迨杜鸿渐镇蜀，卒

"狂犬"杜甫

不能制。此武之所以出人上也。"这些话，合乎严武、高适、郭英乂、杜鸿渐相继镇蜀期间的实际，严武确系乱世中的治乱能臣，政绩卓著。由此也足以认定，杜甫那样巴心巴肝、热心热肠地敬重比他年少十四岁的严武，不只是因为严武对他个人多有知遇之恩，而且还是缘于严武对于国家的贡献确乎令他衷心佩服。

对李琎、李邕，特别是对严武"叹旧"和怀恩，怀恩比"叹旧"更值得传扬。在中华民族发展史上，上至庙堂，下至江湖，既有知恩必报、知己必酬的优秀传统，又有忘恩负义、落井下石的恶劣习俗，后者比前者更加盘根错节，流绪绵深。尤其在道德陵替、世风浊乱的时节，忘恩负义的朋友最有可能成为落井下石的寇仇，告密、出卖、诬陷、栽害等等无所不用其极，"世人皆欲杀"的"世人"当中通常不乏此辈身影。当其际，"吾意独怜才"就超越了纯个人的交情范畴，而变成了讲人格、讲操守的指示标。从古至今举不胜举的正反事例足以显示，讲人格，讲操守，就要从重友、怀恩做起，而怀恩恰正是重友的试金石。以此观察杜甫，应该说，他已自觉奉行到了习以为常的崇高境界，不仅胜过同时代的绝大多数人，而且超越时空，对后之来者如何做人、如何待友永久具有示范意义。

杜甫离开成都后，尽管后来结交过能与李白、高适、岑参、苏源明、郑虔、严武等人相比肩的朋友，但他的重友、怀恩确乎做到了一以贯之。例如旅居于夔州期间，夔州都督柏茂琳对他有所关照，他就有好几首诗奉赠柏氏本人及昆仲、子侄，还帮其人作过《为夔府柏都督谢上表》。又如漂泊于湖湘期间，他自己已经是残年将尽了，在《暮秋枉裴道州手札，率尔遣兴，寄递，呈苏涣侍御》一诗里，还特意"附书与裴（裴虬）因示苏（苏涣）"，表明了"致君尧舜付公等，早据要路思捐躯"的寄望。"齿落未是无心人，舌存耻作穷途哭"，他不愿意多麻烦朋友，却对朋友的事业、前途满怀殷望，高见逸韵，令人怀想。

大历五年（770年）正月二十一所作的《追酬故高蜀州人日见寄，并序》

一诗特别耐人品味。如序文所述,他是"开文书帙中,检所遗忘",意外发现上元二年(761年)人日(正月初七)高适赠诗的。其时距高适赠诗将近十年,距高适辞世(765年正月)将近六年,"海内忘形故人,独汉中王瑀(李瑀)与昭州敬使君超先在",他"老病怀旧",作出此诗。"今晨散帙眼忽开,迸泪幽吟事如昨",多少往事,翻到眼前。"呜呼壮士多慷慨,合沓高名动寥廓",对高适的功名才望,追思犹自赞叹不已。"叹我悽悽求友篇,感时郁郁匡君略",曾经的友谊虽旧犹新,倾心的叹服历久弥亲。然而,"东西南北更谁论,白首扁舟病独存",生死契阔,天人永隔,真如序文所自怜的"爱而不见,情见乎辞"。这首诗成后未足一年,杜甫便与世长辞,因而可视为他生平最后一首追怀旧友的诗。友情与生俱在,由兹可见一斑。

"天边长作客,老去一沾巾"的至性亲情

　　杜甫的性格狂放、狂直,他自己认作"疏放"。疏放的要蕴在于任意任性,无拘无束,确为狂放、狂直的基本特征,与狂放不羁的意义相同,但未能涵纳狂直的直还具备的"执着"的属性。相反地,由狂放不羁生发开去,有可能导致对某些事情特别在意,特别动情,对另外一些事物却流于大而化之,不大放在心上,任其发展下去,可能变成狂诞。而这样的人,一旦发现行有未当,回归到狂直上来,大而化之就会变成细致入微,不大放在心上就会变成非常在意,非常动情。杜甫对亲情,就经历了这样一道陡然转换的生命历程。

　　中华民族从上古时期家族形成开始,就一直以血缘关系作人际纽带,逐步形成了家——族——群——国的社会结构,简言之叫"家国同构"。先有家,后有国。必有家,方有国。因此,自古及今,第一位的人际关系便注定是亲情关系。父(母)慈,子(女)孝,兄友,弟悌,即构成了直系亲情,进而由兄弟扩展至旁系。以之作为基础和前提,伸及广阔社会的诸多层级,然后才有朋友、邻里、同事、君臣等关系。西汉初期普遍尊重"百善孝为先"，即是亲情第一的历史积淀，一千多年后才被宋代理学张扬的"百德忠为首"取而代之。即便如此，在广大民间，仍以亲情第一为人性准则。杜甫显然明白这一点，所以他在《祭远祖当阳君文》中竭诚誓言"不敢忘本，不敢违仁"，在《祭外祖母文》中抚膺申言"岂无世亲，不如所爱"，在《唐故万年县君京兆杜氏墓志》中更是历数"远自周室，迄于圣代"的先人"行迹"，以"发皇内则，标格女史"。

然而，在四十四岁以前，杜甫的实际表现却是国事重于家事，友情胜过亲情。开元二十九年（741年），他三十岁才结婚，与妻子杨氏住在洛阳以东、偃师县西北二十多里的陆浑庄的窑洞里，过了两年多一点的安定日子。天宝三年（744年）春在洛阳遇到李白后，他就辞别了妻子，先游梁宋，再游齐赵。天宝五年（746年）他又西去长安，准备参加朝廷举办的招贤考试，连过大年也未回家。直至天宝十二年（753年），长子宗文四五岁了，次子宗武也于当年九月出生了，他才把家小接到长安同住。一家子住在长安城南十五里地的下杜，那个地方北邻曲江，东为杜氏祖籍的杜陵、少陵原，因而杜诗中每每自称"长安布衣""杜陵野客""少陵野老"。那一年八月京城霖雨成灾，米价腾贵，他仅凭"日籴太仓五斗米"（《醉时歌》）根本养不活妻儿，一家人过的是"饥卧动即向一旬，敝裘何啻联百结"（《投简咸华两县诸子》）的极贫日子。实在撑不过，次年秋天，他只好将妻儿送往东北二百四十多里的奉先县，寄食于杨氏的亲戚杨县令的廨署，自己独自返长安。再次年，亦即天宝十四年（755年）初夏他到奉先县北的白水县看望舅父崔顼，秋天才同崔顼一起到奉先县探看了妻儿。从这些简要勾勒不难看出，直至那时节，杜甫既算不上一个好丈夫，也算不上一个好父亲。

杜甫沉痛自责，出现在他已满四十四岁的天宝十四年的十一月，有《自京赴奉先县咏怀五百字》作证："老妻寄异县，十口隔风雪。谁能久不顾？庶往共饥渴。入门闻号咷，幼子饿已卒。吾宁舍一哀，里巷亦呜咽。所愧

"狂夫"杜甫

为人父,无食致夭折! 岂知秋禾登,贫窭有仓卒?"那以前的十年间,他大多数时间是个人困处长安,将主要心思放在争取实现"立登要路津"上了。在无望的日子里,他的主要精力也用在与诗友酒友们任意任性方面,个人生活无论怎样潦倒都无所谓,唯独对妻儿实际上是关照得甚少。及至遭逢了"入门闻号咷,幼子饿已卒"的人间惨事,他心灵的震撼不能不异常强烈,他良知的愧悔不能不异常剧猛,他为人夫、为人父所应有的责任感也不能不由之复苏。那以后,他对妻儿的关切牵挂,便与既往形同两端,愈来愈朝着好丈夫、好父亲自觉地转化。

正是那期间,"安史之乱"爆发了,杜甫首先考虑到的是妻儿的安危。天宝十五年(756年)二月,他自奉先返长安就任右卫率府兵胄参军职位未久,四月即再赴奉先安顿家小,携家至白水依舅父崔顼。六月,又携家避乱至鄜州羌村。途遇表侄王砅,两家结伴逃难。起初杜甫骑着马,不料难民人潮汹涌,秩序混乱,马被人抢走了,他也与妻儿失散了。多亏王砅独自回找,找了十几里路,才将他找到了。王砅还把自己的马让给杜甫骑,并且一手提刀,一手牵缰,保护着杜甫追赶亲人,终于重聚。对这种姑表亲情,杜甫感动不已,一直都记在心间。大历五年(770年)在潭州(今湖南长沙)重遇王砅,还特意写了《送重表侄王砅评事使南海》一诗,既追述两家姑表渊源,更深情地重述其事:"往者胡作逆,乾坤沸嗷嗷。吾客左冯翊,尔家同遁逃。争夺至徒步,块独委蓬蒿。逗留热尔肠,十里却呼号。自下所骑马,右持腰间刀。左牵紫游缰,飞走使我高。苟活到今日,寸心铭佩牢!"患难救助之恩,真是感人肺腑。

与王砅分别以后,杜甫一家人艰难跋涉,继续北行,好不容易才走到了彭衙故城(今彭衙堡)。含辛茹苦又走了两天,终于到达了鄜州附近的同家洼,在老朋友孙宰家里暂时歇脚。孙宰热忱地招待杜甫一家人。一年后,杜甫作《彭衙行》,感激"故人有孙宰,高义薄曾云",慨叹"谁肯艰难际,豁达露心肝"。同时,他也描述了逃难的经历:"尽室久徒步,逢人多厚颜。参差

谷鸟鸣,不见游子还。痴女饥咬我,啼畏虎狼闻。怀中掩其口,反侧声愈
嗔。小儿强解事,故索苦李餐。一旬半雷雨,泥泞相牵攀。既无御雨备,径
滑衣又寒。有时经契阔,竟日数里间。野果充糇粮,卑枝成屋檐。"其间"痴
女""小儿"几句的再现,将他这个为人父者错综复杂的疼爱、怜惜、呵护、容
忍之情展露无余。较之既往《秋雨叹三首》粗线条的"老夫不出长蓬蒿,稚
子无忧走风雨",这些诗意的细腻、深挚,明显更加可亲可近,可惊可叹。而
且,赞佩孙宰的"谁肯艰难际,豁达露心肝",也是杜甫本人至性亲情的真实
写照。

　　正因为到至性亲情已激活到如斯境界,杜甫将妻儿安置在鄜州羌村以
后,自己欲投灵武却被拘长安,期间才创作出了一系列感人至深的思亲
诗。如《月夜》谓:"今夜鄜州月,闺中只独看。遥怜小儿女,未解忆长安。
香雾云鬟湿,清辉玉臂寒。何时倚虚幌,双照泪痕干?"如《春望》谓:"国破
山河在,城春草木深。感时花溅泪,恨别鸟惊心。烽火连三月,家书抵万
金。白首搔更短,浑欲不胜簪。"如《一百五日夜对月》谓:"无家对寒食,有
泪如金波。斫却月中桂,清光应更多。仳离放红蕊,想像颦青蛾。牛女漫
愁思,秋期犹渡河。"如果说,《月夜》和《一百五日夜对月》主要是在思念妻
子,那么,《忆幼子》和《遣兴》就专注于思念幼子宗武。前者前四句由导入
情,遥想"骥子"(宗武小名)"别离惊节换,聪慧谁与论";后四句借景寄情,
怅念宗武"忆渠愁只睡,炙背俯晴轩"。后者更是既思以前"骥子好男儿,前
年学语时,问知人客姓,诵得老夫诗",又思当下"世乱怜渠小,家贫仰母慈,
鹿门携不遂,雁足系难期",还思将来"倘归免相失,见日敢辞迟",简直为他
这个最钟爱的儿子忧心透了。四川俗话有言"皇帝爱长子,百姓爱幺儿",
杜甫爱幺儿爱到了极致。所有这一切,都是责任感前未曾有过的,起码于
诗难觅其踪。

　　不仅对妻儿如此,对弟妹,他也同样空前关心。他有一个同父异母的
妹妹,嫁给韦姓人家,随夫家远在钟离(今安徽凤阳),《元日寄韦氏妹》一诗

"狂夫"杜甫

就是离乱时思妹之作。其三、四句"郎伯殊方镇,京华旧国移",反映出了长安已沦陷,唐肃宗行宫在灵武,兄妹山阻水隔而活,命运如何的世事沧桑之感。七、八句结以"不见朝正使,涕痕满面垂",伤怀的即是音讯莫通。他还有四个同父异母的弟弟,依次叫杜颖、杜观、杜丰、杜占,当时还有人滞留在洛阳一带,与身陷长安的杜甫分在"两京"。"近得平阴信,遥怜舍弟存",他写了《得舍弟消息二首》以志其感。一则以喜,一则以忧,第一首就为"烽举新酣战,啼垂旧血痕"而伤感不已,为"不知临老日,招得几人魂"惶惑不已。第二首更就兄弟远离,而自己这个做兄长的资生无计、销忧无力,自愧自叹"生理何颜面,忧端且岁时"。全诗结在"两京三十口,虽在命如丝",尤其表明了他害怕的是乱世难测,兄弟难保。兄弟友谊情深,尽在忧伤之中。

至德二年(757年)四月,杜甫逃到凤翔谒唐肃宗,五月得授左拾遗。秋初得家书,果然抵万金,旋用《得家书》为题写出一首五言诗。他为"熊儿(宗文小名)幸无恙,骥子最怜渠"高兴,也为"临老羁孤极,伤时会合疏"伤痛。进而联想到自己处境,"二毛(鬓毛斑白)趋帐殿,一命侍銮舆",在驾前过得并不顺心,看来是在因谏房琯事触忤了唐肃宗之后不久,于是乎,近似晋代张季鹰"在洛,见秋风起,因思吴中菰菜羹、鲈鱼脍"(《世说新语·识鉴》)那样,他有感于"凉风新过雁,秋雨欲生鱼",想到了要"农事空山里,眷言终荷锄",希图与妻儿相聚于山中。如此小感慨,切莫等闲看。对杜甫那样一个志在"致君尧舜上,再使风俗淳",困处长安十年犹自不悔不改的人来说,这是一次人生价值观念的调向。质言之,这意味着他对既往大半生所致力的仕途选择,终于因实践受挫而有悔有改了,改到了宁愿更向家事、亲情靠拢了。尽管并不是觉今是而昨非那样一种质的飞跃,但对他从《羌村三首》以后的人生走向实迹来看,这次调向未可小觑。

杜甫触忤唐肃宗,在他刚任左拾遗的至德二年五月,差一点为之丢了性命。当年闰八月,即被"恩许"离开凤翔,回鄜州羌村探看家小。由兹有了《羌村三首》。步行七百多里才到家,顿时引得"妻孥怪我在,惊定还拭

216

泪",盖因为"世乱遭飘荡,生还偶然遂"。只两句"夜阑更秉烛,相对如梦寐",便将夫妻间由于九死一生,意外重聚,且怪且惊,疑真疑幻的心态和情境勾画出来了。但人在家里,心犹系于国,既纠结,又郁闷,因而深感"晚岁迫偷生,还家少欢趣"。他感觉到了父子久疏的人生况味,对于"娇儿不离膝,畏我复却去",似有椎心的痛。"忆昔好追凉,故绕池边树",去年六七月间刚将妻儿安置到羌村,与儿追凉、绕树的父子亲情浮上心头,抚今追昔,别是滋味。家事如此,国事如何?他陷入了"抚事煎百虑"的矛盾漩涡。"何以解忧?唯有杜康。"(曹操《短歌行》)他寄望于酒,"且用慰迟暮"。是乡亲父老携来的酒,让他从矛盾漩涡当中暂时解脱出来,"请为父老歌,艰难愧深情"。可以看出,《羌村三首》标志着,杜甫要在家事国事、亲情世情之间重新考量,寻求平衡了。

如果说《羌村三首》乃是欲说还休,点到即止,那么追述这次还家经历的史诗《北征》,就对家事、亲情做了翔实描画——

况我堕胡尘,及归尽华发。经年至茅屋,妻子衣百结。恸哭松声回,悲泉共幽咽。平生所娇儿,颜色白胜雪。见耶背面啼,垢腻脚不袜。床前两小女,补缀才过膝;海图坼波涛,旧绣移曲折;天吴及紫凤,颠倒在短褐。老夫情怀恶,呕泄卧数日。那无囊中帛,救汝寒凛栗?粉黛亦解色,衾绸稍罗列。瘦妻面复光,痴女头自栉;学母无不为,晓妆随手抹;移时施朱铅,狼藉画眉阔。生还对童稚,似欲忘饥渴。问事竞挽须,谁能即嗔喝?翻思在贼愁,甘受杂乱聒。新归且慰意,生理焉得说?

与《羌村三首》略作对照便能判定,《羌村三首》写的是还家当天,从傍晚到深夜的即时感受,所以简略,所以会那样"还家少欢趣";而《北征》写的是还家当天以及继后情状,并且是过后回味,所以翔实,所以会如此"新归且慰意"。从《北征》的总体叙事看,这一段诚然并非主体,甚或还是"乾坤含疮痍"的一个部分。然而单就描画家事、亲情而言,在杜诗中却是既空前,又绝后,置诸整部中华诗史也颇罕见。以"老夫情怀恶,呕泄卧数日"分前后,无论是前之不堪,还是后之宽慰,杜甫对"瘦妻"、对"娇儿"、对"痴女"的人情至性和人伦亲情,实在堪称彰显得细致入微,形神兼备,感人至深。完全可以说以"北征"为证,他已经不愧为一个好丈夫,一个好父亲。也完全可以说,《北征》就是杜甫至性亲情充分激活了的一大标志。

《北征》当年,杜甫已然四十六岁,距他五十九岁长辞人世只差十三年,俨然业已进入人生倒计时。他在《羌村三首》里明言"晚岁",在这首诗里自称"老夫",表明他知道来日无多了。那不是缘于精神颓丧,而是源自生命流逝,他那个时代的确普遍是"人生七十古来稀"。何况战乱连年,民如蝼蚁,生命更加脆弱。他虽然并未认识深透,"遂令半秦民,残害为异物"的终极根源,正在于他必欲尽忠的那个以"君"为体表的,由政权体系构建的国家,但他凭直觉已看出了,那个国家不会保护他和妻儿在内的蚁民百姓,蚁民百姓图生存只能自己救自己。家事与国事、亲情与世情虽不可兼得,却应当兼顾,为人夫、为人父就必须担当起为妻儿图存的那份责任。所以那以后,他再也不像既往那样,将妻儿寄托在某个地方便丢心落肠了,就只顾自己追逐功业了,而是变成总对妻儿牵肠挂肚,尽可能地携随相顾。从鄜州到华州,往同谷,赴成都,转梓州,下夔州,向湖湘,贯穿他的人生倒计时,他再也没有与结发妻子和两儿两女长久分开过,他的至性亲情愈老愈绽新花。

疾风知劲草,板荡见忠贞,于国如此,于家亦然。往同谷县的两三个月,置诸杜甫一生,显然是最艰危,亲人生命悬若发丝的绝险时段。乾元二年(759年)十一月作的《乾元中寓居同谷县作歌七首》,简直就是长歌当哭,令人震颤地真实记录了他和亲人彼时彼际惨绝人寰的生存挣扎,他个人的至性亲情则在生存挣扎中进一步凸显出了人性的醇美和人格的博大。

这组诗的第一首和第二首,写他自己如何为养活子女极尽悲辛,以及子女如何饥饿,濒临死亡。那一年杜甫四十八岁,"白头乱发垂过耳",衰老病弱已难撑持。可是,长子宗文方十岁,次子宗武仅止五岁多,一双女儿也都年幼,四个子女都依赖他觅食存活,他必须恪尽为父的天责。尽管陇南山区的山险谷深,更兼时逢岁末的天寒地冻,风烈雪盛,他仍然不能不托长镵"以为命","岁拾橡栗随狙公,天寒日暮山谷里",纵然"手脚冻皴皮肉死"犹义无反顾。橡栗即橡子,四川人叫青杠子,采来可以代粮充饥。只是在农历岁末,树上长的橡栗也好,地里生的黄独(一种野生土竽)也好,全都很难觅得了。所以,尽管"短衣数挽不掩胫",在冰天雪地里从早到晚地寻遍山谷,也时常不免于镵"空归来"。儿女们望眼欲穿,盼父能够获食归来,殊不知却是空手归来,那种失望乃至于绝望实在难以言表,"男呻女吟四壁静"一句包含着多少血泪辛酸。"呜呼二歌兮歌始放,闾里为我色惆怅!"天地至性,人世亲情,业已化作曲曲哀歌,阵阵悲风,越千百年犹令后人不胜唏嘘。当今中国人,或许只有经历过1960年前后三年那种灾祸苦难的过来者们,才聊可以想其仿佛。

身边的子女啼饥号寒,苟延性命,远方的弟妹又是何种处境,何种命运? 杜甫作为兄长,明知不能助,仍不免怀念。他的四个弟弟中,当时只有杜占跟随在同谷,其他三人天各一方。"有弟有弟在远方,三人各瘦何人强?"他知道,杜颖、杜观、杜丰都一向身体瘦弱,如今"生别展转不相见,胡尘暗天道路长",他们都还能勉强生存吗? 第三首诗就对兄弟无限担心。"东飞驾鹅后鹙鸧,安得送我置汝旁?"他多么希望能够飞到兄弟身边去,见了面,才放心。这首诗的结句为"汝归何处收兄骨",千转百折的语义中,分明多有但愿兄弟们死在我后的一层寄意。第四首诗转到怀念"在钟离,良人(亦即丈夫)早殁诸孤痴(意谓幼稚)"的寡妹,即"韦氏妹"。"长滩浪高蛟龙怒,十年不见来何时?"他为兵祸连结,兄妹难见痛得撕心裂肺;结句"林猿为我啼清昼",就借兴寄托出了这种无处可诉之痛。

第五首诗如《杜臆》所说"忽然转调",转到了"魂招不来归故乡"上,实际仍是处世感慨。其意若曰,身不得归故乡,魂却早已归故乡了,所以无论怎样招魂都招不来,"生别展转"之情更惨。第六首诗再说开去,强忍释痛幻想"溪壑为我回春姿",期盼国家能够安宁,亲人因之能归故乡团聚。整组诗收结在"呜呼七歌兮悄终曲,仰视皇天白日速",明是在喟叹时间过得太快,暗是在悲悼"男儿生不成名身已老",非但个人功业未建,抱负未伸,而且累及儿女、弟妹飘零异乡,生存艰难。贯穿整组诗的基调和主题,乃是怜亲和责己。如果此解成立,那么,《乾元中寓居同谷县作歌七首》当是杜甫至性至亲情集中喷发出的一大实录。

乾元三年(760年)春,成都草堂落成,杜甫一家人终于过上安定日子。尽管生计来源主要靠高适等类故人接济,生活并不宽裕,甚至并没有脱贫,但较之在长安、奉先、鄜州、秦州等地,特别是在同谷,终究在住上做了安居,在食和衣上也不再是经常挨饿受冻。杜甫个人的心情为之舒张,他与妻子、儿女之间的至性亲情,也达到了自他同杨氏结婚近二十年,除头两年相伴相携以降就从未有过的虽苦亦甘和怡然自足。七律《江村》即留真——

> 清江一曲抱村流,长夏江村事事幽。
> 自去自来堂上燕,相亲相近水中鸥。
> 老妻画纸为棋局,稚子敲针作钓钩。
> 但有故人供禄米,微躯此外更何求?

这首诗写得清丽明快,全然扫却了既往诗的愤激沉郁,烦闷忧伤。贴村点染堂上燕自去自来,贴江欣赏水中鸥相亲相近,赋兼比兴,也是在贴事描状他与妻儿之间的和美乐陶。进而专以赋笔宣示,老妻在纸上画出棋盘以供夫妻对坐弈棋,小儿子则把针敲弯了作为鱼钩准备钓鱼,真实的细节洋溢着情趣,穿越百代犹在目前。结句道出"但有故人供禄米,微躯此外更何求"那样的话,透出了他安定下来后的安适心态:只要有亲友资助维持生存,一家人过得相亲相爱、自由自在就会甘饴可珍,用不着再求其他什么了。如此心态,杜甫活到四十九岁,方才第一次油然生出来。

下一年写的七律《进艇》,浑若《江村》姊妹篇:

南京久客耕南亩,北望神伤坐北窗。

昼引老妻乘小艇,晴看稚子浴清江。

俱飞蛱蝶元相逐,并蒂芙蓉本自双。

茗饮蔗浆携所有,瓷罂无谢玉为缸。

诗里的"南京"代指成都——因为唐玄宗避难幸蜀,上元元年(760年)以前曾号成都"南京"。"耕南亩"并非真有躬耕之举,也是代指他在草堂时有种树、种药之类的劳动;与"坐北窗"对举,表明杜甫一家生计有所改善,过得更安宁也更适意了。大白天携老妻作伴乘着小艇游览浣花溪,惬意地看着天真的儿子在清亮的溪流中戏水打闹,其情其趣更为浪漫,更显阳光。"俱飞""本自双"张扬了患难夫妻的相濡以沫,老愈珍惜。这样的诗句,出自时年五十岁的杜甫的胸臆,其至真至挚更非同寻常。结尾两句亦有深意,说的是携妻乘艇、看儿戏水之际,虽然只用陶瓷瓶罂装着蔗汁作饮料,没有美酒佳肴助兴,却丝毫不让于富贵人家的玉缸载酒,对亲情的虽苦亦甘和怡然自足喷薄其间。

《江村》和《进艇》合成两卷亲情连环画,将杜甫的人伦至性挥发无余。而与《进艇》同年写成的《茅屋为秋风所破歌》,则是他的至性亲情的另类表达。

这首诗在结构上四层递进,前三层叙事,第四层再抒情。第一层五句破题,如秋风疾来,交代清楚了事件的缘由。第二层也是五句:"南村群童欺我老无力,忍能对面为盗贼,公然抱茅入竹去,唇焦口燥呼不得。归来倚

221

"狂夫"杜甫

杖自叹息。"这本是一件旧时农村常发生的事,近世一些颇受阶级斗争理论熏染的注家却作曲解,要么深文周纳地指杜甫为地主阶级劣根未净,仇视贫苦农家孩子,要么对"群童"是否"穷孩子"大费周章。究其实,管他那些孩子家里穷不穷,贪小便宜是肯定的,他们贪了小便宜直接有损于杜家利益同样是肯定的。第三层所述的"布衾多年冷似铁,娇儿恶卧踏里裂"即为损害实况之一,"床头屋漏无干处,雨脚如麻未断绝"则为损害实况之二。当时杜甫家并未脱贫,屋上茅草被秋风卷走,且不说是否有钱灾后买来重新补齐,仅只看即时恶果就一清二楚了。不忍心坐视必将至的娇儿受冷恶卧,床头屋漏成灾,时年五十岁的杜甫不辞其"老无力"出门追寻茅草,却遭遇了群童抱去,呼喊不还,气急而骂为"盗贼"分明都在情理中。追、骂、呼、叹,无一不与他为人父的至性和亲情一脉相连,关系阶级感情、阶级斗争何事?第三层结在"长夜沾湿何由彻",第四层抒情全由长夜所思引生而出——

　　安得广厦千万间,大庇天下寒士俱欢颜,风雨不动安如山。呜呼,何时眼前突兀见此屋,吾庐独破受冻死亦足!

　　历来的注释评论无不盛赞如斯情怀,认为是杜甫从自己切身痛苦的生活体验中产生的一种伟大愿望,是他"穷年忧黎元"的一次集中彰显,毫无疑义,论在不利。然而还须当特别点明一点,那就是,杜甫之所以彼时彼际生出这种伟大愿望,实在并不是无缘无故的。那缘故就在,由茅屋为秋风所破这样一件颇偶然的具体事情,无比强烈地激发了他护犊情深的至性亲情,并由感性而理性地推己及人,幼吾幼以及人之幼,从而集中地爆发出了这样一个颇必然的普泛心愿。

　　这里用了"必然"一词。其理由有两条。其一,杜甫对妻子儿女的生存状态关切备至,自他四十四岁以后就广及衣、食、住、行诸多方面。衣、食、住、行是人类所赖以生存的最基本条件,古今中外概莫能外,杜甫这样做既合人情,也合事理。秋风破屋引发出来的具体事件诚属偶然,但后果特别严重,刺激特别强烈,杜甫的反响特别猛烈也在情理之中。而由感性阶段的反响狂烈,沉入理性阶段的思虑冷峻,一时一家之痛就与"穷年忧黎元"的一贯精神诉求相契合了,超乎众多常人地放言祈愿"安得广厦千万间,大庇天下寒士俱欢颜",对他这一个仁人来说就是必然了。其二,超越家庭妻子儿女讲亲情,在杜甫的心理定式和行为惯式当中,实际是打从《羌村三首》以降,就在逐渐地先向家族亲情扩展,再向乡里亲情扩展,入蜀后较之先前日益明显。这两个层级上的扩展,不等于普泛,却联通着普泛,所以爆发那样一个普泛心愿毫不足怪。

从家族亲情看,早在入蜀前作的《遣兴三首》当中,就充溢着对于兄弟们的基本生活状况的入微关切。如其一谓:"我今日夜忧,诸弟各异方。不知死与生,何况道路长?避寇一分散,饥寒永相望。"其二谓:"蓬生非无根,漂荡随高见。天寒落万里,不复归本丛。客子念故宅,三年门巷空。"其间的"饥"和"寒",都系着"死与生",念念于心浸透了殷殷情深。入蜀后,从梓州将返成都之际,还曾写过一首《舍弟占归草堂检校聊示此诗》:"久客应吾道,相随独尔来。孰知江路近,频为草堂回。鹅鸭宜长数,柴荆莫浪开。东林竹影薄,腊月更须栽。"诗是写给其弟杜占的,其中的"检校"是料理的意思。杜占当时也该是四十来岁了,独自一人先回成都去料理草堂,作为兄长的杜甫竟像慈父一般,不避絮叨地叮嘱交代生活细节,看似婆婆妈妈,实则手足情深,无微不至。

从乡里亲情看,《羌村三首》所写的还是父老携酒来看望他,他本人还处于被动态。而入蜀以后,却渐次变成了互动态,前所引过的《客至》《遭田父泥饮美严中丞》等诗均为明证。中国民间有一句俗话,叫"远亲不如近邻",杜甫在成都期间,由于安定下来,较之既往对比有了更加深切的感受。草堂落成不久,他便有诗《北邻》《南邻》。前者王明府"时来访老疾,步屧到蓬蒿",后者朱山人"白沙翠竹江村暮,相送柴门月色新",都让他体验

"狂夫" 杜甫

了与"乡里儿童项领成,朝廷故旧礼数绝"迥然相异的人际关系。《寒食》一诗所述"田父要(邀)皆去,邻家问不违"更反映出他接受了"地偏相识尽,鸡犬亦忘归"的村野人情和田园生活。正因此,那样"走觅南邻爱酒伴,经旬出饮独空床",渐次地喜欢乃至融入乡趣乡情,主动地去与乡里们交往,而不再同于长安时期只肯交往郑虔一类人。这当中,不知不觉已发生了思想情趣的质的嬗变,使他更加贴近社会底层民众。及至写出《大麦行》,为"大麦干枯小麦黄,妇女行泣夫走藏"呐喊,已经变得相当自觉。这一切个别人事之间,深寓着一条共性轨迹,那就是杜甫愈来愈站在底层民众的生存视角上感时应事,遣怀寄意,写出《茅屋为秋风所破歌》实为势所必至。

不过,杜甫在成都,以及在梓州、在阆州前后五年多,并不是他的至性亲情全面发挥的最高峰期。其基本原因,不在他的至性亲情激活后有所减敛,而在他的社会关系尚未充分平民化,特别是严武两度镇蜀,还让他与上层社会多有瓜葛。存在决定意识,意识支配行为,与上层社会多有瓜葛,决定了他还不能最大限度地依恋妻儿、关怀弟妹和亲近乡邻。走到那一步,是在大历元年(766年)夏初旅居于夔州州治奉节期间及其以后。那一年及其以后,他并没有与官场完全断绝联系,交往的人也并非都是社会底层民众,但一则与上层社会交往确实大为减少了,二则人到晚年愈来愈重视甚至珍惜亲情,才使他的至性亲情登峰造极。

做出这样的认定,有杜甫的诗作为依据。

依据之一在于《狂歌行赠四兄》。这首诗作于永泰元年(765年)初夏,他携家离开成都,顺江东下,途中首经嘉州(今四川乐山),留赠他的一位堂兄。起始四句写道:"与兄行年校一步,贤者是兄愚者弟。兄将富贵等浮云,弟窃功名好权势。"他拿自己的既往人生追求与堂兄对比,居然自嘲不如兄,"弟窃功名好权势",其实是过头话,但也是真心话,表明他对追求功名已厌倦了,不愿意再像既往那样愚蠢了。其后八句分承己"好权势"之愚和兄"等浮云"之贤,据长安往事继续对比,表现出对兄由衷的敬慕。继之

224

八句再记述嘉州欢会,对堂兄诗酒相酬,营造"女拜弟妻男拜弟"的亲情氛围,以及堂兄在族亲面前"幅巾鞶带不挂身,头脂足垢何曾洗"的狂态可掬赞叹不已。末尾四句直抒:"吾兄吾兄巢许伦,一生喜怒长任真。日斜枕肘寝已熟,啾啾唧唧为何人!"十分明显,他作为一个原本就是狂放任性、率性任真的人,已被比他更狂放任性、率性任真的堂兄所折服了,他也企求像堂兄那样付尘嚣人事于罔闻,与儿女过好小日子了。一年后终于在奉节安定下来,他果真大体上效兄贤而弃己愚,过了一年又九个月更显至性,也更重亲情的潇洒日子。

依据之二在于早此四年作的《屏迹三首》。那时节,严武尚未到成都,杜甫一家在草堂生活仍然颇清苦。"年荒酒价乏,日并园蔬课",他不得不靠园内种蔬菜,卖点钱来,以供沽酒。尽管他自己还勉强能"独酌甘泉歌,歌长击樽破",或者"杖藜从白首,心迹喜双清",亦即安于清贫困苦,终究无奈于"失学从儿懒,长贫任妇愁"。面对无法消解的儿子失学、无事变懒、家庭长贫和妻子坐愁等生计窘迫,他这一个为人父、为人夫者,陷入了有别于同谷窘境的愧疚和愁烦,更进一步纵酒以销愁。"百年浑一醉,一月不梳头",就是那段时间他穷愁潦倒的真实写照。要不是严武到了成都,杜甫及其一家人将会如何,真是令人不寒而栗。正因为有此前史,四年后在嘉州见堂兄本人及其一家情景,杜甫才会那样敬慕,那样赞叹,那样为之折服,那样着意效法。

依据之三更直接,也更重要,那就是杜甫旅居夔州期间的相关诗作。唐代的夔州是峡江地区的第一重镇,开元年间属山南东道,乾元二年(759年)为都督府,辖四县(巫山、大昌、云安、奉节)一监(云安监),治所在奉节。杜甫一家于永泰元年(765年)秋至云安,第二年夏初移居奉节,大历三年(768年)正月过巫山出峡东下,合计在夔州生活了两年零九个月。这期间,他本人年迈(五十四至五十七岁)力衰,不仅发白、眼花、齿半落、左耳聋,而且肺气病、消渴病愈来愈严重,还要经受疟疾流行、瘴气弥漫、战乱不息、粮食匮乏的忧愁煎熬。但即便如此，亦如有人统计的那样，他在这期间居然写出了481首诗（其中一首已佚失，迄今实存480首），大致平均两天就有一首诗。在夔州两年零九个月中作的481首，远超过了在长安十年的110余首和陷贼、为官四年间的249首，并接近了在成都草堂（含梓州、阆州）五年多中作的485首，其创作力之旺盛堪称空前。体质不如前，却创作力空前，主要的原因就在于他效法嘉州那位"四兄"，更重居家小日子，更讲"喜怒长任真"。换一个角度审视，不难推断出，相携相伴的老妻杨氏，渐已长成青年的两儿两女，彼时彼际也给了他更经常的、更执着地致力诗创作的动力。

事实本身已然定格，杜甫在夔州期间进一步平民化，至性亲情也随之而达到了人格极致。实质性升华，主要呈现在三个层面：一是对家，尤其是对儿女，更彰显出了血脉至亲的亲切和周细。二是对兄弟，包括亲兄弟和党兄弟，缘事而发的由衷关切也持续地与日俱增，情致较前更深永。三是对身边的佣人和邻人，关爱和同情增强了主动性，仁者胸怀更显博大。骨肉情、血缘情、乡里情三合一，作为人的杜甫更加可亲可敬。

大历元年初夏刚到奉节时，杜甫一家暂时住在半山腰的一所客堂里。所谓客堂，实不过是用竹竿和茅草捆绑搭成的偏棚而已，在巴蜀地区历来属于简陋居屋。杜甫写出《客堂》一诗，既表达了"形骸今若是，进退委形色"的落寞，又伸张出"平生憩息地，必种数竿竹"的旷达。"旧疾甘载来，衰年得无足？"他决意要随遇而安，且在奉节养息调理一段时间，然后再图出峡之计。当年秋及第二年，获得夔州都督柏茂琳等的关照，他一家相继迁居西阁、赤甲、瀼西和东屯，生存条件续有改善。特别是到瀼西后，有了四十亩果园，还租种了一顷公田，更希图过上一段清静自足的日子。如《写怀二首》自述的那样，不但他个人"全命甘留滞，忘情任荣辱"，而且对家室"吾亦驱其儿，营营为私实"，把教育儿子与经营生计结合起来。

住在山腰客堂时，杜甫听说乌骨鸡能治风湿瘴痛，秋日长成还有蛋吃，就养了一群鸡。为此写出《催宗文树鸡栅》一诗，一开篇便实述了为求治病和吃蛋两个缘由，继而又描画了鸡群"驱趁制不禁，喧呼山腰宅"所造成的麻烦，不得不"课奴杀青竹"，树起"高栅"来作圈养。这些琐细事尚不足奇，足奇的是，他还总是"避热时来归，问儿所为迹"，亦即催促长子宗文赶紧去把鸡栅修好。那时节，宗文将近二十岁了，快一男子成人之期了。身为人父，杜甫乃对宗文不厌其烦地反复叮咛，为避免鸡群"稀间可突过，觜爪还污席"，一定要做到"明明领处分，一一当剖析"，其间甚至交代出了"我宽蝼蚁遭，彼免狐貉厄"，顾及到了"应宜各长幼，自此均勐敌"，简直像一个民间"婆婆嘴"。但这一切，确如仇注引卢元昌所说："鸡栅本一琐事……春卵不食，仁也。人禽有别，驱诸栅笼，义也。蝼蚁可全，狐狸亦免，义中之仁。长幼不混，勐敌亦均，仁中之义。于课栅一事，直抉至理如此，可谓善勖其子矣。"简捷一点说，杜甫如此督导宗文树鸡栅，实质上是紧密联系具体农事，既教儿子怎样做事，又教儿子怎样做人。与只会讲儒道家风大道理的一般严父相比较，杜甫如此既严且慈，寓理于实，显然可佩可风不知多少倍。

同一年秋天，次子宗武的生日到了，该满十四岁了。杜甫一生最钟爱小名"骥子"的这个儿子，彼时彼际情动于中，着意为之写出《宗武生日》一诗——

小子何时见，高秋此日生。自从都邑语，已伴老夫名。诗是吾家事，人传世上情。熟精文选理，休觅彩衣轻。凋瘵筵初秋，欹斜坐不成。流霞飞片片，涓滴就徐倾。

八年多以前，杜甫便已夸赞过"骥子好男儿，前年学语时"，毫不掩饰其偏爱这个儿子的感情。这里所谓"都邑"指成都，三、四句说宗武特聪明，到成都不久便学会了说成都话，因而在成都凡知道杜甫的人必定知道宗武，同样也是一种夸赞。五至八句即是对宗武的期望——从杜预到杜审言再

"狂夫" 杜甫

到杜甫的家学家风指望宗武传承，并不寄望宗武像老莱子那样，行年七十还身穿五彩衣陪亲尽孝。与《屏迹三首》的"失学从儿懒"相对勘，因颠沛流离而导致"失学"以至于变"懒"的"儿"主要是指宗文（或许兄弟二人天资也有差异），所以到奉节住定以后，杜甫对两个儿子的期许颇不一样。浦起龙《读杜心解》对这首诗解说得颇中肯綮："前四提笔，中四勖子正文，后四以己之老意儆惕后生。'何时见'，期以学成名立也。中四句字字家常语，质而有味。由祖而来，诗学绍述，此事直是家业。人言传说有子，特是世上俗情耳。须得学问渊源，本于汉魏，熟精选理，乃称克家。岂必戏彩娱亲，方为孝子？面命之语，如闻其声。"杜甫将家风有继，子学有成，放在教子、望子的首位，比将要求儿子尽孝放在首位，俨然有人伦亲情价值取向的区分，杜甫的取舍显然体现了"为之计深远"（见《战国策·触龙说赵太后》）的优秀传统，值得后之来者借鉴。

大历二年（766年）寒食节到了，杜甫先作《熟食日示宗文宗武》一诗，继作《又示两儿》一诗，对两个儿子以诗寄语。寒食节在清明节的前一天，据传是春秋时期的晋文公，为了悼念介之推抱木焚死而首立的。到了那一天，家家户户全都不得烧火煮饭，因而只能够预备熟食以过节日，秦人称之为熟食节。传延至唐代，每当寒食节到来之际，文武官员若有祖茔在城外或者京畿以外，援例尽可去扫墓祭拜。但杜甫当时业已多年漂泊西南，又患消渴病，自然无法身至洛阳扫墓祭祖，北望云天，不禁怆然。所以前一首诗中间两联写道："几年逢熟食，万里逼清明。松柏邙山路，风花白帝城。"眼看着二子渐次长大成人，顿觉得自己渐次老了，重返故里扫墓祭祖的可能性随之愈来愈渺茫了，所以结句更为痛彻："汝曹催我老，回首泪纵横。"然而意犹未尽，由怀念远在洛阳的祖茔，进而联想到了散在长葛（今属河南许昌）、江州（指今江西九江）等地的弟弟、妹妹，因而答一首诗转为"团圆思弟妹，行坐白头吟"。两首诗的主要内容，都指向了杜甫本人寒食思亲，垂老思亲——思祖先，思弟妹，这当然是他至性亲情的真挚表现。

不过,杜甫本人如何并非要旨所在,要旨系在两个诗题的"示"字上,而"示"又点明在第二首诗起始两句:"令节成吾老,他时见汝心。"其前一句紧承第一首诗的"万里逼清明"和"汝曹催我老"双重意思而来,后一句则是杜甫写了《熟食日示宗文宗武》后,立马再写《又示两儿》的作诗主旨之所在。后一句展开了说,分明是为父我已经来日无多了,今后如何对待祖先,如何对待叔叔姑姑,就看你们二人的了。《杜臆》的诠释颇有启发性:"少年时逢令节则喜,不知经一令节,即度一年,亦催人老。汝等今犹不知,他日如我之年,汝心当自知耳。以浮生而看物变,生无恒,物亦无恒。年日积而多,恨日积而深,予自知之,汝犹不知也。思弟妹而不得见,乃共最可恨处;行坐皆吟,恐头已白而终不得见也。悲在言外。"这些话,全都契合杜甫所"示"的要旨,唯一的不足在于未将两诗联通看。联通了当能看出,杜甫之所以一"示"之不足,继之以"又示",根本着意就在要对两个儿子既言教,又身教,以期"两儿""他时"能同自己同"心"——同样铭记和敬重祖先,同样铭记和关爱亲人。

至大历三年(768年)正月元旦(即今春节大年初一),时年五十七岁的杜甫,又特地作了两首教子诗。第一首《元日示宗武》,首叙对子舐犊情深:"汝啼吾手战,吾笑汝身长。"闻儿啼即"吾手战",随"吾笑"见儿身长,跳跃式地描述两个关键细节,绘影传神地再现出了如后之鲁迅诗"怜子如何不丈夫"的情韵。继而提到"训谕青衿子,名惭白首郎",表明了孺子可教之喜;再点出"赋诗犹落笔,献寿更称觞",又传递出儿行可慰之喜。而第二首《又示宗武》,则更进一步对宗武提出如何做人、如何成才的期望和要求:"应须饱经术,已似爱文章。十五男儿志,三千弟子行。曾参与游夏,达者得升堂。"那意思十分明白,就是要传承"奉儒守官"家风,饱读儒家经典,修成济世才干,立志像孔门弟子曾参和游夏那样登堂入室。其所以如此期望,如此要求,诗一开头即已点明了依据:"觅句新知律,摊书解满床。"看得出来宗武从小比较聪颖。诚如《杜诗详注》所解:"宗武定是有才,若宗文则

"**狂犬**"杜甫

但使瓮城鸣栅耳。后宗武之子嗣业,能葬祖乞志,不坠其家声云。"其间,不排除杜甫是"百姓爱幺儿",对比较聪颖的小儿子有偏爱。但也不妨另作解释,他是在家教中实施了"因材施教",没有对两个儿子强求一律。甚至于还可以说,他肯让天资不及宗武聪颖的大儿子学习农事,躬耕自立,对他那种家世的人来说,不啻一种观念上的突破,起码也属务实之举。两种选择,一个指向,即指向了"为之计深远",让两个儿子都能靠自己发挥所长,应世立身。百代以下,杜甫采用的有区别的教子方式,都不失普泛性的启示价值。

杜甫在夔州期间,不仅做到了对两个亲儿子由实出发,因材施教,教亦有方,而且还将既往即有的血缘亲情,从关注亲弟妹,扩大到了关注堂兄弟上。其到夔州不久写的《寄杜位》便是其明证——

寒日经檐短,穷猿失木悲。峡中为客久,江上忆君时。天地身何在,风尘病敢辞?封书两行泪,沾洒浥新诗。

寄诗对象杜位,是杜甫的堂兄弟之一,以前曾经同在严武幕府中任职。当时的杜位,已去往湖北江陵,担任行军司马。堂兄弟二人,一居长江三峡以上,一居长江三峡以下,都是漂泊者。旅居长江三峡在上的杜甫,面对寒日易逝,穷猿悲失(《杜臆》解其句为"哀严武之死也",未必切当),不禁触景伤情,缘物起兴,怀念起旅居长江三峡以下,隔峡难以重聚的这个堂兄弟来。"天地身何在",关照到彼此,意谓纵然天高地广,也难以逆料将寄身何处,葬身何处,表面平淡的五个字里,翻涌着多少同心相印和同病相怜的亲情波澜。"风尘病敢辞",则专说自己,反诘的句式更烘托出无助和悲怆。结尾两句,言有尽而意犹长,其意若曰难尽之言只可以借诗倾诉。

与《宗武生日》大致同时,杜甫还写出了《第五弟丰独在江左,近三四载寂无消息,觅使寄此二首》。他的四个同父异母弟,自长至少依次为杜颖、

230

杜观、杜占、杜丰,最少的杜丰排行在第五。自从天宝十五年(756年)突然爆发"安史之乱",与诸兄弟仓皇分别后,除其后杜占伴随入蜀,杜甫与另外三位兄弟已十年未见。"乱石嵯吾在,羁栖见汝难",杜甫衷心感谢兄弟们挂念着自己,不顾各自的危难困厄,还为他这个兄长活着庆幸。"十年朝夕泪,衣袖不曾干",他这个长兄同样挂念着诸位兄弟。第一首如此统述兄弟间的别离之久,怀念之苦,杜丰自然涵盖于其间。但唯独杜丰消息阻绝三四年了,因而第二首专对杜丰表达关切:"闻汝依山寺,杭州定越州。"江左与夔州关山万里,杜丰究竟是在杭州还是在越州,无从知晓。然而,"风尘淹别日,江汉失清秋",今秋蹉跎而过,已注定是不能前往寻找你了,歉疚之情依稀可掬。尽管如此,"影著啼猿树,魂飘结蜃楼",魂魄已向杜丰飞去,意在告诉杜丰兄长铭记着你。结尾两句"明年下春水,东尽白云求",就许诺了明年春暖一定要东下江左,寻访杜丰,以联通手足之情。如浦起龙《读杜心解》所诠释,"风尘""江汉""影著""魂飘"等四语绵邈沉着,将杜甫这个为人兄者的友于之情既浓且烈寄遣无余。

　　住在瀼西时,杜甫另有《寄从孙崇简》和《吾宗》两首诗,更将这种血缘亲情延伸到了远房宗亲。按照《唐书·世系表》,杜崇简出自杜氏襄阳一房,属于杜甫远房从孙。其人曾任益州司马参军,时寓居夔州,杜甫与之往来而至于亲近、嘉许。前一首诗凡十句,除首二句描述夔州地势风貌外,中四句就概括出了杜崇简的行止习尚:"吾孙骑曹不记马,业学尸乡多养鸡。庞公隐时尽室去,武陵春树他人迷。"他赞赏这个远房从孙能学前人,避乱隐居,因而愿意"与汝林居未相失,近身药裹酒常携"。后一首诗更以"质朴古人风"一语,夸奖杜崇简"耕凿安时论,衣冠与世同"。作为远房的老辈子,他尤其赏识杜崇简的"在家常早起,忧国愿年丰",安时顺处的同时,还能够勤家忧国。由此而归结在"语及君臣际,经书满腹中"两句,分明透示出,他已将这个"吾宗老孙子"视作杜氏家风最佳传承者,对其将来寄望遥深。质言之,如《杜诗镜铨》所说:"末又称其通经术,知大义,当仕而惜其隐也。"即使对亲子宗武，杜甫的寄望也未到这一步，或许他看出了资质上不一样。果如是，那么从中反映出来的就有另外一重精神境界，即杜甫的亲情关爱不仅实诚，而且博大，绝非只止限于骨肉。

如果说，杜崇简还是杜氏族中一个个例，那么，杜甫旅居于夔州期间，对近身僮仆、对邻居贫妇、对峡江民众的多向关爱，就是他践行"仁者爱人"精神的集中体现。而且与在成都草堂期间（更不必说秦州、鄜州）比较，他在夔州的多向关爱，无一不是更为主动，更为自觉，更为切近。

杜甫在夔州，主要靠经营公田、果园维持生计，陆续用过五名佣工，其中有獠人男僮阿段和女仆阿稽。夔州地处峡江山水间，历来民间取水没有井，除了居住江畔靠水吃水者外，大多用竹筒引山涧活水至家饮用。如杜甫《引水》描述的那样："白帝城西万竹蟠，接筒引水喉不干。"引水的竹筒逶迤连接，盘旋山间，长者数百丈。男僮阿段不辞险阻，不畏狼蛇，翻山越岭为杜家架设竹筒，保证了杜甫全家老小饮水无虞，免除了他这个糖尿病（消渴病）患者的缺水之忧，他特作《示獠奴阿段》以志感谢。起始"山木苍苍落日曛，竹竿褭褭细泉分"两句，画出当地引水风俗。第三句写"郡人入夜争余沥"，第四句显"竖子寻源独不闻"，点赞阿段不与他人争近水，而闯险远寻泉源，夸其品行不凡。继以"病渴三更回白首，传声一注湿青云"，更是绘声绘色，夸其效果立显。结句所谓"曾惊陶侃胡奴异，怪尔常穿虎豹群"，则是进一步夸阿段勇敢机智。一诗三夸，夸必衷心，诚如仇注引黄生所说"其贤远矣，故诗特表之"。

到秋收时节，所租公田的稻子必须请工加紧收割，杜甫原本已派行官张望去督领，不放心，又派阿稽、阿段一起前往督问，为之作了《秋行官张望督促东诸刈稻向毕，清晨遣女奴阿稽、竖子阿段往问》一诗为纪。其时在大历二年（767年）稻香时节，地在最后迁居地东屯。"东诸雨今足，仑闻粳稻香"，杜甫生平第一次，也是生平最后一次闻到了自己所租公田里栽种的粳稻成熟飘散之香，丰收的喜悦和保收的急迫都情难自抑。"督领不无人，提携颇在纲"，他明知道，先派去的行田之官张望已在督领收割，按部就班做得不错。然而，"尚恐主守疏，用心未甚臧"，他又"清朝遣婢仆，寄语逾崇冈"，让阿稽、阿段双双去督问，以免事有未周，难符其意。他本人作为一个生在中原地区，多年经乱漂泊，不懂稻作生产的衰迈病弱文人，做出如此多虑、如此过细的事情似乎可笑，却又十分本真自然。更足资品味的是，不派宗文、宗武去督问，而派阿稽、阿段去督问，折射出经过一年左右的近身相处，他已经非常依赖这两个獠奴，主仆界限、民族早已打破。由依赖而依托，比夸赞更珍贵。

如此依赖和依托，从《驱竖子摘苍耳》一诗看，是由主仆之间已然同经患难、共尝艰苦铸就的。如其《热三首》所记，"峡中都似火，江上只空雷"，到奉节后已被干旱造成的春荒、夏荒煎迫过了。灾荒相继，无以维生，只好派阿段去深山密林采摘苍耳。苍耳又名卷耳，是一种野生菊科植物，嫩苗可代粮充饥，茎叶还可药用。在"畦丁告劳苦，无以供日夕"，食物匮乏、性命攸关的危急关头，阿段不怕"林中瘴犹剧"，"侵星（即天未明）驱之去"，正午便采摘回足够多的苍耳了。并且不只是"放筐亭午际"，而是马上又"洗剥相蒙幂"，洗净泥土，剥除皮毛，蒸煮供食。由于阿段的勤苦劳作，不仅让杜甫一家老小得以避免同谷县的"男呻女吟四壁静"，而且让杜甫尝到了"登床半生熟，下筋还小益"的苦中小乐。由此还使他联想到了，当此"乱世诛求急"之际，一方面是"黎民糠秕窄"，另一方面是"富家厨肉臭"，乃至于还有"战地骸骨白"的社会严重不公。正因此，他不仅愈来愈依赖和依重身边的阿段等，而且由个别伸及一般，从生存状态到思想感情比既往更认同黎民百姓，亲近黎民百姓，在平民化的生命历程上，终于走到了"奉儒守官"的古代文人能达致的深远境界。

正因为日趋近平民化，杜甫在夔州期间，能相继创作出《负薪行》《最能行》等富于人民性的诗歌来。前者由"夔州处女发半华，四十五十无夫家"入题，一开篇便表明了对她们"更遭丧乱嫁不售"的人生命运的深厚同情。

由社会丧乱伸及本土风俗,更是对"土风坐男使女立,男当门户女出入",即男尊女卑、男闲女劳的卑屈地位,甚至于"十犹八九负薪妇,卖薪得钱应供给",即砍柴卖钱、养家纳税的沉重负担,双向性地讶异不已。进而还揭露了"筋力登危集市门,死生射利兼盐井"的反常陋习,揭露中其实不无愤慨,不无抨击。如此专门地、尖锐地为贫苦妇女代鸣不平,置诸全部中华诗史,真是极其罕见的。后者虽然主要是对"峡中丈夫绝轻死,少在公门多在水",亦即出没于风口浪尖的峡江水手表示钦佩,但其次也有替他们廓清误解,让外地人理解他们"小儿学问只论语,大儿结束随商旅"的心意在其间。结句"若道土无英俊才,何得山有屈原宅",就是在替他们说话。其意若曰,他们之所以要在风口浪尖"行最能",根本的原因在生存需求。一个中原人,身处峡江未久,便能如此理解和称赏峡江水手,同样相当难能可贵。

最难能可贵的,当数《又呈吴郎》——

堂前扑枣任西邻,无食无儿一妇人。

不为困穷宁有此?只缘恐惧转须亲。

即防远客虽多事,便插疏篱却甚真。

已诉征求贫到骨,正思戎马泪沾巾。

这是一首代简的诗,作于大历二年(767年)秋,杜甫一家迁居东屯后。那年夏,他们原住在瀼西草堂,堂前有枣树,邻居寡妇常到堂前来扑枣,他们一向都任其那样做。迁居后,草堂借给了吴郎居住。有说吴郎叫吴南卿,是杜甫的一个表亲,卸任忠州司法参军后,刚来到夔州暂住;杜诗《简吴郎司法》谓"有客乘舸自忠州,遣骑安置瀼西头",差可为证。也有说吴郎是杜甫女婿,见施鸿保《读杜诗说》。无论哪一说切实,都可以认定吴郎是杜甫的一个亲戚。其人住入草堂后,并不知道先前杜甫一家与邻居寡妇之间的善邻相处的融洽状态,只为防止外人进入,便在草堂四周插上一圈篱笆。邻居寡妇疑心吴郎举意在拒绝她扑打枣子,向杜甫诉苦,杜甫当即作出此诗晓谕吴郎。

前四句浑如在说见字如面,直切地告诉吴郎,我一向都是任凭"西邻"堂前扑枣的,因为她无食糊口,无儿奉养,是一个极可怜的贫苦寡妇。先明事,再明理:若不是困苦贫穷到了极点,她何至于要来扑打邻家的枣子吃呢?她来打枣子,其实内心也是恐惧不安的,我们更应该主动体谅她,让她感到善邻可亲。说的全是自己以前的做法想法,无异于现身说法,启发吴郎。五、六句便进一层,针对吴郎插篱的举措委婉进言:一则说邻妇见你插篱,就疑心你故意拒绝她打枣,固然是多虑了;再则说你一来便插篱,毕竟真像是在拒绝她,你也宜于换位思考,有所注意。两方面都点到了,却又充分顾全了吴郎面子,以俾吴郎甘愿接受,杜甫确是煞费苦心。最后两句更推开去,明告吴郎,邻居寡妇早就向我倾诉过,历年无厌的盘剥诛求已经使其"贫到骨"了,更何况战乱未已,征求苛酷,贫苦民众们悲情无极,殊堪关切。其言下之意分明就在,任她打一点枣子可以救她一条性命,你又何必舍不得呢?

对于这首诗,历代不少注家都注意到了杜甫所表现出来的博大人文情怀。《杜诗详注》引卢德水说讲得最准确:"杜诗温柔敦厚,其慈祥恺悌之衷,往往溢于言表。如此章,极煦育邻妇,又出脱邻妇;欲开示吴郎,又回护吴郎。八句中,百种千层,莫非仁音,所谓仁义之人,其言蔼如也。"王嗣奭《杜臆》中特别重视结尾两句,点出由兹"见天下可哀者多,不止一妇",因而"读此诗见此老菩萨心",亦独具慧眼。唯一需要补充的是,称作"仁音"也好,"菩萨心"也好,其所以会在这首诗里更集中凸显出来,根本原因在于自乾元二年(759年)入蜀,至大历三年(768年)出峡,十年间的漂泊羁旅,已经让他从不太自觉到异常自觉地融入了平民社会,贴近了底层民众,将骨肉亲情、家庭亲情延伸和扩充到了邻里亲情。自己一家经受的离乱苦难,与

"**狂夫**" 杜甫

底层民众经受的戎马征求一脉相通，一体相连，势所必至地促成了他思想、感情层面上的人民性强化。这一关键点，从他后来写的《写怀二首》诗谓"劳生共乾坤，何处异风俗"，《逃难》诗谓"已衰病方入，四海一涂炭"，《风疾舟中伏枕书怀三十六韵奉呈湖南亲友》诗谓"十暑岷山葛，三霜楚户砧"等等当中，都可以见到线索。

　　言念及此，不妨注意一下袁枚《随园诗话》卷十四的一段文字："人必先有芬芳悱恻之怀，而后有沉郁顿挫之作。人但知杜少陵每饭不忘君，而不知其于友朋、弟妹、夫妻、儿女间，何在不一往情深耶？"这两句话里，除了"每饭不忘君"拾人牙慧，原话本身即有夸大之嫌而外，基本涵义和具体意指全与上一章及这一章所论的杜甫待友、待亲之道高度契合。验诸这一章，再在友朋、弟妹、夫妻、儿女后加上邻里，作为"人"的杜甫如何践行了儒道所传"仁者爱人"，表述就完整而且切实了。

　　应当毫不含糊地说，爱人的"人"，不排斥集合概念的"人民""群众"之类，但主要是指个体概念的一个个具体性的，有血有肉的，有情感、有爱恨、有内心冲突、有生存挣扎的单个人。事实上无论古今中外，人民、群众之类都存在于单个人之中，虽然单个人并不能代替人民、群众之类的集体的存在。断难想象和断难相信，任何一个连亲人、友朋都不真爱的人，可以超常态或反常态地真爱人民、真爱群众；任何一个连家都不真爱的人，可以超常态或反常态地真爱国。所以，不论是从这样的普适出发，抑或是从杜甫的个人实际出发，发掘和阐释杜甫诗歌、杜甫思想所确具的人民性和爱国性，绝不能忽视他为什么和怎么样愈来愈实诚和博大地贯彻了"仁者爱人"，并且以其夔州诗而高标逸响，空谷传音。

　　大历元年初到夔州住在西阁时，杜甫曾写过五律《江月》——

　　　　江月光于水，高楼思杀人。

　　　　天边长作客，老去一沾巾。

236

玉露团清影,银河没半轮。

谁家挑锦字,烛灭翠眉颦。

　　这首诗对月伤怀,固无疑义;前四句自叙羁旅之感,亦无疑义。但后四句在杜诗中少见地用了比兴手法,描述离妇之情,却相当耐人寻味。仇兆鳌《杜诗详注》认为"天边久客"者与"绣字空闺者"之间"同一愁思",明显与杜甫夫妇同在奉节、同居西阁实情不合。他又引黄生说,"盖即男女之情,以喻君臣之义",虽注意到了比兴,却失于过分穿凿,缩小了比兴寄托的范围。其实是杜甫借月光寄兴,自比为挑锦、颦眉之妇,紧扣"天边长作客,老去一沾巾"联意,愁绪联翩而又不拘定指地抒"高楼思杀人"之情。其"杀人"愁思所指甚泛,既可以是思君、忧国,又可能是怀故、忆昔,还可以是远忧弟妹处境,近忧子辈前途,乃至于如邻妇扑枣之类人和事。着意指实了,反倒有可能变得胶柱鼓瑟。诠解的关键,在于不拘泥"沾巾"实义,而将其看作袁枚所谓"芬芳悱恻之怀"的情感宣泄共象情境。

　　对杜甫而言,"天边长作客"由来已久,愈老愈容易愁思,"一沾巾"合情合理。"沾巾"包含了亲情,同样的合情合理。他一生"奉儒守官","奉儒"居首,其内涵原本不限大而至国至君,还应小而至家至亲。四十四岁以前对于至家至亲有所疏忽了,"老去"愈益猛醒有亏,变得对骨肉亲、家族亲、邻里亲空前在意,既合乎儒家修、齐、治、平的价值取向,也是杜甫的至情至性的必然走向。由鄜州,经同谷,历成都,至夔州,构成了杜甫至性亲情的四级递进,每进一级必更浓烈,夔州期间达到高点。历来研究杜甫的人生道路和诗歌创作,对这一点关注不够,未免遗憾。现在注意到,也还不算晚,除开可以将杜甫研究推进一点外,对当今中国已出现的家庭小化、亲情弱化、邻里虚化的社会嬗变如何因应,如何在这种新常态下切实而有效地重构家庭、戚友、邻里间的亲情和谐,也有一定的借鉴意义。

"名岂文章著,官应老病休"的命运反讽

　　永泰元年(765年)五月,五十四岁的杜甫携家带口离开成都,乘船沿岷江南下,经嘉州(今四川乐山)稍事盘桓后再向南转东行,六月初到戎州(今四川宜宾),月中到渝州(今重庆主城),不久后即到忠州(今重庆忠县)。时值盛夏,酷热难当,便在长江边的龙兴寺借住了两个多月,待到入秋转凉了才沿江东下云安(今重庆云阳)。

　　杜甫乘船离开忠州,开船前独立船头,意觉凄清,吟出了《旅夜书怀》一诗——

细草微风岸,危樯独夜舟。

星垂平野阔,月涌大江流。

名岂文章著,官应老病休。

飘飘何所似? 天地一沙鸥。

仇兆鳌《杜少陵集详注》解释说:"上四旅夜,下四抒怀。微风岸边,夜舟独系,两句串说。岸上星垂,舟前月涌,两句分承。五属自谦,六乃自解,末则对鸥自伤漂泊也。"并引顾注说:"名实因文章而著,官不为老病而休,故用'岂'、'应'二字,反言以见意,所云书怀也。"就诗论诗,这些评点大致上对,只可惜终归还未曾言透。

破解关键,端在"鸥"上。

鸥,在动物分类学上,是鸟纲中的鸥形目的一个科。其羽呈白色,形似白鸽或者小白鸡,长喙长腿,趾间有蹼,善游水,喜群飞。通常区分,栖息江边、湖边的称为江鸥。这首诗里的"沙鸥"即属江鸥,冠以"沙"字,盖为栖息于长江边的沙滩所致,并非约定性的专名。

现存杜诗中,最早见"鸥"的是《奉赠韦左丞丈二十二韵》结句的"白鸥没浩荡,万里谁能驯"。其间的"白鸥",是杜甫自况用的喻象。当时杜甫是对韦济坦陈心迹,抒愤懑,发牢骚,诉说自己徒有"赋料扬雄敌,诗看子建亲"的卓异才华而不见用,空抱"致君尧舜上,再使风俗淳"的高远志向而不能伸,反倒饱尝了"残杯与冷炙,到处潜悲辛"的人生折磨,因而在要么"尽快快",要么"走唆唆"之余,已产生"今欲东入海,即将西去秦"的念头了。以白鸥自况,实则是借喻象而放言宣示,一旦我不再走求仕济世之路,而改向如白鸥那样自由自在地出没翻飞于烟波浩荡的天地之间,又有谁能够拘束我呢?尽管当时那样说,主要还是愤激牢骚,并没有真要改弦更张,任性自适,却也不排除确实有过那种念头。质诸杜甫后来的人生轨迹,不难看出,杜甫除开以马以鹰自喻自励外,还经常以鸥自况自慰。两个向度既有差异,又相统一。差异体现在以马以鹰自喻自励,价值取向侧重在扬才遂志,建功立业,而以鸥自况自慰,价值取向则侧重在守真任性,适意独善。但不论如何分别有所侧重,狂直、狂放的性格使然,始终是统一的。

十六年以后,杜甫在夔州旅居期间,特地以《鸥》为题写过一首五律——

"狂夫"杜甫

> 江浦寒鸥戏，无他亦自饶。
> 却思翻玉羽，随意点春苗。
> 雪暗还须浴，风生一任飘。
> 几群沧海上，清影日萧萧。

王嗣奭《杜臆》评点指出："此公借以自况，谓江浦寒鸥，若无他故，亦自饶给。却思飞举，乱点春苗，亦自快意。其如所遭之穷，遇雪则落，遇风则飘。亦有几群远在沧海之上，自谓无患，与人无争矣。然有忘机之鸟，无忘机之人为之侣，清影萧萧，竟将安适哉？"仅就"借以自况"而言，单着眼于这首诗，未免拘于偏窄了，尚未注意到从《奉赠韦左丞丈二十二韵》，到《旅夜书怀》，一直都是在以鸥自况自慰。但若撇开这一层，专就这首诗逐句逐字作的解析，的确堪称抉微发凡，契合本旨。其中的"若无他故"一语尤为机巧，人鸥和合而反观杜甫，恰正因为有"他故"，早年自许的"白鸥没浩荡，万里谁能驯"才变成了"此情可待成追忆，只是当时已惘然"（借用李商隐《锦瑟》诗结句），以至于晚年终于会惆怅"飘飘何所似？天地一沙鸥"。即便如这首诗所写的情近淡然，其仍自难脱"竟将安适"的遥深寄意——实质上是杜甫本人的命运的慨叹。三首诗合起来相互勘别，分明可以看到隐存其间的悄然流变，对于精准解读"名岂文章著，官应老病休"有如找到锁钥。

前后十五六年间及其以后，杜甫还在多首诗里写到鸥，表明他对鸥是情有所钟。其中，诸如《独立》诗谓"河间双白鸥"，《江村》诗谓"相亲相近水中鸥"，《客至》诗谓"但见群鸥日日来"，《长吟》诗谓"江渚翻鸥戏"，《小寒食舟中作》诗谓"片片轻鸥下急湍"等等，并不是借以自况，而多是欣赏鸥的自由自在，无拘无束。但正是缘于自由自在，无拘无束，杜甫才从鸥的身上捕捉到了性格契合点，从而对鸥情有独钟，着意自况。至于《去蜀》一诗所谓"万事已黄发，残生随白鸥"，则如《杜臆》诠释的"男儿一身，万事属焉，身已黄发,万事已矣,止此残生,随白鸥以去而已",直截了当地对东下忠州、夔州以降的以鸥自况自慰,为什么会与早年以鸥自况自慰在心态上、在意指上有所不同,提供了最真实的情理依据。质言之,"天地一沙鸥"之鸥,由于"身已黄发,万事已矣",已然不再可能一决而"没浩荡",放言"万里谁能驯"了。唯其如此,他在忠州休憩两个多月后,心净神宁,触景生情,才会围绕着声名、功业反思既往,瞻望来兹。

回首往事,早在二十四岁的时候,他便树立起了"会当凌绝顶,一览众山小"(《望岳》)的凌云壮志。励志进取,早在那同一期间,他心目中的引类形象,就是"骁腾有如此,万里可横行"(《房兵曹胡马》)的马,就是"何当击凡鸟,毛血洒平芜"(《画鹰》)的鹰,并且长期自信必类。至于鸥,三十九岁时对韦济说气话说出的鸥,尽管撇开愤激和牢骚,也确实有欣赏"白鸥没浩荡,万里谁能驯"的一面,但此"万里"非彼"万里",以鸥自况并非励志,而是适意。三个喻象,两种意指,彼此是不能相提并论的。殊不知,艰难活到五十四岁了,三十年人生弹指一挥间就过去了,前一种意指化作了泡影,后一种意指也别于本初,叫他怎么能不惘然抚膺伤怀?"名岂文章著,官应老病休",便是彼时彼际他伤怀的主题。

"名"与"官",实际上一体两面,虽然可以分说,却难截然分开。杜甫比重以"奉儒守官"为荣为务,先儒"学而优则仕"(《论语·子张》)之教,先祖"勇功是立,智名克彰"(《祭远祖当阳君文》)之风,注定了他所追求的"名",处在第一位的不是"文章"的名,而是"功名"的名。《荀子·张国》有言:"上下一心,三军同力,是以百事成而功名大也。"那当然是就军国大事宏观立言的。但所言道理,穿越时空也能适用于群体中观,个体微观。杜甫处在科举取士方兴未艾的盛唐时期,承先儒之教,传先祖之风,把立取功名当作他人生的头等大事,理在当然,势在必然。他之所以会四十四岁以前很少顾惜妻儿,个人困处长安,历经挫折和羞辱仍自不离不弃,就是为的要当官,既实现其致君尧舜、再淳风俗的政治抱负,也为自己赢得生前身后名。明乎此,才能确解"名岂文章著",也才能确解"官应老病休"。

"名岂文章著"是个反诘句。译成现代汉语白话,其意若曰:一个人的名声要著闻于天下,难道非依凭文章不可吗? 其明面所指,并未排斥借文章也能著名,但又如扬雄那样视文章为雕虫小技,而不像曹丕那样视文章为"经国之大业,不朽之盛事"(《典论·论文》),从而对名因文章著表现出不然。据此就有了暗面所指,亦即这一反诘固有却未说出的答案——主要应该名因功业著。然而,杜甫将他的黄金年华,大多耗费在了孜孜以求功名进取上,却始终未能"立登要路津",当过几回小官也难尽心尽意,更不要说建功立名。什么时候想起来,仕进途上的此路不通,都是令他心灵纠结、挣扎、痛苦、失落不已的难以承受之重。难以承受却必须承受,并且终究也承受住了,杜甫不能不面对名未因功业著,而只因文章著的既成事实。仇兆鳌引顾注说的"名实因文章而著",已看出了这样一个既成事实,无疑是对的;没有明析出如何"反言以见意",毋宁也还有所未逮。其未逮就在,杜甫反诘的主要意指不在明面,而在暗面,杜甫更在意名因功业著。名未因功业著,竟只因文章著,前者为人生的大失意,后者为人生的小安慰,对杜甫来说实在无异于五味杂陈,欲说还休。

"官应老病休"乍一看是一个判断句,细一品却是一个感叹句,感叹中也有问诘。按常理,一个人老了病了,力难胜任继续当官了,退出官地本是自然而然的事情,历来告老还乡都叫循制"致仕"。然而从杜甫敬重的或结交的人看,贺知章"少小离家老大回",已是七十余岁了;张九龄由右丞相贬荆州长史,也已六十四岁;高适比杜甫年长十二岁,当年六十六岁,方才死于散骑常侍任上;即便苏源明、郑虔晚境凄凉,仍是六十多岁才死在为官期间。相比较而言,杜甫当年正月辞去严武幕职,只不过五十四岁,言老言病虽可,退而言休却决非是非休不可。因此,似乎冷静地判定老而且病就该退休,实在潜藏着诸多胸中块垒,如仇兆鳌引顾注所说当是"官不为老病而休"。不为老病而休,又为什么而休? 一句五字中,并没有点出,甚至没有任何暗示。而两个没有,恰正反映了辞去严武幕职八个月后的杜甫,对既往的官场经历有多少感叹,多少问诘,理也理不清,道也道不明。

所有感叹和问诘当中,杜甫定然在考究,凭自己的才华抱负,为什么从天宝五年到长安,至永泰元年离成都,从三十五岁至五十四岁,折腾了二十年都始终未做到名因功业著? 这二十年漫长而匆促,对自己,对妻儿,他做出了常人所难做出的诸多牺牲,跋涉过了求官、得官、为官、弃官、再得官、再弃官的曲折历程,为什么始终不但未能遂志,而且未能适意? 他定然反复审视过了,却未必都梳理清楚了,反思明白了,因而他认定是命运的捉弄。"飘飘何所似? 天地一沙鸥。"一问一答,问和答的都是命运。这一问一答是命运比况,那么,反推到前联"名岂文章著,官应老病休",就指定是对既往二十年已然命运的痛彻反讽。

《杜臆》解《鸥》,用到了"若无他故"一语,移于《旅夜书怀》,特别是解"名岂文章著,官应老病休"也相当适用。杜甫在仕途命运如斯,毫无疑问是由诸多"他故",亦即诸多客观原因交相为用造成的。只不过,同对任何历史人物一样,对杜甫也不适宜只讲"他故",不讲"己故",亦即他自身所确有的主观原因。

讲主观原因,主要就是讲杜甫的性格,讲他的性格如何决定他的命运。杜甫以狂直、狂放为特征的个人性格,在主观原因层面,的确是决定了他的奇特命运。在长安如此,在凤翔、在华州、在成都依然如此。

杜甫困处长安十年,是由应诏就试揭开序幕的,揭幕的缘起毋庸置疑。那场大张旗鼓的招贤考试,被李林甫擅政弄权、惑上欺下搞成了一场大骗局,杜甫及其他上千应试者都成为受害者,历史已有定论,同样毋庸置疑。但受害之后,愤激之余,如何选择切实有效的求官方式,上千受害者却有所差异。与杜甫足以形成对照的,是同为唐代著名现实主义诗人的元结。元结比杜甫年少七岁,少年时"倜傥而不羁"(颜真卿《元君表墓碑铭》),性格与杜甫有相近处。据《新唐书·元结传》记载,他十七岁始"折节向学",二十九岁赴长安参加那场招贤考试,应试者"皆下之"后"旋即归于商余",沉潜于学问著述,"著《元子》十卷"。至天宝十二年(753年),"礼部侍郎杨浚知贡举,赏识之,举进士",时年三十五岁。后经苏源明举荐,任右金吾兵曹参军,摄监察御史;出为山南西道节度参谋,历任道州刺史、守金吾卫将军等职,五十四岁逝后赠礼部侍郎。大历二年(767年)杜甫在夔州,元结在道州刺史任上,元结作《春陵行》《贼退后示官吏作》二首,杜甫以《同元使君春陵行并序》应和。序中有"今盗贼未息,知民疾苦,得结辈十数公,落落然参错天下为邦伯,万物吐气,天下小安,可待矣"等句,从中看得出,杜甫与元结是有友情的,对元结仕途上有作为、有成就是赞许的。然而,回溯受害当年,杜甫并没有同元结一样,选择回乡潜心志学,而是选择了滞留长安献赋求仕进。孰是孰非、孰长孰短姑不妄议,只从性格因素看,杜甫的选择就折射出了狂直所含的执着,乃至执拗。执拗就拗在,在长安碰了壁,就偏要在长安拼出头,哪怕碰得头破血流也不回头,宁肯当"长漂"也不悔不弃。

这样的执着乃至执拗,还可以拿高适、岑参做对照。高适比杜甫年长十二岁,岑参比杜甫年少十三岁,都是杜甫终身不忘的珍贵朋友,都因从军而建功立业,不仅官高职显,声名传扬,而且成为边塞诗的杰出代表。杜甫在长安期间,也曾萌生过从军念头,这念头还一而再、再而三地反映在他的诗里。天宝六年(747年)安西副都护高仙芝平息小勃律(在今克什米尔境内),第二年班师还朝,正值杜甫应试受挫还不足一年,他吟咏出了《高都护骢马行》借马抒怀。诗有"此马临阵久无敌,与人一心成大功","雄姿未受伏枥恩,猛气犹思战场利"等句,就是借赞扬骢马品格,抒发自己梦想也能驰骋疆场、建功扬名的情怀。天宝十一年(752年)已从军的高适随河西节度使哥舒翰入朝后,杜甫送别高适的《送高三十五书记十五韵》中,不仅赞扬"高生跨鞍马,有似幽并儿",而且有句:"十年出幕府,自可持军麾。引行既特达,足以慰所思。男儿功名遂,亦在老大时。"这六句诗诚然主旨在鼓励高适,但其次,未尝不也有自身的钦羡或者向往。天宝十三年(754年),岑参任安西北庭节度判官,随安西节度使封常清西戍边陲,杜甫在重阳节作《九日寄岑参》,诗中有句"所向泥活活,思君令人瘦"。除了寄托思念情愫,同样也不乏赞许和认同。然而,无论怎样在长安穷困潦倒,走投无路,杜甫最终都没有把从军念头转换成从军行动,因为他始终执着乃至执拗地认定,他在长安还有希望。

究其实,他赠韦济的诗里,"今欲东入海,即将西去秦"都不过是闪了一闪归隐的念头,并且主要是说给韦济听,自身却并不打算实行的。当时所谓"白鸥没浩荡,万里谁能驯",实际上也是"海阔凭鱼跃,天高任鸟飞"的自信表达,并不像五十四岁所自况的那种"飘飘何所似"的,注定此生不能实现"立登要路津"的"天地一沙鸥"。所以,不管现实何等严酷,"他故"何等纷杂,他都认定了他的功业就在长安,偏要在长安一路走到黑。因此,他不会做出元结的选择,他也不会效法高适、岑参从军。

执着是一种可贵的品格,但若至于执拗,则有可能过分,做出过犹不及的事。杜甫在长安,就落入了这样的行为怪圈,而又缺少自省意识。相反地,执着乃至执拗的过分趋向,还与他狂直性格的另外一个特征——方正结合起来,浑若烈火浇油,更加难以自拔。为人自带端方正直,原本是一种比执着更可贵的品格。然而在中国,特别是在中国官场,历来是对之只能抽象赞扬,不能据实肯定。甚而至于公开说道,也提倡的是要外圆内方,并不鼓励内外皆方,尤其认为宜既刚直自信,又强自出头。历史经验叫"峣峣者易折,皎皎者易污"(《后汉书·黄琼传》),出头的椽子先烂。杜甫虽然饱读经史,却没有读懂,或者说没有领悟、没有接受这样一条颇具中国传统人生哲学特色的固有规则,所以他总是难进入官场,苟进入了也站不住。

突出表现之一,就在于他的"独耻事干谒"。唐代实行科举制度,士子参考前,拜登显贵高官或者著名学士的门庭,投递自己的诗文以及"名刺"(名片)以"求知己",一次不成还可以再次、多次去送"温卷",借以拉关系,

"狂夫"杜甫

托人情，从而换取到赏识、引荐，本来已经成为一条明规矩，相沿成习，蔚为风气。杜甫本来并未拒绝这条明规矩，他也曾不止一处干谒过了。他的失误大致有三。一是未分清干谒对象，既干谒李琎、韦济等正人，又干谒张垍、鲜于仲通等伪人，在伪人们那里就免不了碰壁，纵或"朝扣富儿门，暮随肥马尘"，亦是"残杯与冷炙，到处潜悲辛"，大失所望，徒增愤激。二是在伪人们那里，其所以老是碰壁，很可能他还太"不懂事"，即不懂必须送礼行贿、溜须拍马那套潜规矩，不懂不能说犯忌讳的话。前一个不懂事，由于真不懂，未留下实证。后一个不懂事，由于真不懂，却留有实证。他在《奉赠鲜于京兆二十韵》里写道："破胆遭前政，阴谋独秉钧。微生沾忌刻，万事益酸辛！""前政"指刚死的李林甫，鲜于仲通虽非李林甫一党，却是"规政"杨国忠一党，而杨国忠在"阴谋独秉钧"就与李林甫并无二致，他抨击李林甫实无异于抨击了杨国忠，怎么会不遭到鲜于仲通白眼？三是"万事益酸辛"一语，颇与"到处潜悲辛"相近。这种话，对韦济说一说不要紧，对鲜于仲通之流说了注定会适得其反。你杜甫既视干谒我辈权贵高官为"酸辛"，那你就一边去晾着吧，这便是鲜于仲通之辈的逻辑，杜甫触了楣头或许还不明白。

突出表现之二，在于杜甫既触了楣头，又生计日益困窘以后，变成了一个经常倾诉时事愤激和生存牢骚的"老愤青"。发一发生存牢骚犹则罢了，一而再再而三地长诗抒写时事愤激，犹如匕首、投枪似的直接指向当朝权贵和皇亲国戚，妄议当朝的军国大政，甚至胆敢借题发挥刺及今上，往最低处说毕竟也是遭猜忌的事。如《丽人行》前半首直指"就中云幕椒房亲，赐名大国虢与秦"，将杨氏姐妹的游冶淫逸描摹得淋漓尽致，后半首直击"炙手可热势绝伦，慎莫近前丞相嗔"，对杨国忠的专横擅权、气焰逼人更揭示得入木三分，倘若彼等读到了，将会轻易放过他这落魄文人吗？又如《兵车行》点出"边庭流血成海水，武皇开边意未已"，《前出塞九首》诘问"君已富土境，开边一何多"，都是在否定唐玄宗的穷兵黩武，倘若唐玄宗读到了，将会宽容他的放言无忌吗？幸亏那时候，讯息传播还不是多么便捷，这些诗作并未给他惹来大祸。然而诗言志，他的相关思想意识既见之于诗，必当也会以其他形式有所流露，其不合时宜是铁板钉钉的，其不受权势者们待见也是铁板钉钉的。"长漂"近十年才得一小官，十之八九，与之有关。更幸亏前之唐朝没有像后之明朝那样设立东厂、西厂，要不然，明代东林党人遭迫害的命运势必也有可能落到杜甫头上，又遑论得一小官。

突出表现之三，在于杜甫"长漂"十年终于得一小官后，居然写出《官定后戏赠》那种小诗，幽默更加嘲笑："老夫怕趋走，率府且逍遥。耽酒须微禄，狂歌托圣朝。"其间，"且逍遥"一语中的"逍遥"一词，依稀就是鸥鸟式的自由自在；除去嗜酒如命"须微禄"支撑，他图的就是这份自由自在。可是出乎他的意料，做了右卫率府胄曹参军不多久，"且逍遥"便落空了，如《去矣行》所述，"堂上燕"式的"衔泥附炎热"即已让他受不了了。"野人旷荡无觊颜，岂可久在王侯间？"他连"耽酒"之资也宁可舍弃，就生出"未试囊中餐玉法，明朝且入蓝田山"的去意了。这简直就是实践出真知，生平第一次做官的实践，让他明白了官场并非任他"逍遥"处。别的人可以心安理得地"作堂上燕"，卑污人格，趋炎附势，狂直的杜甫却断然不能。用一句话做出判定，狂直的个性决定杜甫不适应官场。

尽管如此，直至结束了"长漂"生涯，杜甫仍只是弄明白了官场不是任他"逍遥"之处而已。"焉能作堂上燕"，只表明他守正不阿，刚直不屈，不认同官场那套庸俗污浊的规矩，不等于他已放弃了仕进素志。正因此，至德二年（757年）四月他逃至凤翔，拜谒唐肃宗，五月十六日得授左拾遗，《自京窜至凤翔喜达行在所三首》诗里会喜道："影静千官里，心苏七校前。今朝汉社稷，新数中兴年。"继而《述怀》一诗也说："麻鞋见天子，衣袖露两肘。""涕泪受拾遗，流离主恩厚。"为着"汉运初中兴"，宁弃"生平老耽酒"，在杜甫心目中，主次了了分明。哪怕左拾遗仍不过是一个从八品上小官，但属于谏官，能够常在皇帝左右进谏言事，杜甫以为一展抱负的机遇终于来了,所以正儿八经地感恩零涕,受任履职。

担任左拾遗的短暂实践,依然证明了杜甫那样狂直的个性,压根儿就不适应于官场。就在受任左拾遗的那个月,他便因为上书援救宰相房琯,直接触怒了新任"天子"唐肃宗,诏令三司推问。幸亏宰相张镐极力为他说情,他也写了检讨书《奉谢口敕放三司推问状》认错,奉敕与崔光远、颜真卿一起推问的御史大夫韦陟亦陈言"甫言虽狂,不失谏臣体",他才逃脱了死罪。但"帝由是疏之",当年八月便令他离开凤翔,回鄜州羌村去探看妻子儿女。由于被恩许探亲,才有了传世名作《羌村三首》和《北征》,可那都是后话了。

杜甫写的那份检讨书,仍然不失其狂直个性风采。按程式惯例,开头确有认错甚或认罪的言语:"臣甫智识浅昧,向所论事,涉近激讦,违忤圣旨。既下有司,具已举劾,甘从自弃,就戮为幸。"继而还有感恩的套话:"知臣愚戆,赦臣万死,曲成恩造,再赐骸骨,臣甫诚顽诚蔽,死罪死罪!"然而继后的大段文字,却分明是为自己辩解,更为房琯开脱——

猥厕衮职,愿少裨补。窃见房琯,以宰相子,少自树立,晚为醇儒,有大臣体。时论许琯,必位至公辅,康济元元。陛下果委以枢密,众望甚允。观琯之深念主忧,义形于色,况画一保泰,其素所蓄积者已。而琯性失于简,酷嗜鼓琴;董庭兰今之琴工,游琯门下有日,贫病之老,依倚为非,琯之爱惜人情,一至玷污。臣不自度量,叹其功名未垂,而志气挫衄,觊望陛下弃细录大,所以冒死称述,何思虑未竟,阙于再三。陛下贷以仁慈,怜其恩到,不书狂狷之过,复解网罗之急,是古之深容直臣,劝勉来者之意,天下幸甚!天下幸甚!

其间提到琴师董庭兰,据仇注引钱谦益、薛易简说可知,其人"不事王侯","貌古心远,意闲体和,抚弦韵声,可感鬼神",是一位隐逸型的音乐家。房琯任给事中时，曾与董庭兰亲善，故称"游琯门下有日"。房琯任宰相时，董庭兰已离去。房琯被责的主因在于战败，但政敌落井下石，罗织罪名，竟将董庭兰"数通贿谢"之非强加到房琯头上，所以杜甫特举其事，定性为"爱惜人情"，明确为房琯辩诬。而在此之前文字，则是避开战败事，从人品、功德为房琯大节仗义执言，扬长摆好。由上述两层意思而至"陛下贷以仁慈"以下诸句，是恳祈，也是将军，仿佛在说只要"陛下"果真是"仁慈"之君，就该取法"古之深容直臣、劝勉来者之意"，既对房琯他"不书狂狷之过，复解网罗之急"，也对杜甫我"不书狂狷之意，复解网罗之急"。读着这种检讨书，新登帝位未久、靖难急需用人的唐肃宗连喷嚏都打不出来，只好放过了杜甫，但自此便厌弃了他。杜甫之狂直、之不合时宜、之不适应于官场，从救援房琯到写检讨书凸显得最为充分。

不过，狂直归狂直，不合时宜归不合时宜，不适应于官场归不适应于官场，那时的杜甫并没有因为救援房琯被责、被迫写检讨书而厌倦官场。相反地，至德二年（757年）十一月携带家小返回长安（唐军已经收复两京）以后，他做左拾遗仍自做得中规中矩的。从当年底到次年五月，他接连写过好几首诗，描述如何上朝退朝，尽心尽职。《宣政殿退朝晚出左掖》中写道："侍臣缓步归青琐，退食从容出每迟。"《紫宸殿退朝口号》中写道："昼漏稀闻高阁报，天颜有喜近臣知。"《春宿左省》中写道："明朝有封事，数问夜如何。"《题省中壁》中写道："衮职曾无一字补，许身愧比双南金。"诸如此类，不一而足，全都是真实的为官情态的写照。从中体现出，他回归朝班续任左拾遗后，一直都是早上朝，晚退朝，有时候还留在左掖署内加班加点，颇近似于今之所谓"白加黑""五加二"，克勤克谨，任劳任怨。甚至于还看得出，他是吸取了先前教训，多少懂得了点要看"天颜有喜"，未曾再次放言进谏。对于这一点，他感到心中有愧，因而私下有"许身愧比双南金"之叹。所谓"南金"，喻指的是昔之南方优秀人才。一见《晋书·薛兼传》，张华称赞薛兼、纪瞻、闵鸿、顾荣、贺循五人为南金；一见《晋书·顾荣传》，顾荣又以陆

"狂夫" 杜甫

士光、甘李思等人为南金。两种说法,故冠以"双"。杜甫的自愧缘自"许身",实际上是自许也具"双南金"资质,却不能够一如既往厥尽衮职,因而私心有所愧怍。正是这一愧,表明他并没有由于吸取教训而一改素心,而是一旦认准了真理仍然还会犯颜直谏的。

在那半年间,他同诗友们也有唱和。《送贾阁公出汝州》,是赠送给时任汝州刺史贾的。"人生五马贵,莫受二毛侵",他祝贺贾至升任刺史,又慰勉贾至不要过分忧心政事,导致衰老。《奉答岑参补阙见赠》一诗,感激"故人得佳句,独赠白头翁",与岑参的知音之情尽寓其中。与王维结为朋友,正是在那段时间,《奉赠王中允维》一开头便写道"中允声名久,如今契阔深",即反映出这一事实。王维与高适同年,比杜甫长十二岁,成名比杜甫早。安禄山攻占长安期间,王维被押至洛阳,拘于普施寺并迫以伪职。唐军收复两京后,对受伪职者按六等定罪,王维与郑虔、储光羲等人均被贬官。王维由于曾以《凝碧诗》闻于行在,更兼其弟王缙时任刑部侍郎兼北都副留守,愿削己职替其兄赎罪,所以得到唐肃宗从宽发落,责授太子中允。杜甫用"共传收庾信,不比得陈琳"两句诗,表达他理解王维虽然陷贼,却如庾信之忠,而不似陈琳之降。结在"穷愁应有作,试诵白头吟"上,更传递出了慰勉、激励之情。所有这一切,都是对单调乏味的官场生活的重要补充。但彼时彼际,杜甫与王维的心态不一样,他丝毫不如王维那样淡出官场。

令杜甫所难料的是,他无意淡出官场,当朝"天颜"却不喜欢他仍在视界以内晃来晃去。皇权专制的官场法则,最本质的一条法则就是既定的等级森严,在上级者为主,在下级者为奴,奴才对主子必须做到百依百顺,而不得有思想自由和人格尊严,更不得说出主子不喜欢的话,做出主子不喜欢的事,如果有所逾越那就全凭主子心情如何而定命运了。百代标杆开明纳谏的唐太宗,对于敢犯龙鳞的魏征,也曾有过恨得牙痒,差点开了杀戒的事。唐肃宗不是唐太宗,杜甫也不是魏征,他救援房琯触犯龙鳞,写检讨书又不肯痛哭流涕、自污灵魂这笔账，早晚是要清算的。他回长安当左拾遗的半年，乾元元年(758年)六月，清算的噩运便降临了。不需要讲任何原因，只凭"天子"一句话，他即被贬为华州司功参军。这一次轮到杜甫打不出喷嚏，不管回不回得过神来，更不管内心情愿不情愿，他都只能别无选择地吞下苦酒。

被贬往华州，杜甫猝不及防，却有口难言。《至德二载，甫自金光门出，间道归凤翔；乾元初，从左拾遗移华州掾，与亲故别，因出此门，有悲往事》一诗写道："近侍归京邑，移官岂至尊。"前后相贯两句诗，浓缩式地概述出了诗题所含的两重意思，对照反差相当明显。"归京邑"甫及半年便被"移官"，他心中怨伤何等怆恻当可想见，但既不便直言，却又不能不言。他实在弄不明白，救援房琯并写检讨书的事已经过去一年有余了，按理应当早就了结了，如今乃是哪河水突然发了，不明就里就遭遇了"从左拾遗移华州掾"。虽然论官阶都在从八品上，但地位、作用大不一样，并非平调，实为左迁。左拾遗作为谏官之一，固然尚不能算"立登要路津"，毕竟靠近了"致君尧舜上，再使风俗淳"的诉求气场。一旦贬为华州掾，等于宣告了政治"死缓"，平生功业诉求基本再无望了。尽管如此，他终究不知是"圣聪"独断，还是谗诡构陷所致，只好模糊地说成"岂至尊"。继后"无才日衰老，驻马望千门"两句，看似以"无才"自责，实际上表明怨望极深，无可奈何。参酌《瘦马行》所谓"委弃非汝能周防"，看得出他对官场险恶，已经有了切肤之痛。

按唐代行政体制，州是府、州、县三级当中最重要的一级地方行政建制。据贞观十三年(639年)统计，全国共有358个州，后来有所调整。依地位高下、辖境大小、户口多寡以及经济发展水平差异，州分上、中、下三等。州的长官称作刺史，俗称太守，官品由从三品到正四品下不等，属吏的品级也随之而有所差别。华州为下州，杜甫所任华州司功参军只是正四品下刺史治下的一个属吏。俗话说"不怕官，只怕管"，历代官场都通行这条规则，杜甫必须听从顶头上司管理，比在朝廷内做左拾遗更难以企望自由自在。

正因为此,华州成了杜甫一生生命价值诉求的质变的转折点。

杜甫就任华州司功参军后,很快便领教了掾属难当的官场况味,《早秋苦热堆案相仍》一诗即为况味留真——

> 七月六日苦炎蒸,对食暂餐还不能。
> 常愁夜来皆是蝎,况乃秋后转多蝇。
> 束带发狂欲大叫,簿书何急来相仍?
> 南望青松架短壑,安得赤脚踏层冰!

他是六月被贬的,七月六日表明到任未及一个月。俗话所谓"二十四秋老虎",恰让杜甫碰上了,"苦炎蒸"弄得他"对食暂餐"亦无胃口,虽想进食犹"还不能"。更兼生活环境差,夜间多毒蝎,白天多苍蝇,整得他愁苦不堪。前四句对"早秋苦热"渲染至极。但仅止如此还则罢了,尤其使他"束带发狂欲大叫"的,是顶头上司不但对此熟视无睹,不管不顾,而且还接二连三发来公簿文书,促令赶紧办理。簿书"堆案相仍",尤其令他苦不胜苦,烦不胜烦。完不成繁重任务会怎么样,这首诗里未提及,但高适《封丘县》诗所谓"公门百事皆有期",所谓"拜迎长官心欲碎",想必他是深切地感受到了,否则就不至于"束带发狂欲大叫",几乎想用石头打天。结尾两句明面意思是急欲踏冰避暑,暗面却已潜寓着弃官之意,他对"早秋苦热",特别是对"堆案相仍"已近忍无可忍了。

对于这首诗,历代注家纷自解诂,当数王嗣奭《杜臆》较得真诠:"公以天子侍臣,因直言左迁州掾,长官自宜破格相待。公以六月到州,至七月六日而急以簿书,是以常掾畜之,其何以堪? 故借早秋之热,蝇蝎之苦,以发其郁蒸愤闷之怀,于'簿书何急'微露意焉。试问堆案者从何来哉? 然闻之者无以罪也,乃其情则苦矣。州牧姓郭,公初至,即代为《试进士策问》与《进灭残寇状》,不过挟长官而委以文字之役,非重其才也。公厚于情谊,虽邂逅间一饮一食之惠,必赋诗以致其铭佩之意,俾垂名于后世。郭公与周旋几一载,而公无只字及之,其人可知,不免宝山空手矣。"其间提到的《试进士策问》全称《乾元元年华州郭使君进灭残寇形势图状》,都是杜甫受刺史郭某之命代其写的,但簿书堆积相仍应不止这两件。说郭某"不过挟长官而委以文字之役",点中了实质,但并不只是"以常掾畜之",还没点出要害。若要害在于郭某之类官员,历来熟谙"主奴"哲学——对下是主,对上是奴,他既认准了杜甫是其最高主子唐肃宗所厌弃的人,就要恃势弄权,以自己为主,以杜甫为奴,不择手段地奴役,打整这个手下之奴,如此被打整? 萌生弃官之意,自是一种必然。

有蛛丝马迹可资判定,在华州期间,远不止郭某一人对杜甫有所欺侮。《独立》一诗写道:"空外一鸷鸟,河间双白鸥。飘飘搏击便,容易往来游。草露亦多湿,蛛丝仍未收。天机近人事,独立万端忧。"《杜诗详注》引赵仿注说:"鸷鸟,比小人之娼嫉者;白鸥,比君子之幽放者。三、四分承首二,鸷鸟方恣行搏击,白鸥可轻易往来乎? 危之也。且夜露已经沾惹,而蛛丝犹张密网,重伤之也。上是显行排击者,下是潜为布置者,虫鸟天机,同于人事,是以对此而万忧并集也。"这样的剖析堪称鞭辟入里。对应杜甫面对的人事,郭某当是"显行排击"的"鸷鸟",希阿其意的宵小之徒则是"潜为布置"的"蛛丝"。如斯"虫鸟天机",在官场中历来都是一种常态,特定的"老大"如郭某喜恶何人,其僚属中必有不少专擅唯"老大"马首是瞻,无所不用其极地争做损人利己,甚至不利己也要损人的丑事、恶事的阴阳人和咬人狗。而另外一些人,虽不肯助纣为恶,却奉行明哲保身。杜甫身陷于其间,怎么可能顺心适意,像"双白鸥"那样"容易往来游"? 留给他的唯一生路,只能是惹不起就只好躲。

远离故乡,又乏亲友,何况战乱未已,杜甫向何处躲? 他想到了前贤陶潜,记起并认同了陶潜《归去来兮辞》所咏叹的"既自以心为形役,奚惆怅而独悲",于是有作《立秋后题》——

"狂夫"杜甫

> 日月不相饶,节序昨夜隔。
> 玄蝉无停号,秋燕已如客。
> 平生独往愿,惆怅年半百。
> 罢官亦由人,何事拘形役?

　　时年四十八岁的杜甫,日渐明晰地想清楚了,决计不再降心抑志地夹着尾巴做人,继续忍受官场中的夹板气,要仿效陶潜挂冠而去了。

　　由于这首诗里明明白白地用了"罢官"一语,古今注家对杜甫离开华州职所,究竟是主动弃官,还是被动罢官各执一词,争论不休。要理清头绪,不能不考较一下唐代官制,进而依制做出推断。唐代州刺史虽然品级不低,治权也大,但对所属僚佐的辟用权却远不及汉代刺史,只能辟用品外小吏,九品以上的僚佐辟用则必须报吏部批复。从两《唐书》的《杜甫传》看,杜甫每一次官场出处都有记载,《新唐书》还写明了是"辄弃官去",可见并没有发生被动罢官事实。详情度理,很有可能是,郭某曾借故威胁杜甫,说出过要罢他官的话,因而杜甫会激愤地表示"罢官亦由人"。因此结论为主动弃官,并不排斥背后还有受迫而被动的客观因素。

　　"何事拘形役",分明化用了《归去来兮辞》原句意涵,说明杜甫的弃官确与陶潜的弃官品格相通。《晋书·陶潜传》记载,陶潜任彭泽令时,"郡遣督邮至县,吏白应束带见之。潜叹曰:'吾不能为五斗米折腰,拳拳事乡里小人邪!'义熙二年(406年),解印去县,乃赋《归去来》。"其中的"五斗米",系指人,而不是指俸,指俸的流行说法误解了。半个世纪前,逯钦立编注《陶渊明集》,对此即已考辨明白。盖晋代承袭汉制,以粟为俸,九品中正制下的各级官员均用田亩计俸,从第一品田五十顷至第九品田十顷,每低一品减五顷田。大县置令,小县置长,彭泽为大县,陶潜为令所得俸田至少二十顷,本传所谓"公田悉令种秫","妻子固请种粳,乃使一顷五十亩种秫,五十亩种粳"可证,何曾俸禄仅区区五斗米?"五斗米"系指督邮乃是五斗米之徒。陶潜出身于世家,瞧不起出身于"乡里小人"的五斗米道徒,不肯向其折腰,所以解印弃官而去。杜甫又怎肯向"郭使君"之流折腰,其弃官当与陶潜弃官事异实同,都是一种彰显人格尊严的刚正行为。

须当强调的是,杜甫在华州弃官,决非一时一地的意气用事,而是经过痛彻反思以后重新做出的生命价值取径抉择。认同陶潜的《归去来兮辞》,并不限于只取"既自以心为形役,奚惆怅而独悲"两句意涵用之,而是通盘接受了其作首段标明的归隐主旨:"归去来兮!田园将芜,胡不归,既自以心为形役,奚惆怅而独悲?悟已往之不谏,知来者之可追。实迷途其未远,觉今是而昨非。"他的"已往之不谏",他已省悟的"昨非",显然超越一时一地的官场窘境,追溯涵盖了在长安十年,在凤翔和长安任左拾遗一年,以及其间为求仕进而付出的种种心血,种种屈辱,种种牺牲。他是生平第一度,真真正正、完完全全"觉今是而昨非"了,虽然已无田园可归,他也要改弦更张,追求另外一种可望顺心适意、自由自在的新生活了。

从乾元元年(758年)六月受命,至乾元二年(759年)七月弃官,杜甫担任华州司功参军一职,满打满算一个对年多一点。但若除掉头年冬由华州赴洛阳,次年春自洛阳返华州,并在途中作"三吏""三别"的时日,实打实算最多十个月。十个月便决弃官,如未经过痛彻反思,一向"奉儒守官"的杜甫决然不可能做到。决绝的本身,又一次集中体现出了他的性格特质,不特狂直,抑且狂放。讲狂直,不仅依然表现为方正刚直,宁折不弯,而且进而表现出敢于否定旧的执着而代以新的执着,认准了真理便义无反顾。讲狂放,则表现为心胸开阔,气度密大,纵然是追逐过大半辈子的官场仕进,一旦看破了,看淡了,说弃掷就弃掷,真是拿得起,放得下。

弃官后携家到了秦州,杜甫初心所向往的,是能像陶潜那样归隐。这一回,根本不再如既往对韦济说"今欲东入海,即将西去秦"那样随口一说而已,他是真有意了。真有意,相当集中地反映在初至秦州作的《遣兴五首》中。其二谓"昔者庞德公,未曾入州府",其三谓"陶潜避俗翁,未必能达道",其四称赞贺知章"上疏乞骸骨,黄冠归故乡",其五喟叹孟浩然"清江空旧鱼,春雨余甘蔗";从汉末、魏晋人到唐朝当代人,无一不是避官就隐,因而也无一不是如《杜臆》所评论的"俱借古人以遣自己之兴,非尚论古人也"。至于《贻阮隐居》诗谓:"更议居远邨,避喧甘猛虎。足明箕颍客,荣贵如粪土。"以及《寄赞上人》诗谓:"柴荆具茶茗,径路通林丘。与子成二老,来往亦风流。"更是直接表达了对于隐逸高风的衷心钦羡,对于隐逸生活的至诚神往。令他万般无奈的是,在秦州举目无亲,那里又地瘠民贫,他要养家糊口,根本就做不到。真心归隐是不能也,非不为也。如《秦州杂诗二十首》所写,在秦州从七月至九月仅只是苦熬苦撑了约三个月,杜甫便不得不放弃这种钦羡和神往,携家带口前往同谷。

杜甫愿弃官是真心实意的,杜甫想归隐也是真心实意的,他到成都卜居草堂期间的所取、所舍、所向均可证明。《卜居》一诗始于"浣花溪水水西头,主人为卜林塘幽",结于"东行万里堪乘兴,须向山阴入小舟",即透露出兴之所在。据《杜臆》解说,"主人"盖指时任成都尹裴冕。既有裴冕出面替杜甫卜草堂而居之,其属官如少尹、司马者流,也不乏能体上官之意,愿对杜甫有所助的人。但杜甫当时仰给于他们,虽然广及于出资、营建、供果苗、给竹木等等众多实需,却唯独没有希图求得一官半职。他所看重的,乃在"林塘幽"。他所向往的隐逸情趣,乃是像东晋王子猷居山阴那样,雪夜忽忆戴安道,当即乘轻舟往剡溪寻访戴安道,既造门,却不入而返,即所谓"乘兴而行,兴尽而返"。《为农》诗谓:"锦里烟尘外,江村八九家。圆荷浮小叶,细麦落轻花。卜宅从兹老,为农去国赊。远惭句漏令,不得问丹砂。"这样恬淡的田园生活,实在与陶潜归田园居颇为相近,说明杜甫情已在兹。

田园生活的另一乐趣,在于时与友朋相过从,闲暇的时候就寄情于诗。《宾至》一诗有言:"岂有文章惊海内,漫劳车马驻江干。"按句意寻绎,慕其诗名而来拜访的人中,不乏有车有马之辈。不管什么客,他都无须依官场规矩费心劳神备办饮食,而是随意"竟日淹留佳客坐",将就待以"百年粗粝腐儒餐"。临别之际不忘招呼:"不嫌野外无供给,乘兴还来看药栏"。自由自在,略见一斑。即便偶感"厚禄故人书断绝",必须面对"恒饥稚子色凄凉",亦如《狂夫》所写,他只报以"欲填沟壑惟疏放,自笑狂夫老更狂"。《可惜》一诗的后四句写道:"宽心应是酒,遣兴莫过诗。此意陶潜解,吾生后汝期。"无须多加一字解析便可以认定,安于田园生活的杜甫,十分自觉地将他与陶潜视作隔代襟期,对隐逸式的诗酒任性乐在其中了。

上元二年(761年)冬末严武第二度镇蜀以后,主动访杜甫,第一首赠诗《寄题杜二锦江野序》三、四句即道:"莫倚善题鹦鹉赋,何须不著鹓鹭冠?"前一句用西汉孝惠年间郎、侍中等官皆冠鹓鹭喻作官,明白无误地传递出了责怨杜甫弃官不仕的意思。杜甫答诗《奉酬严公寄题野亭之作》爽然写道:"拾遗曾奏数行书,懒性从来水竹居。奉引滥骑沙苑马,幽栖真钓锦江鱼。谢安不倦登临费,阮籍焉知礼法疏?枉沐旌麾出城府,草茅无径欲教锄。"前六句都是自明心志的。所不同在于,前四句重在据事明由,五、六句则重在借古明志。所据之事,一为第一句所指上疏救援房琯的事,二为第三句所喻犹如沙苑养马(唐代于沙苑置坊监养马)长期不得重用的事,实质上等于是说既往求仕,教训太惨。正因为教训太惨,更加上性"懒"守"真",所以甘于"水竹居",所以要钓"锦江鱼",一方面是客观"他故"逼出来的,另一方面是个人性格势所必至的,他就这样向故交严武讲明了缘由。在此基础上,再引谢安和阮籍两位前贤,进一步表明自己已然属意归隐田园、"幽栖真钓"的心志。尤其是引借阮籍生性疏懒,不讲礼法,自况个人的狂直、狂放,更加显示了坦荡至诚的自知之明。很明显,严武是被他的这种坦荡至诚折服了,因而在任半年有余,并没有勉强杜甫出来做官。

但是,严武并没有死心,他是巴心巴肠地欲施援手,要利用手中实权让杜甫出来做官。在他们所处那个时代,做官毕竟是所有士子建功立业和扬名立万的唯一正道,对朋友的最大帮助,实莫过于鼎力助成其做官。因而

"狂夫" 杜甫

广德二年（764年）三月严武第三度镇蜀，立即第二次施以援手，发书邀请时在阆州的杜甫从速返成都。杜甫携家到成都后，当年六月，时年三十九岁的严武，便荐时年五十三岁的杜甫为节度参谋、检校工部员外郎，入其幕府做官，杜甫也欣然接受了。

时隔多年，前却之而今受之，是什么原因促成杜甫态度发生了改变？严武的诚邀和力荐，自然不可或缺。但只要杜甫本人愿意，前一次，严武原本就不难做到的，所以关键原因不在严武那里。不在那里，又在哪里？在于杜甫往来于梓州、阆州一年又九个月，他的社交圈子和生存状态发生了变化，继而家国大势也发生了变化，因之心态也发生了变化。第一个变化是指，在梓州、阆州期间，他得了汉中王李瑀的倾心关照；李瑀离梓州转往蓬州后，梓州前任李刺史，继任梓州刺史、兼侍御史、东川留后章彝，阆州王刺史，以及两地刺史的幕府诸公对他相待也不错。这样的官场人事氛围，迥然有别于既往所经历的那些官场人事氛围，使他具体感受到了官场也不是一个模子所铸成的，还有一些场域是可以与人相共处的。在梓州、阆州都有当地官员罩着，生计也自在多了。特别是广德元年（763年）开春，在梓州听到了史朝义自缢、官军收复河南河北的特大喜讯，他惊喜万分，写出了生平第一快诗《闻官军收河南河北》，唱出了"白日放歌须纵酒，青春作伴好还乡"的"喜欲狂"心声，更对晚年生活激生出美好希望。这些"他故"合起来，作用于他狂直、狂放的性格基质，他接受严武邀请返回成都，入幕做官，显然而然地顺理成章。

这一次做官，既是杜甫一生第四度做官，又是他平生所做品级最高的官，还是他一度做得心气比较舒畅的官。心气的舒畅，体现在以鸥自比，《长吟》一诗所写极为清新自怡："江渚翻鸥戏，官桥带柳阴。花飞竞渡日，草见踏青心。已拨形骸累，真为烂熳深。赋诗新句稳，不觉自长吟。"一个"翻"字一个"带"字引领全诗，不仅鸥能自由自在、无拘无束地恣情嬉戏，而且柳宜形，花解语，草知心，物与我浑然交融，实足以令人烦累尽销，诗兴勃张。自杜甫沦为"长漂"以降,诗及官事不算少了,确是从来未曾有过如此之清新明丽,怡然自得。

心态好,杜甫在严武面前自然更加放松,狂直的直更表现得无所挂碍。彼此之间诗歌酬唱,从友朋间的风雅文事,演进成了他幕府做官的一项常务。当时严武镇蜀,西部军情主要针对吐蕃,他颇想能够有所建树。他任崔旰为汉州刺史,令其率军进攻占领西山一带的吐蕃军队,崔旰不辱所命,连夺数城,逼迫吐蕃军溃退数百里。捷报传来,严武即作《军城早秋》一诗尽显他的抱负:"更催飞将追骄虏,莫遣沙场匹马还。"杜甫亦作《奉和严郑公军城早秋》,夸赞严武的军威将略:"秋风袅袅动高旌,玉帐分弓射房营。已收滴博云间戍,欲夺蓬婆雪外城。"后两句中的"滴博"指滴博岭,以前唐军曾经翻越滴博岭,攻克了吐蕃所占据的羊溪等三城,杜甫引为得胜先例,借以赞扬严武也能如斯建功。"蓬婆"也是吐蕃的城名,城在大雪山间,故称"雪外城"。开元二十六年(738年)王昱镇蜀时,曾在其地与吐蕃作战,遭致败绩,杜甫引为失利先例,激励严武夺取蓬婆城,为大唐雪耻。他这样做,自然而然,指定未曾顾忌过,在幕府中会不会招到同僚嫉妒。

狂直的性格容易派生出一个次生特征,那就是简慢,人际交往中不拘礼法,不顾细谨,杜甫与郑虔相互之间都习惯那样。杜甫进入严武幕府后,习惯成自然,也不时有简慢行为。如《新唐书·杜甫传》所述:"武再帅剑南,表为参谋、检校工部员外郎。武以世旧,待甫甚厚。亲诣其家,甫见之,或时不中。而性褊躁傲诞,尝登武床,瞪视曰:'严挺之乃有是儿!'武亦暴猛,外若不为忤,中衔之。一日欲杀甫……左右白其母,奔救得止。"排除其间或许会有的失实因素,仅就事论事,所涉两件事都反映出杜甫的简慢,后一件事除了简慢还有放诞。杜甫分明太任性,太不分场合,太不尊重官场固有的等级秩序,这不能不说是他性格中确有的负面缺憾。即便如某些注家所说,严武并未有过欲杀杜甫的心思,也难以排除简慢的事累积多了,他会对杜甫心生不满,渐次疏远。更不用说,诸如此类的简慢行事,会给幕府中的嫉妒者提供诋毁、攻讦之资。

非唯此也,狂放的性格,还容易派生疏懒。不一定每个狂放的人必然如此,但杜甫确然如此,他在不只一首诗中不无得意地称自己疏懒。既疏懒,就注定适应不了官场里的运行程式,什么朝入夕退、等因奉此之类,更何况还有凡事必以在场官职最高者为金口玉牙,其他人都得仰承鼻息的臭规矩。严武纵或不疏远杜甫,仍一如既往对之优渥有加,也决然不会空话改变这样一种官场进行曲。因此,杜甫从六月进入幕府,到立秋就难以忍受了。通过《立秋雨院中有作》一诗,他便将其悔入幕府表露无遗了。始而说:"穷途愧知己,暮齿借前筹。已费清晨谒,那成长者谋?"继而说:"礼宽心有适,节爽病微瘳。主将归调鼎,吾还访旧丘。"他竭诚表示,对于严武的提携和礼遇,他是感激不已的,并以未能多有助成而愧怍和遗憾。同时又坦陈,对于按部就班、例行功课的清晨拜谒整个一套,委实是吃不消,潜意是不乐意。不愿让严武难堪,"主将"两句特委婉致意:倘若你能够还朝秉政,那么,我愿意随你离蜀,回到杜陵"旧丘",以求安度晚年。欲辞幕职之意,隐然已自萌生。

《遣闷奉呈严公二十韵》一诗,杜甫将其欲辞幕职的多重原因和盘托出。第一,"白水鱼竿客,清秋鹤发翁。胡为来幕下?只合在舟中。"他说自己原本就是一个渔樵野鹤之客,根本不该入幕做官。第二,"黄卷真如律,青袍也自公。老妻忧坐痹,幼女问头风。"在幕府做官,日例文书不但令自己烦不胜烦,还让老妻、幼女常为自己因之加重病情担忧不已,真是何苦。第三,"平地专敧倒,分曹失异同。礼甘衰力就,义忝上官通。"幕府内分曹司职,彼此牵制,沟通既难,缛节亦多,你虽然对我礼遇甚隆,优渥有加,但我陷身于那种官场结构之间,简直就心劳力拙,难以为继。第四,"畴昔论诗早,光辉仗钺雄。宽容存性拙,剪拂念途穷。"你对我愈是优渥宽容,同僚中人对我的嫉妒谗毁愈是纷扰不已,防不胜防。"剪拂"一语出自刘孝标《广绝交论》:"至于顾盼增其倍价,剪拂使其长鸣。"原本是比喻赞扬人才,使其饮誉,这里与"途穷"连在一起,中间还加上一个"念"字,无异于指称严武的"剪拂"反使我受累,陷于横遭嫉妒谗毁的日暮途穷。凡此种种,殊难再忍,所以他用"露裹思藤架"一转,痛快淋漓地描述出他如何如何思念草堂,最后才用"会希全物色,时放倚梧桐",表达出了"呈"诗的本旨,亦即恳请严武对他理解和谅解,放他回草堂。

"剪拂念途穷",不是泛漫而发,而是实有指。《莫相疑行》即为注脚。"男儿生无所成头皓白,牙齿欲落真可惜。忆献三赋蓬莱宫,自怪一日声烜赫。集贤学士如堵墙,观我落笔中书堂。往时文采动人主,此日饥寒趋路旁。晚将末契托年少,当面输心背面笑,寄谢悠悠世上儿,不争好恶莫相疑。"从"晚将"两句足以看出,杜甫皓首入严武幕府,是遭受到了比他年少的同僚辈轻侮的。所谓"当面输心背面笑"的"笑",合当不单是指冷笑或嘲笑,而是还包含了更多层面、更多意味的轻蔑和嘲弄,甚至于更有谗毁和攻讦。仅从诗语所及看,就涉及他头白、齿落的衰朽之相,以及对他的才华和声名的私下质疑。要不然,就不会用"男儿"两句作开篇,更不会自炫似地特意宣称"忆献三赋"四句那种光荣历史。殊不知,历代官场中当面一套背面一套的两面人谬种流传,绵延不绝,彼辈是不会对你这样一个糟老头真心有所敬畏的。与之相反,你愈是诉说光荣历史,愈易增添他们的反感。好在杜甫终究是一个端方正直的人,既不懂那么多,更不屑强作解颜与之为伍,所以干脆宣明态度,不与之争,弃职回家。

永泰元年(765年)正月,五十四岁的杜甫果真辞去严武幕职,回到草堂去重过他的顺心日子。《正月三日归溪上有作,简院内诸公》写道:"野外堂依竹,篱边水向城。蚁浮仍腊味,鸥泛已春声。药许邻人剧,书从稚子擎。白头趋幕府,深觉负平生。"他真正是"悟已往之不谏,知来者之可追",并且"实迷途其未远,觉今是而昨非"了。

这一次辞官,是他生平最后的一次辞官,严格意义上说并非"老病休"。从《遣闷奉呈严公二十韵》以及《莫相疑行》两首诗看,"老"和"病"虽有一点,却远未到必须弃官不做的程度,主要还是他向严武辞官的一个借口而已。其所以要颇决绝地那样做,根本的原因终究生自诸般"他故",并且由客观方面而反诸主观方面,他的性格决定了他非辞不可,不辞官就不痛快,不辞官就不安生。

由此回溯杜甫一生的仕途遭际,不难倍加清晰地看出,从"长漂"十年好不容易做过半年右卫率府兵胄参军,到往来于凤翔、长安做过一年多一点的左拾遗,再到贬往华州做过一年多一点的华州司功参军,最终到旅居成都期间做过半年节度参谋、检校工部员外郎,合起来满打满算,也不过虚有三年又两个月,实算则不足三年。这样的三年做官生涯,与他三十五岁至长安应试求官,到五十四岁在成都最后一次辞官,前前后后二十年的黄金年华相比较,不得不说太短暂了,太不足道了,也太不值得了。《正月三日归溪上有作,简院内诸公》所谓"深觉负平生",哪里仅止针对"白头趋幕府"而言?纵然不能说全部,也可说部分地针对着既往的二十年,二十年全部"深觉负平生"。只不过,直至忠州《旅夜书怀》,他真正意识到的"负平生"之故主要还是"他故",对自己的性格注定不适应官场仍自认识不足。所以他说"名岂文章著,官应老病休",实质上仍充满了对未遂平生志的不甘心,是对他的人生命运的沉痛反讽。

"失之东隅,收之桑榆。"狂者决不会终止进取的,对命运不甘心,正好成为他另觅他途,力求实现生命价值最大化和最优化的一大动力。官是决然不做了,名却要凭文章著,也能凭文章著,这就是反讽对应的正论。于是方催生出夔州期间的诗人杜甫,催生出辉煌的"夔州诗"。

"落日心犹壮，秋风病欲苏"的诗美登极

　　历来讲杜甫的诗歌创作审美特色和艺术成就，无论是扬杜抑李，是扬李抑杜，还是李杜并尊，大抵对他的"沉郁顿挫"基本风格以及"众体皆备"全面造诣，都能达成毋庸置疑的共识。但这毕竟是终极性的静态描述，如果对应于他的生命历程，分阶段地动态描述，就远不是如此简单。正像后人称他的诗为"诗史"，称他本人为"诗圣"有一个过程一样，基本风格的形成和全面造诣的达至，也有一个过程。

　　最早称"诗史"，见诸晚唐孟棨《本事诗·高逸第三》："杜逢禄山之难，流离陇蜀，毕陈于诗，推见至隐，殆无遗事，故当时号为'诗史'。"其间，明见其划分出的起沿时段，并不涵盖"安史之乱"爆发以前。至北宋，《新唐书·杜甫传》推而衍之，既说唐诗"至甫浑涵汪茫，千汇万状，兼古今而有之"，又说"甫又善陈时事，律切精深，至千言不少衰，世号'诗史'。"其突破在于已揭示出杜诗体大思精，涵汇古今，不足则在于模糊了"善陈时事"的历时性界限。明人王嗣奭《杜诗笺选旧序》说"诗之有少陵，犹圣之有夫子，可谓金声

"狂夫" 杜甫

玉振,集其大成者矣。"清人仇兆鳌《杜少陵集详注·序》概而言之:"宋人之论诗者,称杜为'诗史',谓得其诗可以论世知人也。明人之论诗者,推杜为'诗圣',谓其立言忠厚,可以垂教万世也。"在"诗史"之称及其意涵上仍沿袭了《新唐书·杜甫传》的不足,但指认出"诗史""诗圣"两说之出有时代先后,并给"诗史""诗圣"的能指意义分别做出界定,确实有进一步的发凡之功。而由唐至宋,再至明至清,历代学人对杜甫其人其诗的认知和评价经历了这样一个由浅入深、由少到多的演进过程,反过来也能启迪后之来者,从他们的得失长短中探幽触微,进而更加切实、更加精准地探究杜诗随其生命历程而确曾有过的演进过程。

　　杜甫自己讲"沉郁顿挫",始见于天宝九年(750年)秋在长安所献《进〈雕赋〉表》:"臣之述作,虽不能鼓吹六经,先鸣数子,至于沉郁顿挫,随时敏给,扬雄、枚皋之徒庶可企及也。"那一年他三十九岁,无疑是一个重要的时间点,表明他是在三十九岁前后才特别看重沉郁顿挫的。而且连结着随时敏给,当时主要是秋赋应言,仅比扬雄、枚皋之徒即资证明。再一次涉及,已经是相距十七年后,大历二年(767年)在夔州作《同元使君春陵行并序》的序文了:"不意复见比兴体制、微婉顿挫之词"。点赞对象是元结,当然也不乏同气相求,夫子自道。而且与前一次相比较,这一次是紧承着比兴、微婉,侧重在诗的表现方法和表现形式方面,未及于思想情感的沉郁一端。但排除此等微细差异,作此序时他五十六岁,无疑又是一个重要的时间点,表明他直至晚年仍然十分看重沉郁顿挫,并且重顿挫还胜过了重沉郁。

　　至于"众体皆备",代表性的表述莫如明人胡应麟的《诗薮》:"唐人才超一代者,李也;体兼一代者,杜也。李如星悬日揭,照耀太虚;杜若地负海涵,包罗万汇。李惟超出一代,故高华莫并;杜惟兼总一代,故利钝杂陈,巨细咸蓄。"他所指出的"体",不仅指传统诗歌所大分的古体、近体,以及所细分的歌行律绝诸种诗式,还包含了"调与词","意与格",几乎涵盖了现代文论里的表现形式和审美风格,也与沉郁顿挫暗中有所相通。如《诗薮》还曾说过:"盛唐一味秀丽雄浑,杜则精粗、巨细、巧拙、新陈、险易、深浅、浓淡、肥瘦,靡不毕具,参其格调,实与盛唐大别……且言理近经,叙事兼史,尤诗家绝睹"。这就充分显示,前人所说的杜甫"众体兼备"的"体"所提其宽,后之来者沿引其说,绝不可以做狭隘理解。

不过,设若做狭隘理解,反倒有助于认清杜甫做到"众体兼备",也曾有一个随其生命历程而层垒式地积淀增生的渐进过程。近人萧涤非所著《杜甫诗选注》,将杜甫毕生诗歌创作分为四个时期,每一时期都就体裁做过统计,第一时期读书游历时期,写得最多也最成熟的是五言律诗,其次是五言古体诗,别的则极少。第二时期困守长安时期,七言古诗达二十八首,为第一期所未有;而且出现了叙事长篇,最长的诗达五百字,二百字以上的更常见。第三时期陷安史叛军中及为官时期,五言古体诗写得最多,达九十首,最长的《北征》即在其间;其次是七言古体诗,也有二十二首。古体诗如此大量产生,是因为运用起来相当自由,方便叙事。第四时期漂泊西南时期,诗的内容主要是抒情,所以在体裁上随之主要是绝句和律诗。再细分一下,"他的三十一首五绝,全部是这时写的。同时他还写了四百八十一首五律和一百二十五首七律,五言排律也写得最多,最长的一首《秋日夔府咏怀奏寄郑监李定客一百韵》也是这时写的"。统计数字乍一看似乎枯燥乏味,细一品却是生气盎然,组组数字顿使杜诗体裁上的演进轨迹历历可见,了了分明。

往小处看,这一项统计当中,第二时期所指即与孟棨首称"诗史"所系时段暗自相通,其间所提叙事诗大量出现也与所谓"推见至隐,殆无遗事"暗自相通。而第二时期和第三时期所指的古体诗为主的以利叙事,第四时期所指的近体诗为主的以利叙情,则与杜甫本人的两度语涉"沉郁顿挫"暗自相通。三个暗自相通合起来,就在一定程度上,映射出了杜甫一生的诗歌创作都致力于诗式选择,形成沉郁顿挫的诗风和达致众体皆备的诗境,始终都与这种选择同缘同步。

往大处看,杜甫对诗式的自觉选择,直接体现出他对形式的高度重视。按照通行的艺术理论,在内容与形式的关系当中,总是内容决定形式,形式服从内容,形式又对内容有积极的反作用。对具体的作品而言,这一概括毫无疑义是正确的,甚至于还是不容颠覆的。然而,对于作为类型存在的一般艺术而言,却是形式大于内容,高于内容和先于内容。因为一切艺术都是审美所指的实现方式,无论哪一类一般艺术总是以形式历时态存在,并且还是超越内容的形式化存在。胡应麟在《诗薮序》里即已指出:"夫诗,心声也,无古今一也。顾体由代异,材以人殊,世有推迁,道有升降。""其体,则自四言、五言、七言、杂言、乐府,歌行以迄律绝。"这些话虽有概念混杂交错之失,但从"体"的特点视角上论诗,确已接触到了包括诗在内的所有一般艺术都凭形式存在的共同属性。事实上,不仅胡应麟个人如此认识,验诸中华历代诗论这早已经形成共识。承认这一点,就应当相应承认,杜甫注重形式选择非但毋庸非议,而且势在必然。

诗的形式当然不限于体裁一端,而是还包括结构、语言以及表现方法种种要素在内。这些要素有机地融合,再经具体作品贯注于各种内容,即能进而形成风格。杜诗那种沉郁顿挫的基本风格,说到底,正是在由一般的诗形式的单向追求向具体的诗形式与诗内容的双相和合的实现具象中,渐进式地、层垒式地建构起来的。具象实现离不开具体内容,或言志,或叙事,或写景,或抒情,题材和主题,以及杜甫个人对于真、骨、神三位一体的审美意境的理念和意趣,方才对体裁、结构、语言以及表现方法之类做出了要求。不尽相同的具体内容要求用与之相适应的,乃至最优化的具体形式承载和表现与杜甫的生命历程息息相关的社会现实、个人体验等等内容。尤其是这样,方才催生出了如萧涤非统计所概举的那种状况。如果依之溯源顺流地切实梳理,将能看清楚,沉郁顿挫和众体皆备全都不是从来如是和一成不变的,而是大体上始于"安史之乱"前后,经过入陇、入蜀的历练,终大成于夔州期间。

且看杜甫读书游历时期所作的五古、五律,传世数量虽然少,却已显示出清狂所驱动的大气和自由。从古体诗到近体诗，他都能以意为格，以声为律，将宏大深远的意旨融会到清细畅达的律韵中去，从心所欲而出入无碍。相对于内结构的平仄、奇偶、起合、转折，那时期的他，更注重外结构的辞气、语势、骨架、风调，总是将个性的生命感和形态的伸张力放在诗性思维的第一位，而不受或很少受个别诗歌元素拘束。刘熙载《艺概·诗概》注意到了这一点，所以曾说过："少陵以前律诗，枝枝节节为之，气断意促，前后或不相管摄，实由于古体未深耳。少陵深于古体，运古于律，所以开阖变化，施无不宜。"其前一句尚有所保留，后一句则点出了那时期的杜甫在诗歌格律日催严密的大环境下，对于通行程式所做出的变通和超越。运古于律或运律于古，形异而质同，都属变通和超越的表现。

　　杜甫二十四岁作的《望岳》，便是运律于古的一个代表作。如第二章已然明确的那样，这一首诗以形式上看，格近五律而实非五律，句中时见平仄未谐，只一味纵意遣辞，只有挥洒，因而属于多对仗的一首五古。起句用虚词"夫"字串起问语，一问一答句式如散文表述，既使起势突兀，又使这突兀平添了柔韧。以"青未了"状泰山高达，既是对目中所见高大的夸饰，又是对心中所许高大的寄托，立即具备了虚实相生的质感和美感。中间的四句形若五律两联，但只用了五律所要求的词语的对偶，并未讲究平仄的对仗，似律非律，活而有创。词语的对偶还用了典故，远望所得的"造化"和"阴阳"均取自《庄子·大宗师》："以天地为大炉，以造化为大冶"；"阴阳于人，不翅于父母"。借典故而将哲学意涵与自然景象交相融会，就给泰山宏观性的"神秀"和"昏晓"注入了灵气，似虚犹实，似实仍虚，不着一个"望"字，以见一派"望"境。继而主观、客观交相融合，借"层云""归鸟"两个实象，归之于诗人作为主体的审美心境。如此以心观物，通达于"绝顶"，联类别圣贤，便顺理成章了。这样的形式选择，无异于沟通五古、五律，而又不受制于五古、五律通例，委实堪称创新在我，变通自如。

　　杜甫其所以能够创新在我，变通自如，是有他的近体诗功底支撑的。

"狂夫" 杜甫

沈德潜《唐诗别裁集》卷十即已指出:"杜诗近体,气局阔大,使事典切。而人所不可及处,尤在错综任意,寓变化于严整之中,斯足凌轹千古。"《望岳》便体现出了"寓变化于严整之中",而其二十五岁作的《登兖州城楼》则体现出了他近体诗的"气局阔大,使事典切",功夫不乏——

> 东郡趋庭日,南楼纵目初。
> 浮云连海岱,平野入青徐。
> 孤嶂秦碑在,荒城鲁殿余。
> 从来多古意,临眺独踟蹰。

这一首五律,通篇的平仄、对仗相当工稳,自不待言。杜甫到兖州探望父亲杜闲,一开头便用了《论语·季氏》里孔鲤"趋而过庭",谨承父教"退而学礼"的典故,用得自然而贴切。交代过登楼的时间、地点、方位、缘起以后,中间两联便依从纵目观览意趣写景,然后再结在怀古"临眺"上,大结构也有以古入律的意味在内却又丝毫不露痕迹。其间,颔联写远景,先高入"浮云",纵贯大海、泰山,后低向"平野",横连青州、徐州,亦实亦虚,视境开阔。颈联写近景,邹峰山上遗存的秦始皇东巡所刻颂德石碑,曲阜城中遗存的鲁国公当政所居灵光殿址,都从胸臆间浮现出来,亦幻亦真,意象幽远。"孤""在""荒""余"四个字分属两处历史遗踪,荒凉态托出了沧桑感。辞气、语势、骨架、风调的"错综任意",从这首诗中初显风神。

凭这两首诗略观全貌,杜甫在读书游历期间,对诗的顿挫,亦即情绪的起伏,节奏的抑扬,语词的错综,结构的流转诸端,可以看出业已相当在意了。但是,对诗的沉郁,亦即主题的深湛,思想的独别,情感的厚重,境界的宏博方面,也可以看出虽已有所用心,却还只是初露端倪。两个层级合起来,应该说作为一种基本诗风,彼时彼际犹自处在萌芽期,还没有浑然形成他个人的风格基调。其所以然,与他还自得于"裘马颇轻狂",社会阅历未广,生存体验未丰,浪漫主义情怀凌驾于现实主义关切之上分不开。由于同样的原因使然,对于诗式的选择虽然自由,彼时彼际也留连于他较熟谙的,方便言志的五古、五律上,连《赠李白》那种七绝亦不过偶一为之,讲众体皆备,更有待来日。

如同前面已讲到的,杜甫由浪漫主义转向现实主义,发生在他做"长漂",做"老愤青",困处于长安十年期间。那种创作方法取向的转折既不是突如其来的,也不是一蹴而就的,而是伴随着他在生存炼狱中备受煎熬的冲破逆折,渐生渐成。诗的内质上渐多沉郁之气,诗的外构上更讲顿挫之致,也与诗的体式渐向七言古体拓展,以利于长篇叙事分不开。

《杜臆》评杜诗,曾将《陪郑广文游何将军山林十首》称作"老杜所云'沉郁顿挫'者始尽其妙"。这一组十首诗大致写于天宝十一年(752年)前后,当时的杜甫业已投过《雕赋》,献过《三大礼赋》,受命待制集贤院,仕进无有着落,生计日陷困窘,与郑虔结为贫交,如诗体所示,整组诗都为陪同郑虔游何将军山林而作。亦如《杜臆》所说,"此十诗明是一篇游记,有首有尾。中间或赋景,或写情,经纬错综,曲折变幻,用正出奇,不可方物"。第一首为游记之发端,先记所经途径,次及将到景点,然后由主客招引结在"平生为幽兴,未惜马蹄遥","幽兴"成为"十首之纲"。然后循游览线路次第写出。第四首言"没马",第八首言"走马",径曲折"变局"第九首再写夜宿,第十首乃写出门以后情事,却结在了"幽意忽不惬,归期无奈何"上。其"曲折顿折",由兴转悲,果真是曲尽其妙。然而,说成"始尽其妙",一个"始"字终归用得太绝对了。

事实是,无论就"沉郁"主要指的是思虑深沉,情致淤积而言,还是就"顿挫"主要指的是节奏起伏,音声抑扬而言,在这组诗以前,杜甫在长安作的一些诗里,即已不时有所呈现。如天宝十年(751年)作的《乐游园歌》,起始四句平叙游园,置酒入题后,五、六句"长生木瓢示真率,更调鞍马狂欢赏"一转,便用"狂欢赏"一语挑起七至十二句,由园至江,由舞至歌写出园

"**狂夫**"杜甫

中狂欢情景。然后"却忆年年人醉时，只今未醉已先悲"两句又是一转，即刻由"欢"到"悲"，由众人到个人，对于身世无限感慨："此身饮罢无归处，独立苍茫自咏诗"，牢骚发得意味深长，直令后人解索纷纭。讲沉郁，讲顿挫，都不亚于《陪郑广文游何将军山林十首》。同年作的《投简咸华两县诸子》，尽管以"此老无声泪垂血"收结，但整首诗以"赤县官曹拥材杰，软裘快马当冰雪"作对照面，两句一递进，逐层发出"杜陵野老""苦寒""独悲"的不平之鸣，也与《乐游园歌》相符。只不过，其先其后还有诸如《饮中八仙歌》《春日忆李白》乃至《前出塞九首》之类风格各异，并非沉郁的诗，不能都一例看待罢了。

这样的状况，宜于借用天宝十五年（756年）作的《苏端薛复筵简薛华醉歌》里的诗句意涵反观杜甫，给以解诂。这是一首七言古体诗，第一层八句，首叙苏端、薛复筵宴，称赏二人"文章有神交有道，端复得之名誉早"。第二层八句，抒发当筵所感，突出了"千里犹残旧冰雪，百壶且试开怀抱"的"开怀抱"。第三层也是八句，点赞"座中薛华善醉歌，歌辞自作风格老"，将薛华与时彦前修作了比较："近来海内为长句，汝与山东李白好。何刘沈谢力未工，才兼鲍照愁绝倒"。所谓"长句"指七言歌行，李白擅长，源出鲍照，杜甫将薛华长句仿于李、鲍。第四层还是八句，以忧乐感慨收结，可以不论。要论的是，所赞"歌辞自作风格老"一句，实如《杜臆》已然揭示的那样："知诗贵创新，然朴实自道"。杜甫在长安十年，求仕为主，作诗为从；但尽管作诗为从，他也一直在锐意创新，包括沉郁顿挫在内的多种风格，多种形式其实都是在创新过程中积淀生成的。

《杜臆》所说的"朴实自道"，参酌《诗薮》所有的相关论述，就纲举目张、条理分明了，胡应麟反复申论说的是，"凡诗诸体皆有绳墨，惟歌行出自《离骚》、乐府，故极散漫纵横"。歌行合则一体，分则有所区别，大致体现为"阖辟纵横，变幻超忽，疾雷震霆，凄风急雨，歌也；位置森严，筋脉联络，走月流云，轻车熟路，行也"。初唐一代的七言歌行，在"垂拱（武则天的年号）四

270

子"即"初唐四杰"王勃、杨炯、卢照邻、骆宾王阶段,"词极藻艳,然未脱梁、陈也"。至张若虚、李峤、沈佺期、宋之问等初唐诗人,虽"稍汰浮华,渐趋平实,唐体肇矣,然而未畅也"。发展到盛唐阶段,高适、岑参、王维、李颀等人出,方"音节鲜明,情致委折,浓纤修短,得衷合度,畅乎,然而未大也"。唯有"太白、少陵,大而化矣,能事毕矣",相携成为翘楚。"李、杜二公,诚为劲敌"。他俩的差异在,从风格看,"杜陵沉郁雄深,太白豪逸宕丽";从体式看,"太白多近歌,少陵多近行"。从这些梳理、比较不难看出,杜甫那样点赞"座中薛华善醉歌,歌辞自作风格老",特别是说"近来海内为长句,汝与山东李白好",除开是诚赞薛华之外,确实还将自己同样地"与山东李白好",在夫子自道。

《丽人行》,即为杜甫"长漂"期间,贲张出了"沈深横绝"(《诗薮》内编卷三)辞气、风调的七言歌行代表作之一。杨氏兄妹权势绝伦,杜甫并未意图对其家族发迹暴贵历程作史学列传式的勾勒,而是抓住丽人春游的一个场景,三个切片,用诗学透镜窥探社会奥秘,从绮丽中点击丑恶,从繁盛中照见危机。第一个切片由"三月三日天气新,长安水边多丽人",这样一幅民俗图画领起,活用乐府民歌反复渲染人物形态的手法,不着杨氏兄妹点墨,便营构出了一派浓艳富贵氛围,为二、三两个切片直击杨氏兄妹作了铺陈。第二个切片由"就中云幕椒房亲,赐名大国虢与秦"自然地转进,更用了赋的铺张扬厉笔法,细腻而又流动地描述杨氏姐妹如何穷奢极欲地宴饮耽乐,"箫管哀吟感鬼神,宾从杂遝实要津"的讽刺之意含而不露。"后来鞍马何逡巡",引出权相杨国忠,第三个切片仅六句诗,便借乐府杂曲歌辞《杨白花》故事的意象,将兄妹淫乱的光鲜画皮撕开一道口,《旧唐书·后妃列传》所谓"国忠私于虢国而不避雄狐之刺,每入朝或联镳方驾,不施帷幔"之私之丑,晃然若在目前。施均父《岘佣说诗》认为这首诗"前半竭力形容杨氏姊妹之游冶淫逸,后半叙国忠之气焰逼人,绝不作一断语,使人于意外得之,此诗之善讽也",真说到了点子上。

"狂夫" 杜甫

　　与《丽人行》齐名的《兵车行》论"深沉横绝"也异曲同工。这首诗开头也是一幅画,一幅出征送行图画。不同处在于,画意是复合的,不是单一的。"车辚辚,马萧萧,行人弓箭各在腰",分明是雄起起,气昂昂,盛唐那个大国、强国的雄壮之师、威武之师出征的气象。"爷娘妻子走相送",一个"走"(即跑)字,既折射出出征队伍行进快,又反映出送行人追得急,所以才会导致"尘埃不见咸阳桥"。出征者与送行者混在一起,"牵衣顿足拦道哭,哭声直上干云霄",民众愁怨与国家行动浑然构成强烈反差,诗人未做任一断语,即为整首诗营造出了惨重的基调。继而才引出歌行主体,依托"过者"与"行人"对话,对频繁的开边打仗给人民带来沉重徭役和赋税,给生产造成严重摧残和破坏,既纪言又纪实地做出了揭露和讽刺。勾勒图画和纪言发声,无不体现出《文心雕龙·诠赋》所谓"铺采摛文,体物写志",于歌行叙事是一种创新。诗的标题不套用《从军行》一类乐府旧题,而切合时事自创新题,关切时事,也是在借鉴中有扬弃,在突破中有创新。

　　杜甫在长安作的七言古体诗,除这两首脍炙人口、流誉千秋外,其先其后还有《高都护骢马行》《渼陂行》《奉先刘少府新画山水障歌》《天育骠骑图歌》等,各具风姿。它们与五言古体诗《奉赠韦左丞丈二十二韵》《前出塞九首》《送高三十五书记十五韵》《后出塞五首》等诗一起,和合构成了那十年间他的诗式选择的主要特征。其所以做出那种选择,就文体意识而言,是因为古体诗较少有结构元素的自身拘缚,可以任凭他随题择体,随意遣词,言志方便,抒情方便,叙事、写景更方便,纵然衍成长篇犹自无施不可,《自京赴奉先县咏怀五百字》便是他雄视古人,启迪后生的最早一首长篇杰作。而且在三个方面当中,他的时事愤激和生存牢骚也都能够自然融入,由兹决定了诗歌风格多样,沉郁顿挫的基本格调也随之而日见规模。

　　其间,特别需要强调的是,杜诗赋体为主的表现方法基本特色,正是在他那一时期特别着意选择运用五古、七古,借以加强叙事性的过程当中生发出来的。元稹《乐府古题序》说,杜甫"凡所歌行,率皆即事名篇,无复倚旁(傍)"。他所谓"即事名篇",即是针对叙事性而言。对应中华传统诗学"诗之六义"说,诗性的叙事,大体相当于作为表现方法的赋、比、兴三者当中的赋。有一种偏见,以为比和兴才关系到诗的意象,赋仅止是直言其事。戴震《诗比义述序》中早已明辨其非,故在依《毛诗序》确认"赋直而比曲,比迩而兴远"的同时,还精致地指出:"兴,既会其意矣,则何异于比;比,如见其事矣,则何异于赋……赋者,比之实也;兴者,比之推也。得比义,于典不待言,即赋之中复有比义。"他的见解是,赋、比、兴固有区分,赋与比、兴也可以相互渗透和兼容互济。对叙事而言,赋确是基础;但赋若含比、兴,就可以将隐喻的意义融入物象的感觉,从而拓宽诗的意涵。杜甫那些叙事诗,的确时有直言其声的语句,但从基质上看多是经过了诗人心灵对时事或实事的感应、过滤、提炼、剪裁、折射和想象,并且注入情感和意向,程度不同地实现了诗化。这一条经验,不仅适用于叙事长诗,而且对写景、纪游的小诗也颇适用,后文将会举证说明。

与赋体为主密切关联,从长安时期开始,一直到辗转秦中,流寓成都,杜甫作诗都呈现出不拘陈法,自由创格的主体意向。代表作为《曲江三章章五句》,其第二章最典型——

即事非今亦非古,长歌激越捎林莽,比屋豪华固难数。

吾人甘作心似灰,弟侄何伤泪如雨。

第一章和第三章与之相同,都是五句诗构成,前三句连韵作顿,后两句隔句押韵(其间唯一小异,只在一、三章押平声韵,而此章押仄声韵)。所有三章诗全为即事吟咏,随意抒怀,属于古体诗常态写法;但从七言句法看,又接近近体。实则是,既非古体,亦非近体,用韵方式和章法取式都极独特。此章首句"即事非今亦非古"确实如黄生所说,乃是"自目其诗体也",而如此自由创格,恰与杜甫彼时彼际的生计艰难,牢骚颇甚情状相契合,深

"狂夫"杜甫

沉的积郁行如地火,喷如涌泉,宣泄出来必然形成了语势连珠,文气激荡。

《乾元中寓居同谷县作歌七首》为另一代表作。一组七首诗貌似七言古体,实际上也是不拘格套,随心所欲,长歌当哭,自成奇崛。其中一、二首写生计困窘,三、四首写离散忧思,起句依次为"有客有客字子美","长镵长镵白木柄","有弟有弟在远方","有妹有妹在钟离",都以重叠语脱口而出,其势立见警奇。但五、六、七三首却变了调,非但没有再用重叠语,第七首起句"男儿生不成名身已老"还是九言句式,于整齐间又是变化。每首皆八句,一例是起始两句点题,中间四句叙事,结尾两句志感。志感的前一句如"呜呼一歌兮歌已哀","呜呼二歌兮歌始放"云云,所有七句都以叹词"呜呼"领起,伤今思古的悲愤音声顿觉凄厉。而志感的后一句,第一、二、四、六首都是"悲风为我从天来","闾里为我色惆怅"云云,"为我"二字充分凸显了主体感受;第三、五、七首不用"为我"二字,也于整齐间现出变化。凡此种种,既有序又无序,既中绳墨又多腾挪,颇富顿挫淋漓,一唱三叹之致。沈德潜《唐诗别裁集》称赏这一组诗"原本平子(张衡)《四愁》、明远(鲍照)《行路难》诸篇,然能神明变化,不袭形貌,斯为大家",源流所指是否确切姑不加讨论,单就"神明"以次三句看,杜甫委实是当之无愧的。

到成都以后,杜甫写过一首七律《江上值水如海势聊短述》,值得充分关注——

> 为人性僻耽佳句,语不惊人死不休。
> 老去诗篇浑漫兴,春来花鸟莫深愁。
> 新添水槛供垂钓,故著浮槎替入舟。
> 焉得思如陶谢手,令渠述作与同游。

诗题中的"江上值水如海势"仅是一个作诗诱因,见江水猛涨而诗兴勃发,故尔"聊短述"。"聊"意若姑且,"短述"则从创作经验直谈到诗美诉求。

起始两句为自省概括，未见作诗以来字样，实为作诗以来都那样。"为人性僻"，犹言自己一向性格狂放偏执，好认死理，一旦认定了就死不回头。"耽"意为酷嗜，必以构建"佳句"为创作目标，后一句恰正是前一句的申述。这与其如某些注家所译体现"自谦"，莫如判定为自得和自傲。第三句一个"老去"，即便从以往进至当下。"浑漫兴"是说遣兴写意更随便了，更潇洒了，更自由了，不是否定前两句，而是前两句的深化和优化。第四句的"莫深愁"，恰正是"浑漫兴"的注脚，"春来花鸟"无非选题一别而已。五、六句才沾到"水"，却仍不即景描述题中所谓"如海势"，反而只用两种情致淡然处之，更进一步诠释了"浑漫兴"和"莫深愁"。面对"水如海势"，杜甫不禁也思如海势，飘然联想到了陶渊明和谢灵运。陶、谢都属于诗兴联翩的写景状物高手，杜甫表示如果换成他们来对景作诗，自己甘愿陪同一游。这也不是自谦，而是充溢着自信的调笑，真实意涵在自己当与陶、谢宜方驾。

尽可毫不迟疑地说，《江上值水如海势聊短述》一诗，既是杜甫创作经验的阶段性小结，又是他的诗美诉求的自白式诗话。借以回溯自《望岳》以降全部杜诗，当不难看出，无论诗体选择有多少变化，诗风表现有多少指向，都贯穿着"为人性僻耽佳句，语不惊人死不休"的主体性诗美求索。其间的"语"，是比"句"大的总体概念，涵盖了诗的"调与词""意与格"几乎所有诗学元素，并非寻章摘句、雕虫小技可匹。再借以审视此先此后，他在成都、樟州、阆州所作的诗，亦不难看出，他这种诗美诉求确实"如海势"不可遏制，大趋势是在朝着《戏为六绝句》所谓"庾信文章老更成，凌云健笔意纵横"适性迈进。

仅只这样说还不够到位。确切的说法当是，以"草堂诗"为标志的成都（包含樟州、阆州）五年多，是杜甫人生的第二次大转折。与长安时期的第一次大转折，质属诗歌创作基本方法从浪漫主义转到现实主义相比较，这一次大转折质属人生价值表现方式从求仕为主转到作诗为主，无疑更重要。经历过华州弃官以后，他不再孜孜追求官场作为，功业上的自我期许大为淡漠了,就有可能将人生价值实现方式转到文学上的自我精进来。而在成都以及樟州、阆州相对安宁,相对宽松的生活环境中,加上迥异于北方地区的自然生态和人文氛围,更给他提供了充要的客观条件,促使他主动地将这一可能性转化为现实性。尽管他并没有真正地归隐田园,但是,他的人生角色的确转变了,由士人转变成为诗人了。随之生成的是他对社会关切的维度重心转变,由关切重大时事为主,转变成了关切日常生活为主。这两个转变催化出了第三个转变,那就是诗歌创作的内容更加多元化,形式更加多样化,诗美创造达到一个崭新的阶段。

就诗风而言,最为突出的表现之一,在于若干诗里发散出了清新、灵动气息。《江畔独步寻花七绝句》即为其代表。如其第三首写的:"江深竹静两三家,多事红花映白花。报答春光知有处,应须美酒送生涯"。红花与白花相互映衬,活显出一派繁花似锦,春光旖旎,充分张扬着自然生命力。诗人寻之、得之、爱之,却偏不言爱,反倒怪"多事",正言反说非但平添了机俏情趣,尤且增强了人对自然的审美亲和感。"春光懒困倚微风,桃花一簇开无主,可爱深红爱浅红?"其间的"春光"本是一个浑融概念,这里却拟人性地具象化了,恍若一个生命存在,慵懒困顿,倚风少憩。写的是春光,抒的是情怀,人与自然间依稀有通感。无主的桃花撒野怒放,由上一句的静跳跃到了这一句的动,立见生命自由自在。结句更由客观物象跳跃到主观意象,问讯到底有多少深红色的呢,力状桃花盛开,令人目不暇接,心乱神迷。四句诗,一句一跳跃,静与动,直令接受者也恍若身临其境、心旷神怡。这样的诗是前所未有的,而在杜甫的"草堂诗"中,却绝非个例。诸如《江村》写"自来自去堂上燕,相亲相近水中鸥",《春水生二绝》写"南市津头有船卖,无钱即买系篱旁",《绝句漫兴九首》写"即遣花开深造次,便教莺语太丁宁",《三绝句》写"楸树馨香倚钓矶,斩新花蕊未应飞"等等,大致都是。

其间,与清新、灵动的诗风相结合,还反映出诗人杜甫对于生命活力的欣赏和解悟。除开上段所引《江畔独步寻花七绝句》两例而外,五律《春夜喜雨》也值得十分留意——

> 好雨知时节，当春乃发生。
> 随风潜入夜，润物细无声。
> 野径云俱黑，江船火独明。
> 晓看红湿处，花重锦官城。

　　诗题点"喜雨"，诗句却不着"喜"字，然而喜意充盈全诗。起笔的"好雨"即凸显了主体判断，径直植入了诗人对春雨的喜悦、感佩情愫。而一个"知"字，顿然由主体换到客体，给原本无知的雨植入了有知的人方具备的生命意识，"当春乃发生"即为这个知的因之果。颔联两句承此而来，上句勾勒春雨悄无声息，滋润万物的博施过程，下句点赞春雨主动施惠、不矜其功的博大情怀。这就是雨，又是人，春雨分明充溢着中华优秀传统文化所传扬的普济天下，普惠众生，甘愿奉献，不求报偿的人格魅力，"喜雨"所重的感佩正是由之而来，全诗的命意所钟亦在其中。颈联点出"夜"，写雨意正浓，由"江船火独明"的光感作夜雨陪衬也折射出了诗人主体视角。然后再由夜及晓，由眼中物象彰显出心中喜意，由"红湿""花重"指实雨润大地，真如黄生所说的"结语更有风味"，"是诗人兴趣"。
　　杜甫的"诗人兴趣"向来不乏，在成都期间更自觉地作了多向的贲张。托兴于自然事物，除像《春夜喜雨》那样地拟人象物，还擅长于一物多喻。诸如柏、橘、棕、柟均能遣向笔端，对竹的多喻义选择尤为昭彰。讲爱竹本性，既直书"平生憩息地，必种数竿竹"（《客堂》），"拾遗曾奏数行书，懒性从来水竹居"（《奉酬严公寄题野序》）。讲赏竹韵味，又曲写"白沙翠竹江村暮，相对柴门月色新"（《南邻》），"雨洗娟娟净，风吹细细香"（《严郑公宅同咏竹》）。在《送窦九归成都》一诗里，他竟自炫耀"我有浣花竹，题诗须一行"，将竹当成了草堂的标志物。然而，在《将赴成都草堂，途中有作，先寄严郑公五首》一诗里,他又曾一反常态,发出过"新松恨不高千尺,恶竹应须斩万竿"的声音。杨伦《杜诗镜铨》对这两句旁注说:"兼寓扶善疾恶意"。举一反三地看待杜甫咏竹,虽然可以说,无论是隐喻、直陈分开,还是隐喻、直陈和合,杜甫都是立足于主体感受,随心所欲地对包括竹在内的众多物体可能有的多重喻义作选择,一概拿来为"我"所用。

隐喻不限于实象喻实象,在杜甫笔下,还能做到实象喻虚象。其典型莫如七绝《赠花卿》——

锦城丝管日纷纷,半入江风半入云。
此曲只应天上有,人间能得几回闻?

仇注曾认为:"此诗风华流丽,顿挫抑扬,虽太白、少伯无以过之。"但包括仇注在内,这首诗意旨究竟何在,自古及今歧见对立,没有定论。纠葛的关节不在"花卿"所指花敬定其人其事该怎么看,而在诗句看是直陈,实有隐喻。我取黄生的解诂,这首诗是在赞美当时流落民间的梨园弟子的歌曲之妙,如"顾况《李供奉箜篌引》云:'除却天上化下来,若向人间实难得'。盖以天乐比之,杜甫正与此类"。"天上有",即隐喻。歌曲之妙本身为虚象,心虽有所会,口未必能言,杜甫乃顺承前句之"半入江风半入云",顺手拈来"天乐比之",表现手法真有举重若轻之妙。

与《赠花卿》的看是直陈,实有隐喻颇异其趣,杜甫在成都作的好些近体诗确是直陈,或者说得确切一点,叫作不用比、兴,纯为赋体,前引《江畔独步寻花七绝句》的两首均为其例。还有一首:"黄四娘家花满蹊,千朵万朵压枝低。留连戏蝶时时舞,自在娇莺恰恰啼"。第一句点出人物、场景,第二句承"花满蹊"做出形象描绘,显然是赋体直陈其事的表达形式。三、四两句进而描绘蝶舞莺啼,虽然由静及动,仍是体物直陈。但是,尽管没有用比、兴,整首诗却形神兼备,色彩斑斓,音声浏丽,情韵流荡。第二句用了隔叠句式,对于绝句的平仄要求虽有犯冲,却带有了一点民歌情调。第三、四句"时时""恰恰"叠字联绵,"留连""自在"双声联绵,更使诗句跳跃流转,明快清丽。这些元素合起来,就使整首诗充满诗情画意,声情并茂,摇曳多姿。由此进一步证明,将赋列于赋、比、兴之首绝非"六义"拼凑,将赋的表现方法与诗的形象营构对立起来更站不住脚。

须特别指出的是,在《江畔独步寻花七绝句》这一组七绝里,并非只有"千朵万朵压枝低"一句对绝句的平仄要求有所犯冲,带有一点民歌情调。例如"黄师塔前江水东,春光懒困倚微风",前一句除"水"外用了六个平声字,就比这一句更为突出。再如"不是爱花即欲死,只恐花尽老相催",前一句二、四、六字仄、平、仄虽对,却除"花"外用了六个仄声字,后一句"只恐"与前一句"不是"相对尤其犯冲。出现这样的明知故犯,不是杜甫不小心犯了低级错误,而是他的性格狂放,任性遣兴,不以辞害意,知律、谙律而不为律所束的创意表现。事实上,早在陷身叛军时段写五律《月夜》,"遥怜小儿女,未解忆长安","何时倚虚幌,双照泪痕干",就已然有过这种先例了。到成都以后,其日常生活、思想情趣融入了平民,更多地受到民歌的熏染,如是为之,非但不算错,反而体现出大胆破格,自由创新。

只不过,自古及今都不乏其人,将这种破格、创新与竹枝词挂上钩,貌似坐实了民歌,实则有悖于历史。因为杜甫在成都期间,尚未接触竹枝词,他所接触的是西蜀民歌,即便在体式上与竹枝词有共通性,也不叫作竹枝词。民歌竹枝词起源于三峡地区,存在于三峡地区,属于巴渝曲的一类。衍变为文人竹枝词,渐次向峡江以外传播,乃是杜甫身后,顾况首习,刘禹锡力倡推导才有的事。而杜甫本人,则是大历元年(766年)在夔州作《奉寄李十五秘书文嶷二题》,写到"竹枝歌未好,画舸莫迟回",才生平第一次提及了竹枝词。大历二年(767年)作《暮春题瀼西新赁草屋五首》,又有了"万里巴渝曲,三年实饱闻"之句。这所谓"三年",指的是永泰元年(765年)和大历元年、大历二年;他于永泰元年五月携家东下,经嘉州、戎州、渝

"狂夫"杜甫

州、忠州而至云安，方开始有了对巴渝曲"三年实饱闻"的体验。尽管如此，他并没有像半个多世纪以后刘禹锡于长庆元年（821年）出任夔州刺史后那样，对竹枝词发掘、推广，并且仿作竹枝词。被一些人指认为竹枝词的杜甫《夔州歌十绝句》里的"中巴之东巴东山"全用平声，"瀼东瀼西一万家，江北江南春冬花"连用五平声、四平声，只是几个句子承袭了《江畔独步寻花七绝句》的句式，并且近似于竹枝词不拘平仄而已，连他自己也认为本诗为绝句。辨明这一点，丝毫无伤于杜甫借鉴民歌，破格创新，而只是尊重历史的本真。

与入蜀以前二十四年存世的诗相比较，杜甫入蜀五年多所作的诗，呈现出四个鲜明的特点。一为题材选择和主题表达，不再以时事关切为主基调，明显减少了"诗史"型作品，而代之以个人体验为主基调，更贴近平民，更切入日常，更显示多元化。二为与此相一致，表现形式与诗美风格更多样化，并且在形式多样化中形成了以近体诗为主体形式的大格局。三为更加讲究诗歌本体的审美资质，抒情性和精炼性空前加强，音乐性和灵动性也被发挥得淋漓尽致。四为数量大为增多，五年的总量大致相当于既往二十四年总和。因而就诗美创造而言，这五年，确是杜甫的诗歌创作进程的大突破、大升华阶段，"草堂诗"确乎奠定了杜甫在中华传统诗学中集大成的历史地位。

完成集大成，则是在夔州。

杜甫在夔州羁旅两年多，特别是寓居州治奉节一年零九个月，是他自开元十八年（730年）十九岁时游历至郇瑕以降三十五年来，从未有过的安宁时期，生计状况也相对有所改善。加之五十四岁后其更加年迈力衰，眼花耳聋，多病（肺气、消渴、疟疾）缠身，尤使他较诸既往少动多静，少躁多思，既被动又主动地沉潜于诗歌创作。如前所述，两年零九个月中作诗481首（存世480首），创作力之旺盛超过了既往任何一个时期。与之相生，还终极式地形成了沉郁顿挫的诗风，达至了众体皆备的造诣境界，成就了他一生的诗美登极。登极的标志号称"夔州诗",连夔州这个地方,也因之而百代千秋地广延美誉,号称"诗城"。

从杜甫的主体意识看,这将近三年,三首诗的五句诗传递出了自觉追求的明确信息。

一是《偶题》所谓"文章千古事,得失寸心知"。《杜臆》称之为"千古诗人之总括,谓其寸心皆有独知在也"。其实说得直白点,这简直就是杜甫晚年获得的诗学悟道,表明他不但已经认同了曹丕《典论·论文》所宣扬的"文章经国之大业,不朽之盛事"的文学观,而且还进一步地觉察到了主体情志对于诗歌创作的支配作用,决计要比既往更着意讲究创作得失。二是《遣闷戏呈路十九曹长》所谓"晚节渐于诗律细",承认并宣示,自"草堂诗"以来便愈来愈讲究"诗律细",发展到"夔州诗"就更不惜为之多下功夫了。他意念中的"诗律",不只指近体格律,还涵盖了表现形式、表现手法以及审美风格等多重要素。毫无疑义,这正是对"得失寸心知"的正面疏解。三是《解闷十二首》所谓"陶冶性灵存底物,新诗改罢自长吟",也是对"得失寸心知"的正面疏解。与"渐于诗律细"的不同,在于切入的角度又兼到了创作主体,既强调创作前的心性感悟、灵感捕捉和诗思锤炼,又注重创作后的反复推敲、不断打磨和精益求精。可以说,这五句诗既是经验的积累和提炼,又是理性的概括和升华,其本身反映出晚年的杜甫悟透诗道了,非一般诗人所能方驾了。倘若没有这样的悟道,就难以有"夔州诗"集群产生也难以有集大成的"诗圣"杜甫横空出世。

有人统计过,在现存的480首夔州诗中,五言古诗65首,七言古诗34首,合计99首,约占总数的20%;五言绝句15首,七言绝句46首,合计61首,约占总数的13%;五言律诗218首,七言律诗65首,五言排律35首,七言排律3首,合计321首,约占总数的67%。统计数字显示出三点事实,一为总体显示出众体皆备;二为显示出古体诗与近体诗相对照,大致二八开;三为近体诗里,绝句与律诗之比,也大致是二八开。这样的诗式演替发展趋势,在成都期间便出现了,在夔州期间更为显著了。"晚节渐于诗律细"的"律",不只是指近体格律,但其又的确首先指近体格律,无疑据此即可判定。究其所以然,无疑与格律诗的审美特性密切关联。王世贞《艺苑卮言》中说:"律如音律、法律,天下无严于是者,知虚实平仄不得任情,而法度明矣"。杜甫看重的就是"法度明",字数、句数、对仗、平仄有规可循,虽对人有所束缚,但更有利于诗本体的音顿、音部协和调配,直通风格上的顿挫。"不得任情"则未必尽然,只要精通了格律要蕴,由必然境界进入自然境界,束缚自可不复存在。杜甫正是在明法度的前提下,将法度与任性有机地结合起来自由自在地做到了"诗律细"的。

仇兆鳌在《杜少陵集详注》中引李祥长说:"少陵夔、蜀山水诗,在剑阁以前皆五古,在瞿塘以后多五律——各尽山水之奇,每读一句,令人如目见山水,而又得山水之所以然,总由源本深厚,窥见广大意,无有穷极耳"。这话有所对,也有所不对。对的是,以山水诗为例,看出了杜甫将格律用得出神入化,还间接地说出了用活格律对于写活内容大有助益。不对的则是,仅就山水诗立言,未能由此及彼,顾及全貌,点名杜甫在夔州的近体格律诗,对于写景、状物、酬人、言事、忆昔、怀古……已然无施而不可。

胡应麟《诗薮》中推尊为"古今七言律诗第一的《登高》,多向度地彰显出了杜甫七言律诗所达到的高度——

> 风急天高猿啸哀,渚清沙白鸟飞回。
> 无边落木萧萧下,不尽长江滚滚来。
> 万里悲秋常作客,百年多病独登台。
> 艰难苦恨繁霜鬓,潦倒新停浊酒杯。

这是一首旷世悲歌,然而,不是悲哀是悲壮,不是低沉是雄放,浩荡之气贯穿始终。首联两句的起势便奇崛,十四个字密集着风、天、猿、渚、沙、鸟六个意象,上下句一写天一写地构成大对仗,句内"风急"与"天高"、"诸清"与"沙白"又构成小对仗,从而构成了登高望远的大意境。这诚然是写山水之景,但猿啸之哀鸣、鸟飞之回旋却渗透着诗人的感觉,苍凉的气息依稀在其间。颔联却只有落木和长江两个意象,与前之密集相对而见稀疏,又多少有了惆怅的情调。上句用"无边"修饰"落木",对登高望远做出横向观照,整句化用屈原《湘夫人》中"袅袅兮秋风,洞庭波兮木叶下"和《山鬼》中"风飒飒兮木萧萧"两个典故,承接首联的"猿啸"背景而扩张了其意境。下句用"不尽"修饰"长江",对登高望远加以纵向描述,又承首联的"鸟飞"背景而延伸了其意境。其间用了"萧萧""滚滚"两个双声叠韵词,更分别给"无边落木"增添了沉郁气氛,与雄伟气势两两相对,隐隐相合,也让客体的景与主体的情浑然同构。从首联至颔联句句都写景,句句都含情,便为继后的"悲秋"张了本。

颈联两句由景转入情,由实转入虚,含弘交会,格外精妙。对仗既工稳,又警奇,犹则罢了,最了不起的是仅用十四个字即表达出了八九层意涵。上句中,"万里"意谓地辽远,"悲秋"意谓时凄凉,"常"意谓久经,"作客"意谓羁旅,这是相互关联而又各有所指的四层意涵。下句中,"百年"意谓人垂暮,"多病"意谓力衰朽,"独"意谓孤寂,"登台"意谓高处,也是相互关联而又各有所指的四层意涵。所有这些意涵,全为杜甫身世,由眼前景至心中情,杜甫不禁对自己的身世感慨万端,这就是两句诗表达出的第九层意涵,也是全诗主调所在。而这种"万里""百年"时空大转折,全是承接着前面写景的"天高""渚清""落木""长江"而来,毫无雕琢气,真正堪称浑然天成。

尾联两句仍是抒情,但较之颈联又转进一层。从句式上看,上句"艰难"与"苦恨",下句"潦倒"与"新停"照应首联也是用了当句对。值得注意的是,"艰难苦恨"四个字非同寻常,所涵盖的是杜甫此前几近一生所遭逢的社会、人生、历史、现实磨难记忆,而所有这一切恰是颈联所指,以及"繁霜鬓"的根由所在,其意涵之一言难尽超乎颈联。当时由于杜甫肺气病加剧,不得不暂时停酒,故尔以实写"潦倒新停浊酒杯"作结。以一个不在场的空酒杯之小,照应整首诗大千世界、社会人生之大,确如《诗薮》所说"古今人必不敢道,决不能道",而整首七律《登高》,更加杨义在《李杜诗学》里阐释的那样,将"结构体制的经典化,体现于文字声律的对仗形式背后,隐藏着天地动静之对、无边不尽的纵横之对、万里百年的时空之对、霜鬓停酒的有无之对,从而把大小虚实的诸多意象情调一意贯穿,一气呵成地容纳在一个有机整体之中,于句句皆律、字字皆律的有限篇幅度,生发出供人无限联想的森罗万象的宇宙生命体验"《登高》作为七律极品,并不孤立。其他如《阁夜》《又呈吴郎》《九日》《冬至》等诗,不唯内容各具风神,抑且形式上也都音律铿锵,各显风采。

尤为卓异的是,杜甫并未满足于音律上的登峰造极,他还充分发挥狂者进取的素有精神,突破和超越既往的自己,更大胆地破格创新。其破格创新不是零碎性的偶或尝试,而是类指式的聚精发力,广及于诗体创新、诗语创新、诗用创新三个层级。

诗体创新之一在于拗体。其代表作为《白帝城最高楼》:"城尖径仄旌旗愁。独立缥缈之飞楼。峡坼云霾龙虎睡,江清日抱鼋鼍游。扶桑西枝对断石,弱水东影随长流。杖藜叹世者谁子?泣血迸空回白头"。这一首七律除中间两联用对仗外,其余全是用歌行体句式,不仅不讲究平仄,而且还掺入"之"字"者"字。即便中间两联用对仗,句间平仄也破了常规,颈联尤其比颔联更反常。所以,《杜少陵集详注》引黄生说,整首诗是"以泣血而微见其辞",堪称杜诗"变声第一"。另一首七律《愁》:"江草日日唤愁生,巫峡泠泠非世情。盘涡鹭浴底心性?独树花发自分明。十年戎马暗万国,异域宾客老孤城。渭水秦山得见否?人今罢病虎纵横"。杜甫自注"强戏为吴体",他所谓"吴体"实即拗体。验之于全诗平仄,果真几乎全都是拗的,不遵守一般音节、音韵的对应规律。还有《白帝》《昼梦》等诗也是如此。悉如

《杜少陵集详注》所说的那样,"抑郁不平之气,而以拗体发之,公之拗体诗大都如此"。

诗体创新之二在于排律。徐增《而庵诗话》说过,作律诗"字有字法,句有句法,章有章法。不知连断则不成句法,不知解数则不成章法。总不出顿挫与起承转合诸法耳,即盖代才子不能出其范围耳"。杜甫却偏不信邪,不独拗体诗出其范围,而且还任性遣词,增长篇幅作排律诗。现存480首夔州诗中,竟有长篇五排35首,七排3首,合计38首,约占总数的8%。大历元年(766年)秋作的五排《夔府书怀四十韵》,以"昔罢河西尉,初兴蓟北师"开头,历述"安史之乱"以来个人的遭际偃蹇,身世坎坷,伸及直迄夔州当下的伤时伤乱,忧国忧民。如浦起龙《读杜心解》所说,整首诗紧扣"书怀"的中心,"叹老嗟卑之意轻,主忧臣辱之思切",沉郁的情致尽在顿挫的音韵之间。至于《秋日夔府咏怀奉寄郑监审,李宾客之芳一百韵》,更从咏怀、寄友出发,宾主两意,或分或合,开阖变化,错综恣肆,整体上又结构完整,浑然天成。《杜诗镜铨》引卢德水说:"此是集中第一首长诗,亦为古今百韵诗之祖。其中起伏转折,顿挫承递,若断若续,乍离乍合,波澜层叠,无丝毫痕迹,真绝作也!"其言颇中肯綮,断非虚夸。

诗体创新之三在于组诗。到夔州以前,杜甫便创作过《乾元中寓居同谷县作歌七首》《江畔独步寻花七绝句》等组诗,到夔州以后更是乐此不疲,得心应手。《夔州歌十绝句》用七绝从十个切入点吟咏夔州的山川形胜、名物古迹,《读杜心解》称其为"间有俚句,而体格特高"。《诸将五首》用七律议论时事,臧否人物,仇注所引郝敬说"此以诗当纪传","其各首纵横开合,宛是一章奏议、一篇训诰,与三百篇并存可也"。《八哀诗》叹旧怀贤,浑若用五古为王思礼、李光弼、严武、李琎、李邕、苏源明、郑虔、张九龄八人立传作颂,《杜臆》赞为"乃老杜创格,盖法诗法颂,而称为诗史,不虚耳"。《秋兴八首》又全为七律,由第一首"孤舟一系故园心"提要引领,后七首的"望京华"之思包含其中,且气势沉浑,词采富丽,确如张埏所译"不胜其悲者,固已不

"狂夫" 杜甫

出乎意言之表矣"。《解闷十二首》和《复愁十二首》分用七绝和五绝,有若姊妹篇,又如《杜臆》所指是"随意所至,吟为短章,以自消遣耳"。凡此之类,都是在同一总题之下,分别作数首律诗,再用一根若隐若现的情志红线串联起来,组成一个有机和合体。也有不用同一总题的,如由《洞房》领起的八首五律——《洞房》《宿昔》《能画》《斗鸡》《历历》《洛阳》《骊山》《提封》,由《鹦鹉》领起的八首五律——《鹦鹉》《孤雁》《鸥》《猿》《麂》《鸡》《黄鱼》《白小》。前一组五律因事咏史,语兼讽刺,均援《诗经》故例取起首二字为题。后一组五律专咏动物,彼此之间并无关联,但在总体上托物寓言,景与情会,为历代咏物诗所罕见。内容上可大可小、可分可合,形式上灵活多变,曲尽其妙,诗体创新委实堪称超前启后。

与诗体创新相比,诗语创新并非那样集中发力地显于夔州,而是一向耽之由之,但在夔州有新发展、有新创造。除开优秀诗人多能做到的善写形象、善用比兴、善引典故之外,杜甫的夔州诗最突出的在于三点。一是精工炼神炼字,动词点睛,虚词润筋,叠字增色。如《甘园》里"青云羞叶密,白雪避花繁"之"羞"之"避",《江边星月二首》里"鸡鸣还曙色,鹭浴自晴川"之"还"之"自",《秋兴八首》里"云移雉尾开宫扇,日绕龙鳞识圣颜"之"云移""开宫""日绕""龙鳞""识圣"(双声)、"雉尾"(叠韵),皆其例。二是雅化俗语别开生面,如《咏怀古迹五首》谓"羯胡事主终无赖",《寄从孙崇简》谓"牧竖樵童亦无赖",与既往的《闻斛斯六官未归》谓"老罢休无赖",《绝句漫兴九首》谓"无赖春色到江亭"相对勘,简直把"无赖"的多重含义变俗为雅,从人到物、从恶到亲用到了极致。《入宅三首》之二的颔联"水生鱼复浦,云暖麝香山",颈联"半顶梳头白,过眉拄杖班",更是纯用材俗语词、地名作对仗,于平常中透出雅趣。三是敢于错综词序,虚幻直觉。《秋兴八首》里的"香稻啄残鹦鹉粒,碧梧栖老凤凰枝",即为其广为人知的显例。《移居夔州作》一诗所写的"春知催柳别,江与放船清",同样也有这种意趣。

至于诗用创新,特指夔州期间的杜甫,不仅以诗立传,而且还以诗补史。他的《八哀诗》，诚如王嗣奭《杜臆》所译："此八公传也，而以韵语纪之，乃老杜创格，盖法诗之颂，而称为'诗史'，不虚耳"。浦起龙《读杜心解》将他与司马迁合起来说，"太史公作史记，杜公作诗，都是借题抒写。彼曰'成一家之言'，此曰'自我一家则'，意在斯乎"。的确，司马迁的《史记》为人作《列传》，既可以一人一传，又可以多人一传，杜甫这组诗就是在为多人立传，开了诗歌为人立传的历史先河。而《壮游》《昔游》《遣怀》等诗，则是为自己立传，王嗣奭和浦起龙都已明确指出过。但是，杜甫并不限于为人立传和为己立传，他还用自己的诗，存录了一些正史有所遮蔽，或者有所矫饰的史事，足以以诗补史之阙。最典型的是永泰元年（765年）去蜀后的《三绝句》，由"前年渝州杀刺史，今年开州杀刺史"的蜀中兵祸连结，导致"群盗相随剧虎狼，食人更肯留妻子"的人间惨象，回溯了秦中之乱，特别是"官军"如何"纵暴略与羌浑同"。所有这一切，如浦起龙《读杜提纲》所说，都"与国史不相似"，其史学价值当在不言中。杜诗被称为"诗史"，当与这种诗用创新分不开。

杜甫被尊为"诗圣"，更与夔州诗的诗美登极分不开。要弄明白这一点，有必要先把握"圣"字的基本意涵。《书·洪范》说："听作谋，睿作圣"。传称"于事无不通谓之圣"，意思为，什么都精通就叫作"圣"。但这样的人其实不会有，还是当依据《抱朴子·辨问》："世人以人所尤长，众所不及者，便谓之圣。"明代从杨慎《升庵诗话》肇流，称述"李白神于诗，杜甫圣于诗"，正是在"人所尤长，众所不及"义上赞杜甫为"诗圣"的。而追溯源头，于杜甫身后九年出生的唐人元稹撰《唐检校工部员外郎杜君墓系铭》称颂："至于子美，盖所谓上薄风雅，下该沈、宋，言夺苏、李，气吞曹、刘，掩颜、谢之孤高，杂徐、庾之流丽，尽得古今之体势，而兼文人之所独专矣"，"则诗人以来未有如子美者"。已经将杜甫在中华诗史上怎样体现出"人所尤长，众所不及"宣示得淋漓尽致。如果辅之以清人王鸣盛《蛾术编》说的"盖杜之胜李，全在铺陈排比、属对律切也"，排开其间扬杜抑李的偏颇成分，仅就语义

"狂夫"杜甫

寻译"圣"实,当足以认定,尊杜甫为"诗圣",根本原因和基本蕴含就在于认为他从诗风到诗体均已集大成,独步古今,卓然一人。其说是不是确无疑义是一回事,其间固有的逻辑内涵则是另一回事。而杜甫的集大成,虽离不开既往在长安、秦陇、成都的长期积淀生成,但终极登顶却是在夔州。

没有夔州诗,就没有"诗圣"杜甫。

凭借《兵车行》《丽人行》《自京赴奉先县咏怀五百字》《北征》及"三吏""三别"那些人民性、史诗性超凡脱俗,艺术性、审美性出类拔萃的诗作,杜甫的确已经奠定了在中华诗史上的卓越现实主义诗人地位,起码也能同稍后的白居易并驾齐驱,甚或还要略胜一筹。但如果到此为止,没有草堂诗,尤其没有夔州诗,他终究不可能在诗山凌绝顶,以诗风、诗体无不集大成的非凡成就和非凡贡献,荣获"诗圣"美誉而与"诗仙"李白相颉颃。

辨明了这一点,随之还得拷问:杜甫的集大成,为什么不是在成都完成的,而是在夔州完成的? 从客观条件来看,唐朝由盛转衰的重大历史背景并未发生根本变化,夔州较之成都更是一个僻远穷荒的经济社会边缘地区,并不能给他提供多少创作的便利。从主观条件看,他比以往更年迈力衰,多病缠身,也不是处在诗情画意的最佳阶段。然而,事实偏就是那样悖谬诡谲,他恰是愈困愈奋,愈衰愈坚,在他生命的夕阳年间,以集大成突破和超越自己,为中华诗史奉献了一部狂者进取的生命进行曲。主体性成因,或许蕴藏在大历三年(768年)离开三峡,漂泊湖北时作的五律《江汉》中——

> 江汉思归客,乾坤一腐儒。
>
> 片云天共远,永夜月同孤。
>
> 落日心犹壮,秋风病欲苏。
>
> 古来存老马,不必取长途。

首联用"乾坤"界定"一腐儒",修辞方式并不陌生,其前其后杜甫在《春日江村五首》里写"乾坤万里眼",在《衡州送李大夫七丈赴广州》里写"乾坤水上萍"也用过。但与自少"奉儒守官"的杜甫本人连在一起,就比十八年前抱怨"儒冠多误身"平添了孤独感和深沉感。自离开成都,羁旅夔州以来,他即已醒悟,他被那个曾经期许甚殷的王朝抛弃了,沦落到孤独无依、思归无路的社会政治边缘了。然而他并未消沉,并未自弃,并未无可奈何地顾影自怜,反而沉静下来,从多年惯常的时事关切返回了内心澄净,并逐渐让渺小的自我与广阔的乾坤做心理链接。由兹引出颔联、颈联的"片云""永夜""落日""秋风"四个意象,诚如胡应麟《诗薮》所说,是"含阔大于沉深",包容寥廓乾坤于孤独内心,找到了精神的寄托点。

颔联承"思归"而来,"共远"和"同孤"将主观情志与客观物象和而为一,融成一片,似冷似淡,实已贲张出生命热力。颈联进一步承"腐儒"而来,"落日"映衬"心犹壮","秋风"唤起"病欲苏",更有似冷到极热,由似淡到极浓,以内心为主,以外象为从,主从一致地倾吐出了穷且益坚、自强不息的真实心声。"落日心犹壮,秋风病欲苏",既是即时即景的感慨,又是历时历地的书怀,整首诗的主题思想尽在其间。然意犹未尽,因而尾联化用了《韩非子·说林上》里的一个典故:"管仲、隰朋从于桓公而伐孤竹,春往冬返,迷惑失道。管仲曰:'老马之智可用也'。乃放老马而随之,遂得道。"杜甫自比"老马",仿佛在说,由少及壮,由壮及老的黄金年华,过分耽于功业有成,无异于"迷惑失道",如今虽然已自不能"取长途",但"老马之智可用",在诗歌创作上我仍然能够"得道"。简言之,"觉今是而昨非",他在晚年要加倍努力,另得作诗之道,从而实现生命价值了。

毫无疑问,"落日心犹壮,秋风病欲苏",便是杜甫晚年人生的精神动力,也是他的夔州诗的主体性成因。因而尽可进一步说,缺少了这种精神动力,就不可能有集大成的夔州诗,不可能有"诗圣"杜甫。这种精神动力,同样是杜甫留给后人,留给世界的宝贵财富。

代结语

李白与杜甫"狂"的比较

"李杜文章在,光焰万丈长。不知群儿愚,那用故谤伤? 蚍蜉撼大树,可笑不自量! 伊我生其后,举颈遥相望"。这是韩愈《调张籍》诗的前八句。韩愈生于大历三年(768年),正值杜甫五十七岁,于杜甫而言真正是后辈。他将李白和杜甫并称"李杜",景仰至诚,推崇备至,为当世和后世认知和评价李白、杜甫确立起了通时基调。尽管比杜甫辞世之年——大历五年(770年),只晚九年出生的元稹在其《唐检校工部员外郎杜君墓系铭》里便扬杜抑李,其后的或则扬杜抑李,或则扬李抑杜的歧见纷纭延至当今犹未消歇,但韩愈所立的基调却一直为持平之论广泛传承。

元稹在他应杜甫之孙杜嗣业请托,为杜甫遗柩停在岳阳四十三年以后,终得移归偃师入葬,而写的铭里,倾情盛赞"至于子美,盖所谓上薄风雅,下该沈、宋,言夺苏、李,气吞曹、刘,掩颜、谢之孤高,杂徐、庾之流丽,尽得古今之体势,而兼文人之所独专矣"。进而又说:"诗人以来,未有如子美者。是时山东人李白,亦以奇文取称,时人谓之'李杜'。余观其壮浪纵恣,摆去拘束,模写物象,及乐府、歌、诗,诚亦差肩于子美矣"。对其扬杜抑李的是非姑且放置不论,仅看其间两处关键语,就能让人大受启发。

一是"时人谓之'李杜'"。所谓"时人"的"时",理当不是指元稹所在之时,而是指杜甫所在之时。而所谓"时人谓之",亦理当不是指杜甫身后如韩愈、元稹者将李白、杜甫并称"李杜",而是指杜甫生前即已有人开始那样相提并论,只不过不一定已见诸文字,尚多属口耳相传罢了。元稹是在杜甫身后四十三年郑而重之诉诸文字的,不会是妄臆浪言,必定有其述闻依据。大历五年秋,时年五十九岁的杜甫身在长沙,写出了他毕生的最后一首七律《长沙送李十一衔》,便是"时人谓之'李杜'"的可靠依据——

> 与子避地西康州,洞庭相逢十二秋。
> 远愧尚方曾赐履,竟非吾土倦登楼。
> 久存胶漆应难开,一辱泥涂遂晚收。
> 李杜齐名真忝窃,朔云寒菊倍离忧。

对于其间的"李杜齐名",历代注家多指认为是称李衔与杜甫曾经仕逢齐名,不指文章齐名。萧涤非在《杜甫诗选注》中解其义,也沿用了这个说法,但又特意加"按"作了翔实的辩证。他引宋人刘克庄《后村诗话》所说的"甫、白真一行辈,而杜公云'李杜齐名真忝窃',其忠厚如此",明确地指出:"是刘失以'李'为指李白。或当时李衔曾以杜甫比李白,而杜甫表示不敢当。说亦可通"。进一步推测:"大约当杜甫晚年,已有李杜齐名之论"。并且还举证:"杨凭《赠窦牟》诗云:'直用天才众却瞋,应欺李杜欠为尘'。凭,大历中进士,年代与杜甫相接。已合称'李杜',亦一佐证也"。这样的辩证,分明是颇具说服力的。据以细味本诗,杜甫与李衔乃是从乾元二年(759年)冬寓同谷,至大历五年秋的十二年后久别重逢,其间毫无仕宦齐名的蛛丝马迹。何况,颔联两句都是向李衔自述既往十二年的漂泊行踪,颈联则只有上句回顾彼此友谊,下句仍然是自叹身世,因此,尾联因与李白"齐名"而自谦自豪极合乎心境。甚至还该联想到,杜甫是在夔州诗集大成后漂泊于湖湘的,那时候诗名大振于湖湘,"时人谓之'李杜'"始于湖湘更是大有可能的。

二是"壮浪纵恣,摆去拘束"用于比较李白、杜甫。两句话,八个字,既标举诗风,也透视性格,从语义看是在概括李杜共性。排开"诚亦差肩于子美矣"的抑李独断,应该说,这两句话,八个字确乎是不刊之论。李白与杜甫都有那样的诗风,都有那样的性格,原本就是"诗仙"李白、"诗圣"杜甫作为诗人最大的同。同于性格,简言之当可凝聚为一个字,就是"狂"。李杜都狂。当然,同中又有异,同一性中又有差异性。元稹所做的比较当与不当另当别论,对李杜的狂可以比较,他的做法无疑是具有启示价值。

对杜甫的狂不必赘述了,着重考察李白的狂。

杜甫对李白的狂,自有其独到认识。天宝四年(745年)同游齐赵时,作诗《赠李白》,便确认了二人一样"痛饮狂歌",一样"飞扬跋扈"。当时的杜甫如《壮游》所忆,"杵下考功第,独辞京尹堂"未久,"放荡齐赵间,裘马颇清狂"方殷,对也是"不待金门诏,空持宝剑游"(《寄淮南友人》)的李白同心相印,同气相求,如此认同毫不足怪。分别多年后,乾元二年(759年)杜甫在秦州怀念李白,《寄李十二白二十韵》起始便是:"昔年有狂客,号尔谪仙人。笔落惊风雨,诗成泣鬼神"。其间的"狂客"虽指贺知章,但同时也视李白为狂客。上元二年(760年),他在成都写怀念李白的最后一首诗《不见》,破题便是"不见李生久,佯狂真可哀"。他称李白的狂为"佯狂",表面意思为装出的狂,似乎与以前言李白的狂所固有的真率意涵适成悖反。究其实,他是想说另一面意思,即李白的狂掩盖着苦恨。他本人恰正是那样的,他了解李白,所以甘愿以己度人,移诸李白,并不是真的认为李白在使诈装疯。

李白对自己的狂,向来敢自我标榜。《古风》之十礼赞"齐有倜傥生,鲁连特高妙"，宣示"吾亦澹荡人，拂衣可同调"，虽然未著一"狂"字，但已可以视作他的崇狂宣言书，因为倜傥、澹荡必狂。《庐山谣寄卢侍御虚舟》便宣明了"我本楚狂人，凤歌笑孔丘"，径直将他本人与春秋时期著名的楚国狂人接舆跨越时空对接为一。楚狂接舆唱着"凤兮凤兮，何德之衰"的非世狂歌"而过孔子"，不仅《论语·微子》有记载，而且《庄子·逍遥游》《庄子·人间世》《战国策·秦策三》《楚辞·九歌》都有所记述，"凤歌笑孔丘"的故事历代传播，广为人知。自认"楚狂人"，无异于公开宣言，自己也是个愤世的狂人，敢与儒宗先圣叫板。《醉后答丁十八以诗讥予捶碎黄鹤楼》一诗，有句记录了"一州笑我为狂客，少年往往来相讥"的生活真实，反映出他果真如杜甫所识，与"四明狂客"贺知章一样是一个风流狂客。验诸那以前作的《对酒忆贺监二首》，对"长安一相见，呼我'谪仙人'"的贺知章感佩不已，反复吟诵"四明有狂客，风流贺季真"，"狂客归四明，山阴道士迎"，既说明他是真诚系念，又说明他是率性认同。

值得特别关注的是，李白还写过一组三首《陪侍郎叔游洞庭醉后》。其一写道："今日竹林宴，我家贤侍郎。三杯容小阮，醉后发清狂"。所谓"竹林宴"，典出于《世说新语·任诞》：西晋年间，山涛、阮籍、嵇康、向秀、刘伶、阮咸及王戎七人，常集于竹林之下饮酒谈笑，世称"竹林七贤"。其中的阮咸为阮籍侄儿，故称"小阮"。所谓"贤侍郎"，指李白族叔李晔。乾元二年(759年)李晔由刑部侍郎贬官岭南，途径岳州，与李白、贾至同游洞庭府，饮酒谈笑甚欢，有似于"竹林七贤"昔年行为，所以李白借以为喻。阮籍、阮咸为叔侄关系，李晔、李白正好也为叔侄关系，所以李白自比"小阮"如顺手拈来，自然而然。据《晋书·阮籍传》说，阮籍曾经告诫亲子阮浑不要生活放纵，但他容许侄儿阮咸参与竹林的游宴，因而李白有"容小阮"之语。"容小阮"喻容李白，容的就是李白"醉后发清狂"。清狂，他分明是将自己的"狂"定性为清狂。杜甫自认的狂是清狂，李白自认的狂也是清狂，这意味着他俩的"狂"在主体的自觉上是高度一致的。

"狂夫"杜甫

代引言业已指出，清的本质是高洁，所以清狂就是高迈不羁、卓尔不群、志洁行芳、心高气傲之狂。杜甫的清狂内核如此，李白的清狂内核同样如此。质言之，李白与杜甫同为清狂之士，他俩的"狂"在本质上是一样的。

李杜"狂"的本质同一性，对比一下他俩都作过的登岳阳楼诗，就能看出一些端倪。杜甫于大历三年（768年）冬十二月，由湖北的江陵、公安一路漂泊，到了湖南的岳州（岳阳），独登岳阳楼而创作了五律《登岳阳楼》——

> 昔闻洞庭水，今上岳阳楼。
> 吴楚东南坼，乾坤日夜浮。
> 亲朋无一字，老病有孤舟。
> 戎马关山北，凭轩涕泗流。

岳阳楼建在岳州西门的城楼上，俯临洞庭湖，与黄鹤楼、滕王阁并称为江南三大名楼。孟浩然有《望洞庭湖赠张丞相》一诗，以"气蒸云梦泽，波撼岳阳楼。"状其胜，已然广为传诵。杜甫这首诗更后来居上，以其胸襟博大而令"后人不敢复题"（方回《瀛奎律髓》）。时年五十七岁的杜甫，不顾一身病痛，登临览胜而大发感慨。首联破题即十分大气，显示出了高迈不羁的生命活力。颔联紧承"上"字展开，极写洞庭湖的壮阔。上句是实景，但描写当中已寓联想，一个"坼"字力透纸背，将洞庭湖中分吴楚（湖在楚之东，吴之南）的地势之胜聚焦而出了。下句是虚想，但又有《水经注·湘水》所述"洞庭湖水广圆五百余里，日月如出没其中"之实作为支撑，在广袤的空间（乾坤）和绵延的时间（日夜）两个维度上放飞了想象乃至幻想，从而点化出洞庭湖的自然、历史之性。然后的颈联、尾联方如黄生所说："转落五六，身世如此落寞，诗境阔狭顿异，结语凑泊极难，不图转出'戎马关山北'五字，胸襟气象，一等相称"。由颈联叹身世之悲，到尾联念家国之壮，仍显出一派卓尔不群、志洁行芳的胸襟气度。

在杜甫之前,李白也写过一首五律《与夏十二登岳阳楼》:"楼观岳阳尽,川回洞庭开。雁引愁心去,山衔好月来。云间连下榻,天上接行杯。醉后凉风起,吹人舞袖回"。论胸襟博大,意象恢宏,这首诗不及杜甫那首诗,也不及孟浩然那首诗。但是,由登临观览写到心境感慨,与杜甫那首诗的结构形式是颇为相近的,充溢着生命活力更是颇为相似的。尤其是颈联两句的想象乃至幻想,既大胆,又新奇,将李白式的高迈不羁,卓尔不群彰显无余。

这两首诗里,李白用了"云间""天上"两个词语,杜甫用了"乾坤""日夜"两个词语,还具有更广泛的审美意义。那就是,皆如李白《宣州谢朓楼饯别校书叔云》所写:"蓬莱文章建安骨,中间小谢又清发。俱怀逸兴壮思飞,欲上青天揽明月"。他俩都着意纵任清狂本性,传承谢朓那种张扬刚健清新的诗美风格(亦即"清发")并且进而不仅重"清",犹自重"逸"重"壮",追求清、逸、壮的和谐统一。所谓"欲上青天揽明月",正是李白,也可以认为包括杜甫在内,诸多盛唐优秀诗人所共有的同一追求的实现方式。"青天""明月"与"云间""天上","乾坤""日月"一样都是天地间至大意象。与这六个意象相匹敌,在李杜若干诗中,广及于多种天地意象、时空意象、山川意象,都时常被拿来与他们的生命体验相接相通,相激相荡,相辅相成,清、逸、壮和合乃借以达至。李白《行路难》诗谓"长风破浪会有时,直挂云帆济沧海",《西岳云台歌送丹丘子》诗谓"西岳峥嵘何壮哉,黄河如丝天际来";杜甫《登楼》诗谓"锦江春色来天地,玉垒浮云变古今",《白帝》诗谓"高江急峡雷霆斗,古木苍藤日月昏",均为其好例,殊难以尽举。

略晚于李杜的孟郊也深悟其妙,在其《赠郑夫子鲂》一诗中开篇即赞:"天地入胸臆,吁嗟生风雷。文章得其微,物象由我裁。"前两句说的是,在清、逸、壮和合的诗美追求过程中,自然大宇宙与个人小宇宙可以共融共鸣,从而激发出磅礴的意境和强大的张力,为单纯的描摹自然所远不能及。后两句说的是,诗美追求的实现效果,要凭创作主体而定;不同的诗人,越是能得"天地入胸臆"的精微,越是能有"物象由我裁"的成就。李白和杜甫都是弄潮涛头的高手。孟郊诗里紧接前四句,只择其优点赞了"宋玉逞大句","李白飞狂才"。究其实,杜甫并不稍让于李白,以天观物,胸罗万象,也堪称"飞狂才"。那意思就是,无论李白还是杜甫,当他们将个人之小无碍接入宇宙之大,又以堪同宇宙比大的浩荡胸襟观照宇宙间的壮大事物,并且将其随心所欲地拿来融入个人心灵的时候,他们的性灵也相应地同步博大化了,尽可能任性地飞扬跋扈,挥斥八极了。借用孟浩然《登岳阳楼》的传世名句来说,李杜都能心通天地,胸罗星月,驰骋诗作"气蒸云梦泽,波撼岳阳城"。

设若只举极端的诗例,考量他俩如何将狂幻想象发生于寻常情理之外,飞升于浩瀚宇宙之间,简直会难分李杜。如杜甫《发秦州》组诗中的《石龛》一诗,开篇便写道:"熊罴咆我东,虎豹号我西。我后鬼长啸,我前狔又啼"。熊咆、虎号、鬼啸、狔啼四个幻象,有声有息,若在若隐,构成了一派凄厉的氛围。但接着描述天寒日昏,山远路迷,经"仲冬见虹霓",幻境便转入实境。"伐竹者谁子,悲歌上云梯"再一下转,又是实、幻相生了。这与李白《梦游天姥吟留别》由"烟涛微茫""云霞明灭"的谈说幻象引起,再层递咏唱:"谢公宿处今尚在,绿水荡漾清猿啼。脚著谢公屐,身登青云梯。半壁见海日,空中闻天鸡"。何其相似乃尔? 如杜甫《发同谷县》组诗中的《剑门》一诗,开头便写"惟天有设险,剑门天下壮",中间再写"三皇五帝前,鸡犬各相放",然后结在对"并吞与割据,极力不相让"的社会忧患上,比对李白《蜀道难》的结构,开头便写"噫吁嚱,危乎高哉! 蜀道之难,难于上青天",继而再写"尔来四万八千岁,不与秦塞通人烟",最后结在对"所守或匪亲,化为狼与豺"的社会忧患上,相似性亦颇明显。特别是对自然形势的感应,一个是"险"和"壮",一个是"危"和"难",似异而实近。杜句"一夫怒临关,百万未可傍",对应李句"剑阁峥嵘而崔嵬,一夫当关,万夫莫开",尤其是感应同心,如出一辙。

《剑门》与《蜀道难》,观照面不仅限于自然,还已切入了社会。在关注社会的广阔度和执着度上,李白固不及杜甫,但在关乎国运、关乎民生的大是大非上,他们的基本态度是相通的,清狂的同质品性更同样地纵情贲张,不加抑制。典型的例证当数杜甫的《洗兵马》和李白的《战城南》;杜甫的《兵车行》和李白的《古风其三十四》也颇为突出。

称《洗兵马》和《战城南》为典型,着眼点不在诗的体式、诗的结构和诗的内容,而在两首诗所共有的非战的主题。前者诗为一首七言古体诗,全诗四段,每段一韵,平韵、仄韵交替轮用。第一段由“中兴诸将收山东”写起,祝捷贺功,抚今追昔,引出“三年笛里关山月,万国兵前草木风”的战乱反思。第二段写“二三豪俊为时出,整顿乾坤济时了”,明在点赞郭子仪、李光弼、王思礼收复两京,平叛建功,暗亦寓讽喻唐肃宗之意。第三段继以“攀龙附凤势莫当,天下尽化为侯王”,进一步刺今鉴古,寄望唐肃宗能效古中兴。第四段推向高潮,卒章显志,表达对于消弭战乱惨祸,重见河宴海清的殷切期盼。“安得壮士挽天河,净洗甲兵长不用”两句作结,发出了杜甫非战最强音。与之相对照,后者则是一首三言、五言、七言、八言、九言杂置一篇,恣意驱遣的古体诗,全诗三段,也是每段一韵,但仄韵、平韵兼用却以平韵为主,各段的句数抑自意到言到,多少不一。第一段由“去年战……今年战……”破题,跳跃式地引出“万里长征战,三军尽衰老”之叹,观照点聚在“安史之乱”当下。第二段“匈奴以杀戮为耕作”以及后四句,陡转到反思历史教训,要蕴在揭示“古来惟见白骨黄沙田”,即写频繁战争的破坏性。第三段再转到古今同构,抨击战争造成的生命毁灭,对“士卒涂草莽,将军空尔为”发出穿透历史的理性质疑。由此也是卒章显志,爆发出李白非战最强音:“乃知兵者是凶器,圣人不得已而用之”。看得出,李白和杜甫一样,并不是毫无保留地否定一切战争,但他们确实希望,对国计民生必然导致严重摧残的战争尽量少些,能不用最好不用。

"狂夫"杜甫

　　至于《兵车行》怎样,前文已然一再评说过,无须重新申述。但《兵车行》里那种"哭声直上干云霄"的悲惨气氛,李白作为同时代人,同样痛切地感受到了。感发于《古风其三十四》,便有了对于"羽檄如流星,虎符合专城",亦即对于开元年间大肆征兵,开边不已的道义关注。诗中所写:"借问此何为?答言楚征兵。渡泸及五月,将赴云南征。怯卒非战士,炎方难远行。长号别严亲,日月惨光晶。泣尽继以血,心摧两无声。困兽当猛虎,穷鱼饵奔鲸。千去不一回,投躯岂全生!"对比《兵车行》里"道旁过者问行人"以下大段问答诗句,其基本意涵和主体倾向,可以说别无二致。

　　李白和杜甫都是大唐臣民,他俩所非的战争和所斥的征兵都是盛唐时期最高当局的顶层决断和既定国策,他们的行为都是大胆的妄议。其间涉及社会历史的是非正误姑且不论,单就妄议看,他俩都不是随风附抑的墙头草,都不是希阿圣意的变色龙,而是具备独立人格和自由意志的欸嵩之士,宁当毫无疑义。尽管能如此,确与唐代(以及宋代)不像后来的明代、清代以言定罪那般苛酷、那样动辄杀头株连,而治道相对宽松分不开,但就个人而言,他俩的清狂都以高迈不羁、卓尔不群、志洁行芳、心高气傲的气节情操为精神内核,无论怎么说都是起着决定作用的。方之于时人与后辈,曾经多年清狂过,后来却转而归于幽隐向佛的王维,以及转而归于闲适行乐的白居易,是要差过他俩一截的。

　　正因为在关乎国运、关乎民生的大是大非上,李白与杜甫基本态度是相通的,所以李白的诗也有沉郁之作。如《金陵歌送别范宣》,面对虎踞龙盘的金陵秀色,他罕见地将地缘形胜与"四十余帝三百秋,功名事迹随东流"的怀古情思连接起来。其中特挑出南朝梁武帝萧衍泰清年间发生"侯景之乱",侯景攻破当时的建康,围萧衍于台城而饿死的故事,揭示出"冠盖散为烟雾尽,全舆玉座成寒灰"的悲剧。进而再用南朝陈后主宠幸张贵妃,亡国时一起躲进景阳宫井,终至被擒的典故,感叹彼时彼际"谁歌《玉树后庭花》"。然后反观现实,发出"此地伤心不能道"的浩叹,点出送别的题旨。其间深藏着对盛唐业已显露出的败象、衰象的烛见忧思,沉郁苍凉的情调足与杜诗相联袂。《扶风豪士歌》《万愤词投魏郎中》等诗也是如此,反映出并非只李白讲清新俊逸,杜甫也有清新俊逸的诗。

李杜都嗜酒,诗酒任性,自然更能彰显他俩狂的同一性质地。仅以李白的《将进酒》为例。“陈王昔时宴平乐,斗酒十千恣欢谑。主人何为言少钱?径须沽酒对君酌。五花马,千金裘,呼儿将出换美酒,与尔同销万古愁”。这里有了两个形象。一个是魏晋风骨的代表之一陈思王曹植,其《名都篇》有句“归来宴平乐,美酒斗十千”,不惜斗酒十千以纵情肆意寻欢作乐,表现出权贵式的嗜酒清狂。另一个是李白自己,与好朋友痛快饮酒唯求尽兴,为换酒钱不惜拿出五花马、千金裘作典当,表现出富豪式的嗜酒清狂。设若比对杜甫的《醉时歌》,“得钱即相觅,沽酒不复疑”,不惜一得到几个青钱便寻郑虔一起痛饮,并且没有丝毫的犹豫,表现出的则是寒士式的嗜酒清狂。杜甫的嗜酒清狂同出一辙,都是为了与朋友率性欢乐,销尽忧愁,而不惜自己潇洒破财。而做深一层比较,斗酒十千对权贵曹植而言原本就是九牛一毛,五花马、千金裘对富豪李白而言也不至于伤筋动骨,但一得到几个青钱“即相觅”,即“沽酒不复疑”,对寒士杜甫而言却意味着很可能又将导致“饥卧动即向一旬”(《投简咸华两县诸子》),他的选择无疑是以牺牲生计作为代价的,因而尽可以视作更狂。

排除异代的曹植,只看同代的李白,嗜酒清狂足以反映,他俩的“狂”在本质上固然是一样的,但这种一样只是清狂内核的质素一样,并不等于所有内质完全一样。比如他俩的不惜付出,都以重友同嗜为前提,同样彰显出无谓大气度,无谓之于李白当是无所计较,无谓之于杜甫则是不计后果。无所计较与不计后果,显然就有质地差异性,同为豪爽之人,前者更多些爽快,后者更多些痛快。由狂的质地有所差异生发开去,还有着度的差异、形的差异。质、度、形三者都有所差异,方使李杜的“狂”各具个人特征,李白就是李白,杜甫就是杜甫,一可以成“诗仙”,一可以成“诗圣”,彼此之

"狂夫"杜甫

间不会混同。

再比较一下李白的《蜀道难》和杜甫的《剑门》的差异性就更能够更清晰地昭显出来。如上文所述,他俩对自然形势的感应,一个是"险"和"壮",一个是"危"和"难",似异而实近,但似异毕竟已然有所异。关键在于,这还只是大同小异,大异出在两诗概写山势之后。杜诗尽管也继而写了其合其壮,却要旨指向警示当局,表达出"吾将罪真宰,意欲铲叠嶂"的心愿。李诗虽有相通的心愿,却未急于借势表达,而是从回顾往史传说伸展开去,视通洪荒,思接磋峨,铺采摛文似的对蜀地的山川道路做出了生命史探源溯流。"上有六龙回日之高标,下有冲破逆折之回川。黄鹤之飞尚不得过,猿猱欲度愁攀援"。上极云天神话,下极山川大势,物无巨细一概激活。再继以人的观感,"扪参历井仰胁息,以手扶膺坐长叹",天与人合一似的写出"危乎高哉",其意犹未尽,又在反复感叹"蜀道之难,难于上青天"的倾述声中,极状其"难"在"险":"连峰去天不盈尺,枯松倒挂倚绝壁。飞湍激流争喧豗,砯崖转石万壑雷",声响形神,俱在其间。杜甫诗不会这样写,别人也未曾如此写过,完全是李白联想加想象而产生的。他怎么想就怎么写,怎么写就怎么比人眼中实有的真更酷为真。难怪会如孟棨《本事诗·高逸》所记:"李太白初自蜀至京师,舍于逆旅。贺监知章闻其名,首访之。既奇其姿,复请所为文。出《蜀道难》以示之。读未意,称叹者数四,号为'谪仙',解金龟换酒,与倾尽醉。期不间日,由是称誉光赫。"

从酒到山水,李白与杜甫的性格差异性,都表现为意象差异性。见诸明月意象,这种差异尤为明显。李白的《把酒问月》,上承张若虚的《春江花月夜》究问天地和生命奥秘的浪漫情致,以明月为媒展开了人与天地和历史的心灵对话:"青天有月来几时? 我今停杯一问之。人攀明月不可得,月行却与人相随……今人不见古时月,今月曾经照古人。古人今人若流水,共看明月皆如此"。充盈哲学意味的生命质疑,浸润在博大空明的明月意象中,既有超越今古的穿透力,又有普适人生的亲和感。《静夜思》所写只有二十字："床前明月光,疑是地上霜。举头望明月,低头思故乡。"明月意象竟如一个不请自来的光明客人,直通人情人性的幽微,一片人天随顺怡和。人—月—天之间,李白的情思是外逸的,是徒倚自然的。而杜甫,如《月》中所写"四更山吐月,残夜水明楼",生命直与残月相通,虽与李诗有相似处,但全诗收结到"斟酌姮娥寡,天寒耐九秋"的人生苦叹上,却多了生命沉重感,依稀透露出人—月—人的内收式指向。如《江汉》所写"片云天共远,永夜月同孤",更是将人—月—人的内心体验放在中心位置,显出返回内心的审美取向。同为明月意象,李白的审美取向多呈外逸形态,杜甫的审美取向多呈内收形态,其间的差异委实颇微妙。

微妙就微妙在,明月意象的李杜差异,并不是一个孤立现象,而是如同一荷露珠折射大千,折射出了他俩作为个性鲜明的卓越诗人,在设象取意的心理时空上所潜在的普泛差异。质言之,不限于明月一个物象,而是广及于诸多自然物象,李白的精神对立时常显出心理联想的随意性,杜甫的精神对立时常显出心理联想的矢向性。比如同是写黄河,李白是昂首云天,挥斥八极,意到神到,随意渲染,既可以像《公无渡河》诗谓"黄河西来决昆仑,咆哮万里触龙门",《古风》之十一诗谓"黄河走东溟,白日落西海"那样,直接夸饰黄河的浩荡气势,又可以像《将进酒》诗谓"君不见黄河之水天上来,奔流到海不复回",《赠裴十四》诗谓"黄河落天走东海,万里写入胸怀间"那样,即兴似地将万古黄河与现实人生联接沟通,比兴遣怀。而杜甫的《黄河二首》,一写"黄河北岸海西军,椎鼓鸣钟天下闻",一写"黄河南岸是吾蜀,欲须供给家无粟",却是立足大地直面人生,专注于关心边患和民瘼。其间的差异,只须略做比照,便一目了然。

对李杜之间审美取向存在的差异,前贤早就看清了,早就指明了。宋人严羽《沧浪诗话》即已指出:"子美不能为太白之飘逸,太白不能为子美之沉郁。太白《梦游天姥吟留别》《远别离》等,子美不能道;子美《北征》《兵车行》《垂老别》等,太白不能作。"这些话的着重点,在于比较李杜诗歌的基本

"狂夫"杜甫

风格,强调彼此各具特征,不可互代。他还曾用兵法喻诗,认为"少陵诗法如孙、吴,太白诗法如李、广",比较李杜诗歌的表现方法,揭示出了杜诗注重讲节制,而李诗却纵豪使气,率性成章,明人胡应麟《诗薮》则宣示:"李才高气逸而调雄,杜体大思精而格浑"。将李杜诗风的形成内因直追寻到他两所各具的创作主体资质。并且进一步说:"唐人才超一代者,李也;体兼一代者,杜也。李如星悬日揭,照耀太虚;杜若地负海涵,包罗万汇。"这就把才气、体格浑融于一,各取其要,从而把李白诗风的清丽雄逸和杜甫诗风的沉郁顿挫以天地物象设喻,颇形象化地诠释出来了。

更值得注意的是,是清人贺贻孙在《诗筏》中所作出的"英、雄"之辨。古今叹语里,所谓"英雄"都是一个合成词,通指识见、才能;或者作为非凡的人。但若拆开看,两个词素却各具其义,各有所重。"英"者,华也,本指花或花片;"雄"者,生物中之阳性也,通与"雌"相对,引申即指勇武、有力。贺贻孙巧用分拆之义比较李杜:"诗亦有英分雄分之别。英分常轻,轻者不在骨在腕,腕轻故宕,宕故逸,逸故灵,灵故变,变故化,至于化而英之分始全,太白是也。雄分常重,重者不在肉而在骨,骨重故沉,沉故浑,浑故老,老故变,变故化,至于化而雄之分始全,少陵是也。若夫骨轻则佻,肉重则板,轻与重不能至于变化,总是英、雄之分未全耳"。他的意思是说,英与雄合而言之,就能显示出英雄共性;分而言之,则将表现出或英或雄的不同侧面、不同格调,亦即不同个性。以之品评李杜,依其所说李白的个性若英,因而他的诗追求清俊华丽,诗风飘逸得举重若轻;杜甫的个性若雄,因而他的诗追求威武雄壮,诗风沉郁得举轻若重。这样的简单类比自然难免会有不够周密处,但是大而较之,的确颇有见地。特别是英、雄两个概念直系李杜个性,点化出了个性对于诗风的生成作用,对于比较李杜差异有所助益。

参酌前贤的感悟评赞,回头再审视李杜的诗,不难发现一些机窍。最为直观的,莫过于严羽所举"子美不能道",或"太白不能作"的那几首诗。李白的两首诗,《梦游天姥吟留别》由真入梦,由梦返真,整首诗在由人及天的狂幻思维中,用以幻带真、真幻交融的梦境敷陈出登山之乐;《远别离》寄寓他对天宝年间李林甫、杨国忠等权奸当道、朝廷上下政治昏乱的深切忧虑,也喻以神话传说,寄以天象变迁,自始至终弥漫着迷离倘恍的气氛。从中反映出,李白不是一般性地崇尚自然美和神话美,而是借以伸张极其强烈的个体生命意识。而杜甫的三首诗,无论是诗史似的《北征》,还是纪实性的《兵车行》和《垂老别》,无一不直面他亲历的社会现实。其中如《北征》即便也曾涉笔自然景象,但仍然是为了渲染环境,并非主调。从中反映出,杜甫尽管也欣赏自然美,也有吟咏自然美的一些佳作,但充溢于他的个体生命的主导意识上的根本差异,决定了李白归向浪漫主义创作方式为主,杜甫归向现实主义创作方式为主。李白诗基本风格为清新俊逸,杜甫诗基本风格为沉郁顿挫,内质基因同在于斯。

至于"少陵诗法如孙、吴,太白诗法如李、广",以及"英分常轻","雄分常重"云云,除了讲表现方法的差异,讲诗歌气韵的差异,还触及了李杜性格的同中之大异。同为清狂,同具高迈不羁、卓尔不群、志洁行芳、心高气傲诸般大气度、大品位固不必言,李白的"诗法如李、广"出自"腕轻"导致的"逸",杜甫的"诗法如孙、吴"出自"骨重"导致的"沉","逸"与"沉"正是大异之所在。因为逸,李白总是"俱怀逸兴壮思飞,欲上青天揽明月"(《宣州谢朓楼饯别校书叔云》),他的清狂便以外纵为特征,见诸其诗便像清狂之气不憋住就随意喷发。因为沉,杜甫总是"物微意不浅,感动一沉吟"(《病马》),他的清狂便以内积为特征,见诸其诗便像清狂之气憋不住就任性爆发。一个从来不憋住,一个老是憋不住,恍若只是文字颠倒,实则彼此区别不小。

区别到底何在?就在李杜的清狂同异间。大同,他俩同在狂放。大异,异在李白是狂放而兼狂诞,杜甫是狂放而兼狂直。杜甫的狂放、狂直,此前各章业已反复述及,不必重新伸论。李白的狂放,与杜甫的狂放内核高度一致,微细的差异只在度和形上。狂诞却不一样了,非但度和形自有

"狂夫" 杜甫

特异性,而且在内质上也区别于共有的狂放,为什么终究李白是李白,杜甫是杜甫,自古及今从来无人将他俩认作同类狂人,关键是要分辨清楚李白的狂诞。

"狂诞"的意涵,解诂的重心不在归类的"狂"字上,而在分属的"诞"字上。诞,意思是放诞,甚或虚妄。《左传·昭公元年》所记"伯州犁曰:'子姑忧子皙之欲背诞也'",杜预《集解》即释为"襄三十年,郑子皙杀伯有,背命放诞"。《国语·楚语上》的"是知天咫,安之民则,是言诞也",则指言语虚实妄。刘义庆《世说新语》专辟有《任诞》一章,"任诞"是"任"和"诞"的近义复合词,其中任的意思是放纵,不自我约束。任与诞两个词素和而为一,兼有任和诞双重意涵,通常指放纵任性,旷达无拘,极端的表现可以形同荒诞虚妄。在古汉语里,任放、任达或诞放、诞妄基本意涵是一样的。《新唐书·贺知章传》曾说过,"知章晚节尤诞放,遨嬉里巷,自号四明狂客及秘书外监",可见诞放就是狂诞。照理推之,所谓任诞亦即狂诞。李白一向钦仰贺知章,就狂诞而言,他与贺知章原本为同道,或有过之,无所不及。杜甫偶或也有狂诞的表现,如酒酣耳热,登上严武胡床爆出"严挺之乃有是儿"的话之类,但纵观平生行事,在狂诞上是不能与贺知章、李白等量齐观的。狂诞不狂诞,狂诞到何种境界,恰是李杜的"狂"最根本的分野。

李白的狂诞,由于他追慕"建安风骨",因而深受"竹林七贤",尤其是其中阮籍的熏染。"竹林七贤"无不任诞,阮籍的任诞又有其特点。据《晋书·阮籍传》记载:"籍容貌瑰杰,志气宏放,傲然独得,任性不羁……嗜酒能啸,善弹琴。当其得意,忽忘形骸",并称阮籍"尤好老庄"。刘孝标注引《文士传》说:"籍放诞,有傲世情,不乐仕宦"。这一切,与李白何其相似乃尔?上文所引的李白《陪侍郎叔游洞庭醉后》,李白自比"小阮",自谓"三杯容小阮,醉后发清狂",典出《世说新语·任诞》,就证明了李白自认踵武阮籍,也佐证了李白式的狂诞即为阮籍式的任诞。他在《梁园吟》里还曾写道:"却忆蓬池阮公咏,因吟渌水扬洪波"。可见李白踵武阮籍,决然不是一时起兴。

只不过,李白的狂诞同样具备独特品味,并不是贺知章或阮籍的同模翻版。他是远眺先秦时期的庄周、接舆,近承魏晋六朝的曹植、阮籍、嵇康、鲍照,广泛吸纳历代先辈的狂诞气韵,而又我行我素,任性自适,化育成了天马行空、汪洋恣肆、雄奇瑰丽、狂幻莫测的个性形态。例如他的《北风行》一诗,题沿鲍照的一首乐府杂曲歌辞而来,诗却从"烛龙栖塞门,光曜犹旦开"的神话传说破题,猛一下便伸向了怪诞奇异的迷离意象。紧接着他就纵驰逸兴想象,切入自然景象,极致渲染"北风怒号天上来"的狂飙气势,即兴作出"燕山雪花大如席"的狂怪比喻,举重若轻地将若幻若真的狂怪风雪,与原本狂怪的烛龙神话合成为浑然一体。他那种喷薄而出,并且联袂而至的狂诞幻想、狂诞联想,殊非鲍照原作所能够向迩,却能从庄周《逍遥游》里面找到一些奇谲踪影。

要之,李白与杜甫同样都清狂。但李白是从狂放外纵至狂诞,而杜甫是从狂放内积为狂直,从而构成了他俩的"狂"的内质区分。这样的内质区分,相对于清狂内核大同而言,毋庸置疑当是大异。再加上即便同为狂放,也还有度的差异,形的差异,就决定了李白与杜甫为人和为诗绝不混同。不仅如此,就连他俩的个人命运和成就指向,也与其"狂"的同异密不可分。

辨明了李杜"狂"的同异后,还需要进一步地做探究,为什么他俩的"狂",会像这样同异差互?揆其大要,同的根由在于时势相同、经历相近、心志相似、悟性相匹,异的主因在于家族文化基因有别、文化信仰主轴有别、生命体验方式有别、诗美创造取范有别。简而言之,同基于四"相",异源自四"别"。

先看四"相"。

其一,时势相同,时势造英雄,时事造就的英雄包括历代卓越的诗人,以及他们的人品和诗品,李白和杜甫,长期处在盛唐开元(713—714年)天宝(742—756年)年间,唐代的经济、政治、文化臻于极盛,以及由盛转衰都在那一时段,时势基调和走向不能不对他们产生重大影响。如代引言已然

"狂夫" 杜甫

指出的那样,由初唐至于盛唐,唐王朝俨然成为当时世界第一大国、第一强国,必然地滋生出广大的臣民,尤其是精英们的大国臣民心态、强国臣民心态,心胸博大,视度高远。好大逞强,既是当时的政治基调,高昂雄奋充盈其间。而与之同时,特别是开元后期直至天宝初期,随着唐玄宗由开明有为转向骄奢淫逸,权奸李林甫、杨国忠相继恃宠擅政,直接导致错综复杂的社会矛盾、民族矛盾日趋尖锐,乃至于爆发"安史之乱"使得华夏遍地劳民,满目疮痍。这样的衰乱走势,同样必然地催生出广大臣民的怨恨和牢骚,具有独立人格和自由意志的文化精英更是必然反响强烈。时势基调及其正反两面的起伏走向,都注定了产生狂人。仅从诗届看,诸如年先于李杜的初唐诗人"诗骨"陈子昂、"诗杰"王勃,盛唐诗人"诗狂"贺知章、"诗佛"王维,乃至年后于李杜的中唐诗人"诗豪"刘禹锡、"诗魔"白居易之属,无一不是由兹产生的时代狂人。李白和杜甫身处开元天宝时势的激湍横流浪头,他俩狂,也是一种历史的必然。

其二,经历相近。李白于二十五岁那年出蜀游历,其后十多年壮游了今湖北的江陵、武昌,今湖南的长沙、岳阳,今江苏的南京、扬州,今浙江的绍兴等地,继而北上到了今河南的方城、临汝等地,然后南折至湖北安陆首度结婚,一度定居,直至三十五岁将家迁移到山东任城(今济宁市)。青年时期十一年的壮游,与杜甫从二十岁至三十四岁期间,先后漫游吴越、漫游齐赵、漫游梁宋(其间也有三十岁结婚),合计壮游将近十一年颇为相似。行万里路胜过了读万卷书,名山大川、文物古迹让他俩感应天人之际,会通古今之间,开阔了心胸和眼界,增益了生命活力和放荡习性。李白于四十二岁应诏到了长安,供奉翰林,当了两年多文学"花瓶",便受馋斥放。这与杜甫四十四岁始任右卫率府兵胄参军,四十六岁任左拾遗,四十七岁即贬为华州司功参军,加起来实际当官不足三年也颇相近。他俩都未进入权力高位,都无逞志机会,也都没有被官场规则污染和异化,从而维护住和增强了独立人格和自由精神,得大于失。去官以后的李白其人,长期处于身世飘零的生存状态,直至六十二岁病死于当涂(今属安徽),与杜甫晚年极相近,身世飘零犹不忘素志,烈士暮年仍壮心不已,乃成了李杜终身不改的狂,远超过了王维晚年的隐逸向佛,白居易晚年的追求闲适和享乐。

其三,心志相似。心志涵盖着政治功业和诗美诉求两个层级。李白从青年时段开始,就有参与国家政治,博取政治功业的伟岸志向。他在《代寿山答孟少府移文书》中宣称,他志在"申管、晏之谈,谋帝王之术,奋其智能,愿为辅弼,使寰区大定,海县清一"。无须乎多加考析便能看出,李白的政治功业心志,与杜甫"窃比稷与契","致君尧舜上,再使风俗淳"的心志十分相通相似。在诗美诉求上,李白推崇建安风骨,自觉地从曹植、阮籍、左思、谢灵运、鲍照、谢朓等魏晋诗人的诗里汲取营养,对陶潜、江淹、阴铿、庾信也有借鉴。他鲜明地表达出了自己的诗学观点,在《古风》第一里,开篇便强烈感叹"大雅久不作,吾衰竟谁陈",直面抨击"自从建安来,绮丽不足珍",进而不惮狂妄之讥地公然宣告"我志在删述,垂辉映千春"。如此这般,诚然不是李白首倡和独创,而是始于初唐陈子昂,但李白是认其旗而扬其波,在创作实践上,为将建安风骨演进为盛唐诗风,做出了非同寻常的贡献。杜甫也与其大为相似,不但诗名未著便敢宣称"诗看子建亲",而且在《戏为六绝句》里也宣明了"纵使卢王操翰墨,劣于汉魏近风骚","窃攀屈宋宜方驾,恐与齐梁作后尘"的诗学见解。正因为两个层级上的心志如此相似,共同以充盈生命活力的不朽诗作,撑起了中华诗史的盛唐时空、盛唐气象。

其四,悟性相匹。中华诗学的文化原点在于以心居中,志、意、情相统一,由主体之心的感悟而"思接千载","视通万里"(《文心雕龙·神思》)。无论宗奉《尚书·尧典》的"诗言志",还是崇尚陆机《文赋》的"诗缘情",感悟都是意象、意境的思维神髓,诗人的优劣都因悟性高下做出区分。李杜相较,李白更尚"诗缘情",杜甫更奉"诗言志",李白的感悟常是飘举于外而反慰于内,杜甫的感悟常是郁积于内而喷发于外。然而,如李白《陪侍郎叔游洞

"狂夫" 杜甫

庭醉后》诗谓"铲却君山好,平铺湘水流",杜甫《剑门》诗谓"吾欲罪真宰,意欲铲叠嶂",其间的铲山、铺流以及罪天都是将主体内心的特定感悟,亦即内心的激愤或忧虑由人的生命移植于客体物象的,表明即便各有所重也是能够契合,甚至达到思维一致的。又如李白《望庐山瀑布》诗谓"飞流直下三千尺,疑是银河落九天",杜甫《赠花卿》诗谓"此曲只应天上有,人间能得几回闻",两者的感悟互不相关,前者闪耀着李白的才情,后者浸润着杜甫的思致,但都具备震烁人心,耐人寻味的诗意情采。或契合,或迥异,却都是个人独特的感悟,表现出了李杜悟性足堪匹敌。设若缺少了悟性相匹,一个浪漫主义为主的诗人,一个现实主义为主的诗人,不但清狂将会少了可比性,而且也无可能创作成就达到双峰并峙,双星同耀。

时势相同、经历相近、心志相似和悟性相匹,再加上极可能会有的先天气性(缺文字依据,难具体指实),就建构出李杜清狂内核的同,是谓李杜"狂"的大同。

再看四"别"。

其一,家族文化基因有别。武后长安元年(701年),李白出生在安西都护府所管辖的西域碎叶(今属吉尔吉斯斯坦),其父李客是一个经营商业的富人。大约五岁时,他家迁居到蜀中绵州昌隆县(今四川江油市),李客仍经商,在乡间也营置了田土,成为商人而兼地主。尽管后来李白在其诗中夸耀过李姓家族,但实际上他这一个李氏家族并不是社会地位颇显赫的名门望族,而是处在重农抑商社会阶层的中下层,归属江湖而非庙堂。他在《与贾少公书》中坦承"混游渔商,隐不绝俗",说出了大实话。正因为生在商家,"混游渔商",他所幼承的家教家风必定就多"渔商"气息,成名后虽"隐"仍不能"绝俗"。甚至于,《答王十二寒夜独酌有杯》一诗中自谓"一生傲岸若不谐,恩疏媒劳志多乖",也透露出一个信息,那就是他的"傲岸""多乖",源自于对家族地位相对低下的意气反拨。而杜甫则是生在长在"奉儒守官"的名门望族,自幼及长都是受着诗礼传家的家风熏染陶冶,周边的人际关系也是"结交皆老苍"(《壮游》))。他的家族自杜预始起码三代一直都处在社会中上层,归属庙堂而非江湖。纵然三十七岁以降临于贫困了,比李白穷得多了,但庙堂气质、诗礼气息仍未丢弃。三代人才成为贵族,古今中外事同一理,连刘邦、朱元璋做了皇帝,都还脱不尽市井无赖气,即为显证。因此,李白的狂放、狂诞终究带着江湖豪士气,杜甫的狂放、狂直终究不失庙堂雅士气,根子就在家族文化基因分属江湖、庙堂。

其二,文化信仰主轴有别。李白自述"十岁观百家"(《上安州裴长史书》),"十五观奇书"(《赠张相镐》),并且还"好剑术"(《与韩荆州书》),学习的兴趣指向相当广泛,可以说是杂搜混取。在蜀中期间,他与善谈"纵横术"的赵蕤相交往,离蜀以后仍然系念"故人不可见,幽梦谁与适"(《淮南卧病书怀寄蜀中赵征君蕤》)。赵蕤著有《长短经》十卷,纵议王霸之术,主张"三代不同礼,五霸不同法",并反对"厚古薄今",对李白的文化信仰影响至深。李白一生那样地追慕"非礼法""薄周孔"的魏晋名士阮籍、嵇康等人,并终身慕道,都与之分不开。前引《代寿山答孟少府文书》,在"申管、晏之谈,谋帝王之术"云云之后,紧接着还有话:"事君之道成,荣亲之义毕,然后与陶朱、留侯浮五湖,戏沧州,不足为难矣。"前后两句所标举的上溯春秋、下迄秦汉的四位先人,三位在孔子创兴儒学之前,一位在孔子创儒学之后,都是文化信仰比较驳杂的政治家和谋略家。并且在行为文化取向上都不同程度地具有侠风侠气。不排除他们的思想中确有一些儒学成分,或者至少与儒家所主张的修、齐、治、平有部分相通,但都不是儒家人物当可肯定。因此,一些人将李白的"济世"诉求与杜甫的"济世"诉求相提并论,指定属于误谈和误导。李白的"济世"基本归属侠。侠的头号榜样为讲"功成身退"的鲁仲连,《古风》第十起于"齐有倜傥生,鲁连特高妙",结于"吾亦澹荡人,拂衣可同调",即为自证。《猛虎行》诗谓"三吴邦伯皆顾盼,四海雄侠两追随",《驾去温泉宫后赠杨山人》诗谓"待吾尽节报明主,然后相携卧白云"之类,均为旁证。很明显,所有这一切,都与杜甫大不一样。剔除其间的纵横家因素,只从李杜所共吸的儒、道、侠三种文化元素做比较,应当判定,李白的文化信仰主轴为侠、道、儒,杜甫的文化信仰主轴为儒、侠、道。各异其非主导的第三项,对应《诗筏》英、雄之辨里的腕轻、骨重之说,则李白是侠风道腕故腕轻,而杜甫是儒骨侠气故骨重。

其三,生命体验方式有别。李白与杜甫同处诗酒盛唐,同具诗酒风流,同为主体生命活力旺盛的诗人。但主体生命合于外物,体验感悟,显诸文字,转化为新的诗性生命,又分别打着各自的烙印。李白如其《江上吟》所写的"兴酣落笔摇五岳,诗成笑傲凌沧州",他贲张的多是"兴酣",亦即狂幻性的诗酒任性。唐汝询在其《唐诗解》里,说这首诗是"因世途追隘而肆志以行乐","肆志",意涵就是随心所欲,任性到几近无任何挂碍。兴酣肆志和合为一,便成了李白所独具的生命体验方式。所以李白在自然与社会两者之间,更亲近自然,置身社会也更加讲究享受人生,潇洒人生。他游弋于诗酒世界,浑如高举着酒杯邀月共舞,哪怕跳得抛洒了酒也全然不顾。杜甫虽然也耽于诗酒人生,壮游期间甚至还与李白"痛饮狂歌""飞扬跋扈"过,但却如其《敬赠郑谏议十韵》所写的"豪发无遗憾,波澜独老成"那样,自"长漂"以降就愈来愈倾向"老成"。这个"老成",不是《戏为六绝句》里"庾信文章老更成"那个意涵,然而确与"凌云健笔意纵横"骨肉相连。这个"老成",恰如杨慎《升庵诗话》所指出的庾信的诗"琦绝清新,人皆知之,而其老成,独子美能发其妙"那个"老成",意涵在于对客体精为注重开掘,反映或再现都老练浑成。杜甫的"老成"直系于"意",随意驱遣,能纵横,有波澜,内在活力与外化张力相何合也无施不可。因而杜甫的体验方式,可以叫老成遣意。意要受到儒骨的节制,因而杜甫不仅在自然、社会两者之间更重社会,而且他的诗酒任性也不及李白那样狂幻。出入于诗酒世界,大多情况下,杜甫都像是在戴着脚镣跳舞,只缘自他质本清狂,所以虽戴着脚镣,仍然能将舞跳得风生水起,婀娜多姿。

其四,诗美创造取范有别。李白和杜甫都将屈原树为自己的偶像。李白《江上吟》诗礼赞:"屈平辞赋悬日月,楚王台榭空山丘"。杜甫《戏为六绝句》也宣称:"窃攀屈宋宜方驾,恐与齐梁作后尘"。但同为取作范式,他俩却各有所重,各有所会。倘借用《文心雕龙·辨骚》的说法,李白从屈原那里取的是"露才扬己",纵驰"诡异之辞"和"谲怪之谈","语其夸诞则如此",诗美创造"惊才风逸"。杜甫与之不一样,从屈原那里取的是"依径立义",着意"其骨鲠所树,肌肤所附,虽取镕经意,亦自铸伟辞",诗美创造"壮志烟高"。降及魏晋诗人,李杜都颇推崇曹植。然而,李白是从为人而非为诗,毕生将曹植奉为前辈同道,因而《将进酒》里不惜化用曹植《名都篇》中"归来宴平乐,美酒斗十千"的句意,比类"陈王惜时宴平乐,斗酒十千恣欢谑"之事。杜甫则是虽曾自诩"诗看子建亲",但那乃是发生在生计尚未穷愁潦倒,诗风尚未从浪漫主义转向现实主义的时间段,其后除了直率风神,他与曹植的亲远赶不上李白。李白从阮籍那里传承放诞,传承"傲世情",从谢灵运、谢朓那里借鉴琦丽清新,也与杜甫看重庾信晚年"凌云健笔意纵横",效法阴铿、何逊的"苦用心"明显不同。无论是取范屈原、曹植等同一人,还是取范阮籍、大谢小谢以及庾信、阴铿、何逊等不同人,在个性动因上,李杜之同都出自狂放,之异则因为李白还狂诞,杜甫还狂直。反过来,屈原、曹植、阮籍等的夸诞和放诞,又刺激和强化了李白固有的狂诞,屈原、曹植、庾信等的执着或者率真,也砥砺和深化了杜甫固有的狂直。

家族文化基因有别,文化信仰主轴有别,生命体验方式有别,诗美创造取范有别,再加上社会经历虽然相近却终有别,就铸成了李杜的清狂在质、度、形上都存在鲜明的差异性。以酒喻之,李白多是酩醉之狂,杜甫多是微醺之狂,是谓李杜"狂"的大异。

清狂的性格的确是决定了李杜的命运。既决定了他俩人的命运,也决定了他俩诗的命运。概而言之,人都不走运,诗都走大运。

天宝元年(742年),四十二岁的李白人在南陵(今属安徽)忽然得到了唐玄宗的征诏。他狂喜不已,酩然写出《南陵别儿童入京》一诗,以为他的壮志将遂。结尾两句"仰天大笑出门去，我辈岂是蓬蒿人"，信心爆棚，豪气干云。然而他错了，他高兴得太早了，他将官场世道看得太简单了。他不懂，清狂到他那种境界而至决然不肯"摧眉折腰事权贵"，注定了他不融于官场世道。杜甫与他同样如此。所以作为社会群体当中的个体诗人，他俩终究还是"蓬蒿人"以终其身。

与此形成强烈反差，作为诗人，他俩却凭诗迥异"蓬蒿人"。李白才华横溢，斗酒百篇，早在开元年间便获得了"谪仙人"的绝世美誉，相携王维一道占尽时代风流。穿透开元、天宝盛世，李白都以五七言绝和七言歌行特擅胜场。一如管世铭《读雪山房唐诗钞凡例》所说，"王维妙悟，李白天才，即以五言绝句一体论之，亦古今之岱、华也"；七言绝句则"摩诘、少伯、太白三家鼎足而立，美不胜收"。二如王世贞《艺苑卮言》所说，"五七言绝，太白神矣；七言歌行，圣矣，五言次之"。"诗仙"之实，百代无双。杜甫未能如李白那样诗名早著，十足的大器晚成，直至天宝末年"长漂"后期方才诗笔渐健，至德、乾元年间方才佳构迭出，广德、大历年间方才以"草堂诗"和"夔州诗"，特别是"夔州诗"而达到炉火纯青，诗名大著。"李杜"并称，始于杜甫出峡漂泊湖湘期间。到宋代，他的诗凭若干独树一帜、独标一格的涉史诗作饮誉"诗史"。到明代，更凭集大成的"众体皆备"，沉郁顿挫基本诗风最终形成，以及如管世铭《读雪山房唐诗序例》说的"杜工部有三体诗古今无两——七言古、七言律、五言长排也"，如王世贞《艺苑卮言》说的"五言律，七言歌行，子美神矣，七言律，圣矣"，而被尊崇为"诗圣"。"仙"也好，"圣"也好，都意味着超群绝伦，横绝古今，都取决于孔子所谓"狂者进取"。

李白与杜甫都狂者进取，都奋进不已，因而能够联袂成为"诗仙""诗圣"。在盛唐那个中华诗界的"青藏高原"，耸峙着多少诗美高峰，李白和杜甫指定已是诸峰之间相并峙的两座最高峰。尽管同属诗酒狂流而不同派，但一个把浪漫主义挥洒到极致，另一个把现实主义开拓到极致，的确无愧乎韩愈点赞的"李杜文章在，光焰万丈长"。他俩取得的震古烁今的不朽成

就,归根个人的禀性和襟袍,最精当的概括莫如杜甫《望岳》诗的结尾两句:

会当凌绝顶,
一览众山小。

不讲李白,只讲杜甫。杜甫从二十四岁傲然吟啸"会当凌绝顶,一览众山小",到晚年终于实现如此襟袍,其间经历了艰难崎岖的奋进过程。清狂性格支撑着他的生命意识,他的生命之河一直在奔腾,他的生命之火一直在燃烧。直至五十五岁至五十七岁旅居夔州,他的物质基础固然江河日下,大不如前了,他的精神生命却活力未减,大放异彩。是"夔州诗",最终成就了他确已凌绝顶,一览众山小,使他无愧后人奉呈"诗圣"殊荣。他携家移居夔州的那个大历元年,按公元纪年为766年,距今年已1250年,今年恰遇逢十之年。慎终追远,缅怀先贤,谨以《"狂夫"杜甫》一著,仰望蓝天,诚托白云,奉献给永远活着的杜甫。

2016年4月16日于淡水轩

杜甫诗文引用目次

（以出现先后为序，大写数字为所在章节）

"狂夫" 杜甫

《羌村三首》：代引言、陆、柒、玖、拾

《奉赠韦左丞丈二十二韵》：代引言、贰、叁、肆、陆、柒、拾、拾壹

《北征》：代引言、伍、陆、柒、玖、拾、拾壹、代结语

《祭远祖当阳君文》：壹、叁、玖、拾

《进〈雕赋〉表》：壹、贰、叁、肆、陆、拾壹

《赠蜀僧闾丘师兄》：壹、叁

《宗武生日》：壹、叁、玖

《江南逢李龟年》：壹

《进三大礼赋表》：壹、肆、伍

《登兖州城楼》：壹、拾壹

《题张氏隐居二首》：壹

《刘九法曹郑瑕丘石门宴集》：壹

《与任城许主簿游南池》：壹

《对雨书怀，走邀许十一簿公》：壹

《夜宴左氏庄》：壹、柒

《八哀诗》：壹、叁、柒、捌、拾壹

《望岳》：壹、贰、叁、拾、拾壹、代结语

《奉寄高常侍》：壹、捌

《昔游》：壹、捌、拾壹

《遣怀》：壹、柒、捌、拾壹

《赠李白（第一首）》：壹、柒、捌

《送高三十五书记十五韵》：壹、捌、拾、拾壹

《与李十二白同寻范十隐居》：壹、捌

《又上后园山脚》：贰

《醉歌行》：贰

《房兵曹胡马》：贰、拾

《鱼鹰》：贰、拾

《临邑舍弟书至，苦雨，黄河泛滥，堤防之患，簿领所忧，恩寄此诗，用宽其意》：贰

"狂夫"杜甫

《丽人行》：伍、拾、拾壹

《秋雨叹三首》：伍、陆、玖

《春望》：伍、陆、玖

《哀王孙》：伍

《哀江头》：伍

《悲陈陶》：伍

《悲青坂》：伍

《徒步归行》：伍、陆

《无家别》：伍、拾壹

《秦州杂诗二十首》：伍、陆、柒、拾

《佳人》：伍

《对雨》：伍

《警急》：伍

《遣忧》：伍

《岁晏行》：伍

《风疾舟中，伏枕书怀三十六韵，奉呈湖南亲友》：伍、玖

《曲江三章章五句》：陆、拾壹

《醉时歌》：陆、柒、捌、玖、代结语

《贫交行》：陆

《赠陈二补阙》：陆

《白丝行》：陆

《叹庭前甘菊花》：陆

《月夜》：陆、玖、拾壹

《对雪》：陆

《自京窜至凤翔喜达行在所三首》：陆、拾

《述怀》：陆、柒、拾

《秋日荆南述怀三十韵》：陆

《重经昭陵》：陆

"狂夫"杜甫

《奉和贾至舍人早朝大明宫》：陆、捌

《腊日》：陆

《紫宸殿退朝口号》：陆、拾

《春宿左省》：陆、拾

《题省中院壁》：陆、拾

《赠毕四曜》：陆

《偪侧行赠毕曜》：陆、柒

《曲江陪郑八丈南史饮》：陆

《曲江对酒》：陆、柒

《曲江对雨》：陆、柒

《曲江二首》：陆、柒

《洗兵马》：陆、代结语

《至德二载，甫自金光门出，间道归凤翔；乾元初，从左拾遗移华州掾，与亲故别，
因出此门，有悲往事》：陆、拾

《立秋后题》：陆

《遣兴二首》：陆

《贻阮隐居》：陆

《有怀台州郑十八司户》：陆、捌

《梦李白二首》：陆、捌

《天末怀李白》：陆、捌

《发秦州》：陆

《青阳峡》：陆

《凤凰台》：陆

《乾元中寓居同谷县作歌七首》：陆、玖、拾壹

《发同谷县》：陆

《堂成》：陆

《去蜀》：陆、拾

《遣意二首》：陆、柒

"狂夫" 杜甫

《独酌》:柒

《至后》:柒

《西阁二首》:柒

《同元使君春陵行并序》:柒、拾、拾壹

《奉酬严公寄题野序》:柒、捌、拾、拾壹

《严中丞枉驾见过》:柒、捌

《遭田父泥饮美严中丞》:柒、捌、玖

《又呈窦使君》:柒

《舟前小鹅儿》:柒

《将适吴楚,留别章使君留后兼幕府诸公》:柒

《归来》:柒

《绝句二首》:柒

《拨闷》:柒

《水阁朝霁奉简云安严明府》:柒

《暮春题瀼西新赁草屋五首》:柒、拾壹

《垂白》:柒

《寄薛三郎中据》:柒

《登高》:柒、拾壹

《寄从孙崇简》:柒、玖、拾壹

《崔评事弟许相迎不到,应虑老夫见泥雨怯出,必愆佳期,走笔戏简》:柒

《醉为马坠,诸公携酒相看》:柒

《独酌成诗》:柒

《戏为双松图歌》:柒

《上韦左相二十韵》:柒

《苏端薛复筵简薛华醉歌》:柒、拾壹

《通泉县署壁后薛少保画鹰》:柒

《冬日有怀李白》:捌

《春日忆李白》:捌

《送孔巢父谢病时游江东，兼呈李白》：捌

《寄李十二白二十韵》：捌、代结语

《不见》：捌、代结语

《寄高三十五书记》：捌

《寄高三十五詹事》：捌

《寄彭州高三十五使君适、虢州岑二十七长史参三十韵》：捌

《酬高使君相赠》：捌

《因崔五侍御寄高彭州一绝》：捌

《奉简高三十五使君》：捌

《王十七侍御抡许携酒至草堂，奉寄此诗，便请邀高三十五使君同到》：捌

《王竟携酒，高亦同过，共用寒字》：捌

《寄高适》：捌

《闻高常侍亡》：捌

《渼陂行》：捌、拾壹

《九日寄岑参》：捌、拾

《为补遗荐岑参状》：捌

《奉答岑参补阙见赠》：捌、拾

《寄岑嘉州》：捌

《怀旧》：捌

《哭台州郑司户、苏少监》：捌

《陪郑广文游何将军山林十首》：捌、拾壹

《送郑十八虔贬台州司户，伤其临老陷贼之故，阙为面别，情见于诗》：捌

《所思》：捌

《奉赠严八阁老》：捌

《留别贾严二阁老两院补阙》：捌

《送严侍郎到绵州，同登杜使君江楼宴》：捌

《奉济驿重送严公四韵》：捌

《敝庐遗兴奉寄严公》：捌

"狂犬" 杜甫

《哭严仆射归榇》：捌

《诸将五首》：捌、拾壹

《追酬故高蜀州人日见寄（并序）》：捌

《祭外祖母文》：玖

《唐故万年县君京兆杜氏墓志》：玖

《送重表侄王砅评事使南海》：玖

《彭衙行》：玖

《一百五日夜对月》：玖

《忆幼子》：玖

《遣兴》：玖

《元日寄韦氏妹》：玖

《得舍弟消息二首》：玖

《得家书》：玖

《进艇》：玖

《茅屋为秋风所破歌》：玖

《舍弟占归草堂检校聊示此诗》：玖

《北邻》：玖

《南邻》：玖、拾壹

《寒食》：玖

《大麦行》：玖

《狂歌行赠四兄》：玖

《屏迹三首》：玖

《客堂》：玖、拾壹

《催宗文树鸡栅》：玖

《熟食日示宗文宗武》：玖

《又示两儿》：玖

《又示宗武》：玖

《寄杜位》：玖

324

"狂夫" 杜甫

《衡州送李大夫七丈赴广州》:拾壹

《长沙送李十一衔》:代结语

《登岳阳楼》:代结语

《石龛》:代结语

《剑门》:代结语

《月》:代结语

《黄河二首》:代结语